厦门大学国学研究院
资助出版

朱子学年鉴

（2013）

朱子学会 编

商務印書館
SINCE1897 The Commercial Press
2014年·北京

图书在版编目(CIP)数据

朱子学年鉴.2013/朱子学会编.—北京:商务印书馆,2014

ISBN 978-7-100-10730-3

Ⅰ.①朱… Ⅱ.①朱… Ⅲ.①朱熹(1130～1200)—理学—文集 Ⅳ.①B244.75-53

中国版本图书馆CIP数据核字(2014)第217880号

朱子学年鉴(2013)

朱子学会 编

商 务 印 书 馆 出 版

(北京王府井大街36号 邮政编码100710)

商 务 印 书 馆 发 行

北 京 瑞 古 冠 中 印 刷 厂 印 刷

ISBN 978-7-100-10730-3

2014年10月第1版　　开本787×1092 1/16

2014年10月北京第1次印刷　　印张21¼

定价:49.80元

《朱子学年鉴》编委会

邓联合（山东大学哲学与社会发展学院）
田智忠（北京师范大学哲学与社会学学院）
申绪璐（杭州师范大学国学院）
史甄陶（台湾大学中国文学系）
许家星（南昌大学哲学系）
问永宁（深圳大学哲学系）
何善蒙（浙江大学哲学系）
吴　宁（中山大学博雅学院）
吴吉民（《朱子文化》杂志社）
张丽华（上海师范大学哲学系）
张崑将（台湾师范大学东亚学系）
张锦枝（上海社会科学院哲学研究所）
李承贵（南京大学哲学系）
李春颖（中国政法大学国际儒学院）
苏费翔（德国特里尔大学汉学系）
陆建华（安徽大学哲学系）
陈晓杰（日本关西大学文学研究科）
陈晨捷（山东大学儒学高等研究院）
板东洋介（日本学术振兴会）
周元侠（福建省社会科学院哲学研究所）
姜真硕（韩国外国语大学校）
赵金刚（中国社会科学院哲学研究所）
徐公喜（上饶师院朱子学研究所）
殷　慧（湖南大学岳麓书院）
郭　齐（四川大学古籍所）
郭晓东（复旦大学哲学学院）
高海波（清华大学哲学系）
曹海东（华中师范大学文学院）
彭永捷（中国人民大学哲学院）
彭国翔（浙江大学哲学系）
曾　亦（同济大学人文学院哲学系）
傅锡洪（日本关西大学文学研究科）
谢晓东（厦门大学哲学系）
翟奎凤（山东大学高等儒学研究院）

编者说明

《朱子学年鉴》是朱子学会主办的文献性、资料性学术年刊。2013卷力求如实反映2013年朱子学界的研究现状，让广大专家、学者和读者更全面、更深刻地了解和把握当今朱子学研究的重大事件、重要问题和主要趋向。

《朱子学年鉴》（2013）主要内容有："特稿"栏目选登了中国人民大学哲学系张立文教授和台湾东海大学哲学系蔡家和教授的文章，前者探讨了朱熹思想及其历史影响，后者分析了朱熹《四书集注》中的教育思想。"朱子学研究新视野"栏目推介了陈来教授的《"一破千古之惑"——朱子对〈洪范〉皇极说的解释》、吴震教授的《从政治文化角度看道学工夫论之特色——有关朱熹工夫论思想的一项新了解》、黄俊杰教授的《东亚儒学中的茶山学：21世纪的视野》、朱人求教授的《下学而上达——朱子小学与大学的贯通》、许家星副教授的《朱子道统说新论——以孔颜"克复心法"说为中心》。"全球朱子学研究述评"栏目比较详细地梳理了2013年中国内地、中国台湾地区，韩国、日本，欧洲等朱子学的研究现状，介绍了目前全球朱子学研究的最新进展。"朱子学书评"栏目选刊了对吾妻重二教授的《朱熹〈家礼〉实证研究》、卜道成先生的《朱熹和他的前辈们：朱熹与宋代新儒学导论》、方彦寿先生的《朱熹画像考略与伪帖揭秘》等著作的书评。"朱子学研究论著"、"朱子学研究硕博士论文荟萃"、"朱子学界概况"、"朱子学动态"、"资料辑要"等栏目尽可能全面地展示2013年全球朱子学界的最新成果和学术动态。

在编辑过程中，编辑部对有关信息进行了反复核实，但其中肯定会有疏漏、不足，我们恳请专家、学者和广大读者批评指正。需要说明的是，鉴于本刊的特点，本卷对所转载或摘登以及被数字出版物收录的相关文献均不再另附稿酬。

承蒙商务印书馆领导的关照，《朱子学年鉴》自2013卷开始交付商务印书馆出版发行，这是《朱子学年鉴》成长过程中的一件大喜事，它也标志着我们的年鉴越来越受到学术界的关注，越来越受到社会各界的普遍关注。

《朱子学年鉴》（2013）的编辑出版得到了海内外朱子学界学者、有关科研机构和高校的鼎力支持，对此我们表示诚挚的谢意！

《朱子学年鉴》编辑部

2014年3月

目 录

特 稿

朱子学研究新视野

全球朱子学研究述评

朱子学书评

朱子学研究论著

学术专著

学术论文

朱子学研究硕博士论文荟萃

博士论文

硕士论文

朱子学界概况

学者简介

朱子学研究机构

朱子学研究重大课题

朱子学动态

朱子学研讨会综述

资料辑要

朱子学年鉴
（2013）

特稿

朱熹思想及其历史影响

⊙ 张立文

《尚书》云："若升高必自下，若陟遐必自迩。"如要登高山必从山下开始，如要登远山必从近处起步。犹如《老子》所说："九层之台，起于累土。千里之行，始于足下。"《朱熹大辞典》作为体认朱熹思想的入门，了解其学术的阶梯，对于认识其核心话题的价值，领会其伦理道德的意义，觉解其经学哲学的精华，理解其政治经济的措施，认知其为人为学的亮节，可起自下、自迩、累土、足下的功效。

一

《朱熹大辞典》是自古迄今有关朱熹和朱熹思想的最全面、最系统的辞典性著作，是"致广大而尽精微"的作品，是中国古代哲学与朱熹研究标志性和里程碑式的成果，体现了国内外朱熹研究的前沿水平。

朱熹是尧、舜、禹、汤、文、武、周公、孔、孟几千年来中华文明薪火的传承者，是理学的集大成者，是中华文化的主要代表人物之一。朱子学被东亚一些国家尊奉为意识形态，在古代世界文化思想中，具有崇高的地位和广泛的影响。

中华民族是一个爱智慧的民族，是富于理论思维的民族，在人类文明流淌的历史长河中，中华文明以其生生不息的不间断性、独具特色的形象性、生命智慧的创新性，而屹立于世界文化学术之林。正由于中华文明日新、日日新，才能"不创前未有，焉传后无穷"。只有开拓创造出前所未有的学术文化，才能不断流传而无穷无尽。这是中华文明之所以度越古希腊文明、印度文明、巴比伦文明、埃及文明而不间断的关键所在。

朱熹在其生命的体验、坎坷的经历、求道的实践、心灵的觉解中，凝练成扣人心弦、激动人情、启迪人生、化解冲突、追求和合的诸多话语、箴言、警句、诗词。尽管时代屡迁，但像闪光的金子，不减其辉煌。在当前可化旧为新、化死为活、化丑为美、化恶为善，即化腐朽为神奇。"旧学商量加邃密，新知培养转深沉。"转旧学为新知，探邃密为深沉。这是《朱熹大辞典》编纂、撰写的宗旨。

《朱熹大辞典》所汇集的词汇、话语、警句、箴言，是其深邃思想的呈现，错综情感的流出，道德情操的显示，人格魅力的表露，高尚胸怀的信息，语言精华的浓缩，包容心境的透明。其间蕴含着像大海的广阔雄壮，像泉水的细润清醇，像波澜的起伏多姿，像狂潮的奔腾直泻。它不仅仅是供读者参考的工具性的辞典，更重要的是供人“吾日三省吾身”的武器，是“夕惕若厉”的解剖刀，是贪、瞋、痴的清洁剂，是化解郁闷、焦虑、烦恼、忧愁、痛苦的和合力，是培育伦理道德的教科书，是造就人生价值理想的土壤。若如是观之，虽为工具，则超越工具的价值；虽为辞典，则度越辞典的意义。如此，则众多参与编写的学者的心血，就没有白费了。

二

朝鲜古代学者奇大升就《朱文公文集》的“闳博无涯”，卷帙浩大，指出“学者观之，有惶然骇然之叹”[1]。因此，李朝朱子学大家李退溪编纂《朱子书节要》，“以资讲论玩绎之益”，选取其切要、精粹，便于学者学习和领会其要义。这是仅就《朱文公文集》而言，加之《朱子语类》及补遗等，更有使人惶然骇然之感。《朱熹大辞典》分门别类，或生平事迹，或同道及弟子后学，或思想体系，或朱熹学说传播与研究，或现当代研究等，析其名义，发其旨趣，溯流寻源，推明物理，脉络分明，贯串浃洽。于是朱熹的“彻人心，洞天理，达群哲，会百圣，粹乎洙泗伊洛之绪”[2]显然。

洞悉天理，这是朱熹思想哲学的核心话题，是其政治、经济、哲学、经学、美学、道德、教育等的理论基础和出发点。理（天理）在朱熹的思想逻辑体系中，是形而上本体，“且如万一山河大地都陷了，毕竟理却只在这里”[3]。理是亘古亘今，常存不灭，超越人物生灭的无限。理是天地万物的本源和根据，“宇宙之间，一理而已。天得之而为天，地得之而为地，而凡生于天地之间者，又各得之以为性”[4]。天地人及其性，都以理为所以然者，以理为终极的根源。

由此，政治为天理政治，变以往“君权神授”为“天理君权”，革天授君权为理授君权，但他不完全否定天威，仍以天威来劝诫、约束君威、君权，使之不过分膨胀，滥用权力，腐朽败德，进而提出修德主张，修德的要旨在于“正君心”，这是大本，大本正，才可以正百官、正天下。朱熹认为，由于君主的心术不正，致使南宋不能富国强兵。他寄希望于君心正，去私为公，弃奢为俭，除腐倡廉，慎独好善，近君子而远小人，尚贤使能，虚心纳谏，才能治理好国家。

国家形式的政体，朱熹主张集权与分权并行。宋有鉴于唐的藩镇、五代十国的割据及地方将领权重而尾大不掉的情况，赵匡胤全力使权力集中于君主一身，建立了统一的中央集权政治。到了南宋时，由于金朝不断侵扰，地方既无重兵，亦无将领，抗金无力，而有集权与分权之争。朱熹认为，应在集权的原则下，分权于地方，以利地方自保和增强抗金实力。

所谓政治，在朱熹的心目中，是国家的“号令”与刑罚及其相互之间的关系，两者相辅相成，不可偏废。如何保持“天理君权”国家的长治久安？一方面要为政以德，修德感人。政是为治之具，刑是辅治之法，德礼是为治的根本，而德又是礼的根本。另一方面，任贤使能，远嬖近直，君主往往出于一念之间的私心、私欲，而用小人。“求其适己而不求其正己，取其可爱而不取其可畏。”[5]这是君主的失职和过错。如果君主周围、政权机构核心之中，都是刚明公正、不谋私利的忠直贤相和贤士，那么，就会主威立，国势强，纲维举，刑政清，民力裕，军政修，人民就能安身立命，国家就会长治久安。

经济是政治的基础，富国强兵，无经济的发展，就不能实现。朱熹认为，民富，君主就不至独贫；民贫，君主也不能独富。他从天理之公、君民一体出发，批评夺民之财而富其君，制止君主对百姓的厚敛。主张省赋恤民，蠲减税钱，除夏秋正税外，其他名目的苛捐杂税统统取消；宁可过于予民，不可过于取民。

国家要务本节用，所谓务本，民生之本在农，农业生产是社会生存和人的生命延续的先决条件。生民之本，足食为先，民以食为天。因此，他主张不误农时，兴修水利，改良土壤，保护耕牛，奖励开荒，减免租税，多种经营，增加产量。同时必须节用，裁减军用，削减宗室和官吏俸禄，才能化解赋重民困的局面。朱熹指出“古者刻剥之法，本朝皆备”[6]，民在重税下，已无法生活，国家危亡将至。

国家政治、经济要受“无形之手”的支配，这只无形之手就是其哲学思想，换言之，即其价值观。朱熹被后人誉为“致广大，尽精微，综罗百代”的思想家、哲学家。他和合儒、道、佛三教，建构了理（太极、道、天理）→气（阴阳）→物（五行、事物）→理的哲学逻辑结构。它是中国哲学范畴在一定社会经济、政治、思维结构情形下所构筑的相对稳定的融突而和合的体系或结合方式，是哲学逻辑内在各层次、要素、部分之间互相冲突、融合而和合的表现形式。尽管作为其哲学形而上学的核心范畴——理是无造作、无计度、无情意的，是一个纯然绝对、净洁空阔的世界，但不能真正脱离逻辑结构的关系。

因为理作为净洁空阔的世界，必须落实在一个“实体”上，这个“实体”便是气，气是理的挂搭处、安顿处、附着处，由气使其哲学逻辑结构而展开聚散、造作、发育流行等活动。并由气与理的冲突、融合以及气自身动静变化及理气的“理一分殊”运动，使朱熹哲学逻辑结构具有生机勃勃的生命力和辩证思维，和合为万象世界，称为物的世界。

理（太极、道、天理）是朱熹哲学逻辑结构的本体，或称根柢。“熹窃谓天地生物，本乎一源，人与禽兽草木之生，莫不具有此理。”[7]“本乎一源”的源，即是理，是万物的根柢。

理与气、与物既不离，又不杂。从不离说，一方面体认理，必须通过“格物穷理”，或“即物穷理”，使物与理之间保持沟通、会通，消除其间的闭塞；另一方面，人人有一太极，物物有一太极，人与物中都蕴含着理，人物不离理。从不杂说，净洁空阔世界的理，超越人与物。“理者，所谓形而上者也。”[8]形而上的理是无形无影的，人与物是形而下者，是有情有状的。理在逻辑上是先在的、超越的，是无所不在、无处不有的。

形而上的理，依傍气而化生万物。在化生万物以后，如何由物而体认形而上的理，即由物返归理，朱熹提出了格物、致知、知觉、心思、知行等范畴，开展其哲学逻辑结构的体认活动。

朱熹冲决了唐以来“疏不破注”的网罗，敢于改经补经，而作格物致知补传。明言格物致知，在即物穷理。人心有知，天下的万物莫不有理。理有未穷，是因为知有未尽。“即物穷理”而到极尽处，众物的表里精粗无不到，吾心的大用就明白了。格物而获致知的途径是“合内外之理”的过程，即主体人心（内）与客体事物（外）的融合。

格物的目标是穷天理、明人伦、讲圣言、通世故，并不是存心于一草一木之间。穷理是涵养本源的功夫，持敬是穷理的根本。“致知”的“致”是推致的意思，即推致我心的知识，以达到全知。格物致知，并不是把天下所有的万物都格到，都知了，即使有一两件事不知道，可以通过类推的方法，亦可“识得他破”，“通将去”。类推是由近而远，逐渐理会；由浅入深，层层而进；由粗到精，无所不尽。这样理会多了，便能“自然脱然有悟处”，即对理的觉悟。

持敬作为穷理的根本，穷理的要旨在读书，读书的方法贵于循序而进，达于致精微。致精微的根本在于居敬持志，只有居敬，才能穷理。

格物致知，即物穷理，均蕴含着知与行的关系。程颐认为“涵养须用敬，进学则在致知”。朱熹认为，程颐是把知与行做“两脚说”。只要把知行分先后，那么，必知先行后。譬如人走路，只有知路如何走，才会走到目的地。知得才能行得，行必依赖于知。若论知行轻重，当以力行为重，即知轻行重。这是从知的成果上说的，注重践行。朱熹之所以注重践行，是对于《尚书》思想的继承。“《书》曰：‘知之非艰，行之惟艰。’工夫全在行上。”[9]行是明理之终，是检验知是否为真的标准。必待行之皆是，而后验其知至。

朱熹既体认到知行互相区别，知先行后，知轻行重，又认识到知行互相依赖、互相促进。“知行常相须，如目无足不行，足无目不见。”[10]相须，即互相联结、依赖。

格物、即物，物从哪里来？气作为理的“生物之具”，是不可或缺的。“气里面动底是阳，静底是阴。又分做五气，又散为万物。”[11]此散字是“理一分殊”的“分”的意思。“理一”的“一”是其哲学逻辑结构的形上本体理，是万殊、阴阳形而上的根据。凡事物都具有对待性的两端，其内与外也具有相对性。“统言阴阳，只是两端，而阴中自分阴阳，阳中亦有阴阳。‘乾道成男，坤道成女。’男虽属阳，而不可谓其无阴；女虽属阴，亦不可谓其无阳。人身，气属阳，而气有阴阳；血属阴，而血有阴阳。”[12]阴中有阳，阳中有阴；阴中有阴阳，阳中有阴阳；男女中各自有阴阳。这就构成对待的普遍性、无限性。

阳为动，阴为静，由阴阳的普遍性、无限性，便以动静亦具有普遍性、无限性。朱熹说：“动静无端，阴阳无始。今以太极观之，虽曰动而生阳，毕竟未动之前须静，静之前又须是动。推而上之，何自见其端与始。”[13]否定运动与静止有端始，而把其看作无限的过程，动静具有相关性、循环性。一些人之所以认为动静有端始，是一种割裂动静的思维作怪，是人认知上的局限所致。

朱熹从动静普遍性、无限性出发，提出了运动的化与变两种形态：“化是渐化，变是顿变，似少不同。曰：如此等字，自是难说。变者，化之渐；化者，变之成，固是如此。”[14]渐化是月变、日变、时变，不被人知觉的、不显著的变化；是渐渐消磨去，如树木渐长，不是突然变化；是无痕迹的变化，是一种逐渐积累的过程。由这些规定，可知其所谓渐化，犹当今所说的量变。渐化在一定限度内，事物还保持其原有的性质、内涵和形态，但渐化超出了一定限度，就会引起质变，朱熹称之为顿变。它是一种倏忽的、突然的顿变；是显著的、有头面可见的变；顿变是渐化的截断。

朱熹的政治、经济、哲学思想，其理论思维的源头活水是经学，其诠释的依傍文本主要是“四书”和“五经”。宋代经学超越汉唐，变革古训，而开出新学风。宋儒以无畏精神，解放思想，冲决“五经”神圣不可侵犯的网罗，破除“家法”、“师法”的迷信，直接孔孟，以唤回儒学的真精神；朱熹以理体学新思维、以“六经注我”的方法重新诠释经典，重开生命智慧，重建性命道德，重构精神家园；他以“为生民立命”的担当精神，通经致用，道器一源，理一分殊，体现了宋学经典诠释的真精神。

朱熹以毕生心血注解和研究“四书”（《大学》、《中庸》、《论语》、《孟子》），并及“易学”、“书学”、“诗学”、“礼学”、“春秋学”、“孝经学”等。“四书”之名始于南宋淳熙年间（1174—1189），为朱熹所首创。中国哲学是一开放的体系，每一新学术思潮的出现，思维形态的转生，与其相应是其所依傍的经典诠释文本的变换。理学思潮的核心话题是理、气、心、性；其人文语境是纲常和价值理想的重建；其诠释文本是“四书”，这是理学理论思维形态建构的支撑。

朱熹对《论语》创造性的诠释，表现为无处不以理、天理来解读其义理。如释“仁”为“爱之理”；释“礼”为“天理之节文”；释“朝闻道”的“道”为“事物当然之理”；释“吾道一以贯之”为“圣人之心，浑然一理”；释“君子喻于义”的“义”为“天理之所宜”；释“性与天道”为“其实一理也”，等等。他把《论语》中的重要概念，都依据自己的理体学思想予以解读，体现了理学的时代精神，但并不一定符合《论语》文本的原意，而是赋予《论语》以适应时代的价值，变《论语》为朱熹时代的《论语》，《论语》成为发挥朱熹理体学思想的《论语》。

朱熹继承二程尊孟思想，对司马光的《疑孟》、李觏的《常语》和郑厚的《艺圃折衷》，逐条予以辨正。他认为孟子乃是与尧舜禹汤文武周公孔子相当的人，以批驳以往诽孟的种种言论。认为无“六经”则不可，而孟子尤不可无。孟子辟杨墨，距诐行，放淫辞，使邪说不作，明正道，使尧舜禹汤文武周孔之业不坠，强调孟子在道统中的地位与价值。

朱熹自谓“我平生精力，尽在此书（《大学》）”，“某于《大学》用工甚多”[15]。据载，他去世前三天仍在改《大学·诚意章》注。他之所以这样注重《大学》，是认为其是人之为学的“大坯模”，是“修身治人的规模”。《大学》的三纲领、八条目不仅概括了修己治人之道，明明德、亲民，止于至善。从内圣的格致、诚意、正心，通过修身，而开出外王的齐、治、平。这是朱熹理体学建构所不可或缺的基石。

朱熹认为《中庸》的作者为子思。他之所以推崇《中庸》，是忧道学之失传，程朱继孔孟之道统，揭出“人心惟危，道心惟微，惟精惟一，允执厥中”十六字心传，为尧舜禹汤至孔孟的“传授心法”，作为理学“内圣”的要旨，以发明道统。他对《中庸》的分章，是其依理体学理论思维的体认和诠释。

“四书”的编成，使理学学术思潮的理论体系有了依傍经典文本的支撑，使理学思潮在世的发展有了合理性的依据。

如果说朱熹于“四书”用心最多，则对其他经典亦赋予精心的诠释。他是宋易的集大成者，于易撰《周易本义》和《易学启蒙》，经其钻研后，剥去其圣人之言的光环，确定其为卜筮之书的性质。他以理体学为指导，融合义理、图书、象数、卜筮之学。他认为易有两义，一是变易，二是交易。此两义都以阴阳为着眼点。从阴阳的理说，是阴阳的形而上之体；从阴阳的事说，是形而下之用。

《尚书》学，朱熹无专著，然辨伪《古文尚书》为晚出，孔安国的《尚书传》，亦恐是魏晋人所作。他筚路蓝缕，开明清辨伪之端，并指导其学生蔡沈撰《书集传》。

朱熹从20岁开始研究《诗经》，到48岁撰成《诗集传》。他始宗《诗序》，后弃《诗序》。认为《诗序》为后人妄意推想诗人的美刺，不是古人作的。所以不能以《诗序》为证来诠释、理解《诗》的本义。他把诗定义为“诗者，人心之感物而形于言之余也”[16]。是“感物道情，吟咏情性”的流出，于是他否定孔子“诗三百篇，思无邪”的教条，认为并非都无邪，有善，亦有淫邪、淫奔之诗。这是宋代掀起“疑经改经”思想解放运动的表征。标志着中国传统经典解释由汉学向宋学的转化。

“礼学”方面，朱熹重礼，早年作《祭礼》、《家礼》，晚年撰《仪礼经传通解》，未完成而卒，由其学生续成。他以《周礼》为纲领，认为“《周礼》规模皆是周公做”，“大纲却是周公意思”[17]。《仪礼》不是古人预先作的，它是在人的交往活动中逐渐积累丰富起来，圣人加以筛选和改进，而编成的。他认为《礼记》要兼《仪礼》来读，《仪礼》载其事，《礼记》只发明其理。读《礼记》而不读《仪礼》，许多礼皆无安著的地方。他从义理层面释《礼记》，以体现理体学的理论思维生命的源泉。

朱熹阐述《春秋》大义，认为体认圣人意蕴，如果在一字一词之间求褒贬所在，则是舍本求末，其大义就在于明道正谊，尊王贱霸，内诸夏，外夷狄，这是《春秋》的大旨，亦是天理所至。他批评一些人以自己的利欲之心诠释《春秋》，猜度圣人之意，是一种巧说曲解，不符合《春秋》大义本旨。他认为圣人此书之作，是为了遏人欲于横流。遏人欲，是为了存天理。《春秋》三传，《左传》是史学，《公羊传》、《穀梁传》为经学，史学记事详，讲道理差；《公羊传》、《穀梁传》于义理上有功，于记事上多误。

朱熹释经，重义理，但并不排斥章句训诂之学。他兼综汉宋，开诠释经典之新风；经传二分，通经求理。“分”以直接体贴经文意蕴，而不受传的束缚，才能体认经文本身的义理。“通”以敞开门户，在互相沟通、交感中，探赜索隐，钩深致远，以求索其理。朱熹诠释经学的指导思想、思维方式、诠释方法、逻辑结构，对经学发展具有重要价值和巨大影响。

三

朱熹形上学的理是天地万物的根据，依陈淳的解释是“泛言天地间人物公共的理”。性是“在我的理”，是受于天，为我所有。性从生从心，是人生来就具是理于吾心的，这是从字源上说的。具是理于吾心的性，即是人的本性、本质。

朱熹继承二程“性即理也”，认为这是“颠扑不破”的真理。性是理在不同环境、语境下所表现的不同形态，理在心唤作性，在事唤作理。心、性、天、命，都是“一理也”。性与理一样，具有形而上性。“性是形而上者”，“形而上者全是天理”[18]，具有度越形器的性质；性是普遍存在的，性无所不有，无处不在，无人无物不具有性，无性便不成其为某人某物。所以说天下没有性外之物；性无形影不可见，这是因为理无形，所以性亦无形，由于性具有寂然至无的性质，因而性是不动的。不动是指性是未发的状态，情是已发状态。

人物之生，同得天地之理为性，因此有人性与物性，两者既同又异，人与物同具知觉运动，如饥食渴饮等；其异是在于人具有仁、义、礼、智的道德性，是物所不具备的。朱熹继承张载、二程的天地之性与气质之性论，而又超越张、程。他认为天地之性是专指理而言，是至善的，完美无缺的；气质之性是指理与气杂而言的，并非专指气讲的，因而气质之性有善有恶。此两性既相互对待，又互相融合。天地之性又称天命之性、本然之性。天命之性，若无气质，便无安顿处，犹如水与器皿，水必有盛水的器皿来安顿。同理，气质之性若无天命之性，气质之性就无所成。

性具于心，天命之性与气质之性同道心与人心相联系、相对应。道心是指出于天理或性命之正的心。“道心者，兼得理在里面，惟精而无杂，惟一是始终不变，乃能允执厥中。”[19]它与天地之性却是至善的。人心出于“形气之私”，所谓“形气之私”，是指饥求饱、寒求衣之类。若以此为私，圣人也要饥饱寒衣，岂非圣人也为私？于是朱熹做了两方面的修正：一是人心不是全不好的，圣人与普通人的分别在于“圣人不以人心为主，而以道心为主”[20]，普通人以人心为主；二是圣人既具有人心，是否也有人欲？若以人心为人欲，圣人也有人欲之私了。“人心，人欲也，此语有病，虽上智不能无此，岂可谓全不是。”[21]“人欲也未便是不好。”[22]在一定限度内肯定人欲的合理性、必要性。

朱熹继承张载“心统性情”说，心之所以能统性情，是因为性情皆出于心，所以心能统御性情。他认为心通贯未发与已发。未发是人的思虑未接事物，已发是思虑已与事物接触、相交，无论未发已发，都是一种心的思虑状态，不越于心之外，心贯未发已发的动静。面对心的未发寂然不动的性之静，心的已发感而遂通的情之动，如何体认未发已发？朱熹融合道南学派与湖湘学派，对先涵养后察识与先察识后涵养做了反思，最后回归程颐的“涵养须用敬，进学则在致知”的理论思维，在心统性情、心有体用、性情未发已发体认中，建构了以心贯未发已发、体用、性情的逻辑结构，标志着其既度越道南一派，又意蕴度越程颐的和合纵贯与横摄系统的气魄。

朱熹从理体学的天命与气质之性、道心与人心的心性论出发，探讨了天理与人欲问题，为重建伦理道德、维护社会等级秩序提供了理论依据。他总结古今诸家理欲之争的得失，阐发了“存天理、灭人欲”的主张。认为天理就是纲常，即君臣、父子、兄弟、夫妇、朋友五伦与仁义礼智信五常。天理既是五常，未有不善的。当心未有思虑之萌的未发时，心中浑是天理，无一丝人欲之杂，这是心的本然。人欲之私之所以有，是因为人生来所禀受的气质有清浊偏正的不同，物欲有浅深厚薄的差别，是生而具有的；人有耳目鼻口的欲望，而不能克己，终于丧失了天理，这是被私欲所蔽的结果。

天理与人欲既对待又融合。从对待而言，蕴含着公私、是非的分野，即天理之公、之是；人欲之私、之非。其关系形态是一方战胜一方、一方克服一方和互相消长，天理少则人欲多，人欲少则天理多，最终达到“革尽人欲，复尽天理”[23]。从融合而言，“盖缘这个天理，须有个安顿处，才安顿得不恰好，便有人欲出来”[24]。人欲是从天理里面做出来的，两者相互依存，共处一个和合体中。因此“人欲中自有天理”[25]，两者互相包容，界限难分。

天理人欲之辩与义利之辩相关。朱熹以义为天理之所宜，是指“合当”，即应当、当做之意。天理所当做的，便合乎义；义是心之制，事之宜，以义理之心的价值裁制万事，是人心所固有的仁义之心。利是人情之所欲，是小人只计较对自己有利或无利，而不顾义理价值；利是人欲之私，即指满足自己人欲的自私自利。

朱熹分利为公利与私利，为天下正大的道理去谋利，即为天下国家、社会谋利，这是公利，此利即是义。如作为地方官吏，实行奖励生产，开荒救灾，薄赋轻徭，增加国家财政收入等措施，这种重利就是为公谋利，而不为私利。但作为人自身的道德修养而言，应重义轻利，决不为私谋利。事无大小，都要分清义利、善恶、是非，这关系着政治清浊、好坏，国家兴衰、存亡。

朱熹为提升人的道德情操，而将此贯彻到教育的实践之中。他积极从事教育活动，每到一地，整顿县学、州学。他创办同安县学、寒泉精舍、武夷精舍、竹林精舍、考亭书堂等，恢复白鹿洞书院、岳麓书院，制定学规，编撰教材，培养出一大批学者。

朱熹教育的宗旨、目标、内涵，体现在其《白鹿洞书院揭示》中的规定："父子有亲，君臣有义，夫妇有别，长幼有序，朋友有信，为五教之目；博学之，审问之，谨思之，明辨之，笃行之，右为学之序；言忠信，行笃敬，惩忿窒欲，迁善改过，右修身之要；正其义不谋其利，明其道不计其功。右处事之要；己所不欲，勿施于人，行有不得，反求诸己。右接人之要。"[26]教育的根本目的，在于明五伦，这是圣人教人的"定本"。以此复求圣人之意，以明性命道德之归，重建伦理道德的需要；以纠正忘本逐末、怀利去义之学；从修身、处事、接人之要的教育中，提升道德情操，以改变风俗日敝、人才日衰的情况；以存天理、灭人欲，诚意正心，培养圣人之德。

朱熹把教育按照年龄、心理及理解能力，分为小学与大学两个阶段。8岁入小学，教以洒扫、应对、进退之节，礼、乐、射、御、书、数之文；大学为15岁以后，教以穷理、修身、齐家、治国、平天下的道理，培养国家有用的德才兼备的人才。

朱熹思想在南宋末至元，其理论思维价值逐渐为人所认知，元朝科举取士，钦定《四书章句集注》为考试内容和标准答案，并作为官方意识形态，以后传播到朝鲜半岛及日本、越南等国，亦渐次成为其官方哲学。在朝鲜，从高丽末期的安珦（1243—1306）随忠烈王赴元大都，得到新刊《朱子全书》，回国后在国子监教授程朱道学始，到李朝以朱子学为官方意识形态，出现一大批著名的朱子学的大家，并分为主理派、主气派、折中派和求实派等[27]，可谓群星灿烂；日本朱子学传入较早，1211年日本僧侣俊芿回国时带回《四书章句集注》初刻本，在"五山十刹"时期，以僧侣为主体的汉文学讲授，同时研讨朱子学，促使日本朱子学影响的扩大，后出现一大批著名朱子学家，1603年以后，被德川幕府奉为"官学"。就其师承关系，可分为京师、海西、海南、大阪、宽政、水户等朱子学派。越南也曾以朱子学为官方意识形态[28]。

朱子学在其与传播所在国的传统文化的融合中，发展为朝鲜朱子学、日本朱子学、越南朱子学，并各具特色。

注　释：

[1] 奇大升：《定州刊〈朱子书节要〉跋》，《日本刻版李退溪全集》（上）；首尔李退溪研究

会，第417页。
[2] 陈淳：《论朱子》，《北溪字义·补遗》，北京：中华书局，1983年，第74页。
[3]《朱子语类》卷一，北京：中华书局，1986年。
[4]《朱文公文集》卷七十《读大纪》。
[5]《朱文公文集》卷十二《己酉拟上封事》。
[6]《朱子语类》卷一百十。
[7]《延平答问》，《朱子遗书》，京都中文出版社。
[8]《朱文公文集》卷四十四《答江德功》。
[9]《朱子语类》卷十三。
[10]《朱子语类》卷九。
[11]《朱子语类》卷三。
[12]《朱子语类》卷九十四。
[13] 同上。
[14]《朱子语类》卷七十一。
[15]《朱子语类》卷十四。
[16]《诗集传序》，《诗集传》卷首，上海：世界书局，1936年。
[17]《朱子语卷》卷八十六。
[18]《朱子语类》卷五。
[19]《朱子语类》卷七十八。
[20] 同上。
[21] 同上。
[22] 同上。
[23]《朱子语类》卷十三。
[24] 同上。
[25] 同上。
[26]《朱文公文集》卷七十四《白鹿洞书院揭示》。
[27] 参见拙著：《李退溪思想世界·绪论》，北京：人民出版社，2013年，第23页。
[28] 参见《国际儒藏·序二》，香港：华夏出版社、北京：中国人民大学出版社，2010年。

（该文为《朱熹大辞典》前言，经作者同意后以《朱熹思想及其历史影响》为题在《朱子学年鉴》（2013）上刊出。作者单位：中国人民大学哲学系）

朱子《四书集注》中的教育思想

⊙ 蔡家和

一、前　言

朱子的教育思想，大致从他的“四书”编撰，可以看出端倪，其本着儒家孟子的性善论，而不取荀子性恶说，于“四书”处，本着二程对于《大学》的发扬[1]；当时本是周、孔并举，孟子并未取得经学的崇高地位，也因着宋儒的发扬，孟子取得了正统的地位，孔孟并举，而当时在程朱之前，已有人发扬《中庸》[2]；至于《大学》，则受到程朱的慧眼独具被欣赏，引《大学》与三书合并，也作为“四书”研读顺序的骨架。朱子认为《大学》作为骨架，而后填充论、孟[3]，至于《中庸》，谈天道性命，是孔子罕言，而子贡所不得闻者，故朱子学为学者立法[4]，其教育思想，亦是教人以“四书”作为学习的方针，而《大学》为纲骨，于十五岁后学习《大学》，至于十五岁之前，则教之以洒扫应对进退及六艺等。十五岁以后，教之以三纲领、八条目，其中以格物为先，格物者，故在朱子学而言，必是学习之所先，必先格物而后诚意[5]；而《大学》的内容有经一章、传十章，于传处，释完了三纲领之后，便释诚意，“所谓诚其意者毋自欺也”，故朱子认为必于格物与致知处有其传而遗失[6]，故朱子填充了自己的《格致补传》，其内容表现出了朱子的重穷理的精神，一旦《论语》、《孟子》、《中庸》等都要以《大学》为本，而《大学》又要以格致为本，而格致的本，又以朱子的诠释方向为本，则“四书”都是朱子的义理，其实是一种理气论架构，此乃朱子的一种诠释策略。

本文论朱子《四书集注》中的教育思想，谈及教育思想，必不可不论及朱子对于《大学》一书的诠释，及朱子的“学以复其初”之说，这也是我认为朱子“四书”学中的两大重点，以下我以此分为二节，用以阐发朱子的教育观，而内容则锁定在《四书集注》里。另外我的写作方法是比较法，即把朱子的教育见解与他家比较，特别容易相形出朱子的教育特色。

二、以《大学》的架构诠释“四书”，为学者立教育之法

《四书集注》的编辑，在朱子的安排下，以《大学》为首，《大学》作为骨架，再填充材料，故《大学》可谓“四书”的引领，《大学》义理如何训解，都将影响到“四书”的诠释方式。我在此举出朱子于《大学》中的教育观的诠释方式，以见出朱子运用在教育上的体系架构，展示出工夫修养的进程，为学之序与教育程序的安排，教育是为了启发出道德，而道德又是复其初之性善之德，依此朱子的启德之序与教育之序是一致的，都与《大学》架构相关；我从《大学章句序》说起。

（一）《大学章句序》

《四书集注》中，朱子于注解四本书之前都先有序说，其中《大学》与《中庸》序说最为重要。而《大学》作为“四书”阅读之首，《大学章句序》又作为《大学章句集注》之首，其重要性由此可知。朱子于章句序中对古代的教育做了如此的陈述，认为《大学》中的教育方式是古代的教育方式，东周后遗失，而孔子予以回复，其云：

> 三代之隆，其法寖备，然后王宫、国都以及闾巷，莫不有学。人生八岁，则自王公以下，至于庶人之子弟，皆入小学，而教之以洒扫、应对、进退之节，礼乐、射御、书数之文；及其十有五年，则自天子之元子、众子，以至公、卿、大夫、元士之适子，与凡民之俊秀，皆入大学，而教之以穷理、正心、修己、治人之道。此又学校之教、大小之节所以分也。[7]

朱子心目中，古代的教育设计，人生八岁，所有子弟都入小学，小学的内容主要有六艺及洒扫应对进退等，乃小学阶段是八岁到十五岁之间[8]，其人的推理能力并不算高，故先以规范安定其心，故教之以洒扫应对等，以礼仪规范限定之，先以强制的方式施行之，而不要弟子问为什么，因为这是十五岁后的格物之事。到了十五岁之后，高官子弟，及庶人之优秀者，可入于大学，至于大学，则不再以教条方式的限制，因为到了十五岁以后，总会进一步追问所以然之理，例如会问，为何要洒扫，这时不再以教条之实践为主，也要让他们学习所以然之理，而这所以然之理，就是以格物穷理的方式体会之。故于此章句序中，明显看出朱子以穷理来训格物[9]。而小学与大学之区分，一方面是年纪的不同所致；另一方面，因应年纪的不同，教育的目标与内容也不尽相同，其小学以规范、六艺等限定之；而到了大学，则目标为三纲领，目标为治国平天下，是培养大人的教育；而治国平天下又从格物开始，格物是穷究道理，问“所以然”与“所当然”的道理，要钻研事物的背后之理，而不再一味地只是规范之，而不问其所以然。

《大学章句序》，我并未全引，除了以上所引之外，朱子对于《大学》之流传，也做了一番解释，其认为周衰之后，学术之不作，故孔子回复之，而曾子效法之[10]，《大学》的经一章是孔子之言，传十章是曾子之解经之文，而曾子弟子记之。曾子传给子

思，子思传孟子[11]。而这种古代的教育方式，到了孟子而不传，到了河南程氏而重新发明之，故表彰《大学》一书。《大学章句序》一方面论及古代的大学、小学的教育方式与内容，一方面论及教育之道统观是如何传承的。当然这种道统观是在程朱学派的观点下的道统观，宋学意味浓厚。

（二）“格物”之训解

上文于《大学章句序》中已看到朱子用“穷理”两字，是用以诠释“格物”，“穷理”两字从《易传》而来，“和顺道德而理于义，穷理尽性以至于命”[12]。此穷理的意思亦空泛而可有不同的诠释，但在朱子，其穷理就是格物义，也是研究其所以然的事物之理；朱子于《大学》中对于格物的定义，朱子言：“格，至也。物，犹事也。穷至事物之理，欲其极处无不到也。”[13]格物义的训解相当重要，因为以朱子的方向而言，“四书”以《大学》为首，而《大学》又以格物为首[14]，格物训解出的义理将影响“四书”的诠释方向，而朱子便是运用此策略，于格物义训解后，就有“先知后行”[15]的架构，因为知至而后意诚，诚乃行的范畴，依于此，“四书”的义理都教人要先知后行。朱子认为格者，至也，物者事也，物者是事，也是事物的所以然之理，故至于事物之理而穷究其极，而于事物上无所不知，故格物的意思便是穷理的意思。然这是朱子的意思，朱子在《大学》处做了一些修正，如“亲民”改“新民”，如又加进了《格致补传》，于是阳明兴起时，要求恢复《大学》古本[16]，而不是朱子修订的新本。阳明不采朱子的格物义，其自己对于格物的训义是，格字：“大臣格君心之非之类，是则一皆正其不正以归于正之义，而不可以至字为训矣，且大学格物之训，又安知其不以正字为训，而必以至字为义乎？”[17]在此看出阳明反对朱子训格为至的意思，而阳明训之为“正”，至于“物”，阳明训之为“意之所用，必有其物，物即事也，如意用于事亲，即事亲为一物”[18]。阳明训物为事，与朱子同，然朱子的事是事的所以然之理，其实指的是理，与阳明“意之所在为物”不全同。故看出阳明训格物为“面对事物正吾人之心”，与朱子的穷理之训不同。[19]

刘蕺山也云：“后儒格物之说，当以淮南为正。曰：‘格知身之为本，而家国天下之为末。’”[20]朱子的格物之训，若比照于其他儒如阳明、蕺山、王艮者，就见出特殊性，即格物是否只能训为朱子的穷理呢？又朱子的格物是否一定是《大学》的本义呢？从朱子的“四书”顺序之订定，《大学》以格物穷理为本之见解，又做了《格致补传》等等修正之说，可以看出“四书”在他而言，只是表面的书籍，他依“四书”建立一套系统，此系统的背景是理气论，是一种理学的诠释，其中的要点之一，所谓理一分殊，指万物都分受天理，故于物物处格物，以与天通，求知于所然的天理，这是朱子在《大学》上的诠释方向，其有一个系统建立之目的，乃是先把四本书结合而成一体系，再从儒家的“四书”诠释建立他的理气论；这是一种创造性的诠释，不一定是《大学》原意，但也为儒家生命方向，创造了新契机。其内容结合了道统观、理气论、北宋学者的学说，特别是伊川，当然也有先秦儒家的义理，甚至也有佛老之观点。

（三）《格致补传》

《格致补传》于郑玄的古本《大学》所无，而为朱子所补，《格致补传》的义理将影响整个《大学》的义理方向，也将影响“四书”的诠释方向，因为“四书”以《大学》为本，《大学》又以格物为本。朱子于《大学集注》里言：“此谓知本，程子曰：衍文也。”“此谓知之至也。此句之上别有阙文，此特其结语耳。右传之五章，盖释格物、致知之义，而今亡矣。此章旧本通下章，误在经文之下。闲尝窃取程子之意以补之。”[21]《大学》依朱子分章中的第五章，原文是“此谓知本，此谓知至之也”。朱子依着程子的讲法，认为“此谓知本”为衍文。故此第五章只剩下“此谓知至之也”。然而朱子又说此句之上有阙文，于是自行作传以补之，是谓《格致补传》，一方面也是朱子个人的重格物穷理之兴趣；另一方面，也因为曾子[22]作传，于解释完三纲领后，第四章谈本末，第五章认为有阙文，之后直跳到“所谓诚意毋自欺”的诠释，并未对于格物与致知作传，于是朱子认为有阙文，而自已补之。又古本于此章，与诚意章相连一起，又置之于经一章之下[23]；朱子认为一方面要与诚意章分开，另一方面也不可置于经一章之下，而是应放置到三纲领的传之下。于是朱子以程子之义理以补充之，而程子表彰《大学》，又以理学建立学问[24]，程子的“涵养须用敬，进学则在致知”架构可谓影响朱子；朱子的工夫，半日静坐，半日念书，及诚明两进，先知后行，先格物致知，后诚意正心，也都是受了程子的表彰《大学》的架构下所做成的诠释[25]。故朱子的《格致补传》中的内容，可谓是发挥其穷理之说，而影响“四书”的诠释甚巨，因着这些架构，而导致“四书”的教法里，孔孟亦是先教人格物穷理[26]。然这是否是孔孟的原意，尚可讨论，而《格致补传》的重穷理之说是否是为《大学》的头脑处，亦非人人赞同，如船山有言：

> 《大学》固以格物为始教，而经文具曰“以修身为本”，不曰格物为本。章句云“本始所先”，夫岂有二先哉？格物致知，一修身之事也。经云“欲修其身者，先正其心”云云，必先欲之而后有所先，吃紧顶着修身工夫，却是正心、诚意。正心、诚意之于修身，就地下工夫也。致知、格物之于诚正，借资以广益也。只劈头说“欲明明德于天下”，便是“知止为始”。从此虽六言“先”，而内外本末，主辅自分。[27]

此可谓船山对于《大学》的诠释，不尽同于朱子[28]，朱子以格物致知为本，而船山质疑之，若格物为本，又曰“壹是皆以修身为本”，到底何者为本？船山认为是以修身为本，而诚意正心是修身的地下工夫也[29]。格物致知却是用来广益其诚正之心。船山认为以修身为本，欲修身，先要有正心诚意工夫，正心诚意为主，而格致是用以广益修身，是为辅。此乃船山对于《大学》的本末先后的见解，也许船山为了解释格、致为何没有作传，故如此释之，亦不像朱子以格致为本。在此我举船山之言，只是要表明，《大学》的诠释，朱子是一家之言，影响后人学者甚多，但未必是《大学》的本意。但由于朱子的诠释之特殊，也能看出朱子所要建立的体系，其教育的见解亦从其义理架构而发展出来的一套体系。

（四）先知后行的教育程序

当朱子诠释到“诚意章”时，大致而言，他的先知后行的教育程序架构已发展完成。格物致知者为知，而诚意正心为行。朱子于诚意传之章末，加进了自己的诠释：

> 经曰：“欲诚其意，先致其知。”又曰：“知至而后意诚。”盖心体之明有所未尽，则其所发必有不能实用其力，而苟焉以自欺者。然或已明而不谨乎此，则其所明又非己有，而无以为进德之基。故此章之指，必承上章而通考之，然后有以见其用力之始终，其序不可乱而功不可阙如此云。[30]

朱子的意思是，必先物格知至而后诚意，其次序不可颠倒，若不能先知而后行，则于其行时无法真实地用其力，最后终至于自欺而有虚妄；另外，若有人已物格知至了，却于诚意处有所自欺，亦是有其缺失，而于进德处终以难成。然无论如何，依于朱子诠释下的《大学》之次序，必先知后行[31]，这是教育的程序，也是德性上进德修业的程序[32]。朱子以《大学》建立出的骨架便是先知后行的架构，然这种讲法，到了阳明时，提出知行合一，以反对朱子的先知后行之说[33]。而且一旦朱子学说与阳明的不同被比较出来后，更能显出朱子学的特色，此乃朱子的先知后行的架构。朱子以此架构，放在“四书”的诠释中，于《论语·学而篇》中，朱子注：“弟子入则孝，出则悌，谨而信，泛爱众，而亲仁，行有余力，则以学文。”曰：“愚谓力行而不学文，则无以考圣贤之成法，识事理之当然，而所行或出于私意，非但失之于野而已。”[34]《论语》的语势是，先行，行若有余，则学，应为先行后学。而朱子以自己的《大学》架构以套《论语》，明显地与《论语》原意有出入，朱子认为要先知后行，先学文后实践，而《论语》的意思，是先实践，有空再学文，甚至若没有时间，不一定要学文。如此便能看清朱子所要建立的系统，也能看出朱子的教育方向与次序。

又朱子解《孟子》“尽其心者章”时言：

> 愚谓尽心知性而知天，所以造其理也；存心养性以事天，所以履其事也。不知其理，固不能履其事；然徒造其理而不履其事，则亦无以有诸己矣。知天而不以殀寿贰其心，智之尽也；事天而能修身以俟死，仁之至也。智有不尽，固不知所以为仁；然智而不仁，则亦将流荡不法，而不足以为智矣。[35]

朱子以理、事，比配尽心、存心，而理与事，又可用来与知、仁比配之，知者，必先知其理，故为格物之事；而仁者，为行之事，是比配于诚意之事，两者如车之双轮，互为依赖，以注疏之文，乍看似朱子的知行并重之说，但就顺序而言，必是先知后行。

又朱子于《中庸》的“自诚明谓之性”章的诠释是：“德无不实而明无不照者，圣人之德。所性而有者也，天道也。先明乎善，而后能实其善者，贤人之学。由教而入者也，人道也。”[36]朱子认为自诚而明是圣人之学，圣人如天而无不诚，但《大学》的架构是为学者立法，是由教而起，是后天的渐教系统，必先知后行，必先明善，而后能诚身。这都是朱子的《大学》教育架构于“四书”的运用。“四书”也因着《大学》教法的加入，而成为一种下学上达的渐教体系，一种先知后行的教育方法。

三、学以复其初

“学以复其初”是朱子教育观的一个重要特色，后来也影响了阳明学，阳明学就此点而言，其学问亦是做工夫以复其本心良知，阳明学虽与朱子学不相同，但就“复其初”而言是一致的。“学以复其初”的讲法是否是论孟之学的本意呢？我认为未必是，但朱子的诠释便是朝这方向出发。一旦朱子之说与船山、戴震学相比，则朱子的特色便凸显出来。朱子认为若未受污染者，不失则不用复，从来不失其初[37]之圣人，则不假修为；而船山认为圣人都是修为而成[38]。船山与朱子对教育学习的诠释，是很不相同的。[39]戴震亦不同意把先秦儒家的教育观诠释为“复其初”的讲法。[40]其认为这种教育思想是受了佛老之学影响所致。在此我先把各家对“四书”的见解，都视之为诠释，朱子学也是诠释的一支，至于其好坏与效力等，我于结语处谈之。

朱子“学以复其初”之义理，于“四书”中到处运用，其视《论语》、《孟子》、《大学》、《中庸》都是复其初的见解，“学以复其初”的背后理论，是理一分殊，理具于人处，是为心，心统性情，故心具众理，心不只具众理，而且是“本”具众理，此乃因着诠释孟子的性善是人所固有之而来；性善若是固有，为何还要后天的学习呢？在朱子而言，因为人虽本具理，却不知觉早受污染，故要学习，学习是用以恢复本有之心体，而此心体是本具理，心体本能照见此性理，便能依此理而行，故朱子的补传中所言，莫不因其已知之理而益穷之，此理本有而已知。船山于《大学》“明明德”处的诠释是：“明德者，人之所得乎天，而虚灵不昧，以具众理而应万事者也。但为气禀所拘，人欲所蔽，则有时而昏；然其本体之明，则有未尝息者。故学者当因其所发而遂明之，以复其初也。”[41]明德指的是心[42]，然此心是本具理的心，虽本具理，但为气禀、人欲所蔽，心不能清楚见理，故要做工夫以复其初，所做的工夫，不论是格物致知，或是诚意正心，所有的后天教育修为，都在复其心之本体。若圣人无蔽，则不待学习[43]，这是朱子的特殊教育理论。

除了于《大学》处如此诠释，《论语》处亦是如此，朱子诠释“学而时习章”时言：“学之为言效也。人性皆善，而觉有先后，后觉者必效先觉之所为，乃可以明善而复其初也。”[44]朱子对于“学”的见解，就是他的教育学习观，学者，效也，觉也，学者以圣人为榜样而学，然圣人之为圣人，也是把本有的性善表现出来，故圣人是复其初，而学者也是仿效而复其初，圣人能觉，而学者的工夫，也是下学以期脱然贯通之，则能明理，明善，而见其性理之本善。从《论语》首章中的朱子诠释，亦清楚看到其教育观是性善的教育观，然性善是固有、本有，不是后天的扩充，后天只是恢复本有之心性。“扩充”与“恢复”是一对矛盾的概念，一旦说“复其初”，则是恢复原本的样子，一旦言扩充，则于原本的样子再增添些东西，故两者是有所不同的，而朱子的“学以复其初”的讲法，面对孟子论扩充时，又该如何把此二者融合为一呢？朱子于诠释《孟子》的“知皆扩而充之”时言：

> 四端在我，随处发见。知皆即此推广，而充满其本然之量，则其日新又新，将有不能自已者矣。能由此而遂充之，则四海虽远，亦吾度内，无难保者；不能充之，则虽事之至近而不能矣。此章所论人之性情，心之体用，本然全具，而各有条理如此。学者于此，反求默识而扩充之，则天之所以与我者，可以无不尽矣。[45]

孟子所言的扩充义，是否同于朱子的诠释，也许未必，但从朱子这一段的诠释看出，朱子的“四书”诠释相当一贯，从头到尾贯彻其精神，包括先知后行的精神，“学以复其初”的精神。于扩充处，朱子把《孟子》诠释成也是“复其初”的讲法，复其性善之初，而扩充义反成了虚说。扩充与复其初，其实是有冲突的，而朱子却能结合；如船山、戴震都反对朱子把扩充义解成复其初的讲法。朱子于此的诠释是，四端在我是固有之，随处发现，纵为所蔽，在乍见之时[46]，总有曙光乍现，证明其本有、固有之性总是在。而朱子却把《孟子》的扩充义解成“充满其本然之量”，即天性所赋予人本有性善之全部，很多人只尽其部分，未推至其极量的全部，故可见他的扩充义，指的是常人性体为所遮蔽，故只能表现出一部分，而不是全部，而复其初则是复其全体本来之性。而其他家的解法不见得同于朱子，其他家的解法，所谓扩充者，则有再增加的意思；朱子的讲法，类于如来藏的不增不减，是否是《论语》、《孟子》原意，尚有争论。故朱子所言的日新又新，乃是去污的意思，去了污[47]，则天天革新，而回到原初。朱子所谓的扩充，其实还是复其初的讲法，所复者，复其本有之心，心本具理，心乃能具众理而应万物，因着人欲、气禀所蔽，而不能如从前之固有，故要做工夫以复本体，此本体之性理乃是天之所以与我之大体。

除了朱子所解孟子上一段处，其所解孟子的浩然章，亦如此，其面对浩然之气时诠释为：“本自浩然，失养故馁，惟孟子为善养之以复其初也。”[48]这里看到朱子把“复其初”之义理贯彻于《孟子》一书。然孟子的本义，养浩然之正气是扩充还是复其初，其实是有争议的。

至于朱子所诠释的《中庸》，亦有“复其初”的义理。朱子于《中庸·十三章》，“伐柯”一段的诠释曰：“言人执柯伐木以为柯者，彼柯长短之法，在此柯耳。然犹有彼此之别，故伐者视之犹以为远也。若以人治人，则所以为人之道，各在当人之身，初无彼此之别。故君子之治人也，即以其人之道，还治其人之身。”[49]若以木柄为标准，尚在左右手之远，若君子之治人方式，则回到其人本身之性善，连左右手之远都省了。

理虽在柯之中，也在我的性理之中，此朱子的理一分殊之说，故能回到己身以明之。故君子之治人，不是拿一个外在的标准以治人，于外则为远，于内则近，其希望人人回到自己身上寻找，此人身上能寻找出什么呢？即是性善之本有，故君子治理百姓，也是教育百姓能回到自己本有之性善，这也是“复其初”的义理。

综上所言，我从《大学》、《论语》、《孟子》、《中庸》处，都可以看到朱子的“复其初”的教育观。这是朱子学的重点，也是他对固有性善的诠释，但其中还是有很多朱子的创造性的诠释于其中，理由是朱子面对不同的经书，而用一个道统观以包括之，故要一以贯之的诠释“四书”，甚至“五经”，再加上自己的体会，小程子的影响，当时风气的影响刺激，融合而出一套创造性的架构，而对于儒学体系有所开创，亦有所开发。

四、结语与反思

朱子继承孟子的性善说，而性善是固有、本有，这是无可疑的，但固有之性善是否不用扩充而只求恢复其初，则是朱子的特殊诠释。我认为若以原意要求之，则朱子的复其初的教育观未必是孟子的意思，但朱子对于儒家义理的创造性，丰富了儒家的生命。朱子之后，学问的发展，如船山学[50]、戴震之学，常以原意要求朱子，故常有批评朱子学说的出现，也因为朱子本是在创造学问体系，而不只是回到原意，故的确不能合于船山等人的要求，即回到孔孟之原意要求。然若以另一套标准，即不以原意为标准而求之，而就学问的发展，能返于本以开新，此新虽不是原意所能承载，故展现出了创造性，我们可称朱子为有创造能力体系建构家，融合了不少学说于其中，可谓集大成者，此创造性架构，对中国及东亚的学术界、生活形态等影响甚巨，可谓本着儒家的义理，开创出崭新的生命。然我认为，若宽松的认定，即不求原意的方式，以另一种标准来看，朱子学是一个大宗，可谓化腐朽为神奇，儒家已僵化的传统，历经魏晋玄学、隋唐佛学，而面对当时佛老之学等外来之学的挑战，显得无力，而朱子却能重新消化了一些义理，而开创出新局。例如当朱子学传到当时的韩国，而开启了韩国朝鲜六百多年的思想，几乎都是朱子学化了，生活方式也大受影响，可谓朱子学的学问教育方式之理论，影响了学风与生活、政治等。

然朱子学的义理，以现在眼光看来，虽为旧学，却能合于不同时代的挑战，在不同的年代，有不同的接轨方式，面对西方重知识论的学问，朱子的格物重智的义理也可与之相接；也有人研究莱布尼茨的理神论之说，认为朱子的理学，可与之相接轨，西方的理神论，亦有近于朱子的天理义。此乃朱子所开创出儒家的新局，而让儒家义理丰富，除了本有的仁、智相合之外，又开发出了以格物而穷究其所以然的天理之传统。然朱子的理论之形成，是融合了各家思想下的集大成，一方面有程子的“涵养用敬，进学在致知”的讲法，故其教育修养工夫论是半日静坐，半日念书。亦有人视朱子学受了佛学的刺激。然如我上文所云，若不以原意要求之，儒家的义理，于时代上，与时俱进，可以与各种思想融合，而开出新局，能让儒家的义理扩大，而吸收进好的思想，也可使儒家学问不至于僵化，而与时俱进。

而朱子的理论下所呈现出的教育观，其背后是以理学、理气论作为支撑，以理一分殊为背景，而人、事、物都分受此理，生有本具此性理，此性理则是圆满而具足，故于教育理论上，要复其原初的性理；除此之外，其大学教育的设计，也是针对学者立法，为下学者设计出一套教育工夫理论，而让学者有所遵循，工夫扎实而有本可循，不似禅学的期以顿悟，而变得虚玄而不切实际。他的儒家思想，便是一种道德实践的程序，就表现在其大学教育架构中，是先知后行的教育观。人透过格物穷理以知性理，而有所奉行，所实践者，依理而行，大学知行并陈的架构，是一种渐教的过程，下学以上达，是把心中的污染、化其不好的气禀以期变化气质，而臻至于完美的工夫进程，也是其教育设计的遵循之次第。

注　释：

[1]“除了司马光以外，大学更得到当时两位儒学大师——程颢和程颐——的大力表彰。他们认定大学是孔氏之遗书，推许为初学入德之门。……朱熹继承程氏之学，不但极力提倡大学、中庸、孟子、论语，更为它们分章析句。”见岑溢成：《大学义理疏解》，台北：鹅湖出版社，1997年，第7页。

[2]《大学》是程朱首先重视，之前较不为人所重视；而《中庸》在程朱前早为人所重视，如范仲淹要张载读《中庸》，此可参见胡元玲：《张载易学与道学》，台北：学生书局，2004年，第2页。又劳思光先生认为：“李翱特重礼之中庸篇，而礼记则属汉人编辑之书。”劳思光：《新编中国哲学史》（三上），台北：三民书局，1990年，第63页。劳先生的意思，唐代已有儒者重《中庸》一书。陈赟言：“《中庸》进入《礼记》似乎有一个过程。《汉书·艺文志》列有‘《中庸说》二篇’，颜师古注曰：‘今《礼记》有《中庸》一篇，亦非本礼经，盖此之流。’《四库全书总目提要·中庸辑略》云：‘盖子思之作是书，本以阐天人之奥，汉儒以无所附丽，编之《礼记》，实于五礼无所属。故刘向谓之“通论”，师古以为“非本礼经也”。’即使《中庸》被编入《礼记》，在前宋明时代，依然存在着对《中庸》的单独处理，例如梁武帝的《中庸讲疏》、戴颙的《礼记中庸传》等。”陈赟：《中庸的思想》，北京：生活·读书·新知三联书店，2007年，第25页。

[3]“某要人先读《大学》，以定其规模；次读《论语》，以立其根本；次读《孟子》，以观其发越；次读《中庸》，以求古人之微妙处。”〔宋〕黎靖德编：《朱子语类》（二），台北：文津出版社，1986年，第249页。

[4]“子程子曰：‘大学，孔氏之遗书，而初学者入德之门也。’”〔宋〕朱熹：《四书章句集注》，台北：鹅湖出版社，1984年，第1页。由此看出，大学在程朱眼中，是为学者立教育之法。

[5] 此所谓朱子的先知后行之说，王阳明反对，故其言知行合一，于大学处亦反对朱子的新本，而建议恢复古本，而船山反而站在朱子立场为他辩解，反对阳明，船山言："故以《章句》八条目归重格物为非，而不知以格物本始者经也，非独传也，尤非独朱子之意也。既不揣而以此与《章句》为难，乃挟郑氏旧本以为口实，顾其立说又未尝与郑氏之言合。"〔明〕王夫之：《船山全书》第4册，长沙：岳麓书社，1996年，第1468页。

[6] 其实我认为《大学》也许不用填充《格致补传》，理由在于，传十章，若依朱子的分类，三纲领后，第四章乃释本末，此本末乃文中的"知本"，知物有本末之说，而物有本末，又是经的原文，格物者，乃格其物之本末，谁先谁后之事物；又第五章，原文："此谓知本，此谓知至之也。"这些语句就可视为是传在诠释经的致知之说。故可以说并未有阙文。

[7]〔宋〕朱熹：《四书章句集注》，台北：鹅湖出版社，1984年，第1页。

[8] 《礼记·曲礼上》记载："人生十年曰幼，学。"船山对此的诠释，附和朱子的讲法，船山言："八岁而入小学，十五而入大学，在十年之先后也。"〔明〕王夫之：《船山全书》第4册，第19—20页。

[9] 原文："而教之以穷理、正心、修己、治人之道。"此看出以穷理训格物。

[10] 原文："三千之徒，盖莫不闻其说，而曾氏之传独得其宗，于是作为传义，以发其意。及孟子没而其传泯焉，则其书虽存，而知者鲜矣！……于是河南程氏两夫子出，而有以接乎孟氏之传。实始尊信此篇而表章之，既又为之次其简编，发其归趣，然后古者大学教人之法、圣经贤传之指，粲然复明于世。虽以熹之不敏，亦幸私淑而与有闻焉。"这里有一种道统观，贯穿于《四书集注》之中，《中庸章句序》亦如此，从孔子到曾子，到孟子，到程子、朱子。《论语》看似也有道统观："尧曰：'咨！尔舜！天之历数在尔躬。允执其中。四海困穷，天禄永终。'舜亦以命禹。曰：'予小子履，敢用玄牡，敢昭告于皇皇后帝：有罪不敢赦。帝臣不蔽，简在帝心。朕躬有罪，无以万方；万方有罪，罪在朕躬。'周有大赉，善人是富。"（《论语·尧曰》）。孟子亦微有道统之说，孟子于"人之所以异章"言："舜明于庶物"，下一章言："禹恶旨酒而好善言。汤执中，立贤无方。文王视民如伤，望道而未之见。武王不泄迩，不忘远。周公思兼三王，以施四事。"又下一章言："王者之迹熄而诗亡，诗亡然后春秋作。"下一章言："予未得为孔子之徒也，予私淑诸人也。"此"人"字，朱子释为"子思之徒也"。孟子于《离娄下》四章所谈，近于道统观。除此外，韩愈亦有道统之说。

[11] 孟子是否为子思的学生，或是子思门人的学生，朱子于《孟子序说》中，有两种说法，兼采之。其接受《史记》"受业子思之门人"之言后加注云："子思，孔子之孙，名急。索隐云：'王劭以人为衍字。'而赵氏注及孔丛子等书亦皆云：'孟子亲受业于子思。'未知是否？"〔宋〕朱熹：《四书章句集注》，第197页。亦是说《史记》认为孟子受业于子思门人；而另一种说法，王劭、赵氏、孔丛子等人认为孟子受业于子思。

[12]《说卦·第一章》。

[13]〔宋〕朱熹：《四书章句集注》，第4页。

[14] 岑教授认为："因为四书之中，只有论语和孟子有集注……至于大学和中庸，则只有朱子自己的解说，没有集注，所以只能称为大学章句和中庸章句，不能叫作大学集注和中庸集注。"岑溢成：《大学义理疏解》，第14页。《大学》为何不如《论语》、《孟子》，以集解的方式出现呢？而只有章句，其中只有朱子与程子之言，无采他家之言，一方面，先行提倡《大学》的人不多；一方面，若只有程朱的注，则容易于诠释《大学》时，依己意，而不用太注意客观之注疏。

[15] 其实《论语》言："行有余力则以学文。"不见得是先知后行的架构。

[16] 这里的古本，指的是郑玄对《礼记》的注释本。

[17] 陈荣捷编著：《王阳明传习录详注集评》，台北：学生书局，1998年，第137页。

[18] 同上。

[19] 如近溪训格为式，司马光训格物为扞御外物，蕺山称格物之训，古来有七十二家。此意味着朱子的解法不是唯一。郑玄释格为来。可参见岑溢成：《大学义理疏解》，第117—131页。

[20]〔明〕黄宗羲，沈芝盈点校：《明儒学案》卷六十二《蕺山学案》，北京：中华书局，1985年，第1532页。

[21]〔宋〕朱熹：《四书章句集注》，第6页。

[22] 曾子是否为《大学》的作者，亦有不同的意见。依岑溢成教授指出，有三种说法，视曾子为作者，乃只是说法之一，可参见岑溢成：《大学义理疏解》，第8—12页。

[23] 郑玄本的《大学》，经一章的末后语："其所薄者厚，未之有也。"依朱子本，该接："康诰曰：克明德"，然郑玄本所接者，乃"此谓知本，此谓知之至也"。〔清〕阮元校勘：《十三经注疏》第5册，《礼记》，台北：艺文印书馆，1976年，第983页。

[24]"吾学虽有所受，天理二字却是自家体贴出来。"〔宋〕程颐、程颢：《二程集》，《河南程氏外书》卷12，台北：汉京文化，1983年，第424页。

[25]"人患事系累，思虑蔽固，只是不得其要。要在明善，明善在乎格物穷理。穷至于物理，则渐久后天下之物皆能穷，只是一理。"〔宋〕程颐、程颢：《二程集》，第144页。此是小程子的见解，可见在小程子时，已将格物训为穷理。

[26] 程树德反对朱子以理字诠释论语，其言："盖朱子误信其师伊川之说，以穷理为入圣之门，其注四书到处塞入理字，而最碍难通者莫如此章及'知之章'。一部论语并无一个理字，岂古圣人所不言者，而后儒乃以为独得之秘耶？"〔清〕程树德编著：《论语集释》第1册，北京：中华书局，1990年，第299页。

[27]〔明〕王夫之：《船山全书》第6册，长沙：岳麓书社，1996年，第619页。

[28] 船山于《读四书大全说》，谈自己的《大学》诠释，如两端一致，格致相因，故不全同意朱子的诠释；然于《礼记章句·大学》处，为了反对阳明的《大学》诠释，故结合朱子以反阳明，于此则较肯定朱子。参见〔明〕王夫之：《船山全书》第4册，第1468页。

[29]"诚意者，天德王道之关也。……此大学之条目，相为首尾，端不自格物始而以平天下终；特其效之已成，则自物格以向于天下平，为以次而益大耳。"〔明〕王夫之：《船山全书》第6册，第620页。

[30]〔宋〕朱熹：《四书章句集注》，第8页。

[31] 在朱子而言，为学的先后，以格致为重，必先知才能行；至于道德的重要性而言，实践为重。

[32] 牟先生认为朱子有混了道德程序与教育程序之说。其言："本是自觉地作道德实践，承体起用上之工夫问题，而今全外转而就教育程序上言。此为问题之歧出。"牟宗三：《心体与性体》（三），台北：正中书局，1990年，第345页。然我认为牟先生之批评朱子，乃站在阳明学以批评朱子，然阳明学是否真的是继承孔孟，亦有不赞同的见解。在朱子学而言，心本具理，因着染污，故要化气以能见理，以复其初，故其大学教育程序的设计，正是在涵养与致知，用以化气，使心气沉淀而足以见理。朱子的大学教育程序之设计固然是配合自己的理气论之说，然阳明的讲法也是诠释之一，宜视为各家有自家的不同诠释，如此较好。阳明学认为本心是理，故可言顿，但朱子学非顿教，因为朱子的心不是理，只能化气。此乃不同诠释所致。

[33]"夫人必有欲食之心，然后知食，欲食之心即是意，即是行之始也，食味之美恶，必待入

口而后知，岂有不待入口而已先知食味之美恶者邪，必有欲行之心，然后知路，欲行之心即是意，即是行之始矣。”陈荣捷编著：《王阳明传习录详注集评》，第132页。此阳明的知行合一之说以反对朱子的先知后行。

[34]〔宋〕朱熹：《四书章句集注》，第49页。

[35] 同上书，第349页。

[36] 同上书，第32页。

[37] 在朱子而言，复其初，乃复其本心之性善，所谓明德者。

[38]“《大易》、《论语》说尧、舜，说圣人，一皆有实，不作自然之词。谓圣人无修为而自圣，乃汉儒夸诞之论尔。程、朱诸先生力破汉儒议论，而于此不无因仍，则以生当佛、老猖狂之日，若不如此称颂圣人之德，推之于天授，则老氏之徒且将以敝其口耳讥圣贤之徒劳，释氏之徒且将以无学无修者夷周、孔于声闻之列。”〔明〕王夫之：《船山全书》第6册，第1143页。

[39] 船山的教育观是重视日生日成，扩充不已的进步，而不是复其初。

[40]“故学焉以复其初（朱子于论语首章，于大学在明明德，皆以复其初为言）复其初之云，见庄周书，（庄子缮性篇云：缮性于俗学以求复其初，滑欲于俗知以求致其明，谓之蔽蒙之民，又云：文灭质，博溺心，然后民始惑乱，无以返其性情而复其初）盖其谓理，即如释氏所谓本来面目，而其所谓存理，亦即释氏所谓常惺惺（释氏书云，不思善，不思恶，时认本来面目，上蔡谢氏曰：敬是常惺惺法，王文成解大学格物致知，主扞御外物之说，其言曰：本来面目，即吾圣门所谓良知，随物而格，是致知之功）岂宋以来儒者，其说尽援儒入释欤？”〔清〕戴震：《戴震集》，上海：上海古籍出版社，1980年，第279页。

[41]〔宋〕朱熹：《四书章句集注》，第3页。

[42] 此可参看朱子对于《孟子·尽其心者章》的注释，其中对于心的见解，便是具众理，应万物，故可知明德指的是心。而且是本具性的心。

[43] 朱子于《孟子·尽心上》“尧舜性之”章中解“尧舜性之，汤武身之”言：“尧舜天性浑全，不假修习。汤武修身体道，以复其性。”〔宋〕朱熹：《四书章句集注》，第358页。

[44]〔宋〕朱熹：《四书章句集注》，第47页。

[45] 同上书，第238页。

[46] 此扩充之说，乃孟子在谈乍见孺子将入于井时所发。

[47] 复其初则本是回到本然之旧，朱子却又把此解为新，故与大学的新民相关而释之，而言日新又新，新者，回到初生时的光彩之新，而旧者，朱子视染旧之污为旧。

[48] 此乃朱熹《四书章句集注》中，对《孟子·浩然章》的诠释。

[49]〔宋〕朱熹：《四书章句集注》，第23页。

[50] 船山面对朱子学有两个不同的态度，如在《读四书大全说》中，常批评朱子及朱子后学。而于《四书训义》中，常发扬朱子学的精神。

（作者单位：台湾东海大学哲学系）

朱子学
年鉴
（2013）

朱子学研究新视野

“一破千古之惑”
——朱子对《洪范》皇极说的解释

⊙陈　来

余英时先生在《朱熹的历史世界》一书中，对淳熙时期（1174—1189）皇极说争论的政治含义做了深入揭示，指出孝宗淳熙后期王淮执政时以其皇极论为国是，标榜“维持安静”、“消弭朋党”，作为其苟且折中的执政纲领，从而引起理学士大夫如朱熹的批评；而朱熹所写的《皇极辨》则是对光宗即位之初重申皇极为国是的反响，朱熹要推翻对皇极说的曲解，别出正解以取代之，以摧毁当时国是的理论基础。[1] 余先生的这些抉发是很值得重视的。

按照朱熹从理学诠释体系出发的理解，皇极之“皇”指王者而言，所以有关皇极的讨论，在朱熹确实是涉及政治文化范畴的问题。不过，这只是一面，在另外一面，朱子在和他的学生朋友之间讨论皇极的时候，更多的是把这个问题当作和朱熹经典解释中常常遇到的其他问题一样，从学术和思想上来加以讨论。因为，经典文本中任何一个观念，本身都具有其独立的经典解释意义，对朱子来说，经典的义理解释本身毕竟是第一位的，在此基础上申发其政治思想的应用。本文的意旨即在强调这一点。

一、皇极辨之起因

《尚书·洪范》，箕子论洪范九畴，其中第五项为“建用皇极”。文中对建用皇极的解说是：

> 五、皇极：皇建其有极。敛时五福，用敷锡厥庶民。惟时厥庶民于汝极。锡汝保极：凡厥庶民，无有淫朋，人无有比德，惟皇作极。凡厥庶民，有猷有为有守，汝则念之。不协于极，不罹于咎，皇则受之。而康而色，曰：“予攸好德。”汝则锡之福。时人斯其惟皇之极。无虐茕独而畏高明，人之有能有为，使羞其行，而邦其昌。凡厥正人，既富方谷，汝弗能使有好于而家，时人斯其辜。于其无好德，汝虽锡之福，其作汝用咎。无偏无陂，遵王之义；无有作好，遵王之道；无有作恶，尊王之路。无偏无党，王道荡荡；无党无偏，王道平平；无反无侧，王道正直。会其有极，归其有极。曰：皇，极之敷言，是彝是训，于帝其训，凡厥庶民，极之敷

言，是训是行，以近天子之光。曰：天子作民父母，以为天下王。

孔安国《洪范》之传曰：“皇，大；极，中也。凡立事，当用大中之道。”其所谓大中即无过无不及，是两端的中道。

朱子自早年到中年，没有留意过《尚书·洪范》之皇极说的解释，现在看到最早的讨论应在淳熙后期，即自浙东救荒归来之后。如其答梁文叔：

“皇极”之说，来说亦得之。大抵此章自“皇建其有极”以下，是总说人君正心修身、立大中至正之标准以观天下而天下化之之义；“无偏无陂”以下，乃是反复赞叹，正说皇极体段；“曰皇极之敷言”以下，是推本结杀一章之大意。向见诸葛诚之说略是如此，但渠说有过当处耳。[2]

朱子在浙东时认识诸葛诚之，故推其语气，此书当作于浙东归来后数年，当在甲辰之后、戊申之前。在这里，朱子回应了梁关于皇极的讨论，他基本同意梁对皇极的解说，也基本肯定诸葛诚之对皇极说的理解。朱子认为，皇指人君，建极是确立根本标准。如何建极呢？就是人君以自已修身来确立这个道德标准，然后用这样的标准观察天下，而天下则自然会依照这个标准归心教化。朱子不仅解说了“皇建其有极”，也把《洪范》中论皇极的整段文字分成三层做了结构和宗旨的说明。照朱子所说，他的理解与梁文叔及浙中学者诸葛诚之差别不大。虽然，朱子这里对皇极的解释是强调人君以修身立标准、天下化之，与后来《皇极辨》的基本思想一致，但在这里仍使用了“大中”，这是《皇极辨》作成后朱子不再主张的，而且后来朱子是用“至极”而不是用“至正”解说极之义，可见此信当写于《皇极辨》作成之前。

淳熙末年，朱子作《皇极辨》，正式表达出其意见。其答吴伯丰第二书：

横渠先生象，记得旧传蜀中本时，云亦有御史象，今却不记曾见与不见。岁久不复可得其真，但当兼收，以见区区尊仰之意而已。但去岁此时同遭论列，今又适以此时相见，亦可笑也。李卫公书如此，正不足传，顾其全书遂不复可见，殊可惜耳。庐陵近数得书，一病不轻，且幸已平复也。金溪一向不得书，亦省应答之烦。《皇极辨》并往，此亦一破千古之惑，可录一本送正淳，皆勿广为佳耳。[3]

“去岁此时论列”指淳熙十五年（1188）六月朱子入朝时林栗既劾朱熹又攻击横渠之事。“金溪一向不得书”，指朱陆太极之辩后二人已有一段时间未通音讯。按朱陆之辩朱子最后一书在淳熙十六年（1189）正月，二月孝宗内禅，陆象山七月来书报荆门之命，以此推之，此书应在淳熙十六年（1189）夏六月为近[4]，时当《皇极辨》作成不久，故寄吴伯丰一观。考虑到《皇极辨》一文写作的时间约在淳熙十六年（1189）夏或稍前，及此书的语气，《皇极辨》写作起因应当与朱陆之辩中涉及皇极说有直接关系。吴伯丰、万正淳皆江西学者，朱子在提到金溪（陆九渊）后立即提起随信寄去的《皇极辨》，并特叮嘱“勿广为佳”，即是不想让《皇极辨》一文广为流传，以避免刺激陆象山及其江西弟子，以免引起新的论辩，表明此文应与陆学有关。

同时，此文所论也涉及“时事”，说明此文之作确有其涉关时事政治的含义。東景南曾指出："朱熹其时专作《皇极辨》，一则抨击赵昚及反道学派所谓持平无党，调和折中之'皇极用中'说，盖'皇极用中'说已成赵昚及反道学当政打击道学之政治武器，如周南在绍熙元年廷对所言：'今蒙蔽之甚，使陛下不能用人者，其说有三而已，一曰道学，二曰朋党，三曰皇极。'（《山房集》）。二则仍与陆九渊论辩无极太极。"[5] 按周南原话为："今之蒙蔽之甚者立为议论，以笼罩主意，使陛下不能摆脱以用人者，其说有三而已……"依周南当时的说法，淳熙中以来，朝中人士有三种突出的议论或说法蒙蔽了皇帝，妨碍了朝廷的用人，一是道学之论，二是朋党之论，三是皇极之论，可见周南所谓三说乃是指三种淳熙以来朝中的政治议论，对皇帝的用人之道发生了影响。这三种都是针对道学而对朝廷任用道学人士产生了消极作用的议论主张，皇极说便是其中的一种。职是之故，朱子的皇极辨中自然也会涉及对这种皇极说的政治应用的批评。

不过，朱子既然说明"一破千古之惑"，表明无论写作的直接起因如何，此文的基本观念和理论指向是针对汉代以来学者对"皇极"的诠释传统进行辨析，其学术辨析的意义是基本和首要的。

二、《皇极辨》初本

传本朱子文集的《皇极辨》是后来的改本，而并不是淳熙十六年（1189）的初本，初本载在宋本《晦庵先生文集》后集，后集约刻于淳熙十六年（1189）。[6] 让我们先来看《皇极辨》初本的全文：

> 《洛书》九数而五居中，《洪范》九畴而皇极居五，故自孔安国训"皇极"为"大中"，而后之诸儒莫有以为非者。予尝考之，皇者，君之称也；极者，至极之义、标准之名，常在物之中央，而四外望之以取正焉者也。故以极为在中之至则可，而直谓极为中则不可。若北辰之为天极，屋栋之为屋极，其义皆然。而《礼》所谓"民极"者，于皇极之义为尤近。顾今之说者既误于此，而并失于彼，是以其说辗转迷缪而终不能以自明也。即如旧说，姑亦无问其它，但于洪范之易"皇"以"大"，易"极"以"中"而读之，则所谓"惟大作中，大则受之"之属为何等语乎！故予窃独以为皇者君也，极者至极之标准也。人君以一身立乎天下之中，而能修其身以为天下至极之标准，则天下之事故莫不协于此而得其本然之正，天下之人亦莫不观于此而得其固有之善焉，所谓皇极者也。是其见于经者，位置法象盖皆本于洛书之文，其得名则与夫天极、屋极、民极者皆取居中而取极之意，初非指中为极也，则又安得以是而训之哉？[7]

上为第一段（分段为笔者所为），解说"五、皇极"。朱子首先指出，孔安国用"大中”解释皇极的说法，千年以来，大家都认为是正确的，从没有人指出其错误。事实上北宋道学对皇极的理解也没有离开孔说，如张横渠。[8] 而朱熹认为，首先，“皇极”中的“皇”是指君主而言，“极”是指标准；但皇权本身并不能成为标准，君主只有按儒家思想修身正身，他的行为才能成为天下的根本标准。所以朱熹的皇极思想是对皇权的道德限制，而不是对皇权的无条件声张，这是朱熹皇极说的政治思想本质，与后世鼓吹皇权的皇极说不同。其次，作为标准的极常常立在物的中央，四方周围都以它为标准而取正。所以，极的位置常常在中央，但极的意思并不是中，极的意思是根本标准；特别是，如果照孔安国的说法，用大替代皇，用中替代极，下文的“惟皇作极”就变成“惟大作中”，文义就完全不通了，因此以“大中”解释皇极是不正确的。总之，在概念上，朱子认为“中”是“极”所矗立的位置，不是“极”的本义，极的本义只能是最根本的标准。反对以中为极是朱子的基本立场。当然，朱子也没有摆脱中的缠扰，在经典解释上，他还需要用极在中央之中来取代孔传的无过不及之中的解释。

> 曰“皇建其有极”云者，言夫人君以其一身而立至极之标准于天下也。曰“敛时五福，用敷锡厥庶民”者，言夫人君能建其极，而于五行焉得其性，于五事焉得其理，则固五福之所聚，而又推以化民，则是布此福而与民也。曰“惟时厥庶民于汝极，锡汝保极”者，言民视君以为至极之标准而从其化，则是以此还锡其君，而使之长为天下之标准也。曰“凡厥庶民，无有淫朋，人无有比德，惟皇作极”者，言民之所以能若此者，皆君之德有以为至极之标准也。曰“凡厥庶民，有猷有为有守，汝则念之；不协于极，不罹于咎，皇则受之”者，言君既立极于上，而下之从化或有浅深迟速之不同。则其有谋者为操守者固当念之而不忘；其未能尽从而未抵于大戾者，亦当受之而不拒也。曰“而康而色，曰：‘予攸好德。’汝则锡之福，时人斯其惟皇之极”者，言人之有能革面而以好德自名，虽未必出中心之实，亦当教以修身求福之道，则是人者亦得以君为极而勉其实也。

上为第二段，阐述《洪范》中“皇建其有极”及其以下几句中论及“极”的语句意义。朱子认为，“皇建其有极”就是人君以身作则为天下建立一根本标准。而“皇建其有极”下面几句都是说人君立此标准并推广以教化人民，而人民以君身之德为至极标准，追随并归化于此极；强调按照皇极修身是根本的求福之路。在他看来，这样的解释非常通畅。

> 曰“无虐茕独，而畏高明。人之有能有为，使羞其行，而邦其昌”者，言君之于民不当问其贵贱强弱，而皆欲其有以进德，故其有才能者必皆使其勉进其行，而后国可以赖以兴也。曰“凡厥正人，既富方谷，汝弗能使有好于而家，时人斯其辜。于其无好德，汝虽锡之福，其作汝用咎”者，言凡欲正人者，必先有以富之，然后纳之于善。若不能使之有所赖于其家，则此人必将陷于不义而无复更有好德之心矣，至此而后始欲告之以修身求福之说，则已缓不及事，而其起而报汝，唯有恶而无善矣。盖人之气禀不同，有不可以一律齐者。是以圣人所以立极于上者至严至

密，而所以接引于下者至宽至广。虽彼之所以移于此者，迟速真伪、才德高下有万不同；而吾之所以应于彼者，矜怜抚奄，恳恻周尽，未尝不一也。

上为第三段，朱子认为这一段先讲人君用人之道不论强弱，都以进德为要求；其次强调教化必须先富后教，使民之家业有基础，而后使其向善好德，以修身求福。朱子指出，圣人建立标准是至为严密的，但接引下民的态度则甚为宽广，对下民因德性的差别造成的进步缓慢持宽容态度，显现出对人民的恳恻之心。朱熹认为，立极和接引是不可偏废的两面，立极必须至严至密，接引则应当至宽至广。这里所谓接引的宽广是对下民而言。

曰“无偏无陂，遵王之义；无有作好，遵王之道；无有作恶，遵王之路。无偏无党，王道荡荡；无党无偏，王道平平；无反无侧，王道正直。会其有极，归其有极”者，言民皆不溺于己之私，以从乎上之化，而会归于至极之标准也。析而言之，则偏陂好恶，以其生于心者也言也；偏党反侧，以其见于事者言也；遵义、遵道、遵路，方会其极也；荡荡、平平、正直，则已归于极矣。曰“皇极之敷言，是彝是训，于帝其训”者，言人君以身为表而布命于下，则其所以为常、为教者一皆循天之理，而不异乎上帝之降衷也。曰“凡厥庶民，极之敷言，是训是行，以近天子之光”者，言民于君之所命，能视以为教而谨行之，则是能不自绝远，而有以亲被其道德之光华也。曰“天子作民父母，以为天下王”者，言能建其有极，所以有作民之父母而为天下之王也。不然，则有其位无其德，不足以建立标准，子育元元，而履天下之极尊矣。

以上为第四段，解说六“无”和会归有极。按“无有作好”，“无有作恶”，“无偏无陂”，“无偏无党”，“无党无偏”，“无反无侧”，这六项“无”是修身的不同方面；“遵王之义”，“遵王之道”，“遵王之路”是遵从君上的教化；“会其有极，归其有极”是归于根本的标准，朱子认为六“无”而“遵王”，是说人民遵从人君的教化，会归于人君以身立极的标准。“王道荡荡”、“王道平平”、“王道正直”都是归于根本标准的状态。

通过上面四段，已经把《洪范》“皇建其有极”一整段的意思说明完毕。此下，朱子又对以大中解释皇极的现实政治含义和流弊进行了直接的批评：

天之所以锡禹，箕子之所以告武王者，其大指盖如此。虽其奥雅深微，或非浅陋所能究测，然尝试以是读之，则亦坦然明白而无一字之可疑者。但先儒昧于训义之实，且未尝讲于人君修身立道之本，既误以“皇极”为“大中”，又见其词多为含洪宽大之意，因复误认，以为所谓中者不过如此。殊不知居中之中既与无过不及之中不同，而无过不及之中乃义理精微之极，有不可以毫厘之差者，又非含糊苟且、不分善恶之名也。今以误认之“中”为误认之“极”，不谨乎至严至密之体，而务为至宽至广之量，则汉元帝之优游、唐代宗之姑息，皆是物也。彼是非杂糅，贤不肖混淆，方且昏乱陵夷之不暇，尚何敛福锡民之可望哉！

这是初本的第五段。朱子指出，把皇极解释为大中，在政治上就是强调掌握“无过无不及”的调和中间路线。而这种“大中”其实往往是放弃原则，放弃标准，成为含糊苟且、不分善恶的掩饰；由于取消了严格的标准，专以宽容为名，结果是杂糅是非，混淆君子小人。如前面所说，立极严而接引不宽，是不对的；立极不严而只求宽松，也是不对的。虽然这里所说曲解含容宽大的“先儒”包含了本朝不少人物，因为北宋以来朝廷常常出现以“皇极用中”标榜不偏不倚的说法，但朱子在这里实际上是有针对性的，直指孝宗时代后期朝中某些政治集团或势力（如王淮）。他们所持大中的皇极说，其政治实践，对于朱熹而言，就是对道学人士和反道学人士不分善恶，对道学人士与反道学人士在政治上的争论模糊化处理，对反道学的小人含糊包容，仍加使用。朱子认为，这就是混淆杂糅的政治议论和含糊苟且的政治路线。

在文本的最后一段也就是第六段：

> 吾意如此，而或者疑之，以为经言“无偏无陂”，“无作好恶”则所谓极者，岂不实有取乎得中之意，而所谓中者，岂不真为无所去就憎爱之意乎？吾应之曰“无偏无陂者，不以私意而有所去就尔。然曰遵王之义，则去恶而从善未尝不力也。无作好恶者，不以私而自为憎爱尔”。然曰遵王之道，遵王之路，则其好善而恶恶固未尝不明也。是岂但有包容、漫无分别之谓？又况经文所谓王义王道王路者，乃为皇建有极之体，而所谓无所偏陂反侧者，自为民归有极之事，其文义亦自不同也邪。必若子言，吾恐天之所以锡禹，箕子之所以告武王者，上则流于老庄依阿无心之说，下则溺于乡原同流合污之见，虽欲身体而力行之，是乃所以幸小人而病君子，亦将何以立大本而序彝伦哉？作皇极辨。

从此段最后一句“作皇极辨”来看，应是全文的最后结束。在这一段里，朱子批评了把“无作好恶”理解为“但有包容、漫无分别”的态度，也批评了把“无作好恶”理解为佛老“无所去就”的思想；否定了把“无作好恶”理解为老庄“依阿无心之说”，也否定了把“无作好恶”混等于“乡愿同流合污之见”。这里主要针对的是以老庄思想解释皇极说的论点。

在《皇极辨》初本本体完成之后，朱熹又两次写了补充，记之于文后，发明未尽之意。第一个补记是：

> 或曰：“皇极之为至极，何也？”予应之曰：“人君中天下而立，四方面内而观仰之者，至此辐辏于此而皆极焉。自东而望者不能过此而西也，自西而望者不能逾此而东也。以孝言之，而天下之孝至此无以加；以弟言之，则天下之弟至此而无小过也。此人君之位之德所以为天下之至极，而皇极所以得名之本意也。故惟曰聪明睿智，首出庶物，如所谓天下一人而已者然后有以履之而不疚，岂曰含容宽（大一）德之偏而足以当之哉！”客曰唯唯，因复记于此，以发前之未尽。

这是解释至极，强调至极的意思就是中天下而立，四方观仰取法以为至极。皇极即人君之德为天下至极。朱子特别提及，皇极绝不是仅指含容宽大而已。

第二个补记是：

庄子曰："为善无近名，为恶无近刑，缘督以为经。"督，旧以为中，盖人身有督脉，循脊之中，贯彻上下（见医书），故衣背当中之缝亦谓之督（见《深衣注》），皆中意也。老庄之学，不论义理之当否，而但欲依阿于其间，以为全身避患之计，正程子所谓闪奸打讹者，故其意以为为善而近名者为善之过也，为恶而近刑者亦为恶之过也，唯能不大为善、不大为恶而但循中以为常，则可以全身而尽年矣。然其为善无近名者，语或似是而实不然。盖圣贤之道，但教人以力于为善之实，初不教人以求名，亦不教人以逃名也。盖为学而求名者，自非为己之学，盖不足道；若畏名之累己而不敢尽其为学之力，则其为心亦已不公而稍入于恶矣。至谓为恶无近刑，则尤悖理。夫君子之恶恶如恶恶臭，非有所畏而不为也，今乃择其不至于犯刑者而窃为之，至于刑祸之所在，巧其途以避之而不敢犯，此其计私而害理又有甚焉。乃欲以其依违苟且之两间为中之所在而循之，其无忌惮亦益甚矣！客尝有语予者曰：昔人以诚为入道之要，恐非易行，不若以中易诚，则人皆可行而无难也。予应之曰：诚而中者，君子之中庸也；不诚而中，则小人之无忌惮耳。今世俗苟偷恣睢之论，盖多类此，不可不深察也。或曰：然则庄子之意，得无与子莫之执中者类耶？曰：不然。子莫执中，但无权耳，盖犹择于义理而误执此一定之中也。庄子之意，则不论义理，专计利害，又非子莫之比矣。盖迹其本心，实无以异乎世俗乡原之所见，而其揣摩精巧、校计深切，则又非世俗乡原之所及，是乃贼德之尤者。所以清谈盛而晋俗衰，盖其势有所必至，而王通犹以为非老庄之罪，则吾不能识其何说也。既作《皇极辨》，因感此意有相似者，谩笔之于其后云。

按：此文原附于《皇极辨》之后，为补记之二，当时未有"养生主说"之名；后独立为篇，篇名定为《养生主说》，载于今传本文集七十二，而文字与《皇极辨》初稿所附无异。此文批评庄子"为善无近名，为恶无近刑"之说，认为这种思想与世俗所谓"中"有近似之处，世俗的中"乃欲以其依违苟且之两间为中之所在而循之"，是"苟偷恣睢之论"，这既不是"子莫执中"的中，也不是皇极之义。

由于这两则补记皆附于《皇极辨》初本之末，收入淳熙十六年（1189）所刻《晦庵先生文集》后集，可知两则补记写作的时间应在《皇极辨》初本完成后不久。而在这两则补记中，朱子突出地批判了依违苟且之两间的中间路线和折中主义，现实政治含义比较突出。

三、《皇极辨》后本

今传本所载《皇极辨》为后本，载《朱子文集》卷七十二，乃就初本而加以文饰之，其全文如下：

《洛书》九数而五居中，《洪范》九畴而皇极居五，故自《孔氏传》训“皇极”为“大中”，而诸儒皆祖其说。余独尝以经之文义语脉求之，而有以知其必不然也。盖皇者，君之称也；极者，至极之义、标准之名，常在物之中央，而四外望之以取正焉者也。故以极为在中之准的则可，而便训极为中则不可。若北辰之为天极，脊栋之为屋极，其义皆然。而《礼》所谓“民极”，《诗》所谓“四方之极”者，于皇极之义为尤近。顾今之说者既误于此，而并失于彼，是以其说展转迷缪而终不能以自明也。即如旧说，姑亦无问其它，但即经文而读“皇”为“大”，读“极”为“中”，则夫所谓“惟大作中，大则受之”为何等语乎！

以上为第一段，对比初本可知，其对皇极的解释与初本完全一致。在次序文句上则有别，如初稿“予尝考之”，后本为“余独尝以经之文义语脉求之，而有以知其必不然也”。初本“故以极为在中之至则可”，后本作“故以极为在中之准的则可”。在举例中加了“《诗》所谓‘四方之极’”，而去掉了初本“论法象本于洛书、得名居中而取极”一段。

今以余说推之，则人君以眇然之身履至尊之位，四方辐凑，面内而环观之，自东而望者不过此而西也，自南而望者不过此而北也，此天下之至中也。既居天下之至中，则必有天下之纯德而后可以立至极之标准，故必顺五行、敬五事以修其身，厚八政、协五纪以齐其政，然后至极之标准卓然有以立乎天下之至中，使夫面内而环观者莫不于是而取则焉：语其仁则极天下之仁，而天下之为仁者莫能加也；语其孝则极天下之孝，而天下之为孝者莫能尚也，是则所谓皇极者也。由是而权之以三德，审之以卜筮，验其休咎于天，考其祸福于人，如挈裘领，岂有一毛之不顺哉！此《洛书》之数所以虽始于一，终于九，而必以五居其中；《洪范》之畴所以虽本于五行，究于福极，而必以皇极为之主也。

与初本不同的是，第二段没有立即讨论皇建其有极和敛时五福等，而是把初本的补记一的思想增写在这里。强调立于天下之至中者必有天下之纯德，如此才可以为至极的标准；其纯德又必须在五行、五事、八政等实事上体现，标准才能真正立于天下使人民据以取正。君主为德和为政相统一，以皇极为主，社会和人民才能聚福得福，这是儒家德福观的一种表达。

若箕子之言有曰“皇建其有极”云者，则以言夫人君以其一身而立至极之标准于天下也。其曰“敛时五福，用敷锡厥庶民”云者，则以言夫人君能建其极，则为五福之所聚，而又有以使民观感而化焉，则是又能布此福而与其民也。其曰“惟时厥庶民于汝极，锡汝保极”云者，则以言夫民视君以为至极之标准而从其化，则是复以此福还锡其君，而使之长为至极之标准也。其曰“凡厥庶民，无有淫朋，人无有比德，惟皇作极”云者，则以言夫民之所以能有是德者，皆君之德有以为至极之标准也。其曰“凡厥庶民，有猷有为有守，汝则念之；不协于极，不罹于咎，皇则受之”云者，则以言夫君既立极于上，而下之从化或有浅深迟速之不同。其有谋者、有才者、有德者，人君固当念之而不忘；其或未能尽合而未抵乎大戾者，亦当受之而不拒也。其曰“而康而色，曰：‘予攸好德。’汝则锡之福，时人斯其惟皇之极”云者，则以言夫人之有能革面从君而以好德自名，则虽未必出于中心之实，人君亦当因其自名而与之以善，则是人者亦得以君为极而勉其实也。

这是第三段，与初本第二段论述的内容相当。在文句上，初本作“曰‘敛时五福，用敷锡厥庶民’者，言夫人君能建其极，而于五行焉得其性，于五事焉得其理，则固五福之所聚，而又推以化民，则是布此福而与民也”。后本为“其曰‘敛时五福，用敷锡厥庶民’云者，则以言夫人君能建其极，则为五福之所聚，而又有以使民观感而化焉，则是又能布此福而与其民也”。把初本和后本对照可见，“曰”改为“其曰”，“者”改为“云者”，“言夫”改为“则以言夫”，这是后本的通例；并去掉了“而于五行焉得其性，于五事焉得其理”，把“而又推以化民”改为“而又有以使民观感而化焉”。在这些地方，既可见朱子修辞之功的精细，也可看出后本的简化。本段此类例子，仅举如此，读者可自行细加比照。

其曰“无虐茕独，而畏高明。人之有能有为，使羞其行，而邦其昌”云者，则以言夫君之于民一视同仁，凡有才能皆使进善，则人才众多而国赖以兴也。其曰“凡厥正人，既富方谷，汝弗能使有好于而家，时人斯其辜。于其无好德，汝虽锡之福，其作汝用咎”云者，则以言夫凡欲正人者，必先有以富之，然后可以纳之于善。若不能使之有所赖于其家，则此人必将陷于不义。至其无复更有好德之心，而后始欲教之以修身，劝之以求福，则已无济于事，而其起以报汝唯有恶而无善矣。盖人之气禀或清或浊，或纯或驳，有不可以一律齐者。是以圣人所以立极乎上者至严至密，而所以接引乎下者至宽至广。虽彼之所以化于此者，浅深迟速其效或有不同；而吾之所以应于彼者，长养涵育其心未尝不一也。

这是第四段，与初本第三段论述的内容相当。其中文句的调整修饰之功，略如前面一段，如最后一句初本作“虽彼之所以移于此者，迟速真伪、才德高下有万不同；而吾之所以应于彼者，矜怜抚奄，恳恻周尽，未尝不一也”，后本为“虽彼之所以化于此者，浅深迟速其效或有不同，而吾之所以应于彼者，长养涵育其心未尝不一也”。是故不复一一细加比较了。

其曰“无偏无陂，遵王之义；无有作好，遵王之道；无有作恶，遵王之路。无偏无党，王道荡荡；无党无偏，王道平平；无反无侧，王道正直。会其有极，归其有极”云者，则以言夫天下之人皆不敢徇其己之私以从乎上之化，而会归乎至极之标准也。盖偏陂好恶者，己私之生于心者也；偏党反侧者，己私之见于事者也；王之义、王之道、王之路，上之化也，所谓皇极者也；遵义、遵道、遵路，方会其极也；荡荡、平平、正直，则已归于极矣。其曰“皇极之敷言，是彝是训，于帝其训”云者，则以言夫人君以身立极而布命于下，则其所以为常、为教者皆天之理，而不异乎上帝之降衷也。其曰"凡厥庶民，极之敷言，是训是行，以近天子之光"云者，则以言夫天下之人，于君所命，皆能受其教而谨行之，则是能不自绝远，而有以亲被其道德之光华也。其曰"曰：'天子作民父母，以为天下王'"云者，则以言夫人君能立至极之标准，所以能作亿兆之父母而为天下之王也。不然，则有其位无其德，不足以首出庶物、统御人群而履天下之极尊矣。

这是第五段，与初本第四段论述的内容相当。其中文句以多调整之功，如初本作"言人君以身为表而布命于下"，后本为"则以言夫人君以身立极而布命于下"，后本突出"立极"，与全篇思想更为一致。初本作"不足以建立标准，子育元元，而履天下之极尊矣"，后本为"不足以首出庶物、统御人群，而履天下之极尊矣"。

是书也，原于天之所以锡禹，虽其茫昧幽眇有不可得而知者，然箕子之所以言之而告武王者，则已备矣。顾其词之宏深奥雅，若有未易言者，然尝试虚心平气而再三反复焉，则亦坦然明白而无一字之可疑。但先儒未尝深求其意，而不察乎人君所以修身立道之本，是以误训"皇极"为"大中"。又见其词多为含洪宽大之言，因复误认"中"为含糊苟且、不分善恶之意。殊不知"极"虽居中，而非有取乎中之义。且"中"之为义，又以其无过不及、至精至当而无有毫厘之差，亦非如其所指之云也。乃以误认之"中"为误训之"极"，不谨乎至严至密之体，而务为至宽至广之量，其弊将使人君不知修身以立政，而堕于汉元帝之优游、唐代宗之姑息，卒至于是非颠倒，贤否贸乱，而祸败随之，尚何敛福锡民之可望哉！

这是第六段，与初本第五段论述的内容相当。初本作"既误以'皇极'为'大中'。又见其词多为含洪宽大之意，因复误认，以为所谓中者不过如此。殊不知居中之中既与无过不及之中不同，而无过不及之中乃义理精微之极，有不可以毫厘之差者，又非含糊苟且、不分善恶之名也"。后本为"是以误训'皇极'为'大中'。又见其词多为含洪宽大之言，因复误认'中'为含糊苟且、不分善恶之意。殊不知'极'虽居中，而非有取乎中之义。且'中'之为义，又以其无过不及、至精至当而无有毫厘之差，亦非如其所指之云也"。两相比较，意旨相同，文语次序有所调整，更明确指出了误认"中"为无原则调和的错训。

呜呼！孔氏则诚误矣，然迹其本心，亦曰姑以随文解义，为口耳占毕之计而已，不知其祸之至此也。而自汉以来迄今千有余年，学士大夫不为不众，更历世变不为不多，幸而遗经尚存，本文可考，其出于人心者又不可得而昧也；乃无一人觉其非是而一言以正之者，使其患害流于万世，是则岂独孔氏之罪哉！予于是窃有感焉，作《皇极辨》。

这是第七段，与初本第六段论述的内容相当，而论述不同。初本针对以老庄思想解"中"，解"无偏无党"、"无作好恶"，明确加以分析和辨别。而后本则削去了这一段，指出孔氏以来，其错误竟无人为之指正，造成患害千有余年。其中"自汉以来迄今千有余年，乃无一人觉其非是而一言以正之者，使其患害流于万世"，乃朱子指出大中说的错误，这就是所谓“一破千古之惑”。朱子特别强调“幸而遗经尚存，本文可考，其出于人心者又不可得而昧也”，点明了朱子解经的根据。此外初本补记第一已经吸收在后本，初稿补记第二则独立为《养生主说》，故后本《皇极辨》至此而全文完。

由于后本与初本多是文语有所不同，基本思想没有改变，因此可推知，后本的完成亦在初本写就之后的一两年内。数年以后，庆元二年（1196）丙辰，朱子因读冯当可集而为后本《皇极辨》写了一则补记：

> 冯当可，字时行，蜀人，博学能文。其集中有封事云：“愿陛下远便佞，疏近习，清心寡欲以临事变，此兴事造业之根本，《洪范》所谓‘皇建其有极’者也。”其论皇极深合鄙意。然则予前所谓“千有余年无一人觉其缪而正之”者，亦近诬矣。但专经之士无及之者，而文士反能识之，岂汩没传注者不免于因陋踵讹，而平心诵味者有时而得之文字之外耶！庆元丙辰腊月甲寅，东斋南窗记。

冯时行（1100—1163）字当可，以人君清心寡欲为皇建其有极，而不追随孔氏传的大中说，朱子认为这种以人君修身解释皇极的理解“深合鄙意”。（补记中“予前所谓‘千有余年无一人觉其缪而正之’者”，当为概括后本最后两句之言。）朱熹写《皇极辨》的时候本不是主要针对政治的发言，但在庆元二年（1196）韩侂胄禁伪学时身陷危机的处境，再读冯当可集，使他对冯当可封事所说“愿陛下远便佞，疏近习，清心寡欲以临事变，此兴事造业之根本，《洪范》所谓‘皇建其有极’者也”，不能不深有同感。

四、与门人论皇极

《语类》卷七十九中有关皇极的论述，并不少见，可与《皇极辨》相对照。其中多是就《洪范》文本之贯通诠释立论，如：

> “五皇极”，只是说人君之身，端本示仪于上，使天下之人则而效之。圣人固不可及，然约天下而使之归于正者，如“皇则受之”，“则锡之福”也。所谓“遵王之义”，“遵王之道”者，天下之所取法也。人君端本，岂有他哉？修于己而已。一五行，是发原处；二五事，是总持处；八政，则治民事；五纪，则协天运也；六三德，则施为之撙节处；七稽疑，则人事已至，而神明其德处；庶征，则天时之征验也；五福、六极，则人事之征验也。其本皆在人君之心，其责亦甚重矣。“皇极”，非说大中之道。若说大中，则皇极都了，五行、五事等皆无归谷处。又云：“便是‘笃恭而天下平’之道。天下只是一理；圣贤语言虽多，皆是此理。如《尚书》中《洛诰》之类，有不可晓处多。然间有说道理分晓处，不须训释，自然分明。如云‘王敬作所不可不敬德’，‘肆惟王其疾敬德’，‘不敢替厥义德’等语是也。”人杰。䕫录详见下。[9]

此条万正淳字人杰录，明确说明皇极不是指大中之道，皇极是指人君之身端本于上，以修己为本。这段话解释皇极的方向与《皇极辨》同，但尚未以至极标准而言，应在《皇极辨》作成之前。朱子与万曾经讨论及此，故写成《皇极辨》后要吴必大转示万正淳。

> “皇极”二字，皇是指人君，极便是指其身为天下做个样子，使天下视之以为标准。“无偏无党”以下数语，皆是皇之所建，皆无偏党好恶之私。天下之人亦当无作好作恶，便是“遵王之道”，“遵王之路”，皆会归于其极，皆是视人君以为归。下文“是彝是训，于帝其训”，“是训是行，以近天子之光”，说得自分晓。“天子作民父母，以为天下王”，则许多道理尽在此矣。但缘圣人做得样子高大，人所难及，而不可以此尽律天下之人，虽“不协于极”，但“不罹于咎”者，皇亦受之。至于“而康而色”，自言“好德”者，亦锡之福。极，不可以“大中”训之，只是前面五行、五事、八政、五纪是已，却都载在人君之身包括尽了。五行是发源处；五事是操持处；八政是修人事；五纪是顺天道；就中以五事为主。视明听聪，便是建极，如明如聪，只是合恁地。三德，亦只是就此道理上为之权衡，或放高，或捺低，是人事尽了。稽疑，又以卜筮参之。若能建极，则推之于人，使天下皆享五福；验之于天，则为休征。若是不能建极，则其在人事便为六极，在天亦为咎征。其实都在人君身上，又不过“敬用五事”而已，此即“笃恭而天平”之意。以是观之，人君之所任者，岂不重哉！如此，则九畴方贯通为一。若以“大中”言之，则九畴散而无统。大抵诸书初看其言，若不胜其异，无理会处；究其指归，皆只是此理。如《召诰》中，其初说许多言语艰深难晓，却紧要处，只是“惟王不可不敬德”而已。[10]

据语录姓氏黄罃戊申所闻，为天下做个样子即端本示仪于上，明言极不可以大中训之。时为朱陆太极之辩之中，其思想与稍后所作《皇极辨》一致，强调都在人君身上做榜样，人君无偏无党，人们自然遵王之道。人君能为天下做个样子，推之于人，便使天下人享受五福。

> 问：“先生言‘皇极’之‘极’不训中，只是标准之义。然‘无偏无党’，‘无反无侧’，亦有中意。”曰：“只是个无私意。”问：“‘准标之义’如何？”曰：“此是圣人正身以作民之准则。”[11]

此问答言朱子论皇极不训中，只是标准，与《皇极辨》所说合，应在《皇极辨》之后。人君以身作则，以己之正身作民之标准，此便是皇极。

> 先生问曹：“寻常说‘皇极’如何？”曹云：“只说作‘大中’。”曰：“某谓不是‘大中’。皇者，王也；极，如屋之极；言王者之身可以为下民之标准也。貌之恭，言之从，视明听聪，则民观而化之，故能使天下之民‘无有作好，而遵王之道；无有作恶，而遵王之路’；王者又从而敛五者之福，而锡之于庶民。敛者，非取之于外，亦自吾身先得其正，然后可以率天下之民以归于正，此锡福之道也。”（卓）[12]

卓录，据语录姓氏，其在饶后录之序，当在壬子前后，故与《皇极辨》所论一致。以“吾身先得其正，然后可以率天下之民以归于正”为锡福之道。《洪范》九畴第九本是向用五福，而在第五皇极这一畴中，多次谈到“锡福”，即施布给人们幸福，不仅强调“敛时五福，用敷锡厥庶民”，而且说到“汝则锡之福”、“汝虽锡之福”，是经典中较关注“福”的文献。由于《尚书》所说的福是人民的幸福，锡福是人君施布幸福给人民，其福论是政治与行政意义的，故儒家政治思想强调人君必须正身才能给人民带来幸福。

> “皇极”，如“以为民极”。标准立于此，四方皆面内而取法。皇，谓君也；极，如屋极，阴阳造化之总会枢纽。极之为义，穷极极至，以上更无去处。（闳祖）[13]

李闳祖，语录姓氏戊申以后所闻，所谓“四方皆面内而取法。皇，谓君也；极，如屋极”与《皇极辨》初本后本一致。“阴阳造化之总会枢纽”的提法本是朱子对太极的解释，此处论皇极之极并联系太极之极，与朱子答陆九渊论太极书一致（详后），当在同时。

> “极，尽也。”先生指前面香桌：“四边尽处是极，所以谓之四极。四边视中央，中央即是极也。尧都平阳，舜都蒲坂，四边望之，一齐看着平阳蒲坂。如屋之极，极高之处，四边到此尽了，去不得，故谓之极。宸极亦然。至善亦如此。应于事到至善，是极尽了，更无去处。‘故君子无所不用其极’。书之‘皇极’，亦是四方所瞻仰者。皇，有训大处，惟‘皇极’之‘皇’不可训大。皇，只当作君，所以说‘遵王之义，遵王之路’，直说到后面‘以为天下王’，其意可见。盖‘皇’字下从‘王’。”（泳）[14]

胡泳录在晚年，极，尽也，与以至训极同义。其四边望之、屋极之说，皆发《皇极辨》之义。说明《皇极辨》之后直至晚年朱子始终坚持他对极的训释。

自然，在坚持正训解的同时，朱子也会对正解的反面进行批评，并点出“今人”政策主张的偏差，如：

> 皇极非大中，皇乃天子，极乃极至，言皇建此极也。东西南北，到此恰好，乃中之极，非中也。但汉儒虽说作“中”字，亦与今不同，如云“五事之中”，是也。今人说“中”，只是含胡依违，善不必尽赏，恶不必尽罚。如此，岂得谓之中！可学。[15]

郑可学漳州来学，语录姓氏其所录在绍熙二年（1191），故此段话在《皇极辨》作成以后，故与《皇极辨》后本说法一致，在其中批评了“今人”即当时主政者对“中”的理解。

> 苏氏以皇极之建，为雨、旸、寒、燠、风之时，皇极不建则反此。汉儒之说尤疏，如以五般皇极配庶征，却外边添出一个皇极，或此边减却一个庶征。自增自损，皆出己意。然此一篇文字极是不齐整，不可晓解。如“五福”对“六极”：

“一曰寿”，正对“凶短折”；“二曰富”，正对“贫”，“三曰康宁”对“疾与弱”，皆其类也。“攸好德”却对“恶”，参差不齐，不容布置。如曰“敛时五福，锡厥庶民”，不知如何敛？又复如何锡？此只是顺五行，不违五事，自己立标准以示天下，使天下之人得以观感而复其善尔。今人皆以“皇极”为“大中”，最无义理。如汉儒说“五事之中”，固未是，犹似胜此。盖皇者，君之称也。如“皇则受之”，“皇建其极”之类，皆不可以“大”字训“皇”字。“中”亦不可以训“极”。“极”虽有“中”底意思。但不可便以为“中”，只训得“至”字。如“北极”之“极”，“以为民极”之“极”，正是“中天下而立”之意。谓四面凑合，至此更无去处。今即以“皇极”为“大中”者，更不赏善，亦不罚恶，好善恶恶之理都无分别，岂理也哉！（谟）[16]

周谟录己亥以后所闻，此录甚详，与《皇极辨》及以上郑可学录完全一致。尤其是此录最后“今即以‘皇极’为‘大中’者，更不赏善，亦不罚恶，好善恶恶之理都无分别，岂理也哉！”，直指含糊依违的政治路线，应在《皇极辨》稍后。

五、朱陆之辨皇极

在作《皇极辨》的前一年，淳熙十五年（1188）四月，陆九渊与朱熹书，辩太极图说。朱熹十一月八日复书，陆九渊十二月十四日答书，朱熹于次年己酉正月再复书。二人就太极图两来两往，便告结束，未继续下去。此一过程自无须在这里赘述。

陆九渊在其第一书中提出“极，中也”，以此说明“无极”如同“无中”，是不通之论。朱熹十一月答其书，提出太极即至极之理，极并不是“中”，其书云：

至如“北极”之极，“屋极”之极，“皇极”之极，“民极”之极，诸儒虽有解为中者，盖以此物之极常在此物之中，非指极字而训之以中也。极者，至极而已。以有形者言之，则其四方八面，合辏将来，到此筑底，更无去处，从此推出，四方八面，都无向背，一切停匀，故谓之极耳。后人以其居中而能应四外，故指其处而以中言之，非以其义为可训中也。[17]

可见朱子在答陆九渊此书的次年所作《皇极辨》中的主张，与这里所说是一致的。需要指出的是，朱子在这里是第一次正面阐发皇极的意义，而此时他所阐发的对极与皇极的解释并没有包含任何政治的考虑在内。明显的是，朱子的解释是从他自己对太极的解释出发的，与他对太极的解释“理之极至”相一致是他的基本出发点。太极论是朱子哲学的核心，是朱子必须强力捍卫的，在这个意义上说，极的诠释和皇极的诠释都负有维护太极论的意义。这应当是《皇极辨》的出发点。很明显，如果在太极的问题上，极被解释为中，太极便是太中，这和《易传》、《庄子》等书以及汉唐易学对太极的理解就全然背离，而讲不通。朱子用经典中北极、皇极、民极的解释支持自己的主张，而陆九渊坚持以极为中，陆第二书曰：

极亦此理也，中亦此理也。五居九畴之中，而曰“皇极”，岂非以其中而命之乎？“民受天地之中以生”，而《诗》言“立我烝民，莫非尔极”，岂非以其中命之乎？《中庸》曰：“中也者，天下之大本也。和也者，天下之达道也。致中和，天地位焉，万物育焉。”此理至矣，外此，岂更复有太极哉？[18]

陆氏不反对极是理，但他强调中也是理，所以中可以是极。在这里涉及皇极的讨论中，陆九渊认为，洪范九畴，皇极为第五，居于九畴之正中，中即是两极的中间。所以皇是“以其中而命名”。可见陆九渊正是用通行的《尚书》孔传以“中”对皇极之极的解释来反驳朱熹。陆九渊的主张被朱熹概括为“以中训极”，这个观点实来自于孔传。从这一点来看，太极之辩是必然要发展为皇极之辩的。朱熹则坚持极是指理而言，认为中不是皇极之义，朱第二书曰：

“极”是名此理之至极，“中”是状此理之不偏，虽然同是此理，然其名义各有攸当。虽圣贤言之，亦未敢有所差互也。若“皇极”之极，“民极”之极，乃为标准之意。犹曰“立于此而示于彼，使其有所向望而取正焉”耳，非以其中而命之也。……大传、洪范、诗、礼皆言极而已，未尝谓极为中也，先儒以此极处常在物之中央，而为四方之所面向而取正，故因以中释之，盖亦未为甚失。而后人遂直以极为中，则又不识先儒之本意矣。[19]

以极为标准，正是此下《皇极辨》所正面主张的，“以此极处常在物之中央，而为四方之所面向而取正”也是《皇极辨》中所用的说明方式。可见朱熹在朱陆之辩中对极及皇极的解释正是他其后不久撰写《皇极辨》的直接基础。在这个意义上说，《皇极辨》对于朱子而言本是朱陆太极之辩的一个余波，是朱子在理论上反对以中训极的解释学实践的进一步扩大。而朱子对《洪范》皇极的疏解，除了正面训释皇极以发明人君正身立标准之外，在其反面则是批评以大中为极的汉唐训解，并连带涉及孝宗朝用此来推行模糊调和政策的政治层面。这就是《皇极辨》的起因、主导方向和连带的政治效果。

语录又有一条也涉及无极太极与皇极之义：

李问：“‘无极之真’与‘未发之中’，同否？”曰：“无极之真是包动静而言，未发之中只以静言。无极只是极至更无去处了。至高至妙，至精至神，更没去处。濂溪恐人道太极有形，故曰‘无极而太极’，是无之中有个至极之理。如‘皇极’，亦是中天下而立，四方辐凑，更没去处；移过这边也不是，移过那边也不是，只在中央，四畔合凑到这里。”又指屋极曰：“那里更没去处了。”[20]

问者的问题大概是在朱陆无极太极之辩中发问的，朱子的回答与他答复陆九渊书的提法是一致的。由于朱子并没有直接说明《皇极辨》与太极无极之辩的关联，也没有把《皇极辨》一文寄给陆九渊，故陆九渊并没有立即对之做出回应。

淳熙十六年（1189）二月，孝宗内禅，光宗即位，诏陆九渊知荆门军，陆九渊绍熙二年（1191）九月至荆门，绍熙三年（1192）元月在荆门为民祈福，讲洪范九畴及皇极义。荆门风俗，正月须行作醮仪式，以祈福。作为地方行政领导的陆九渊自然要随俗，他借行醮礼的机会，通过发明《洪范》“敛时五福”的意义，把民俗的祈福与儒家教化联结起来，把民俗的功利祈福转化为儒家“正心为福”的精神建设。应该说，陆九渊这一儒家文化实践是值得赞赏的。

陆九渊集载其《荆门军上元设厅皇极讲义》：

皇，大也；极，中也。洪范九畴，五居其中，故谓之极。是极之大，充塞宇宙，天地以此而位，万物以此而育。古先圣王皇建其极，故能参天地、赞化育。[21]

陆九渊完全以孔氏以来的大中说解释皇极，考虑到朱子的《皇极辨》已经做成三四年，陆九渊必然已经通过其他途径看到过朱子的《皇极辨》，所以他在这里坚持孔氏之说，自然也带有与朱子对立的意思。

惟皇上帝，降衷于下民，衷即极也。凡民之生，均有是极，但其气禀有清浊，智识有开塞。天之生斯民也，使先知觉后知，先觉觉后觉。古先圣贤与民同类，所谓天民之先觉者也，以斯道觉斯民者，即皇建其有极也，即敛时五福，用敷锡厥庶民也。[22]

这是说天把中降给下民成为民的性，天命为性，民皆有性，这就是极。[23] 这是以性为极。但人的气禀有清浊，使人之性往往受到蒙蔽。先觉觉后觉，使后觉的本性得以发明，这就是皇建其有极。

此心若正，无不是福；此心若邪，无不是祸。世俗不晓，只将目前富贵为福，目前患难为祸。不知富贵之人，若其心邪，其事恶，是逆天地，逆鬼神，悖圣贤之训，畔师君之教，天地鬼神所不宥，圣贤君师所不与，忝辱父祖，自害其身。静时回思，亦有不可自欺自瞒者，若于此时，更复自欺自瞒，是直欲自绝灭其本心也。纵是目前富贵，正人观之，无异在囹圄粪秽中。

患难之人，其心若正，其事若善，是不逆天地，不逆鬼神，不悖圣贤之训，不畔君师之教，天地鬼神所当佑，圣贤君师所当与，不辱父祖，不负其身，仰无所愧，俯无所怍，虽在贫贱患难中，心自亨通。正人达者观之，即是福德。[24]

陆九渊说，人以富贵为福，若富贵之人心邪行恶，终归贻害其身。人以患难为祸，如果患难之人心正行善顺应天地，鬼神当佑，内心亨通，这便是福德，这也就是《洪范》说的“敛时五福”。这就把福祸转为人心，从而得出结论“心正是福，心邪是祸”。这种心学的福祸观，对于庶民还是有其说服力的。

愚人不能迁善远罪，但贪求富贵，却祈神佛以求福，不知神佛在何处，何缘得福以与不善之人也？尔庶民能保全此心，不陷邪恶，即为保极，可以报圣天子教育之恩，长享五福，更不必别求神佛也。若其心正，其事善，虽不曾识字，亦自有读书之功；其心不正，其事不善，虽多读书，有何所用？用之不善，反增过恶耳。[25]

因此，人如果不去保全本心，行善远过，只去求神拜佛，不可能得福。而保全本心就是

《洪范》说的保极，就可以长享五福，不必求神求佛。最后陆九渊指出，一个人心正行善，虽不识字不曾读书，却有读书明理的功效。如果一个人心邪行恶，读书再多，又有何用？这个说法在陆学是一贯的，也显示出，陆九渊的明心何必读书的主张适合于乡里民众的教育。[26] 应该说，陆九渊的宣讲皇极，主要是为了结合当地祈福风俗进行地方教化，他选《洪范》皇极来发明心学的福论，很能表现其巧思，而他在皇极讲演中也顺便对朱子的皇极说和朱子学读书观做了回应。所以这个讲演一举三得。

这个讲演的消息很快就传到朱熹那里，朱熹很注意这个讲演的影响，所以他立即给与陆九渊有关的人士写信，提请他们加以辨别。如答胡季随：

> 日月逝矣，岁不我与，愿深省察，且将《大学》《论语》《孟子》《中庸》《近思》等书子（仔）细玩味，逐句逐字不可放过，久之须见头绪，不可为人所诳，虚度光阴也。荆门皇极说曾见之否？试更熟读《洪范》此一条，详解释其文义，看是如此否？君举奏对，上问以读书之法，不知其对云何也。（壬子）[27]

其实陆九渊的讲演也不是专对皇极概念的解释而发，但其讲义称《皇极讲义》，故朱子由传闻而以为陆氏专门提出一种皇极之说。大概朱子因为二人太极图之辩中曾涉及皇极，朱子自己又写过《皇极辨》作为朱陆之辩的余论，自然认为这是陆氏对他的《皇极辨》的回应，而特别加以注意，以致他对陆九渊何必读书的讲词都未予批评，而何必读书论本来是他批评陆学的重要目标。

又如朱子答项平父：

> 来喻“敬义二字，功夫不同”，固是如此。然“敬”即学之本，而穷理乃其事，亦不可全作两截看也。《洪范》“皇极”一章，乃九畴之本，不知曾子（仔）细看否？先儒训“皇极”为“大中”，近闻又有说“保极”为“存心”者，其说如何？幸推详之，复以见告，逐句详说，如注疏然，方见所论之得失。大抵为学但能于此等节目处看得十数条通透缜密，即见读书凡例，而圣贤传付不言之妙，皆可以渐得之言语之中矣。（壬子）[28]

胡、项二人都是来往于朱陆两家，故朱子对他们并不回避他与陆的皇极说的分歧。在这两封信中，朱熹有一个观点值得注意，就是不要只孤立地讨论经典文本中某一个概念的意义，而应该把整个文本逐句详说，仔细玩味逐段文字，使对一个概念的解说能贯通于整个文本。所以他不直接指出陆氏存心保极说的问题，而要胡、项等还原到文本的详细疏解，以辨别陆氏说法的对错。说明朱子的学术论辩和政治批评都要求以经典文本的正解为前提。朱子解释《洪范》皇极正是采用了这种“部分不能脱离整体”的文本解释学的方法，也显示出他对自己的解释方法和解释成果的自信。

《语类》中也有对陆氏皇极说的谈论，如：

> 符叙舜功云：“象山在荆门，上元须作醮，象山罢之。劝谕邦人以福不在外，但当求之内心。于是日入道观，设讲座，说‘皇极’，令邦人聚听之。次日，又画为一图以示之。”先生曰：“人君建极，如个标准。如东方望也如此，西方望也如

此，南方望也如此，北方望也如此。莫不取则于此，如周礼‘以为民极’，诗‘维民之极’，‘四方之极’，都是此意。中固在其间，而极不可以训中。汉儒注说‘中’字，只说‘五事之中’，犹未为害，最是近世说‘中’字不是。近日之说，只要含糊苟且，不分是非，不辨黑白，遇当做底事，只略略做些，不要做尽。此岂圣人之意！”……（贺孙）[29]

朱熹对皇极的说明本其《皇极辨》之说，而且直指“近日之说”，即“只要含糊苟且，不分是非”，说明其《皇极辨》的针对性确实包含对现实政治的批评。（因为陆九渊荆门讲皇极在绍熙初，而“近世说”必不是指光宗，而是主要指孝宗朝后期以来流行的议论和政见。）

问：“先生言‘皇极’之‘极’不训中，只是标准之义。然‘无偏无党’，‘无反无侧’，亦有中意。”曰：“只是个无私意。”问：“‘准标之义’如何？”曰：“此是圣人正身以作民之准则。”问：“何以能敛五福？”曰：“当就五行、五事上推究。人君修身，使貌恭，言从，视明，听聪，思睿，则身自正。五者得其正，则五行得其序；以之稽疑，则‘龟从，筮从，卿士从，庶民从’；在庶征，则有休征，无咎征。和气致祥，有仁寿而无鄙夭，便是五福；反是则福转为极。陆子静荆门军晓谕乃是敛六极也！”（德明）[30]

这是在与廖德明论皇极时谈到此事。关于廖德明所问无偏无党是否为“中”的问题，朱熹在《皇极辨》的最后一点已经回答过。在这一段对话的最后，他认为陆九渊荆门所论，不是敛五福，而是敛六极，是说陆氏所说不是建用皇极的好处，而是不用皇极的坏处，故不是“敛时五福”的正解。朱子这个批评似不恰当，盖陆氏是对民众施行教化，不是解经论学，应不必在此处进行学术辨析。

余英时先生书中，对叶适、陈亮的皇极说都已论及，这里再补充一条论及陈傅良者：

先生问德粹：“去年何处作考官？”对以永嘉。问：“曾见君举否？”曰：“见之。”曰：“说甚话？”曰：“说洪范及左传 。”曰：“洪范如何说？”曰：“君举以为读洪范，方知孟子之‘道性善’。如前言五行、五事，则各言其德性，而未言其失。及过于皇极，则方辨其失。”曰：“不然。且各还他题目：一则五行，二则五事，三则八政，四则五纪，五则皇极；至其后庶征、五福、六极，乃权衡圣道而著其验耳。”[31]

比起朱熹，陈傅良更重视《尚书》，特别是《洪范》篇，他的皇极说也可注意。可惜他并没有这方面的著作留世，著录的只有论《周官》、《左传》等著作。

由以上论述可见，作为儒家经典学解释的大师，朱熹的皇极讨论，不会只是针对政治的发言、只是要消解当时某种政策的理论基础。“论时事”和“求训解”在朱子是不同的，这一点还是要加以分别的。当然，朱子有时在谈到字义训解时，也会连带谈及时事意义，但不会为了政治需要而去决定训解。在经典的诠释上，朱子对“极”的解释最早为中年时代对《太极图说》的解释，在朱陆太极之辩中朱子承继和发展了其关于“极”的理解，形成一套有关“极”的理论，在讨论太极之义时亦论及皇极之义。在朱陆太极之辩后不久所作的《皇极辨》之中，朱熹把这一套理解运用于皇极说作为一种基础，又以君主正身修身的儒家表率说把“建用皇极”的意义具体化，形成为朱子学的皇极说。皇极说既是朱子政治思想的一个论述，也同时可以看作其太极论的相关部分，在后世发挥了持续的影响。这里我们引元代吴草庐的极论作为此种影响的代表：

> 曰：太极者，何也？曰：道也。道而称之曰太极，何也？曰：假借之辞也。道不可名也，故假借可名之器以名之也。以其天地万物之所共由也，则名之曰道；道者，大路也。以其条派缕脉之微密也，则名之曰理；理者，玉肤也。皆假借而为称者也。……极，屋栋之名也。屋之脊檩曰栋。就一屋而言，惟脊檩至高至上，无以加之，故曰极；而凡物之统会处，因假借其义而名为极焉，辰极，皇极之类是也。道者，天地万物之统会，至尊至贵，无以加者，故亦假借屋栋之名而称之曰极也。然则何以谓之太？曰：太之为言，大之至甚也。夫屋极者，屋栋为一屋之极而已；辰极者，北辰为天体之极而已；皇极者，人君一身为天下众人之极而已。以至设官为民之极，京师为四方之极，皆不过指一物一处而言也。道者，天地万物之极也。虽假借极之一字，强为称号，而曾何足以拟议其髣争哉！[32]

吴澄继承了朱熹对极和皇极的解释，也是把皇极之义置于太极论中讨论，因他不是专论皇极，故说得粗些。草庐学综朱陆，但在重要概念上，还是本于朱子而言之。

注　释：

[1] 余英时：《朱熹的历史世界》，北京：生活·读书·新知三联书店，2006年，第823页。
[2]《朱子文集》卷四十四。
[3]《朱子文集》卷五十二。
[4] 参看拙著：《朱子书信编年考证》，束景南：《朱子年谱长编》卷下，第964页。
[5] 束景南：《朱子年谱长编》卷下，第964页。但与余英时稍有不同，束景南认为主张皇极说的主要是孝宗，而不是王淮。余英时则明确说明其看法是以李心传“如王淮之皇极”说为依据（见余著《朱子书信编年考证》，第818页）。
[6] 昌彼得认为后集刻于淳熙十六年（1189）三月，其说亦言之成理，昌说见其影印宋本《晦庵先生文集》跋。若如此，则《皇极辨》可能作于淳熙十六年（1189）二、三月间。以答吴伯丰书参之，至迟在该年五、六月。又，若《皇极辨》作于淳熙十六年（1189）二、三月间，时光宗刚刚即位，则朱子便不可能在其中对光宗的政策进行反应。但这并不排除朱子在接下来的几年中对光宗的政治和组织路线提出批评。
[7] 本文所用《皇极辨》初稿文本，见《朱子全书》修订本26卷，第687—692页。
[8] 如横渠言：“极善者，须以中道方谓极善，故大中谓之皇极，盖过刚则便非善，不及亦非善。”（《张载集》，语录下，第332页）
[9]《朱子语类》卷七十九。

[10]《朱子学语类》卷七十九。
[11] 同上。
[12] 同上。
[13] 同上。
[14] 同上。
[15] 同上。
[16] 同上。
[17]《朱子文集》卷三十六《答陆子静》。
[18]《陆九渊集》，《与朱元晦二》，第28页。
[19]《朱子文集》卷三十六《答陆子静》。
[20]《朱子语类》卷九十四。
[21]《陆九渊集》，第283页。
[22] 同上书，第284页。
[23]《汤诰》有云："惟皇上帝降衷于下民若有恒性克绥厥猷惟后。"《尚书正义》解释说："天生民与之五常之性使有仁义礼智信是天降善于下民也。天既与善于民君当顺之故下传云顺人有常之性能安立其道教则为君之道。"
[24]《陆九渊集》，第285页。
[25] 同上。
[26] 余英时先生推测，陆九渊这一皇极讲义可能是因为光宗重提皇极为最高原则，他才会想到亲讲皇极章敛福锡民之旨以代替为民祈福的醮事。可参见余著《朱子书信编年考证》，第839页。的确，比起陆九渊，朱子的皇极说更为强调寻求以儒家道德制约皇权。
[27]《朱子文集》卷五十三。
[28]《朱子文集》卷五十四。
[29]《朱子语类》卷七十九。
[30] 同上。
[31]《朱子语类》卷一百二十三。
[32]《宋元学案·溪廉学案下》。

（原载《北京大学学报》（哲学社会科学版）2013 年 50 卷第 2 期，
作者单位：清华大学国学院）

从政治文化角度看道学工夫论之特色

——有关朱熹工夫论思想的一项新了解*

⊙吴　震

引　言

对朱熹（1130—1200）而言，格物与诚意以及与此相关的居敬与穷理或涵养与致知（例如“涵养须用敬，进学则在致知”）的关系究竟应如何在理论上加以衡定，始终是其工夫论思想领域中的一大理论问题。朱熹一方面坚持“格物致知是《大学》第一义”[1]的立场而毫不松懈，另一方面又坚称“敬之一字”才是“圣学始终之要”[2]而始终不渝。这两个表述不免引发后世学者的疑惑：格物与诚意（或穷理与居敬）[3]，究竟何者才是朱熹工夫论域中占有首要地位之工夫？换言之，在朱熹这里，格物与诚意之间究竟是否存在本末先后的关系，对此问题，我们后人又应如何理解并做出相应的理论评估？

笔者曾撰文指出，由《大学》经典的诠释角度看，朱熹的基本观点是《大学》工夫之次第不可乱，因而朱熹坚持格物在先而诚意在后这一基本立场不变，也就是说，从工夫的“次第”看，格物与诚意必有先后关系；但是，如果我们转换一下视角，不是从工夫次第的角度，而是将《大学》工夫视作是一整套工夫系统，那么对朱熹而言，格物与诚意或居敬与穷理则完全可以是一种互相涵摄、同时并进的关系，因而朱熹又有“自格物致知以至于诚意正心不是两事”[4]以及“持敬格物功夫本不相离”[5]之论，可以归约为“格物诚意不是两事”之论。笔者指出，此论才是朱熹工夫论的终极之论、出彩之处。[6]

本文则沿着上述拙文的问题意识，指出为了进一步深化对朱熹工夫论中格物与诚意之关系问题的了解，我们拟再一次转换审视问题的视角，亦即从朱熹亲身参与的政治文化活动这一独特视角出发[7]，来尝试了解朱熹为何强调“吾平生所学”只有“正心诚意”四字这一十分醒目而前人未免有所忽略的重要观点。通过对此观点的相应了解，或可使我们对朱熹工夫论思想获得一种新的观察：当我们将审视问题的角度转向政治文化

---

* 本文为2011年度上海市哲学社会科学规划一般项目“从东亚视域看儒学的意义与价值”（批准号：2011BZX004）的阶段性成果。

层面，就会发现以朱熹为代表的宋代道学家在面对君主进行思想劝说之时，他们劝导君主实践的第一的工夫往往不是格物致知而恰恰是诚意正心，至于外在事功则可以随着正心诚意的完成而得以实现。用今天的话来说，朱熹对君主所期望的与其是成就知识人才而毋宁是首先实现高尚的道德人格。进而言之，道德在知识之上的道德主义才是朱熹政治思想的基本取向。

当然，朱熹（亦含其他主要道学家，文本以程明道为例）等人之所以在政治领域强调这样的观点，绝不意味着他们放弃自己的学术立场而只是为了迎合特殊的政治场合所致，应当说，正是透过“政治文化”这一特殊的政治场景，反过来可以为我们就他们的学术主张是如何折射到政治领域这一问题有更深的了解。与此同时，这种了解也可加深我们对宋代道学思想的一个观察：亦即道学家们的哲学思考从来就没有游离于生活场景——包含政治生活及其实践——之外，他们的人文关怀以及政治参与意识与其理论建构从来就是密切相关的。

一、程明道“以诚意感动人主”

余英时在其颇具独创性的朱熹研究中指出，若从政治文化的角度看，宋代以来儒家士大夫以《大学》正心诚意等观念开导皇帝，这是早在北宋神宗、哲宗时代便已流行的做法。他以张载（1020—1077）弟子范育（生卒年不详）、二程友人吕希哲（1039—1116）、范祖禹（1041—1098）三人为例，做了很有说服力的论证。[8]我们则从北宋道学家程颢（明道，1032—1085）说起。

程明道曾于宋神宗熙宁年间（1068—1077），受到吕公著（1018—1089）的赏识和推荐，一时在中央做官，尽管后因与王安石（1021—1086）不合而遭罢黜，但他在任太子中允期间，获得了与神宗会面交谈的机会。据其弟程颐（伊川，1033—1107）的回忆，明道前后向神宗“进说甚多，大要以正心窒欲，求贤育材为先”，并说：“先生（按，指明道）不饰辞辨，独以诚意感动人主。”[9]所谓“正心窒欲”，显然是道学工夫的一项重要内容。从《大学》工夫论域中看，此“正心窒欲”之说无非就是“正心诚意”之工夫而已。然而所谓“以诚意感动人主”，此“诚意”或许只是一般意义上的真诚之意，而非特指《大学》工夫论中的“诚意”工夫，但从明道与神宗的这场对话的场景来看，“诚意”未尝不是明道的一种实践工夫，所以在道学家的眼里，明道算是“诚意”工夫的真正实践者而不至于用“格物”说去“感动人主”。

关于明道与神宗的交往应对，《河南程氏粹言》所载更详：

神宗首召伯淳（按，即明道），首访致治之要。子对曰：“君道稽古正学，明善恶之归，辨忠邪之分，晓然趋道之至正，君志定而天下之治成矣。”上曰：“定志之道何如？”子对曰：“正心诚意，择善而固执之也。夫义理不先定，则多听而易惑；志意不先定，则守善而或移。必也以圣人之训为必当从，以先王之治为必可法，不为后世驳杂之政所牵滞，不为流俗因循之论所迁改……必期致治如三代之隆而后已也。”[10]

明道首先要求神宗皇上确立“定志之道”——亦即“立志”，至于如何“立志”这一神宗提出的问题，明道的回应是：“正心诚意，择善而固执之。”明道指出这就是儒家的“义理”。

当然，所谓正心诚意、择善固执，这应当是儒学思想的题中应有之义，但具体到政治文化的场合，所谓“立志”乃是针对人主而言的“治道之要”三要素中位居首位的要务。如二程所说：“治道之要有三：曰立志、责任、求贤。”[11]其中“立志”属于内圣领域的正心诚意工夫，而“责任”或“求贤”则要求人主在政治上要有担当，就重要性而言，显然“立志”位居首位。

《粹言》还记录了明道告诫神宗当防“未萌之欲”：“明道告神宗曰：‘人主当防未萌之欲。’上拱手前坐，曰：‘当为卿戒之。’”[12]“当防为萌之欲”，亦应属于正心诚意的道学工夫。有趣的是，神宗对此并不反感，反而诚恳接受。这也是明道“以诚意感动人主”的一个具体例证。

另有一段史料虽未明确是明道还是伊川的话，但我推测或许应是明道语：“子曰：人君欲附天下，当显名其道，诚意以待物，恕己以及人，发政施仁，使四海蒙其惠泽，可也。”[13]这是明道告诫神宗应以诚意待物、以恕道待人。显而易见的是，这个说法在儒家伦理学当中，当属内省涵养之事——亦即内圣工夫。至于“发政施仁”，意即实施仁政，则属于外王工夫，殆无可疑。而在明道看来，这两种工夫之间，当以前者“内圣”为首为主，而以后者“外王”为次为末，这已是再明白不过的事了。

至此，我们有一个惊奇的发现，在以上这些工夫论述中，格物致知丝毫不见身影，“诚意”才是相当重要的关键词。与此相应，二程还有一个重要观点，若从“臣”的角度言，在面对人主之际，其自身同样也应做到以诚意为先：

非特人君为然也，臣之于君，竭其忠诚，致其才力，用否在君而已，不可阿谀奉迎，以求君之厚己也。虽朋友亦然，修身诚意以待之，疏戚在人而已，不可巧言令色，曲从苟合，以求人之与己也，虽乡党亲戚亦然。[14]

这里所谓“修身诚意以待之”，其实也就是“臣之于君，竭其忠诚”的要求。重要的是，这个行为原则已经被抽象为一般性原则，不唯臣下对待君主为然，即便对待朋友以及乡党亲戚亦当如此。因为在二程看来，君臣关系在五伦中最接近朋友关系，均属于一种外在关系，而与父子、夫妇、兄弟等家庭伦理关系有所不同，所以说：“君臣朋友之际，其合不正，未有久而不离者。”[15]须注意的是，这里将“君臣朋友”相提并论，这大概又是宋代政治文化中富有特色的政治表述。或许正是由于把君臣看成犹如朋友关系一般，所以宋代道学家敢于说出这样的话：“义当往则往，义当来则来。”这句话出自张载，是张载表达自己在为官处世之际应采取的态度[16]，从中我们可以感受到宋代士大夫毅然决然之气质，他们对待君主，是以一个“义”字当先的，而绝非是“利”字当头的，所以他们往往在君主面前敢于以“格其君”作为一种信念、一种行为准则，出处进退也唯有以“义”作为最高原则。同样地，在这里我们所能看到的工夫理论，并不是格物致知那套面向客观世界的知识追求，而是对于人主之心的道德要求——正心诚意。

然而须指出的是，道学家们虽然从原则上要求君主以诚意正心为首要之工夫，不能为外物私利所诱惑，但他们也并不是一概反对从事实际事务，他们的思路是：对于执一国之政的人主来说，若能首先做好正心诚意工夫，然后发之于外，自然就能随顺事物而实现外在事功，因为事物是否“各得其所”，并不能由事物本身决定，而取决于如何应对事物的主体行为。所以，二程又说：

> 事事物物各有其所，得其所则安，失其所则悖。圣人所以能使天下顺治，非能为物作则也，惟止之各于其所而已。止之不得其所，则无可止之理。[17]

这是告诉君主做事应当随顺事物来应对，以使事物各得其所，这就可以达到“止之”的境界。具体而言，二程要求君主“养民”以及重视“教化”，其云：

> 养民者，以爱其力为本，民力足则生养遂，然后教化可行，风俗可美。是故善为政者，必重民力。[18]

这里所表述的其实便是孔孟以来一贯强调的以民为本的“仁政”理想。二程是说，儒家所说的仁政，主要包括两条：一是养民，一是教化；只要做到这两条，就是一个“善为政者”，换言之，也只有先实施仁政，然后社会教化自然“可行”，地方风俗自然“可美”。

以上主要就程明道在政治场合的一些观点进行了探讨，至于程伊川的相关表现已无暇详述以避枝蔓，这里仅就朱熹为伊川所作《年谱》之记录为据，略做介绍。我们知道伊川早年以布衣身份为由，屡辞征召，及至晚年他在无法推脱的情况下出任崇政殿说书，根据朱熹的记述，他的表现竟与明道“以诚意感动人主”相类：“先生在经筵，每当进讲，必宿斋豫戒，潜思存诚，冀以感动上意。”[19]伊川还明确主张讲官须“积诚意以感上心”。[20]仅此一例足见，伊川与其兄明道一样，他们一旦立身朝廷，就往往涌现出一种自信：以为在“诚意”这一道学工夫的不断催促和鼓动之下，便可感动人主从而改变朝廷的道德风气。[21]

最后须指出，尽管正心诚意是关涉人主能否“立志”的关键所在，但是我们也应看到，若要真正实现二程所提出的上述“养民”、“教化”等政治主张，格物致知的工夫亦不可或缺，因为光靠正心诚意这一内在人格的修炼是不充分的，而格物致知的方法确有助于了解怎样的制度措施为可行。关于这一点，朱熹似有更深切的体会。

二、尊德性与道问学“互相发明”

朱熹一生的政治经历颇为坎坷，据《宋史》本传，“仕于外者仅九考，立朝才四十日”，似乎没有什么显赫的大作为。但他19岁便及第进士，出道甚早，长年在地方任职的经历使其政治阅历十分丰富，对政治风向往往能洞若观火。就在高宗绍兴三十二年（1162）六月，高宗内禅、孝宗即位之后，朱熹就曾因孝宗诏求直言而上封事，其中便根据《大学》工夫次第指出：

> 是以古者圣帝明王之学，必将格物致知以极夫事物之变，使事物之过乎前者，义理所存，纤微毕照，了然乎心目之间，不容毫发之隐，则自然意诚心正，而所以应天下之务者，若数一二、辨黑白矣。……盖致知格物者，尧舜所谓精一也；正心诚意者，尧舜所谓执中也。自古圣人口授心传而见于行事者，惟此而已。[22]

朱熹在此运用《尚书·大禹谟》“道心惟微，人心惟危，惟精惟一，允执厥中”——即道学家所谓“十六字心诀”中的“精一”与“执中”的工夫分别指称格物致知与正心诚意，这个说法有点特别，很值得注意。这说明时年33岁的朱熹已对《大学》工夫系统有了自己独到的看法：一方面须要先格物致知，然后“自然意诚心正”，不待说，这是朱熹严格按照《大学》经典文本的义理脉络，对格物致知与正心诚意的次第关系所做的一项界定，这个看法后来在其《大学章句》等著述中被正式定格；然而在另一方面，正如“精一”与“执中”同样重要，格物致知与正心诚意在朱熹的工夫论系统中也是一种不可偏废的关系，可用“互相发明”来加以表述。

次年隆兴元年（1163）四月，朱熹又有一场重要的政治体验，这一年他受召赴行在，获得了与孝宗见面“登对”的机会，他向孝宗上的第一封《奏札》一上来就宣讲《大学》之道，他首先指出：“臣闻《大学》之道，‘自天子以至于庶人，壹是皆以修身为本’，而家之所以齐，国之所以治，天下之所以平，莫不由是出焉。”强调“修身”作为主要工夫乃是君主实现“平治天下”理想的首要条件。诚然，修身原是儒学工夫论思想的传统，自不待言，然在朱熹看来，修身在《大学》工夫系统中具有枢纽之地位，可以由此上下开阖，他把其中的“壹”解释成“一切”（而不是单纯的数字“一”），而“一切”之意则涵指包括《大学》八条目的“一切”工夫，所以说：“壹是，一切也。正心以上，皆所以修身也；齐家以下，则举此而措之耳。”[23]盖谓格致诚正皆为修身之助力，而齐治平则为修身之展开。套用“内圣外王”之俗语而言，修身工夫正是上达内圣下贯外王的关键。那么具体而言，修身工夫又应如何落实呢？朱熹接着指出：

> 然身不可以徒修也，深探其本，则在乎格物以致其知而已。夫格物者，穷理之谓也。盖有是物，必有是理，然理无形而难知，物有迹而易睹，故因是物以求之，使是理了然心目之间而无毫发之差，则应乎事者，自无毫发之谬。是以意诚心正而

身修，至于家之齐、国之治、天下之平，亦举而措之耳。此所谓《大学》之道，虽古之大圣人生而知之，亦未有不学乎此者。[24]

从整篇《奏札》的基调来看，朱熹通篇强调的是《大学》工夫次第的重要性，由“格物致知”做起，然后及于“修身”，至于修身是否可从“正心诚意”着手，朱熹并未明确点出。他在《奏札》末尾，进一步强调指出若能按照《大学》工夫顺序进行实践，那么，“则意不得不诚，心不得不正，于以修身、齐家、平治天下，亦岂有二道哉！”[25]在这里，诚意正心被描述成格物致知之后自然而然的结果，这与朱熹40岁思想成熟以后将格物定位为《大学》工夫“第一义”的思想立场是一致的。

事后，朱熹在与朋友的一封书信中，对自己的《癸未垂拱奏札》第一封《奏札》以及与孝宗会面的对话情景有这样一番回顾：

熹六日登对，初读第一奏，论致知格物之道，天颜温粹，酬酢如响。[26]

看来，朱熹对自己的这场政治秀是比较满意的。他的意思很清楚，他跟孝宗进讲时所强调的乃是《大学》工夫之要——“致知格物之道”。重要的是，他的这一观点及至晚年亦没有发生根本变化。例如绍熙五年（1194），朱熹时年已届65岁高龄，是年七月宁宗即位，八月，朱熹除焕章阁待制兼侍讲，十月，奏事行宫便殿，朱熹获得了最后一次向皇上进讲的机会，同样，朱熹讲的还是《大学》，留下了一篇著名长文《经筵讲义》，其中说道：

格物、致知、诚意、正心、修身者，明明德之事也，齐家、治国、平天下者，新民之事也。格物致知所以求知至善之所在，自诚意以至于平天下，所以求得夫至善而止之也。……物格而后知至，知至而后意诚，意诚而后心正，心正而后身修，身修而后家齐，家齐而后国治，国治而后天下平。（臣熹曰物格者，物理之极处无不到也，知至者，吾心之所知无不尽也。知既尽，则意可得而实矣，意既实，则心可得而正矣。）臣谨按此覆说上文之意也。物格者，事物之理各有以诣其极而无余之谓也，理之在物者，既诣其极而无余，则知之在我者，亦随所诣而无不尽矣。知无不尽，则心之所发可一于善而无不实矣。意不自欺，则心之本体可致其虚而无不正矣。心得其正，则身之所处可不陷于其所偏，而无不修矣。身无不修，则推之天下国家亦举而措之耳。岂外此而求之智谋功利之末哉？[27]

可见，当朱熹在宣讲《大学》文本之际，他的演讲仍然严格按照《大学章句》及《大学或问》的诠释思路，格物致知被置于《大学》的头等工夫，而诚意正心则在其后，并没有突出强调格物致知与诚意正心并非两事的观点。很显然，朱熹的宣讲受到《大学》经典义理本身的制约，他不得不按照《大学》经文的工夫叙述脉络来讲，容不得任何题外发挥。也许在朱熹看来，遵循《大学》工夫次第，由格致诚正进至修齐治平的工夫路数具有普遍有效性，不论士人还是帝王，在原则上，均可由此一路来落实工夫，不能说格物工夫只是针对士人有效，帝王就可以对此忽略不顾，但是正如我们在下一节所叙，朱熹在面对皇上进讲之际，也怀有一种“格君心”的抱负，竭力以诚意正心的道学工夫进行劝诫，要求皇上首先做一番道德人格的转化，此有待后述。

同年十一月，朱熹来到江西玉山，讲学于县庠，这次讲演的内容非常丰富，但基本上抛开了《大学》的问题[28]，主要阐发的是他对“仁”说及孟子的性善学说的看法。令人颇感兴味的是，朱熹在讲演中提到了《中庸》的尊德性与道问学的关系问题，并发表了这样的观点：

> 故君子之学，既能尊德性以全其大，便须道问学以尽其小。……学者于此，固当以尊德性为主，然于道问学亦不可不尽其力，要当使之有以交相滋益、互相发明，则自然该贯通达，而于道体之全无欠阙处矣。[29]

据此看来，朱熹对于尊德性与道问学的主次本末关系的看法非常肯定，他认为尊德性为大为主，道问学则相应地处于为小为末的地位。尽管从原则上说，朱熹认为两者是不可偏废、同样重要的，但在最终的价值判断上，他坚定地认为尊德性要比道问学更重要。

须指出，朱熹的上述说法推翻了人们以往在朱陆之辩中得到的一般印象：似乎陆九渊专讲“尊德性”而朱熹专讲“道问学”，由此两人开辟了道学史上两条路线的重要争论。现在我们根据这篇《玉山讲义》，可以明确的一个事实是，其实朱熹心里并非不清楚，在价值判断上，尊德性为重，道问学为次，然而在为学次序上，朱熹则仍然强调道问学乃是尊德性得以实现的必要条件，因此道问学“亦不可不尽其力”。重要的是，尊德性与道问学应当是“交相滋益，互相发明”的关系而不是对抗的关系。必须看到，格物与诚意的问题，就好比是这里的尊德性与道问学的问题，两者之间的关系其实非常相似。也就是说，从轻重本末的角度看，诚意正心为本、格物致知为末，若从工夫次第的角度看，则格物致知为先、诚意正心为次。但究极而言，两者的关系应当是“交相滋益，互相发明”。所谓究极而言，也就是从原则原理上说，格物与诚意的本来状态或理想状态应当是“互相发明”的关系，而这种关系不能以工夫的次第论，只能以工夫的系统论——亦即唯有将工夫当作一套系统看，格物与诚意或尊德性与道问学是不可分离、彼此相即的关系。应当说，这才是朱熹工夫论的究极之论。

三、“吾平生所学”只有“正心诚意”四字

现在我们再回到政治场合，来考察一下朱熹是如何在此特殊场合，以“正心诚意”工夫向人主进行开导劝说的。当有人提醒朱熹，在面对皇上发表言论之际，要特别小心勿以“正心诚意”进言，对此劝告，朱熹竟奋然坦言：“吾平生所学”只有“正心诚意”四字（详后）。体现了作为有强烈政治关怀意识、以“格君心”或“正君心”为己任的宋代儒家学者，朱熹在政治权威面前具有绝不委曲求全的气概。

我们先从余英时的一项研究说起。他注意到淳熙十一年（1184）冬发生在朱熹与陆九渊（1139—1193）之间的一个事件。是年冬，陆九渊终于有了一次与孝宗直接会面进言（称作“轮对”）的机会，他先后作了《轮对五札》。[30]这件事很快传到了朱熹那里，引起了朱熹的极大兴趣，然而当朱熹读了陆九渊的《奏札》后，他却语带揶揄地说道：“但向上一路未曾拨转处，未免使人疑著，恐是葱岭带来耳。如何如何？一笑。”[31]本来，这句话可能有点朋友之间开玩笑话的味道，但是陆九渊却相当认真，认为这玩笑有点过分，于是他在回信中严肃说道：“肺肝悉以书写，而兄尚有‘向上一路未拨转著’之疑，岂待之太重，望之太过？”[32]那么，这里的所谓“向上一路”，又有何具体所指呢？余英时依据其师钱穆先生的推测，做了这样的断定：“至于‘向上一路未曾拨转’，先师钱先生疑指对语未在‘正心诚意’功夫上开导孝宗，可谓洞见隐微。”[33]笔者曾在一篇旧文中指出：“倘若钱、余师徒所见果然的确，则可断言‘正心诚意’不惟被朱熹视为‘内圣’工夫，更是被朱熹认定为‘向上一路’的最高学问。”[34]现在我又有了一些新发现，对于钱穆上述“推测”可以从朱熹文献中找到几项重要的内证，以下略做介绍，唯不能详论。

就在朱熹与陆九渊之间发生上述“不愉快”之后的若干年——淳熙十五年（1188），朱熹自己获得了一次上封事的机会，亦即著名的《戊申延和奏札》，朱熹向孝宗直谏应当做诚意正心工夫，他这样说道：

> 臣愚不肖，窃愿陛下即今日之治效泝而上之，以求其所以然之故，而于舜禹、孔颜所授受者少留意焉。自今以往，一念之萌，则必谨而察之，此为天理耶，为人欲耶？果天理也，则敬以扩之，而不使其少有壅阏；果人欲也，则敬以克之，而不使其少有凝滞。推而至于言语动作之间，用人处事之际，无不以是裁之。知其为是而行之，则行之惟恐其不力，而不当忧其力之过也；知其为非而去之，则去之惟恐其不果，而不当忧其果之甚也。……如此则圣心洞然，中外融彻，无一毫之私欲得以介乎其间，而天下之事将惟陛下之所欲为，无不如志矣。[35]

这是要求孝宗存天理去人欲、做一番“知其为是而行之”、“知其为非而去之”的为善去恶之工夫。显然，这属于诚意正心的道德实践，已是非常明显的事实。

有趣的是，朱熹弟子黄榦（1152—1221）在《朱子行状》中亦摘录及此（自“窃愿陛下”至“无不如志矣”），并记录了一则轶闻：“是行也（按，指朱熹出任江西提刑），有要之于路，以‘正心诚意’为上所厌闻，戒以勿言者。先生曰：‘吾平生所学，止有此四字，岂可回互而欺吾君乎？’及奏，上未尝不称善。”[36]这里所谓的“要之于路”当是指当道的一位重要官员，他究竟是谁不重要，重要的是，朱熹的那段自白：我平生所学只有“正心诚意”四字。尽管这段自白似乎与王阳明“吾平生讲学，只是‘致良知’三字”[37]这一思想宗旨的自我表白不能相提并论，但至少可以说明这是朱熹明确地将“正心诚意”视作自己平生学问关注之重点所在，而朱熹易箦前三日仍在修改“诚意章”便可印证这一点。

不过，上述黄榦传闻是否可信，似尚可一辨。我从余英时书中偶尔读到一则史料，可释此疑。约在淳熙十五年（1188），楼钥（1137—1213）有一篇《论道学朋党》的奏议，其文曰：

比年以来，曰执中、曰克己、曰谨独、曰正心诚意，往往有所讳而不敢言。人主躬行此道于上，而士大夫反讳言于下。试考之十数年间章奏，无虑千万，未闻以一语及此，而又相戒以毋言。[38]

此处末句“相戒以毋言”最值得留意，竟与黄榦转述“戒以勿言”正心诚意之说法如出一辙。据此，黄榦的传闻乃是当时之史实而不复可疑，而朱熹则显然是有意反其道而行之。

同年数月后的十一月，朱熹又有《戊申封事》，其中朱熹明确指出“陛下之心”乃是“天下之大本”，因此“人主之心”的正与不正，关涉天下之事的正与不正，诚非同小可，朱熹说：

然天下之事所当言者不胜其众，顾其序有未及者，臣不暇言，且独以天下之大本与今日之急务深为陛下言之。盖天下之大本者，陛下之心也。……臣请昧死而悉陈之，惟陛下之留听焉。臣之辄以陛下之心为天下之大本者，何也？天下之事千变万化，其端无穷而无一不本于人主之心者，此自然之理也。故人主之心正，则天下之事无一不出于正，人主之心不正，则天下之事无一得由于正。……是以古先圣王兢兢业业，持守此心，虽在纷华波动之中、幽独得肆之地，而所以精之一之、克之复之，如对神明，如临渊谷，未尝敢有须臾之怠，然犹恐其隐微之间或有差失而不自知也。[39]

细读此奏，我们不禁为朱熹的大胆直言而深深感慨，其用词沉痛激昂，兼而有之，他苦苦劝说孝宗“天下之大本者，陛下之心也”，并教导孝宗当以“十六字心诀”中的“惟精惟一”及孔子“克己复礼”为主要工夫，才能实现“人主之心正”。

饶有兴味的是，日后朱熹在为《戊申封事》这一段落下注时，具体指明“正心诚意”之学便是三代圣人之学，其经典出处就在于儒家经典《周礼》一书当中：

臣窃见《周礼·天官·冢宰》一篇乃周公辅导成王垂法后世，用意最深切处，欲知三代人主正心诚意之学，于此考之可见其实，伏乞圣照！[40]

如果说上面所引资料均属政治文献，因此有其特殊性，那么我们不妨来引用朱熹书信中的两段话来做进一步的考察。其一，他将正心诚意提到了“天下万事”之“大根本”的高度，强调这是人主平治天下的根本工夫，他说：

熹常谓天下万事有大根本，而每事之中又各有要切处。所谓大根本者，固无出于人主之心术，而所谓要切处者，则必大本既立，然后可推而见也。……此古之欲平天下者，所以汲汲于正心诚意以立其本也，若徒言正心，而不足以识事物之要，或精核事情而特昧夫根本之归，则是腐儒迂阔之论、俗士功利之谈，皆不足与论当世之务矣。[41]

其二，朱熹强调应将格物致知与正心诚意包括修身齐家治国平天下等工夫统一起来把握，依照我们的理解，这显然是朱熹从系统论的角度出发来阐述《大学》工夫论的重要观点，他说：

治国平天下与诚意正心修身齐家只是一理，所谓格物致知亦曰知此而已矣。此《大学》一书之本指也。今必以治国平天下为君相之事，而学者无与焉，则内外之道异本殊归，与经之本旨正相南北矣。[42]

至此我们已可断然指出，若从政治文化的角度看，由程至朱，当他们在面对君主，向君主劝导工夫实践之际，他们都拥有一股“正君心”的勇气，而且他们也一致认为，君主所应实行的第一的工夫恰恰应该是正心诚意。诚然，在他们看来，作为士大夫或许应当按照《大学》的工夫程序，从格物致知做起，然后自能实现意诚心正，然而作为一国之君主则有必要从正心诚意做起，必须以正心诚意之内圣工夫为天下建立道德楷模，至于平治天下等外王事业则是随后而至之事，相反，如果要求人主“精核事情而特昧夫根本之归”，这在朱熹看来，无疑是“腐儒迂阔之论、俗士功利之谈”。这里所谓的“根本之归”，特指上述引文“正心诚意以立其本”中的“正心诚意”一语，已无可疑。据此，我们则可说，朱熹自述平生所学只有“正心诚意”四字，当是发自肺腑之言而绝非泛泛之谈。

四、小　结

最后我要用另一段史实来说明朱熹劝人主以正心诚意为首要工夫的想法源自其强烈的政治关怀。读过余英时《朱熹的历史世界》一书的人[43]，大都知道朱熹晚年于淳（熙）末绍（熙）初开始与官僚集团围绕政治思想史上的《尚书·洪范》“皇极”概念发生了一场重要争执，我们撇开其中具体字义诠释的是非问题，就朱熹的解释来看，朱熹釜底抽薪般地推翻了孔安国《传》以来释“皇极”为“大中”的主流观点，而竭力主张以“君”释“皇”、以“极至”或“标准”释“极”之良苦用心在于：劝导人主以身作则，为天下树立道德典范。故朱熹将“皇极”解释成：“此是圣人正身以作民之准则。”[44]所谓“正身”，用朱熹在另一场合的说法，就是“正心修身”，其在绍熙初年（1190）给门人梁瑑字文叔的一封书信中便已清楚地指出：

“皇极”之说，来说亦得之。大抵此章“皇建其有极”以下，是总说人君正心修身，立大中至正之标准以观天下而天下化之之义。[45]

至此已很明确，在朱熹的理解当中，《洪范》“皇极”概念正是要求人主实行正心诚意修身之工夫而无疑，除此之外，不能有其他的解释[46]。可见，以正心诚意工夫要求人主以身作则，毋宁是朱熹在政治上的一种重要立场。

或许，读者会有疑问，朱熹在几次上封事及论对时的态度似乎并不一致，有时他仍然要求人主以格物致知为先，而有时却强烈要求人主须先着手正心诚意。其实，在我们看来，这并不表明朱熹在学术与政治之间采取了圆滑的态度，相反，这恰恰表明朱熹所持的格物诚意“不是两事”这一学术立场，可以在政治场合有更为突出的表现。诚然，在朱熹早年《壬午应诏封事》（1162）及《癸未垂拱奏札一》（1163）等文献中，我们可以看到朱熹严格按照《大学》经典文本的义理脉络，坚持先格物后诚意的学术立场，这一立场直至朱熹晚年（例如1194年的《经筵讲义》）仍没有放弃。然而正如我们在上面已有提及的那样，这一立场在很大程度上受制于《大学》经典的义理脉络而容不得任何题外发挥的缘故。而当我们将审视的眼光转向朱熹工夫论思想的整个体系，则可清楚地看到，若从工夫系统而非从工夫次第的角度出发，朱熹再三强调的观点毋宁是：格物诚意“不是两事”、尊德性道问学“互相发明”、持敬格物“本不相离”、穷理涵养“要当并进”[47]、居敬穷理“二事互发”[48]。也正由此，所以说朱熹工夫论思想的一个重要特质在于：应把《大学》工夫看作是一整套系统，对于《大学》的各种工夫论述理应“一齐理会”、“多端理会”[49]，而不能将各种工夫层层隔绝、彼此断裂。如若不然，就有可能借口物未格、知未致，于是就可理所当然地放弃诚意正心修身齐家等所有工夫，这对朱熹而言，就不得不用“安有此理”这一极其强烈的反问，来表示“自家物未格、知未至，且未要诚意”之观点实在是荒谬至极[50]。

综上所述，我们完全有理由说，朱熹正是由格物诚意“不是两事”这一工夫论的究极之论出发，所以他在政治场合向人主进行道德劝说时要求人主做一番正心诚意的工夫，以为天下树立道德楷模，并能理直气壮地宣称自己平生所学只有“正心诚意”四字。历来以为，朱熹思想偏重于道问学而未免于尊德性有所轻忽，从某种角度看，这一看法或许依然有效。不过，通过本文的考察，我们却可发现，不论朱熹自己是否在实践上曾经身体力行正心诚意之工夫，至少就朱熹而言，他对正心诚意工夫之重要性是有理论自觉的。否则的话，当朱熹在政治场合劝说人主须做正心诚意之工夫的那套说法，便不免是一种虚伪之词、假作之态了。要之，我们有理由相信，“吾平生所学”只有“正心诚意”四字，这是反映朱熹工夫论思想之特质的一个重要写照。注意到这一点，或许可以有助于我们对朱熹的工夫论思想体系有一更全面的了解。

注　释：

[1]《晦庵先生朱文公文集》（以下简称《朱子文集》）卷五十八《答宋深之》五，《朱子全书》第23册，上海：上海古籍出版社、合肥：安徽教育出版社，2002年，第2773页。按，作于淳熙十六年（1189）。

[2]《朱子文集》卷四十二《答胡广仲》一，《朱子全书》第22册，第1894页。按，作于乾道六

年（1170）。

[3] 按，关于“居敬”，朱熹有时又表述为“诚敬涵养”，例如：“用诚敬涵养为格物致知之本。”《朱子语类》（以下简称《语类》）卷十八，北京：中华书局，1986年，第407页。按，此条为叶贺孙字味道记辛亥（1191）以后所闻。显然，“诚居涵养”一语已然含有一层诚意工夫的意味，或者说，至少就注重内在修身实践的角度来看，诚意正心与居敬涵养同属内向工夫，而与注重外在事物的知识积累的格物致知工夫显然有别。

[4]《朱子文集》卷五十六《答方宾王谊》一，《朱子全书》第23册，第2654页。按，作于淳熙十五年（1188）。

[5]《朱子文集》卷五十五《答苏晋叟》三，《朱子全书》第23册，第2633页。按，约在淳熙十五年（1188）以后。

[6] 参见拙文：《格物诚意不是两事——关于朱熹工夫论思想中的若干问题》（未刊稿）。

[7] 无疑地，从政治文化的视角来审视宋代士大夫的思想活动，余英时的有关朱熹的新研究为我们开创了这方面的先例。参见余英时：《朱熹的历史世界——宋代士大夫政治文化的研究》，北京：生活·读书·新知三联书店，2004年。

[8] 参见余英时：《朱熹的历史世界》下册，第417—418页。

[9] 以上见程颐：《明道先生行状》，载《河南程氏文集》卷十一《伊川先生文》七，《二程集》，北京：中华书局，1981年，第633页。

[10]《粹言》卷二《君臣篇》，《二程集》，第1251页。

[11]《粹言》卷一《论政篇》，《二程集》，第1218页。

[12]《粹言》卷二《君臣篇》，《二程集》，第1251页。

[13] 同上书，第1242页。

[14] 同上书，第1242—1243页。

[15] 同止书，第1243页。

[16] 整段记述是这样的：“张子厚再召如京师，过子曰：‘往终无补也，不如退而闲居，讲明道义，以资后学，犹之可也。’子曰：‘何必然？义当往则往，义当来则来耳。’”（《粹言》卷二《君臣篇》，《二程集》，第1244页）

[17]《粹言》卷一《论政篇》，《二程集》，第1211页。

[18] 同上。

[19]《朱子文集》卷九十八《伊川先生年谱》，《朱子全书》第25册，第4564页。

[20] 同上书，第4563页。

[21] 另据《宋史·宁宗本纪》载，绍熙五年（1194）八月南宋宁宗即位后曾向朱熹透露，他希望朱熹能效法伊川师徒在元祐、绍熙间出仕之举，从而“副吾尊德乐义之诚，究尔正心诚意之说，岂惟慰满于士论，且将增益于朕躬”。（王懋竑：《朱子年谱》卷四，引自《朱子全书》第27册，第367页）按，当时朱熹受召赴行在，依当时政坛惯例，朱熹上疏恳辞，而宁宗作《告词》挽留，故有上述一番表露。足见，最高权力者对道学话语已有一定程度的认知，并且意识到正心诚意之说可以成为帝王与儒士产生互动的一种动力。

[22]《朱子文集》卷十一《壬午应诏封事》，《朱子全书》第20册，第572页。按，据束景南《朱熹年谱长编》，朱熹上《封事》在该年八月，上海：华东师范大学出版社，2001年，第282页。

[23]《大学章句》第一章，《四书章句集注》，北京：中华书局，1983年，第4页。

[24]《朱子文集》卷十三《癸未垂拱奏札一》，《朱子全书》第20册，第631—632页。

[25] 同上书，第632页。

[26]《朱子文集》卷二十四《与魏元履书》，《朱子全书》第21册，第1082页。按，书中朱熹还回顾了第二及第三封《奏札》："次读第二奏，论复仇之义；第三奏，论言路壅塞，佞幸鸱张，则不复闻圣语矣。"（同上书，第1082—1083页）由末句可见朱熹的建议受到了冷落，不如第一封《奏札》引发了孝宗"酬酢如响"的积极响应，这似可说明孝宗对道学问题尚能容忍而对时局议论则表态谨慎，而朱熹似未吸取教训，下文将列举的其在绍熙五年（1194）任侍讲时，又在进讲《大学》之余议政，结果"立朝四十日"（黄榦《朱子行状》语）便被罢黜，缘由便是宁宗对于朱熹在讲授《大学》外却"事事欲与"的满腔政治热情不满所致（参见佚名编：《续编两朝纲目备要》卷三，北京：中华书局，1995年，第51页）。另按，朱熹《与魏元履书》还透露了他的时局看法非常悲观："和议已决，邪说横流，非一苇可杭。"（《朱子全书》第21册，第1083页）这显然也是不合时流之见。

[27]《朱子文集》卷十五《经筵讲义》，《朱子全书》第20册，第696—698页。

[28] 朱熹仅简单提及："……但为科名爵禄之计，须是格物、致知、诚意、正心、修身而推之，以至于齐家、治国，可以平治天下，方是正当学问。"（《朱子文集》卷七十四《玉山讲义》，《朱子全书》第24册，第3588页）不过，朱熹并未展开讨论格物与诚意的问题。

[29]《朱子文集》卷七十四《玉山讲义》，《朱子全书》第24册，第3592页。

[30]《陆九渊集》卷三十六《年谱》淳熙十一年（1184）条，北京：中华书局，1980年，第496页。

[31]《朱子文集》卷三十六《寄陆子静》一，《朱子全书》第21册，第1564页。

[32] 同上书，第497页。

[33] 余英时：《朱熹的历史世界》下册，第434页。

[34] 参见拙作：《对"内圣外王"的一种新诠释——就余英时〈朱熹的历史世界〉而谈》，载《国学学刊》2010年第2期，第81页。

[35]《朱子文集》卷十四《延和奏札五》，《朱子全书》第20册，第664—665页。

[36]《朱子全书》第27册，第546页。另参《朱子语类》卷一〇七李闳祖记，所录多为朱熹与孝宗讨论地方政务以及选贤任能等事，却一言未及"正心诚意"语。

[37]《王阳明全集》卷二十六《寄正宪男手墨二卷》，上海：上海古籍出版社，1992年，第990页。

[38]〔宋〕楼钥：《攻媿集》卷二十，引自余英时：《朱熹的历史世界》上册，第340页。余先生入木三分地分析道：导致这一现象的根本缘由在于当时朝野已处于道学家集团颇受压制的政治氛围，而正心诚意之类的经典词语为道学家所常用，故一旦使用这类词语便有"道学"嫌疑，于是，其"政治前途便会受到很严重的负面影响"（同上）。这是形成"相戒以毋言"正心诚意之风气的一个合理解释。

[39]《朱子文集》卷十一《戊申封事》，《朱子全书》第20册，第590—592页。

[40] 同上书，第593页。按，次年淳熙十六年（1189），朱熹在《己酉拟上封事》中同样指出："臣闻天下之事，其本在于一人，而一人之身，其主在于一心，故人主之心一正，则天下之事无有不正，人主之心一邪，则天下之事无有不邪。……是以古先哲王欲明其德于天下者，莫不壹以正心为本。"（《朱子文集》卷十二《己酉拟上封事》，《朱子全书》第20册，第618页）

[41]《朱子文集》卷二十五《答张敬夫》三，《朱子全书》第21册，第1112—1113页。按，作于乾道六年（1170）。

[42]《朱子文集》卷四十四《答江德功》二，《朱子全书》第22册，第2040页。按，该书似作

于淳熙二年（1175）。

[43] 参见余英时：《朱熹的历史世界》第12章“皇权与皇极”，第808—844页。

[44]《语类》卷七十九，第2045页。按，此条为廖德明记癸巳年（1193）以后所闻。

[45]《朱子文集》卷四十四《答梁文叔》二，《朱子全书》第22册，第2025页。按，据余英时，此书约作于绍熙初年（1190），见上揭氏书，第823页。

[46] 参见〔宋〕朱熹：《皇极辨》，《朱子文集》卷七十二。按，《皇极辨》定稿于庆元二年（1196）。另按，朱熹弟子蔡沈（1167—1230）在其著《书集传》中，恪守朱熹所释“皇极”之义而不敢越雷池半步，其释“皇极”曰：“皇，君。建，立也。极，犹‘北极’之极。至极之义，标准之名。”（钱宗武、钱忠弼整理：《书集传》卷四，南京：凤凰出版社，2010年，第143页）蔡《传》在元明以后便成为主流经典之一，可以预测其影响是极其广泛的。关于朱熹的“皇极”新解及其与宋代政治文化的关联，请参拙文：《宋代政治思想史上的“皇极”解释——以朱熹〈皇极辨〉为中心》，载《复旦学报》2012年第6期。

[47]《朱子文集》卷四十五《答游诚之》二，《朱子全书》第22册，第2061页。按，作于乾道九年（1173）。

[48]《语类》卷九，第150页。按，此条为辅广字汗卿记甲寅年（1194）以后所闻。

[49]《语类》卷十五，第311页。按，此条为周明作字符兴记壬子年（1192）以后所闻。

[50] 详见朱熹如下语：“说为学次第，曰：‘本末精粗，虽有先后，然一齐用做去。且如致知格物而后诚意，不成说自家物未格、知未至，且未要诚意，须待格了、知了，却去诚意，安有此理！圣人亦只说大纲自然底次序如此。拈著底，须是逐一旋旋做去始得。’”（《语类》卷十五，第300页。按，此条为吴雉字和中记，不详何年所闻）

（原载《社会科学》2013年第8期，作者单位：复旦大学哲学学院）

东亚儒学中的茶山学：21世纪的视野

⊙ 黄俊杰

一、引　言

2012年适逢18世纪伟大的朝鲜儒家学者丁若镛（茶山，1762—1836）的250周年诞辰，茶山文化基金会主办本次国际学术研讨会，实在深具意义。我非常感谢茶山文化基金会的盛情邀请，让我在此与各位分享我学习茶山学与东亚儒学的心得。我的报告分成三个部分：首先说明朝鲜儒学在东亚儒学史中的特质，其次论述茶山学在东亚儒学史中的融旧与铸新，最后展望茶山学在21世纪全球化时代的新启示。

二、朝鲜儒学的特质

儒学虽是大约两千五百年前起源于中国山东半岛，但是由孔子（公元前551—前479）与孟子（公元前371—前289）所奠基的思想体系，经过两千年的发展，已经成为东亚各国人民共同的精神资产，可称为“东亚儒学”[1]。“东亚儒学”的流衍长达两千年，在空间上涵盖中国、韩国、日本、越南等国家，因此各地的儒学传统既有其共性，亦有其殊性。中日韩各国的儒学传统都分享自孔子以降的儒家核心价值如“仁”、“义”、“礼”等，但也都因应各国的社会、政治、经济的不同状况而发展出具有地域特性的思想特质，而且儒家价值的承载者在中日韩三国也各有其不同的角色，公元10世纪以后中国的“士大夫”与14世纪以后朝鲜时代（1392—1910）的“两班”，都是政治权力的分享者，然而德川时代（1603—1868）日本的“儒者”则是社会上一般的知识分子。[2]中日韩儒者一方面坚信其同条共贯的“普世价值”，另一方面又展现其分河饮水的地域特色。

朝鲜儒学在东亚儒学发展的过程中，至少展现了以下两项特质：

第一，朝鲜时代儒学影响巨大，近于国家宗教之地位。[3]朝鲜儒学深深浸润在朱子学的思想传统之中，16世纪以降朱子学大师李滉（退溪，1507—1570）、李珥（栗谷，1536—1584），踵其后者则为宋时烈（尤庵，1607—1689）及韩元震（南塘，1682—

1751）等思想家，所思考的如“理”，“气”，“本然之性”与“气质之质”，“四端、七情”，“已发、未发”，“人心、道心”等均为朱子学中的重要课题。[4] 但是，朝鲜儒者在继承朱子学的基础上，另有创新。例如，14世纪朝鲜儒者权溥（1262—1346）刊印朱子的《四书集注》之后，朱子学广为流传。朝鲜儒者解读《论语》多采取“性即理”的朱子学立场；解释孔子思想中的“学”，是《大学》中的“大人之学”，也是一种德行之学；解释孔子所说的“吾道一以贯之”，大多循着朱子的以“心”摄“理”的思路发挥，但他们也将孔子所说的“一”解释为“诚”，他们在继承朱子学之中另创新解。[5]

因此，我们可以说：朝鲜儒学的发展史应被视为朝鲜建立文化与思想之主体性及其开展的过程，而不应被视为中国儒学在朝鲜的发展。我们采取“将朝鲜儒学视为儒学在东亚之诸多版本中的朝鲜版”这种看法，就会将朝鲜儒学发展史视为朝鲜文化主体性形成的过程，注意朝鲜特殊的文化、社会、政治、经济条件，与来自中国的儒学互动的过程及其结果。我们不应将朝鲜儒学单纯地视为中国儒学在朝鲜的移植与发展，以避免落入“正统与异端”或“中心与边陲”的无谓争执之中。我们不应以中国儒学的论述作为单一标准，以检验朝鲜儒学是否偏离中国儒学的“正统”论述。

第二，朝鲜儒学是中国儒学与日本儒学发展的中介平台（intermediate platform），发挥着重要的桥梁作用。阿部吉雄（1905—1978）的研究告诉我们，17世纪日本儒学的开山祖师藤原惺窝（1561—1619）就深受朝鲜儒者姜沆（1567—1618）的启发，林罗山（1583—1657）更是通过朝鲜本《延平答问》而进入朱子学，山崎暗斋（1618—1682）的朱子学则与李退溪关系极为密切。[6]

由于朝鲜对日本文化与思想发展具有重大的影响，是中国与日本之间的文化桥梁，所以18世纪日本的藤贞干（1732—1797）与国学派思想家本居宣长（1730—1801）之间就进行了关于日本文化起源的激烈争辩。藤贞干主张日本的皇统、语言、姓氏等皆来自朝鲜。藤贞干的日本文化外来说，引起了本居宣长的批驳，斥之为狂人。[7]这场日本思想史上所谓“韩之问题”的辩论，处处有着巨大的中国投影而朝鲜则扮演文化桥梁的角色。

总之，在东亚儒学形成与发展的过程中，朝鲜儒学既深深地浸润在中国儒学（尤其是朱子学）的思想传统中，又因应朝鲜半岛的时空情境而进行创造性转化。正如李退溪编《朱子书节要·序》中所说，“况今生于海东数百载之后，又安可蕲见于彼，而不为之稍加损约，以为用工之地”[8]，朝鲜儒者在吸收中国儒学的同时，致力于建立朝鲜儒学的主体性，并发挥中国儒学与日本儒学之间的桥梁作用，对日本儒学的发展影响最为巨大。

三、茶山学在东亚儒学史中的地位

茶山学在东亚儒学史中的地位，可以从很多方面来看，但是，最重要的是，茶山学融合了在他之前的东亚儒者的学问（尤其是朱子学），与来自西方的Catholicism有所接触[9]，并开创了儒学思想的新方向。茶山在东亚儒学史上扮演融旧铸新、承先启后的角色。

茶山学问门庭宽阔，他与朱熹（1130—1200）或其他东亚儒者一样，通过重新诠释儒家经典而建构自己的思想体系。[10]茶山对《易经》、《论语》、《孟子》、《中庸》、《大学》等经典都著有专书，既继承朱熹“四书”学的重要遗产，又吸纳日本古学派的思想。茶山接受朱熹的“人心、道心”的区分，又肯定《大学》与《中庸》的地位，正如我的同事蔡振丰最近所说，茶山对朱子学的僵化现象加以补弊，又注入源头活水，应视为“后朱子学”（post-Zhuxism）而不是“反朱子学”（anti-Zhuxism）的思想家。[11]

茶山对朱子学既继承而又创新，最具代表性的是他对“仁”的新诠释。“仁”是东亚儒学最重要的核心价值，《论语》全书中论及“仁”者共58章，“仁”字共105个。南宋大儒朱子撰写《仁说》，以理气论的思想架构，提出一套存有论的（ontological）、伦理学的与心理学的“仁”的新论述，大幅提升人之生命的高度与厚度。朱子并在《四书章句集注》中将“仁”重新定义为“心之德，爱之理”，将伦理学建立在形而上学的基础之上。但是，朱子的“仁”说论述受到18世纪以降日本与朝鲜儒者的批判。德川时代日本儒者都致力于拆解朱子学的形而上学基础，并且在社会政治生活的具体脉络中阐释“仁”的含义。[12]

茶山的“仁”学论述与18世纪日本儒者的论述互相呼应。茶山不同意朱熹的“性即理”的人性论，他反对朱子将人性区分为“气质之性”与“本然之性”，主张“言性者必主嗜好而言”。[13]茶山更在人之实存的（existential）具体脉络之中阐释“仁”的含义，他说：

> 集注曰：仁者，本心之全德。案，仁者，人也，二人为仁，父子而尽其分则仁也，君臣而尽其分则仁也，夫妇而尽其分则仁也，仁之名必生于二人之间，近而五教，远而至于天下万姓，凡人与人尽其分，斯谓之仁，故有子曰：孝弟也者，其为仁之本；仁字训诂，本宜如是……。[14]

茶山在上文中主张“仁之名必生于二人之间……凡人与人尽其分，斯谓之仁”，他翻转了朱熹以“心之德，爱之理”为“仁”所下的定义，而将朱子的形而上意义的“仁”，翻转而成为伦理学的关系意义下的“仁”。茶山思想中的“仁”的核心尤其在于强调人与人相互之间的（inter-personal）互动关系。诚如蔡振丰所指出：在茶山的“仁”学论述中，作为道德主体的人是一种“实践性主体”，也是一种“交互性主体”。[15]与朱熹比较，茶山的伦理学更为平实，更具有实践性，而且玄想的成分较少。[16]

茶山以“互为主体性”（inter-subjectivity）作为核心的“仁”学新论述，比德川时代日本儒者的“仁”说更为深刻，更具创新性。17世纪日本的林罗山（1583—1657）虽然循朱子的体用说言“仁”，但强调在具体的伦理行为中实践“仁”之“用”。[17]三宅尚斋（1662—1741）强调在具体的生活中体验作为“爱之理”的“仁”。[18]伊藤仁斋（1627—1705）批判宋儒“以仁为性”之说，他主张在“用”中而不是从“体”中落实“仁”的含义。[19]17世纪的伊藤仁斋（1627—1705）[20]与18世纪的丰岛丰洲（1737—1814）[21]虽然都撰有以《仁说》为题的论文，但都未强调“二人相与”之际的“互为主体性”作为“仁”的本质。茶山的“仁”学论述，在东亚儒学史中具有特殊的地位。

四、茶山学的21世纪新启示

展望21世纪，茶山学中的精神遗产，特别具有新时代的启示的，至少有以下两项：

第一，茶山思想世界中的实学精神，在21世纪全球化时代中，具有崭新的启示。茶山与18世纪的许多日本儒者一样，都反对朱熹以“理气二元论”为基础所提出的“伦理的二元性”（ethical duality）的论述。18世纪日本与朝鲜的许多儒者，都不接受既是形而上学的“理则”，又是伦理学的“规范”的“理”的学说，他们都倾向于主张在“人欲”之中寻觅“天理”。但是，茶山的实学思想特别强调，只有在具体而特殊的行为完成之后，才能体会抽象而普遍的价值理念。茶山说：

> 仁义礼智之名，成于行事之后，故爱人而后谓之仁；爱人之先，仁之名未立也。善我而后谓之义。善我之先，义之名未立也。宾主拜揖而后礼之名立焉。事物辨明而后智之名立焉。[22]

茶山在上述文字中所提出的“仁义礼智之名，成于行事之后”，潜藏着“事先于理”的哲学命题，在21世纪特别具有启示意义。

21世纪最重要的发展趋势就是“全球化”。在全球化潮流之下，国与国之间的相互联结性日益密切。[23]大前研一（1943—　）说现今的世界可说是“无国界的世界”[24]，造成“民族国家终结”的现象[25]。但是，正是在全球化发展趋势之下，居于“全球化”中心位置的国家，却以其政治经济军事的优势，肆无忌惮地宰制居于“全球化”边陲位置的国家与人民，而形成杭士基（Noam Chomsky, 1908—　）所说的“流氓国家”[26]。

21世纪全球化趋势之所以发展成“中心”宰制“边陲”的状况，最重要的原因就是：“全球化”的“理”从国与国之间以及人与人之间的互动的具体脉络中被抽离出来，而成为某种 “去脉络化的理”，所以被强权国家所掌控。茶山的实学思想提醒我们："存在（existence）先于本质（essence）"[27]，只有在具体而特殊的行为（"事"）完成之后，才能建立抽象而普遍的价值（"理"），否则，"理"很容易被少数掌握权力的国家所控制，而成为欺压弱小国家的工具。茶山所主张的"事先于理"这项命题，对21世纪全球化时代的国际关系，具有崭新的意义与启示。

第二，茶山对"文化认同"（cultural identity）的重视，对于21世纪的国际新秩序的形成与互动，具有新的启示。我在最近出版的新书中曾指出：在东亚儒者心目中，"自我"、"他者"、"文化认同"、"政治认同"四项因素中，"文化自我"最具重要性。东亚儒者认为：中、日、韩各国因为分享共同的文化核心价值理念如"仁"、"义"等，所以"自我"与"他者"的冲突可以消弭于无形之中，18世纪朝鲜儒者丁茶山坚信日本因为有荻生徂徕（1666—1728）等大儒，尊崇礼义，文化灿然，所以不会侵略朝鲜[28]；17世纪伊藤仁斋之子伊藤东涯也坚信孔孟绝无侵略日本之可能[29]。

茶山更进一步驳斥以地理位置而称"中国"之说法，他认为全球各地在地理上不分东西南北，都可以称为"中国"。茶山说：

> 夫既得东西南北之中，则无所往而非中国，乌睹所谓"东国"哉？夫既无所往而非中国，乌睹所谓"中国"哉？即所谓"中国"者，何以称焉？有尧、舜、禹、汤之治之谓中国，有孔、颜、思、孟之学之谓中国。今所以谓"中国"者何存焉？若圣人之治，圣人之学，东国既得而移之矣，复何必求诸远哉？[30]

茶山也从日本儒者著作水准之高，而判断日本"必有崇礼义而虑久远者，故曰日本今无忧也"[31]。茶山主张以文化价值理念化解并超越国家之间政治的藩篱或军事的冲突。茶山的主张在21世纪世界新秩序的重建（remaking）上，特别具有新时代的启示。

五、结　论

在东亚儒学发展史上，18世纪的丁茶山、17世纪日本的伊藤仁斋、18世纪中国的戴震（东原，1724—1777），都代表东亚近世儒者批判并力图超越日趋僵硬的朱子学的新思想动向。[32]茶山对朱子学既有因袭亦有创新，他既熟悉日本古学派又能加以批驳[33]，以建构自己的思想体系。

在全球化潮流蔚为21世纪发展主流的新时代里，茶山学所蕴藏的丰沛的思想遗产与精神资源，尤其是他的"事先理后"的实学精神，以及以文化价值化解政治或军事冲突的主张，都有助于21世纪世界新秩序的重建。

注　释：

[1] 请参见黄俊杰：《东亚儒学：经典与诠释的辩证》，台北：台大出版中心，2007年；日文版：《东アジアの儒学：経典とその解釈》，东京：ぺりかん社，2010年。

[2] 参考Hiroshi Watababe, *Jusha, Literati and Yangban: Confucianists in Japan, China and Korea*, in Tadao Umesao, Catherine C. Lewis and Yasuyuki Kurita eds., Japanese Civilization in the Modern World V: Cultuturedness. Senri Ethnological Studies 28. Osaka: National Museum of Ethnology, 1990, pp.13-30.

[3] 参考Martina Deuchler, *The Confucian Transformation of Korea: A Study of Society and Ideology* (Cambridge, Mass. and London: Councill on East Asian Studies, Harvard University, 1992), pp.3-27.

[4] Cf. Sasoon Yun, *Critical Issues in Neo-Confucian Thought: The Philosophy of Yi T'oegye* (Seoul: Korea University Press, 1990).

[5] 黄俊杰：《东亚儒学史的新视野》，台北：台大出版中心，2007年，第245、274页。

[6] 阿部吉雄：《日本朱子学と朝鲜》，东京：东京大学出版会，1965年，1975年。

[7] 藤贞干：《冲口发》，本居宣长：《钳狂人》，均收入鹫尾顺敬编：《日本思想鬪诤史料》第4卷，东京：东京名著刊行会，1964年、1970年，第227—312页，并参考子安宣邦：《方法としての江户：日本思想史と批判的视座》，东京：ぺりかん社，2000年，第16—26页。

[8] 李滉：《朱子书节要序》，《陶山全书》，首尔：退溪学研究院，1988年，《退溪学丛书》3册，卷59，第259页。

[9] Don Baker, *Tasan Between Catholicism and Confucianism: A Decade Under Suspicion, 1797-1801*, Journal of Tasan Studies, Vol.5 (2004), pp.55-86. 亦有学者指出：茶山思想中的“天”（Heaven）、“性”（Nature）与“人”（man）等概念，都呈现某些基督教思想的投影。见*Tasan and Christianity: In Search of a New Order*, The Review of Korean Studies (The Academy of Korean Studies) 4 (2000), pp.35-51.

[10] Chun chieh Huang, *The Philosophical Argument action by Historical Narration in Sung China: The Case of Chu His*, in Thomas H.C. Leed., The New and the Multiple: Sung Senses of the Past (Hong Kong: The Chinese University of Hong Kong Press, 2004), pp.107-120.

[11] 蔡振丰：《朝鲜儒者丁若镛的四书学：以东亚为视野的讨论》，台北：台大出版中心，2011年，第312页。

[12] 黄俊杰：《朱子〈仁说〉在德川日本的回响》，第四届国际汉学会议论文，台北：“中央研究院”，2012年。

[13] 丁若镛：《与犹堂全书》第4册《集2·经集》，卷5《孟子要义·滕文公第三》，首尔：民族文化文库，2001年，第435页。

[14] 丁若镛：《与犹堂全书》第5册《集2·经集》，卷12《论语古今注·颜渊第十二》，第453—454页。茶山又说“仁者，二人相与也。凡二人之间，尽其道者，皆仁也”，均同样意思。见《论理古今注》，收入《与犹堂全书》第5册，总20页。同蔡振丰认为丁茶山除了强调主体性外，亦强调主体间性。参看蔡振丰：《朝鲜儒者丁若镛的四书学：以东亚为视野的讨论》，第319页。

[15] 蔡振丰：《朝鲜儒者丁若镛的四书学：以东亚为视野的讨论》，第122页。
[16] Seungkoo Jang, *Tasan's Pragmatic View of Ethics*, The Review of Korean Studies (The Academy of Korean Studies) 4 (2000), pp.19-33.
[17] 京都史迹会编：《林罗山文集》卷67，东京：ぺりかん社，1979年，第832页。
[18] 三宅尚斋：《默识录》，收入井上哲次郎、蟹江义丸编：《日本伦理汇编》第7册，卷1，东京：育成会，1901年，第482页。
[19] 伊藤仁斋：《语孟字义》，收入井上哲次郎、蟹江义丸编：《日本伦理汇编》第5册，卷之上，第290页。
[20] 丰岛丰洲：《仁说》，收入《日本儒林丛书》第6册，东京：凤出版，1978年，第5页。
[21] 伊藤仁斋：《仁说》，《古学先生诗文集》，收入《近世儒家文集集成》第1册，卷1，东京：ぺりかん社，1985年，第60页。
[22] 丁若镛：《与犹堂全书》第4册《集2·经集》，卷5《孟子要义·公孙丑第二》，第413页。
[23] Anthony Gidden, *Beyond Left and Right: The Future of Radical Politics* (Cambridge: Polity Press, 1994), pp.4-5.
[24] Kenichi Ohmae, *The Borderless World* (Mckinsey & Company, Inc., 1990).
[25] Kenichi Ohmae, *The End of the Nation State: The Rise of Regional Economies*. Mckinsey & Company, Inc., 1995.
[26] Noam Chomsky, *Rogue States: The Rule of Force in World Affairs*. London: Pluto Press, 2000.
[27] 这是Jean-Paul Sartre (1905-1980) 在1946年版的著名演讲的讲题，也是战后法国存在主义的重要命题。
[28] 丁若镛：《日本论一》，收入《与犹堂全书》第2册《集1·诗文集》，卷12，第282—283页。
[29] 黄俊杰：《东亚文化交流中的儒家经典与理念：互动、转化与融合》，台北：台大出版中心，2010年，第39—60页。
[30] 丁若镛：《与犹堂全书》第2册《集1·诗文集》，卷13《文集序·送韩校理使燕序》，第393—394页。
[31] 丁若镛：《日本论一》，收入《与犹堂全书》第2册，卷12，第282—283页。
[32] 黄俊杰：《东亚近世儒学思潮的新动向：戴东原、伊藤仁斋与丁茶山对孟学的解释》，收入黄俊杰：《儒学传统与文化创新》，台北：东大图书公司，1983年，第77—108页。此文韩文译本刊于Tasan hakpo《茶山学报》6（1984年版），第151—181页。Don Baker称茶山是儒学传统中的“反叛者”（rebel），参看Don Baker, *Thomas Aquinas and Chong Yagyong: Rebels Within Tradition*, Journal of Tasan Studies, vol.3 (June, 2002), pp.32-69.
[33] Mark Setton, *A Comparative Study of Chong Yagyong's Classical Learning (Susahak) and Japanese Ancient Learning(Kogaku)*, Journal of Tasan Studies, vol.3 (June, 2002), pp.230-245.

（原载《江南大学学报》（人文社会科学版）2013年版第3期，
作者单位：台湾大学历史系）

下学而上达
——朱子小学与大学的贯通

⊙ 朱人求

朱子毕生致力于《大学》[1]引起了学术界的广泛兴趣，近年来，对朱子《小学》的研究也逐渐升温[2]。毕竟，大学是相对于小学而言的。朱子之大学指“大人之学”，即成就内圣外王的圣人之学，学的是如何格物、致知、诚意、正心、修身以至于齐家、治国、平天下。小学则是“小子之学”，学的是洒扫、应对、进退之事，故宋人往往以洒扫、应对、进退为小学。然而，朱子的“小学”与“大学”之间究竟是一种什么样的关系？二者如何衔接与贯通？学术界对此研究相对不多[3]。其实，早在少年时期，面对《论语・子张》篇“子夏之门人小子”章理解之困惑，朱子开始了对“小学”与“大学”关系的思考，那就是“洒扫应对”的下学（小学）工夫是否可以上达天理？一直到朱子出任同安主簿，这一困惑仍然困扰着他[4]，这是一种“困知”型的不自觉的关注。宋孝宗淳熙十四年（1187），朱子《小学》成书，淳熙己酉年（1189）二月，朱子《大学章句序》完稿，该书编成标志着困扰朱子大半生的小学与大学关系问题终于求解，即悟出理“乃是有本末、大小，在学者则须由下学乃能上达，惟圣人合下始终皆备耳”[5]。作为朱子教化和修养起点的小学，它在何种程度上才能与大学衔接和沟通，它们之间又是如何贯通的？或者说，在朱子的思想世界中，小学与大学为什么能够贯通？如何贯通？其意义何在？这正是本文要努力解决的问题。

一、理即事，事即理

宋孝宗淳熙十四年（1187），朱子《小学》成书，这是中国影响较大的一部蒙学教材。全书六卷，其中《内篇》四卷分别为《立教》、《明伦》、《敬身》、《稽古》，辑录的都是上古三代的圣贤言行，这是《小学》全书的主体部分。《外篇》分为《嘉言》、《善行》二卷，辑“汉以来贤人”之言行，是对《内篇》内容的推衍和增广。明清以来，围绕朱子《小学》一书出现了大量的注解本[6]，对我国宋代以后蒙学教育的格局影响深远。明清统治者都对朱子《小学》极力推许和大力表彰，如明太祖就曾下旨命亲王、驸马、太学生讲读《小学》，清雍正帝则亲为《小学集注》一书撰序，帝王的推崇为《小学》罩上了“御定”的光环。除了国内，《小学》一书还在儒教文化圈的域外各国如韩国、日本得到了广泛传播[7]。该书是宋元直至明初极为流行的小学教材，在中国甚至东亚蒙学史上产生了较大的影响。

在《大学章句序》中，朱子提出了小学与大学衔接和沟通的问题，这就是“事”与“理”的关系问题。他说：“人生八岁，则自王公以下，至于庶人之子弟，皆入小学，而教之以洒扫、应对、进退之节，礼乐、射御、书数之文；及其十有五年，则自天子之元子、众子，以至公、卿、大夫、元士之适子，与凡民之俊秀，皆入大学，而教之以穷理、正心、修己、治人之道。此又学校之教、大小之节所以分也。”表面上，小学与大学的差别在入学的年龄（八岁与十五岁）与教授的对象（含庶民在内的全体与精英）的不同。究其实质，小学与大学的区分关键在于所学的内容（洒扫、应对、进退、礼乐、射御、书数与穷理、正心、修己、治人之道）的不同，朱子又提炼为“事”与“理”的不同。“古者初年入小学，只是教之以事，如礼乐射御书数及孝弟忠信之事。自十六七入大学，然后教之以理，如致知、格物及所以为忠信孝弟者。”“小学者，学其事；大学者，学其小学所学之事之所以。”“小学是事，如事君，事父，事兄，处友等事，只是教他依此规矩做去。大学是发明此事之理。”[8]小学是教育的初级阶段，主要教如何做人，如何做一个好人。小学的教学主要落实在“事”的层面上，只是教他守规矩，如何事君、事父、事兄、处友，如何做到礼乐射御书数和忠信孝悌。大学之教，立足于成就“大人”，即成就圣贤人格。故在大学阶段，仅仅善于处事远远不够，还要穷究此事之理。小学只是追求“所当然”，大学则应知晓“所以然”。

面对弟子对大学与小学关系的疑问，朱子回答说：“只是一个事。小学是学事亲，学事长，且直理会那事。大学是就上面委曲详究那理，其所以事亲是如何，所以事长是如何。古人于小学存养已熟，根基已深厚，到大学，只就上面点化出些精彩。”[9]在本质上，小学与大学都是一致的，二者只是学习的不同阶段而已，二者只是处事与求理的关系。求理是对处事的升华，进一步深化对处事的认知，在处事的基础上“点化出些精彩”。换言之，在朱子看来，“理”与“事”不可分割，“理”就是“事”，“事”就是“理”。

其实，“理即事，事即理”最早由朱熹的讲友石子重提出：“伊川云：‘洒扫应对便是形而上者，理无大小故也。故君子只在谨独。’[10]洒扫应对是事，所以洒扫应对是理。事即理，理即事。道散在万事，那个不是？若事上有毫发差过，则理上便有间断欠阙，故君子直是不放过，只在慎独。”朱子回答说：“此意甚好，但不知无事时当如何耳？慎独须贯动静做功夫始得。”[11]这里的“事即理，理即事”就“慎独”功夫提出，指道散落在万事万物之中，它的始作俑者应为石子重而非朱子[12]。朱子对石子重的回应也只是就慎独功夫作答。朱子的疑虑是有事时能遵循天理是不错的，那么，无事之时又当如何呢？慎独功夫要求有事无事、动时静时都要时刻保持警醒，排斥一丝一毫的私欲和邪念。其实，朱子十分强调理与事之间只是不即不离的关系，并非形而上之理与形而下之事物之间完全等同。当学生问他为什么程子讲洒扫应对就是形而上的事情，朱子回答说："洒扫应对所以习，夫形而下之事；精义入神所以究，夫形而上之理也。其事之大小固不同矣，然以理言，则未尝有大小之间而无不在也，程子之言意盖如此。但方举洒扫应对之一端，未及乎精义入神之云者，而通以理无大小结之，故其辞若有所不足，而意亦难明耳。徐绎其绪而以是说通之，则其辞备而意可得矣。抑程子之意正谓理无大小，故君子之学不可不由其序以尽夫小者、近者，而后可以进夫远者、大者耳。故曰其要只在慎独，此甚言小之不可忽也。而说者反以为理无大小，故学者即是小者而可以并举其大，则失之远矣。其曰便是云者，亦曰不离乎是耳，非即以此为形而上者也。"[13]"洒扫应对"是小学之事，是形而下之事。"精义入神"乃大学追求的目标，所穷究的是形而上之理。事有大小，但从理的视角看，事物之理没有大小之别而无处不在，伊川的意思正是认为理无大小，因而，君子之学可由小而大，由近而远，所以为学的关键在于慎独，意思是说小事尤其不可轻忽。依朱子之意，形而上与形而下的贯通，即理与事的贯通、大学与小学的贯通。以理观之，小学与大学之间存在着内在的一致性，二者之间并没有小大之别。一方面，经由小学之"处事"即可上达天理，下学而上达；另一方面，天理的体认与获得，最终还须落实到万事万物之中。

二、知行相须

小学与大学之分还在于知行的层次各有不同。按朱子的说法："小学之事，知之浅而行之小者也。大学之道，知之深而行之大者也。"[14]换言之，尽管小学与大学有层次之别，在知行合一上二者却是一致的。宋儒常常把知行问题表述为"致知"与"力行"的关系，"致知"兼指格物致知，朱熹尤指通过格物穷理，达到对"天理"的认识。"力行"则指知识的实行和道德的践履。知行观只是对"致知"与"力行"的简称，它指称人的生命实践尤其是人的道德认知和践履。

朱子提倡小学的目的本是为了给大学做铺垫、打基础。小学的内容分成六个方面：（1）立教：胎孕之教、保傅之教、讲习之教；（2）明伦：父子之亲、君臣之义、夫妇之别、长幼之序、朋友之交、通论；（3）敬身：心术之要、威仪之则、衣服之制、饮食之节；（4）稽古：立教、明伦、敬身、通论；（5）嘉言：广立教、广明伦、广敬身；（6）善行：实立教、实明伦、实敬身。《小学》的重点在于立教、明伦、敬身，其中又以明伦、敬身为主教育蒙童立身处世。可见，注重道德与礼仪的实践是朱子"小学"教育的关键。然而，在注重"行"的同时，朱子小学也关心"义理"的问题，他说："天命，非所以教小儿。教小儿，只说个义理大概，只眼前事。或以洒扫应对之类作段子，亦可。每尝疑《曲礼》'衣毋拨，足毋蹶；将上堂，声必扬；将入户，视必下’等协韵处，皆是古人初教小儿语。《列女传·孟母》又添两句曰：‘将入门，问孰存。’”[15]朱子《小学》主要是一本启蒙或蒙学读物，其所叙述或提供的是为人做事最基本的道理和准则。这里应当指出的是，“天命”这样高深的道理并非小学阶段就要把握，小学关心的只是义理的“大概”，即一般常识性认知，躬行实践才是最主要的，但这种践行是不自觉的。

相对于小学而言，大学之知是深知，是对天地、万物之理的自觉追寻。朱子宣称：“小学是直理会那事；大学是穷究那理。”[16]大学与小学的区别就在于对“穷理”的高度重视，朱子也说《大学》一书，“要紧只在‘格物’两字，认得这里看，则许多说自是闲了。初看须用这本子，认得要害处，本子自无可用”[17]。大学的“要害”处就是“格物”。在朱熹理学体系中，其“致格物知”注重个体生命的参与、体验和体悟，知识与道德浑然一体，本质上属于一种“体知”的认知途径。

“体知”是指儒家认知的一种特殊途径。从字面上讲，“体”有“亲身体验”或“设身处地着想”的意思，意即“体之于身”的认知方式。在“体知”活动中，主体与客体、道德与知识是和谐统一的。关于“体知”，杜维明先生曾有过非常精辟的论述。他指出，在现代汉语中，“知道”与“会”表示两种不同的认知经验。“知道”之“知”是所谓“知道是什么”之“知”，是一种认知；“会”即所谓“知道如何做”之“知”，是一种体验，“体知”是二者的统一。他还用“德性之知”诠“体知”，认为德性之知是内在的体证之知，是从事道德实践必备的自我意识，它是一种体验，一种体知，不能离开经验知识但也不能等同于经验知识。[18]这种体知的自我意识，与张载的“大其心以体天下之物”[19]和程颢的“仁者与天地万物为一体”[20]的观点是一致的。它涉及的不仅是认识论的问题，也是本体论、宇宙论和道德实践的问题，其认识结构为天人合一的结构模式。

朱熹的“格物致知”论作为一种认知活动不证自明，但它能否作为一种“内在体证之知”或作为一种“体验之知”呢？回答是肯定的。朱熹论格物，最精彩的当见于《大学章句》之格物补章：“所谓致知在格物者，言欲致吾之知，在即物而穷其理也。……至于用力之久，而一旦豁然贯通焉，则众物之表里精粗无不到，而吾心之全体大用无不明矣。此谓物格，此谓知之至也。”所谓“致知在格物”，它是朱熹向外穷理的方法，在朱熹看来，理散在万物，物物各有其理。所谓“豁然贯通”，“吾心之全体大用无不明”，就是在格物穷理的基础上，经过直觉体悟，进入万物一体的“仁”的境界，“穷理”的根本目的就在这里。其实，“致知乃本心之知”[21]，“格物”的目的也在于“明此心”，“格物所以明此心”[22]。一切只须向内寻求，心即理，“明此心”即是“明此理”，朱熹认为，“心固是主宰底意，然所谓心者，即是理也，不是心外别有理，理外别有个心”[23]。于是，“格物致知”便转化为一种“内在的体证之知”。然而，朱熹与“心学”的差别在于，他虽然认为理内在于心而为心之“全体”，但也散在万物，万物各有其理，故应内外兼修，诚心正意，“今日格一物，明日格一物”，“及其真积力久而豁然贯通焉”[24]，内与外，天与人，心与理皆合而为一，这也与“体知”的认知结构模式相通。

我们应当看到，在朱熹思想视野里，认知的目的在于为其道德实践服务，“致知”又表现为一种体验之知。朱熹认为，“求仁”的道德实践固然要求“力行”，但是，只有首先通过“致知”，明其义理，才能使其行为合法化，否则就如瞎子行路，在道德实践上陷于盲目性。他说：“实欲求仁，固莫若力行为近，但不学以明之，则有挺埴冥行之患，故其蔽愚，若主敬致知交相为助，则自无此蔽矣。”[25]致知也只有与道德实践相互依存相互协助，人的道德行为才会不至于盲目。所以那种通过认知而得到的“真知”是指能体验能践履之知，“知而未能行，乃未得之于已，此所谓知者亦非真知也。真知则未有不能行者”[26]。

朱熹的“格物致知”具备了“体知”的两个最基本的特征，在本质上二者是一致的。作为一种内在体证之知，“体知”强调的是主体的生命体验和从事道德实践所必备的自我意识。“体知”是一种认知（致知），也是一种力行，一种道德践履。这种认知与力行的结合一方面使得内在的生命意识转化为现实生命意识和道德行为，由内而外，由本体而现实；另一方面，它又向内探求，回归生命本体，体悟天理。于是，合内外，一天人，融汇知识与道德成为“体知”的最终目标，它的实现即是“仁”的境界的获得或“心与理一”的实现。因此，“体知”更多的是对“天理”或“道体”的体认或体悟。“体知”终归要落实在道德行为中，“为学之实固在践履，苟徒知而不行，诚与不学无异”[27]。在《大学章句》的八德目中主要是指“修身、齐家、治国、平天下”对人间之事的践履，也就是说“格物、致知”的认知最终要走向由己及人、修己安人、化民成俗的儒门责任担待。

三、敬贯始终

朱子小学与大学的贯通还体现在“敬”的一贯性上。在《大学或问》中，朱子进一步阐明了小学与大学的关系：“学之大小固有不同，然其为道则一而已。是以方其幼也，不习之小学，则无以收其放心，养其德性，而为大学之基本。及其长也，不进于大学，则无以察夫义理，措诸事业，而收小学之成功。”在《答胡广仲》的书信中，朱子说得就更加明白：“盖古人由小学而进于大学。其于洒扫应对进退之间，持守坚定，涵养纯熟，固已久矣。是以大学之序，特因小学已成之功而以格物致知为始。今人未尝一日从事于小学，而必曰先致其知然后敬有所施，则未知其何为主而格物以致其知也。”[28]朱子认为小学实际上为大学之根本，若缺了小学之工夫，也就很难能够成就大学之功业。在朱子看来，小学工夫主要是敬的工夫，要求初学者持敬涵养、躬行践履，一方面使心思不放逸、不走作，即所谓“收其放心，养其德性”。

朱子《小学》一书，通篇贯彻着一个“敬”的精神和要求。通过论述和概括前人的道德教训，朱子对小学蒙童提出了一系列明确具体的行为规则和要求。例如，在学习上，他要求蒙童“学业则须是严立课程，不可一日放慢”，听课时要“坐必安”，“听必恭”。在孝敬父母方面，他要求蒙童“入则孝，出则悌”，“贤贤易色，事父母能竭其力”。在交友方面，他要求蒙童“对贤者，要狎而敬之，畏而爱之”，“不与恶人交”；交了朋友就要“言忠信，行笃敬”。在为人处事方面，他要求蒙童待人要“色思温，貌思恭，言思忠”，“己所不欲，勿施于人”；办事要“居处恭，执事敬”等等。总之，他要求蒙童的“一行一住、一语一默、须要尽合道理”，做到“傲不可长，欲不可纵，志不可满，乐不可极”，“言其所善，行其所善，思其所善”。正是在此意义上，段玉裁称道朱子《小学》“本之以立教，实之以明伦敬身，广之以嘉言善行，二千年贤圣之可法者，胥于是乎在。朱子之《小学》，蒙养之全功也”[29]。

朱子指出：“古人小学养得小儿子诚敬善端发见了。然而大学等事，小儿子不会推将去，所以又入大学教之。”[30]朱子将持敬工夫作为小学工夫之关键，但当今大学之教却缺失敬的工夫。“古者，小学已自暗养成了，到长来，已自有圣贤坯模，只就上面加光饰。如今全失了小学工夫，只得教人且把敬为主，收敛身心，却方可下工夫。又曰：‘古人小学教之以事，便自养得他心，不知不觉自好了。到得渐长，渐更历通达事物，将无所不能。今人既无本领，只去理会许多闲汩董，百方措置思索，反以害心。’”[31]应当注意的是，敬在朱子的体系中并不仅仅只是指小学工夫，敬是贯彻始终的工夫。“器远前夜说：‘敬当不得小学。’某看来，小学却未当得敬。敬已是包得小学。敬是彻上彻下工夫。虽做得圣人田地，也只放下这敬不得。如尧舜，也终始是一个敬。如说‘钦明文思’，颂尧之德，四个字独将这个‘敬’做擗初头。如说‘恭已正南面而已’，如说‘笃恭而天下平’，皆是。”[32]

尧舜圣圣传授之敬，就是儒家的心法[33]，其谱系就构成道统。朱子指出，圣人相传，只是一个“敬”字。朱子也说：“圣人相传，只是一个字。尧曰钦明，舜曰温恭，圣敬日跻，君子笃恭而天下平。”“尧是初头出治第一个圣人，《尚书·尧典》是第一篇典籍，说尧之德都未下别字，钦是第一个字。如今看圣贤千言万语，大事小事，莫不本于敬。收拾得自家精神在此，方看得道理尽。看道理不尽，只是不曾专一，或云主一之谓敬，敬莫只是主一，曰主一又是敬字注解。要之，事无小无大，常令自家精神思虑尽在此，遇事时如此，无事时也如此。”[34]尧舜禹文武周公相传的只不过是一个“敬”字，“敬”字是从功夫论上着手，“主一”、“惟一”、“择善而固执之”、“笃行”、“诚之”都不过是在“敬”上下功夫，“敬字工夫，乃圣门第一义”，“敬之一字，真圣门之纲领，存养之要法。一主乎此，更无内外、精粗之间。”[35]朱子甚至认为：“《大学》致知格物，非惟精不可能，诚意则惟一矣。学只是学此道理，孟子以后失其传亦只是失此。”[36]《大学》致知格物，归根到底，也只是“惟精惟一”的道理，讲的也不过是一个“敬”字。

朱子认为，大人之学，需要修炼两种工夫：一是居敬，二是穷理。“学者功夫唯在居敬穷理二事，此二事互相诱发，能穷理则居敬功夫日益进，能居敬则穷理功夫日益密。”[37]居敬穷理二者应当齐头并进，不可偏废。敬是贯穿小学大学、圣学始终的工夫论。朱子曰：“盖吾闻之，敬之一字，圣学之所以成始而成终者也。为小学者不由乎此，固无以涵养本源而谨夫洒扫应对进退之节与夫六艺之教。为大学者不由乎此，亦无以开发聪明进德修业，而致夫明德新民之功也。”[38]朱子的小学倡导主敬工夫，朱子的大学讲格物致知离不开敬，诚就是敬，讲修齐治平更离不开敬。“敬”作为小学之工夫，是为学的开端，但“敬”为什么又是圣学的终点呢？朱子的回答是：“敬者，一心之主宰而万事之本根也。知其所以用力之方，则知小学之不能无赖于此以为始；知小学之赖此以始，则夫大学之不能无赖乎此以为终者，可以一以贯之而无疑矣。盖此心既立，由是格物致知以尽事物之理，则所谓尊德性而道问学；由是诚意正心以修其身，则所谓先立其大者而小者不能夺；由是齐家治国以及平天下，则所谓修己以安百姓，笃恭而天下平。是皆未始一日而离乎敬也，然则敬之一字，岂非圣学始终之要也哉？”[39]然而在朱子看来，一个人只成就小学的工夫还是不够的。特别是作为大学教育的社会精英，并不能仅仅满足于做一个一般意义上的人，而必须将小学阶段的处事推向极致，知其然还要知其所以然，立身处世还须修己安人，齐家、治国以至于平天下，这才是大学之工夫。同时，面对许多人生的具体问题，在小学阶段尚不能体察入微，就更需要加以大学工夫。如主敬，小学只知道如何去做到主敬，大学阶段则要求知晓“敬必有所以为敬者”，“故又来大学致知、格物上穷究教尽”。[40]

综上所述，在朱子思想体系中，小学与大学是一个有机的整体，小学是大学的基础和前提，大学是小学的必然归宿。朱子的小学与大学在本体、认知、工夫与境界上都是贯通的，二者之间一以贯之。“圣人之道，更无精粗。从‘洒扫应对’与‘精义入神’，贯通只一理。……虽‘洒扫应对’，只看所以然如何，此言‘洒扫应对’与‘精义入神’是一样道理。……如云‘下学而上达’，当其下学时，便上达天理是也。”[41]尽管二者有着内在的一致性，但小学的主敬与大学的穷理之间保持着永久的张力，二者齐头并进，不可偏废，共同构成朱子思想的主题。

注　释：

[1] 《大学》是朱子思想体系建构的核心文本，朱子曾自称“某于《大学》用工甚多”（《朱子语类》卷十四）。早在童年或少年时期，朱子就开始接触《大学》，“某自丱读四书，甚辛苦”（《朱子语类》卷一〇四）。王懋竑《朱子年谱》卷一也记载，朱子十一岁正式受学于家庭，其父朱松“日诵《大学》《中庸》之书，以用力于致知诚意之地”。朱子自称“某年十七八时，读《中庸》《大学》，每早起须诵十遍。今《大学》可且熟读”

（《朱子语类》卷十六）。三十岁左右，朱子萌发了对《大学》的学术兴趣，约于绍兴年间（1131—1162）就写成《大学集解》，乾道二年（1166）完成了《大学集解》的修改稿。乾道八年（1172）写成《大学章句》第一稿。淳熙元年（1174）将《大学》分经、传，补格物致知章，重订章次，编订成新本《大学章句》并刊刻于建阳。以后又历经多次删定，直到庆元六年（1200），朱子逝世前三日仍孜孜不倦地修改《大学章句》"诚意"章（《朱子年谱》卷四下）。朱子自称"平生精力尽在此书"（《朱子语类》卷十四），实不为过。

[2] 近年来，有关朱子《小学》的研究成果主要有：冯达文：《简论朱子〈小学〉的教育理念》，《中国哲学史》1999年第4期；蔡雁彬：《朱子〈小学〉流衍海东考》，《南京大学学报》（哲学·人文科学·社会科学版）2002年第4期；姚郁卉：《朱子〈小学〉的蒙养教育思想》，《齐鲁学刊》2005年第4期；鄢建江：《朱熹〈小学〉道德教育理论研究》，北京：华龄出版社，2006年等。

[3] 近年来，有学者开始关注朱子小学与大学的关系。如束景南认为，朱子"四书"学体系是以《小学》作为"四书"学的逻辑起点，由《小学》进到《大学》直至整个"四书"学。参见束景南：《朱子大传》，福州：福建教育出版社，1992年，第770页。郭晓东指出，小学与大学构成朱子工夫论中最重要的两大次第，小学明乎"善"，要求人成为一个好人，这是作为一个人起码的要求；而大学则在小学工夫的基础上，要人止于"至善"，成就一个圣人。在某种意义上说，小学与大学之区别，也就是成就"善"与成就"至善"的区别。参见郭晓东：《善与至善——论朱子对〈大学〉诠释的一个向度》，黄俊杰主编：《中日〈四书〉诠释传统初探》，上海：华东师范大学出版社，2008年，第185—207页。牟坚认为，小学、大学一以贯之的是礼，朱子作《小学》完全是道学整体考虑中的一部分，是朱子"四书"学的逻辑起点。参见牟坚《洒扫应对，便是形而上学之事？——朱子对小学与大学关系的诠释》，《中国哲学与文化》（第3辑），桂林：广西师范大学出版社，2008年，第311—340页。

[4] 问："子夏之门人小子洒扫应对进退"章。曰："某少时都看不出，将谓无本末，无大小。虽如此看，又自疑文义不是如此。后来在同安作簿时，因睡不着，忽然思得，乃知却是有本末小大。然不得明道说君子'教人有序'四五句，也无缘看得出。圣人'有始有卒'者，不是自始做到终，乃是合下便始终皆备'洒扫应对'，'精义入神'便都在这里了。若学者便须从始做去方得，圣人则不待如此做也。"（《朱子语类》卷四九）

[5]《朱子语类》卷四九。

[6]〔明〕陈选《小学集注》六卷；〔明〕张明道《文公小学》六卷、《图谱》二卷、《纲领》一卷，附〔明〕耿定向《小学经传》、《小学衍义》；〔清〕施璜《小学发明》六卷；〔清〕张伯行《小学集解》六卷；〔清〕彭定求《小学纂注》二卷等。

[7] 参见蔡雁彬：《朱子〈小学〉流衍海东考》，《南京大学学报》（哲学·人文科学·社会科学版）2002年第4期。

[8]《朱子语类》卷七。

[9] 同上。

[10] 语见《二程遗书》卷十三，此处"谨独"应为"慎独"。"慎"，宋代避孝宗讳，多作"谨"，今改"谨"为"慎"，下同。

[11]《朱文公文集》卷四二《答石子重》（九）。

[12] 孙奇逢在《四书近指》卷十三《洒扫应对章》称："朱子曰：洒扫应对是事，所以洒扫应对是理。事即理，理即事。道散在万事，那个不是？"此说有误。

[13]《四书或问》卷二四。

[14]《小学辑说》。
[15]《朱子语类》卷七。
[16] 同上。
[17]《朱子语类》卷十四。
[18] 参见杜维明:《十年机缘待儒学——东亚价值再评价》,香港:牛津大学出版社,1999年,第63—66页。
[19]《正蒙·大心》。
[20]《二程遗书》卷一上。
[21]《朱子语类》卷十五。
[22]《朱子语类》卷一一八。
[23]《朱子语类》卷一。
[24]《大学或问》卷二。
[25]《朱文公文集》卷三一《答张敬夫》。
[26]《朱文公文集》卷七二《杂学辨》。
[27]《朱文公文集》卷五九《答曹元可》。
[28]《朱文公文集》卷四二。
[29]《经韵楼集·博陵尹师所赐朱子小学恭跋》。
[30]《朱子语类》卷七。
[31] 同上。
[32] 同上。
[33] 所谓心法,西山称之为"圣人养心之要法"(《大学衍义》卷二),元代王充耘在其《传授心法之辨》中认为心法即"治心之法":"夫所谓心法者,盖言治心之法耳。其意以为人能操存制伏此心,使之无过不及,然后能治天下,故圣贤以此相授受。"(《读书管见》卷上,四库全书本)概而言之,心法就是古代圣贤认识心性、修养心性的根本方法。
[34]《朱子语类》卷十二。
[35] 同上。
[36]《朱子语类》卷七八。
[37]《朱子语类》卷九。
[38]《四书或问》卷一。
[39] 同上。
[40]《朱子语类》卷十四。
[41]《朱子语类》卷四九。

(原载《江南大学学报》(人文社会科学版)2013年第2期,
作者单位:厦门大学人文学院)

朱子道统说新论

——以孔颜“克复心法”说为中心 *

⊙ 许家星

道统说成为近年来朱子学研究的重要话题，已有研究对朱子道统说的来源、内容、谱系、形成、意义、影响诸方面皆有深入论述，然其中仍有待发之覆。盖现有论述皆以“十六字心传”为朱子道统说之根本性、唯一性表述，而忽视了颜子及其所代表的“克复心法”在构筑朱子道统学中的应有地位。孔子、曾子、子思、孟子在道统传承中的作用在《论语》、《大学》、《中庸》、《孟子》中得到充分体现。朱子将这四本书编为一帙，开创了影响深远的“四书”学，其重要意图即在于强化孔曾思孟的道统传承。[1]

相对而言，朱子虽然于《中庸章句序》言当时传孔子之道者，“惟颜氏、曾氏之传得其宗”，但因颜子早逝而无著述，故其在道统中的地位多不为学者所注意。有论者表达了对此的疑惑，“道统之传未列颜渊也令人不解”。[2]仔细考察朱子道统说，可知颜回在道统中的地位非但未失落，反而得到极有力的阐明。朱子“克己复礼为仁”章注从“心法”的视角对本章做了深入阐发，指出经克己复礼工夫实现本体之仁乃“传授心法切要之言”。[3]故孔颜克己复礼为仁的心法授受实为“十六字心传”的重要补充。朱子道统学的根本在于指明如何由心性工夫通达道体，工夫与本体实为朱子道统学不可或缺的两翼。较之“十六字心传”，孔颜“克复心法”具有无可替代的优点：它既显示了儒家道统以工夫论为核心，由工夫贯穿本体的下学上达路线；同时也是朱子一生求仁体仁之工夫进路，是朱子批判整合儒学内部道统说之武器。孔颜授受作为儒家根本共识，具有普遍说服力与可信度；真正凸显了孔子对于道统的独特意义，见出孔子“贤于尧舜处”，可最大程度消解儒学内部关于道统之分歧。重新审视朱子孔颜克复传心之说，对于把握儒学未来发展与当下实践皆具有意义。

一、“克复心法”与“十六字心传”

我们首先考察孔颜“克复心法”与“十六字心传”内涵之异同，在讨论之前，有必

---

* 本文为教育部人文社科青年基金项目“江右四书学研究”（项目号：10YJC720053）与江西省社科规划项目“朱子四书学系列比较研究”（项目号：11ZX05）的阶段性成果。

要分析朱子“心法”一语的含义。

朱子“心法”一语显然取自佛学，现代学者对朱子“传授心法”的理解存在差异：一种更注重“心”与“道”的等同，将“传授心法”理解为传道之法。钱穆先生认为：“所谓传授心法，义指较狭，抑且微近于禅家之所谓口传耳授密相付嘱者。……朱子实为不避此传心二字，并始畅阐传道即传心之义。”[4]另一种着眼于“法”，陈荣捷先生将“心法”理解为“要法”，“传授心法”即指“传授之要道”[5]，陈氏显然更关注“法”的切要义。朱汉民先生则将“法”理解 为“术”，他认为：“所谓‘心法’，亦相当于‘心术’，即一种精神修炼的技艺或方法。”朱氏还区别了“心法”与“心传”的不同意义，认为“心传”与“道统”等同，“心法”与“工夫”、“心术”等同，“心法”仅仅具有形而下的法术义，与形而上的“道”存在距离。我们认为，这种理解似乎窄化了“心法”义。“法”亦有原则、规律、道的超越意义，它兼具“道”、“术”，本体与工夫两面。所谓的“十六字心传”也是指以十六字为核心的传心之法。将“心法”严格限定为工夫、方法，与朱子的本意也不相合。朱子明确指出，孔颜克复为仁作为“传授心法切要之言”并非仅有形而下的工夫义，而是由此工夫通达于形上之仁。再者，朱氏之说似有矛盾，他在指出《中庸》作为“孔门传授心法”的心法是“心术”、工夫的同时又立即强调，《中庸》能成为“四书”之一，是由于“它本身所具有的工夫论特色”，“更是由于它成功地将工夫与本体结合起来”。故“允执厥中”能够从一种工夫上升为“天理”的本体[6]。其实，“克复心法”同样具有朱氏所言之工夫本体一体义，而并非仅有工夫义。且在整个《四书集注》中，朱子仅在《中庸章句》解题处与“颜渊问仁”处采用“心法”说，对此“心法”不应做不同解释。事实上，朱子在晚年的《延和奏札》中亦将“十六字心传”与“克复心法”一并使用，皆称为“前圣相传心法”。再则，朱子认为“克己复礼为仁”作为“传授心法切要之言”的“切要”处正在于它更好地将工夫本体、下学上达通贯一体，此正是“克复心法”在道统中不可取代的殊胜之处。

其次，“克复”作为“克己复礼”的简称，在朱子用语中已经基本固定下来，达十余次之多，而且分布于各种场合与著述。既见于朱子自著，如《四书或问》卷二，“孰为天理孰为人欲，是以无以致其克复之功”；更见于朱子与友朋的书信中，如《文集》卷四十四《答方伯谟》，“而从事乎克复之实”，《文集》卷四十五《答廖子晦》，“而施克复之功也”。既见于与弟子聊天的记录中，如《语类》卷九十六，“三者也须穷理克复”；亦出于朱子上书皇帝的重要文字中，如《晦庵集》卷十一《戊申封事》，“吾之所以精一克复而持守其心者”。不仅如此，“克复”之说并非朱子首倡，其前辈杨时即有此说：“颜渊克己复礼，克之已与礼一，而克复之名亡，则圣人之事也。”

《中庸章句序》对儒家道统做了最经典的表述，涉及道统人物、传承历程、核心内容等。该序开首即表明《中庸》的使命就是传承儒学精微之道，它对道统的阐发纲举目张、烛幽阐微、透彻详尽。“《中庸》何为而作也？子思子忧道学之失其传而作也。”“历选前圣之书，所以提挈纲维、开示蕴奥，未有若是之明且尽者也。”该序指出道统核心为“十六字心经”，具体又分为两层，尧舜“允执厥中”的四字相传为第一层，显示了道乃“执中”之道，学为中道之学。“其见于经，则‘允执厥中’者，尧之所以授舜也；尧之一言，至矣，尽矣！”舜禹传承为第二层，舜禹对尧舜之道有所增益，进一步揭示了如何从工夫上实现中道，若仅有一空悬“中道”本体，无实践指点工夫，道统将无法传承。“‘人心惟危，道心惟微，惟精惟一，允执厥中’，舜之所以授禹也。舜复益之以三言者，则所以明夫尧之一言，必如是而后可庶几也。”该序着力于阐发“惟精惟一”的工夫意义，通过“无少间断”的精察理欲，一守本心工夫，“精则察夫二者之间而不杂也，一则守其本心之正而不离也”，来确保“天理之公卒战胜人欲之私”，以达到“道心常为一身之主，而人心每听命焉，则危者安、微者著而动静云为，自无过不及之差矣”之中道。

“克复心法”与《章句序》“十六字心传”有诸多相似处，相互映照。从人物谱系看，“十六字心传”是孔、颜、曾、思、孟、程子之传承路线，“克复心法”则代表了孔颜道统授受及程子之赓续。从道统核心来看，二者皆蕴含了工夫主导的思想，“十六字心传”的“精察理欲之间”与“克复心法”的“至明察其几”相对应；“一守本心之正”即仲弓敬恕存养之学，虽不如颜子克复工夫之“至健致其决”，但在最终成就上并无二致。且克己复礼作为工夫纲领之彻上彻下义，完全可以包括“精一”之学。明代朱子学者蔡清即认为“精一执中”工夫为“十六字心传”核心，精一工夫与克复工夫相对应，精察与明察、守正与健决一致。就最终实现目标来看，二者皆追求个体对“天理”本体的体悟。“十六字心传”直指天理胜人欲，道心宰人心，“克复为仁”归于“胜私欲而复于礼，事皆天理而本心之德复全于我矣”，“私欲净尽，天理流行”。

> 此章言圣贤传授心法。盖从古尧舜禹汤文武周公，其相传秘指只是一精一执中。精则察夫二者之间而不杂，所谓“至明以察其机”也；一则守其本心之正而不离，所谓“至健以致其决”也。[7]

“克复心法”与“十六字心传”皆为朱子道统思想之阐述，二者具有紧密的内在关联。朱子晚年明确指出，两种心法相互照应支持，共同构成儒学道统。在晚年向皇帝进言的两篇重要文字《戊申封事》、《延和奏札》中，朱子皆将两种心法一并使用，可证二者实为朱子道统说之代表。《戊申封事》提出，人主之心为天下之大本，人主正心之学，见于大舜精一之传和孔子克复之教。朱子特别指出，精一、克复工夫实现正心之后，仍要归结到一身视听言动之中礼，落实到行事无过不及之执中，如此方能达到天下归仁之效用。朱子意在强调克复、精一应贯穿于心和事，这也表明朱子道统说以修身工夫为主而直达于政统。朱子将舜、孔之说先后对举，显示出舜、孔教法虽异，道之传承却一贯而下的特点。

> 此大舜所以有“惟精惟一”之戒，孔子所以有“克己复礼”之云，皆所以正吾此心而为天下万事之本也。此心既正，则视明听聪周旋中礼而身无不正，是以所行

无过不及而能执其中。虽以天下之大而无一人不归吾之仁者。[8]

紧接着朱子以小字形式先后引出对精一之传与克复为仁的注解：

臣谨按：《尚书》舜告禹曰：人心惟危……又按《论语》颜渊问仁……此大舜、孔子之言，而臣辄妄论其所以用力之方如此。[9]

此处虽未以按语形式提出克复心法说，但其意义十分鲜明。朱子在《延和奏札》五中则明确提出舜禹精一、孔颜克复之学乃"心法之要"，也是治本清源之道，进而以此批评士大夫进言皇帝之说，乃舍本求末的做法，批评功利、佛老之说乃为学之偏，君王若受其影响，则将给治理天下带来极大危害。朱子反复强调精一、克复之学作为千圣相传心法的重要意义在于全极天理而克尽人欲，本末巨细兼包并举，告诫君王应留意舜禹精一、孔颜克复之学，在言行处事念虑之微中扩充天理，克尽人欲。

昔者舜禹、孔颜之间，盖尝病此而讲之矣。舜之戒禹曰："人心惟危……"孔子之告颜渊，既曰"克己复礼为仁"……既告之以损益四代之礼乐，而又申之曰"放郑声，远佞人。郑声淫，佞人殆"。呜呼！此千圣相传心法之要。其所以极夫天理之全而察乎人欲之尽者，可谓兼其本末巨细而举之矣。两汉以来，非无愿治之主……或随世以就功名……则又不免蔽于老子浮屠之说……盖所谓千圣相传心法之要者，于是不复讲矣。……愿陛下即今日之治效，泝而上之，以求其所以然之故。而于舜禹、孔颜所授受者，少留意焉。自今以往一念之萌，则必谨而察之……果天理也，则敬以扩之而不使其少有壅阏。果人欲也，则敬以克之而不使其少有凝滞。[10]

不仅如此，朱子还有意强调，孔颜"克复为仁"心法较之舜禹"十六字心传"亲切紧要，孔颜授受乃"传授心法切要之言"，其作为道统之特色即在"切要"二字，"切要"体现在克复工夫与仁之本体紧密无间。朱子晚年在《玉山讲义》中特别阐发这一问题，他认为尧舜授受只是说"中、极"，到孔子才创造性地提出仁说，列圣相传之学至此方才说得亲切，此处亦见出孔子贤于尧舜。

珙又请曰："三代以前只是说中说极，至孔门答问说着便是仁，何也？"先生曰："说'中'说'极'，今人多错会了他文义，今亦未暇一一详说。但至孔门方说'仁'字，则是列圣相传，到此方渐次说亲切处尔。夫子所以贤于尧舜，于此亦可见其一端也。"[11]

孔子创造性地对"仁"进行点化提升，使之上升至本体高度，同时又将其落实于人之心性，亲切易感。尧舜所传之"中、极"思想，作为超越性目标虽高明却不平实，与身心性情存在距离，学者不易当身体之。就"克复心法"与"十六字心传"相较而言，前者不仅点出存天理灭人欲的心性工夫，而且进一步阐发了工夫如何外及于一身之视听言动，贯穿于待人接物之实事中，较之仅言"人心道心"笃实切要，平实可循。故朱子于此章注释晚年益之以程子"发明亲切"的视听言动四箴后，以突出"克复"工夫的亲切紧要，要求学者于此更应深刻体悟玩味。"程子之箴，发明亲切，学者尤宜深玩。"在朱子看来，仁与克复乃“地头”与“工夫”关系，工夫与本体合为一体，克复工夫所至当下即是仁之本体，别无间隔。“克去那个，便是这个。盖克去己私，便是天理，‘克己复礼’所以为仁也。仁是地头，克己复礼是工夫，所以到那地头底。”[12]“十六字心传”则工夫与本体明显有隔，此心传历经三代两大阶段的传承才得以完成。尧舜仅以“允执厥中”相传，突出“中”之本体而未告之以“执中”之方。至舜禹授受方才补充“执中”工夫，然仅“惟精惟一”一言，至于如何“精一”并未有说明，在指导学者用功上显然不够紧切。故在朱子看来，“克复心法”实为“十六字心传”之必要补足，元代王柏亦有见于此。他曾引此二封事中“精一”、“克复”之学并举为证，指出朱子晚年以“克复为仁”章作为心法切要之言，上接尧舜禹授受的“精一”之学。

王文宪曰：“理欲二字是生死路头。朱子晚年以四箴为传授心法切要之言，以此章上接危微精一之传。《戊申封事》及《延和奏札》皆连举以告君而损益四代礼乐，即继于此章之后。”[13]

二、“心法”之两维：本体与工夫

把握朱子道统说的核心对认识朱子道统说具有根本意义。考察“十六字心传”与“克复心法”，可知本体与工夫为朱子道统说的根本问题，二者构成道统之两维，通贯一体，后世黄宗羲所言“工夫所至，即是本体”，实可代表朱子道统说之精义。尧舜禹“十六字心传”以“中”为本体，“精一”为工夫，先言尧舜本体之“中”，继有舜禹“精一”工夫。“克复心法”则强调“克己复礼”工夫，克复工夫所至，本体之仁自然呈现，二者浑然一体。孔子最大贡献在于提出“仁”本体，使古已有之的“仁”本体化，成为儒学奠基性的主题。而“十六字心传”却以“中”为本体，无法体现孔子对儒学的创造意义，使“夫子贤于尧舜”说流于空虚无力。朱子认为求道工夫虽分殊不拘一格，但却有“切要”与否之别。“十六字心传”偏重“心法”本体一面，虽提出“惟精惟一”之精察、操守工夫，然语焉未详。“克复心法”作为“传授心法切要之言”，既以“本心之全德”解释了作为本体的仁，更突出了克复工夫之“切要”。

朱子指出孔子言仁虽多，却未曾说出仁体，个人工夫所至，方能见仁之本体。朱子基于工夫论立场对“克己复礼为仁”的工夫特点做了创造性阐发，揭示了克复工夫笃实、亲切、刚健勇决、全面细腻、彻上彻下的“切要”特质，并引入程子四箴说作为对克复工夫之必要发挥，以便学者树立正确为学之方。因着眼工夫平实切用的特点，故朱子特别重视虚实之分，批判程门学者以“理”释“礼”、圣人安仁、万物一体释仁虚空不实，易于导致工夫躐等浮华。基于工夫笃实的考虑，在克己与复礼关系上，朱子发生了将二者直接等同到不可等同为一的转变。朱子再三强调，克己复礼工夫的优点在于

"亲切"。孔门言仁虽多，最亲切者无过于此，此处言仁与他处之别不在是否言仁之全体，而在于是否亲切。"但'克己复礼'一句，却尤亲切。"[14]朱子特别突出了克复工夫刚健勇决的特色，认为此一工夫"非至健不能致其决"，并于"仲弓问仁"章中特别以按语形式，以乾坤二道作为颜、冉工夫之别来强化克复刚健无比的特色。"愚按：克己复礼，乾道也；主敬行恕，坤道也。颜、冉之学，其高下浅深，于此可见。"朱子同时还挖掘出"克复"工夫的细腻全面性，提出"克己"指向工夫刚健有为，"复礼"则强调工夫精细全面。克复工夫的精细还体现为工夫之层次性，层层递进，循序而入，由易到难，由粗入精，工夫愈深入愈精微，乃一无穷尽无休止之追求过程。朱子特别强调克复工夫在为仁工夫中的纲要地位，认为它彻上彻下，亦深亦浅，可在最大程度上包容其他工夫。"所以求仁者盖亦多术，而一言足以举其要，曰'克己复礼'而已。"[15]认为夫子以克己复礼答颜子问仁，是从大纲领言，孔子对其他弟子工夫的指点，皆是从气质病痛处下手，"药病救失"，告之局部"致曲"工夫，最终落实在'克己复礼'这一工夫总纲上。"克复"作为工夫纲要体现为彻上彻下。朱子肯定克复工夫显示了颜子高明于诸弟子处，连仲弓都无法企及，可视为颜子专有，可见克复工夫的彻上性。但朱子越到晚年，则越突出克复工夫的普遍性，强调工夫的彻下。如在戊申年指出即便资质下等之人也得用克复工夫。"今'克己复礼'一句，近下人亦用得。"[16]"心法"应兼顾工夫与本体两面，也是朱子批判佛老、陆氏、浙东功利等学派的理论武器。朱子认为儒学"本末备具，不必它求"，本体工夫通贯一体。朱子由此展开两面作战，一方面既坚持本体的形上超越意义，批评以吕祖谦、陈亮为代表的浙东功利学派求末丧本，得用忘体。"本是要成物，而不及于成己。"[17]另一方面，朱子更强调工夫的实践日用义，着力批判张九成、陆九渊"佛学化"的心学，判定佛老与陆学高明空虚，有克己而无复礼，有"一贯"无"忠恕"。指出日用工夫不可间断，由工夫透至本体乃一长期过程，可以言说讨论，心学所主张的不可言说论，违背了圣人的一贯之道。朱子还以散钱和索串为譬，抨击陆氏学的顿悟说务为高远而缺乏日用功夫，乃异端曲学，有害于学者，违背了圣人下学上达之道。

> 江西学者偏要说甚自得，说甚一贯。看他意思，只是拣一个笼侗底说话，将来笼罩，其实理会这个道理不得。……若陆氏之学，只是要寻这一条索，却不知道都无可得穿。……某道他断然是异端！断然是曲学！断然非圣人之道！[18]

朱、陆道统说之分歧，颇为学界所关注。朱、陆皆认可舜禹"精一"心传为儒家道统之主干，但在对待"克己复礼为仁"的态度上，存在重要差异。此点学界似未提及。如前所述，"克复之学"在朱子道统论中居于重要地位，陆氏则提出针对朱子的相反理解。陆氏在给胡季随信中指出克除的对象是"思索讲习"，是"讲学意见"，不仅要克除利欲私念，而且即便成圣成贤这般念头也不可有。"象山说克己复礼，不但只是欲克去那利欲忿懥之私，只是有一念要做圣贤，便不可。"朱子发现陆子此说异常兴奋，认为抓住了断定陆氏禅学的有力证据。"因看金溪《与胡季随书》中说颜子克己处，曰：看此两行议论，其宗旨是禅，尤分晓。此乃捉着真赃正贼。”[19]朱子反复以“克己复礼”批判陆氏，他指出意见亦当分好坏是非，不可一概除之。如成圣成贤这般好的正当念头应当有必须有，此正如人的饮食之欲，不可或缺。陆氏“除意见”说既不合圣贤之教，且误导人心，其说如同儿戏，过高而不合圣门之言。“此三字误天下学者! ……某谓除去不好底意见则可，若好底意见，须是存留。”[20]朱子还以“克己复礼”为标准，批判陆氏“心即理”、“当下就是”说，指出为学当以克己复礼作为指导工夫，从克去己私处平实下手，不可动辄“当下就是”。陆氏“心即理”说不符合下学上达的工夫进路，违背了夫子克己复礼之教。心即理乃克去私欲回归天理的本体状态，孔子强调克己复礼而不说心即理，即是担心学者走错为学路径，故教导学者从克复之处真实用功，自可达于圣贤。

三、“克复心法”与求道历程

朱子从理论上建构儒学道统说，最终还是要落实到实践上传承儒家道统。朱子本人时常透露出承担道统之愿望，如《中庸章句序》言对程子中庸之说“一旦恍然似有以得其要领者”，并谦虚地表示所著《中庸章句》“虽于道统之传，不敢妄议，然初学之士，或有取焉”。其对道统承担之意，跃然纸上。故朱子后学认为朱子乃道统之重要继承发扬者[21]。我们要讨论的是，朱子所建构的道统说与其自身对道之实践追求存在怎样的关系呢？尽管“精一之传”、“克复心法”皆为朱子所肯认，但“克复心法”显然具有更为紧切的实践意味。

朱子去世前一年告诫友人，为学只有效仿颜子克复之功，方能做到知行并进，周备无缺，此实为朱子毕生工夫之写照。“而日用克己复礼之功，却以颜子为师，庶几足目俱到，无所欠阙。”[22]朱子一生求仁历程，始终贯穿克复工夫。求学延平时，延平即告以《论语》言仁皆是指点求仁之方，颜子、仲弓求仁工夫尤为得其亲切要领。“如颜子、仲弓之问，圣人所以答之之语，皆其要切用力处也。”[23]朱子自此确立了须于日用间克己求仁的为学宗旨。但很长一段时间，上蔡“识仁知仁”说对他影响很大。在经历中和之悟，奠定心性工夫论新规模后，朱子对上蔡观过知仁说进行了反思，于辛卯、壬辰、癸巳年间与张栻、吕祖谦等展开了仁说辩论。首先应提及的是，张栻、吕祖谦在交往中皆提醒朱子应以颜子克己工夫化除气质过于刚直的病痛。如张栻批评朱子平日处事过于豪强，“盖自它人谓为豪气底事，自学者论之只是气禀病痛，元晦所讲要学颜子，却不于此等偏处下自克之功，岂不害事”[24]。吕祖谦亦言朱子刚直有余、宏大温润不够，当效仿颜子，于自身气质偏处下克己工夫。“以吾丈英伟明峻之资，恐当以颜子工夫为样辙。”[25]在仁说辩论过程中，朱子更为重视仁的名义剖析，张、吕则反复提醒他克己工夫的重要，朱子诚恳接受之。朱子晚年也曾反思自身气质偏于忿懥。朱子曾撰写《克己斋铭》以为自警。理学前辈多有以“克己”为斋名、铭文者，朱子唯独对程子克己四箴说推崇备至，病危临殁之前，仍请杨子直为其书写四箴用以自我提示警醒，祛除病痛。朱子坦言对程子“四箴”认识有一个“见其平常”到“觉其精密”的转变。此皆可证克己复礼实乃朱子一生修身工夫之指针。

> 欲烦为作小楷《四箴》百十字。……此箴旧见只是平常说话，近乃觉其旨意之精密，真所谓一棒一条痕，一掴一掌血者，故欲揭之座隅，使不失坠云耳。……欲得妙札，时以寓目以祛病。[26]

去世前十二天（该书有注：此庚申闰二月二十七日书，去梦奠十二日），朱子处于病危之中，仍念念不忘去信催问四箴之札，真正实践了生命不息，克复不止的工夫追求，此朱子所以堪为万世师表之所在也。“前书所求妙札，曾为落笔否？便中早得寄示为幸。”

从朱子对自身写照、反思文字来看，其为学追求亦是通过克复工夫以达到仁礼合一境界，特别重视通过遵守外在之礼以彰显内在之仁。《书画像自警赞》自述以礼法和仁义为用力目标，此目标正落实于克复工夫之中。“从容乎礼法之场，沉潜乎仁义之府。是予盖将有意焉而力莫能与也。”癸巳年四十四岁所作《写照铭》称“将修身以毕此生而已，无他念也”。其工夫还是以程子四箴“制外以养其中”的克复为主旨，言“端尔躬，肃尔容。检于外，一其中。力于始，遂其终。操有要，保无穷”。朱子对弟子之教非常注意礼之实践，如讲解诚意章时批评陈文蔚袖角有偏。他本人晚年最大写作计划是编纂《仪礼通解》。黄榦所作《朱子行状》细致描述了朱子于视听言动诸举止上严格遵守诸礼之表现，“其可见之行，则修诸身者，其色庄，其言厉，其行舒而恭，其坐端而直……威仪容止之则，自少至老，祁寒盛暑，造次颠沛，未尝有须臾之离也”。特别突出了朱子临终前对礼法的恪守不渝，此足显出朱子一生求道工夫端在克己复礼也。“先生疾且革……已而正坐，整冠衣，就枕而逝。”蔡沈《朱文公梦奠记》所载于此不同，更强调了朱子克己复礼之精神。“置笔就枕，手误触巾，目沉正之。”

四、“克复心法”说的道统意义

据上述可知，“克己复礼为仁”不仅被朱子视为心法，而且是“切要”之法。比较两处心法，我们或许可以得出一个新的认识：孔颜“克复”授受是朱子心中更切实内在纯粹的儒家道统说。“十六字心传”通过对道统历史渊源的追溯，增强儒学道统说之神秘性与历史性，以寻求更大认同，但同时也带来一个无法回避的难题。在《中庸章句序》中，以“十六字心传”为内容的道统被分为两个有差别的阶段：尧舜禹汤文武圣圣相承，大道得行、内圣外王一体时代，以政统为核心；自孔子后，进入德与位，道与政相脱离时期，儒学转向了道统和学统的合一，以学统为核心。通读《章句序》全文，不难感受到，第一阶段的道统说居于中心地位，其开创性意义远远超过此后以孔子为代表之道统传承阶段，《章句序》重心皆在前两段文字中，彰显了三代君主对于道统的开创之功，孔子对道统相传之功显然相对矮化了。

为此，朱子不得不刻意强调："若吾夫子，则虽不得其位，而所以继往圣、开来学，其功反有贤于尧舜者。"但此处在道统的意义上，显然无法体现孔子"继往开来"之功要贤于尧舜开创道统之功。朱子有心推崇孔子，但实际上却不得不突出尧舜，无形中削弱了孔子，这就是朱子所面对的难题。根本原因在于，孔子之贡献不在于对"中"之继承，而在于仁之创造性提升，为人的精神世界树立了大本大原。故孔子即便贤于尧舜之功，亦不可在以"中"为核心的道统上与尧舜相较。

朱子对此困境有明确认识，这从他对"中"的诠释修改中皆可看出。朱子认为"中"有两层含义：尧舜提出的无过不及的已发之中和子思提出的不偏不倚的未发之中。孔子只是继承了尧舜的已发之中说，《集注》把"尧曰"章"允执其中"的"中"注为"无过不及"即透露此点。朱子弟子辅广指出，《集注》曾经以"不偏不倚"释此"中"，后删改为"无过不及"。盖此处并非指未发之中，未发之中乃是子思首倡之，孔子此处仍是继承尧舜之说，言事上已发之中。"辅氏曰：《集注》初本并'不偏不倚'言中，后去之。而专言'无过不及'者，喜怒哀乐未发谓之中，至子思而始著于书，而程子因以发中一名而含二义之说，若孔子之教，只是即事以明理。故《集注》只以无过不及言中。"[27]元代朱子学者胡炳文亦持子思发明未发之中说，"自尧舜以至夫子，所谓中者，只说'已发之中'，而子思独提起'未发之中'言之。……大哉斯言，真足以发千古之秘矣。"[28]胡氏认为从尧舜到孔子谈到的"中"只是已发之中，到子思才提起未发之中说，子思的贡献在于提出未发之中，把握了中的本体义，揭发了圣学的千古奥秘所在。但此观点显然更加削弱了夫子在道统中的地位，夫子对道统核心之"中"有何贡献可言？其道统地位如何能彰显呢？这的确是很值得玩味的。

朱子"十六字心传"道统说既未能彰显孔子崇高处，又导致颜回在道统中的失落，自然引发后世学者不满。但朱子从孔颜"克复为仁"之授受找到了突破点，突出了孔颜在道统上的崇高地位。正是在此意义上，朱子"此亦见孔子贤于尧舜"说才具有说服力。

可见朱子"克复心法"说在儒家道统中具有极为重要的意义，这一点应该引起我们足够的重视。站在后人的立场，朱子"克复"心法之说的道统意义，尤为重要。

1. 从历史客观性而言，孔颜授受具有极强的真实性和可信度。"十六字心传"因奠基于并无确切史料根据的传说中，清儒通过证伪"十六字心传"，对此说进行了一种釜底抽薪式的攻击，从根本上动摇了儒家道统说。不管后来学者如何为"十六字心传"辩护，指出甚至撇开文献真伪，该说自有其思想意义，但如此重大思想建立于虚假材料基础上，总是大大影响了其理论说服力。如有学者已经指出阎若璩“十六字心传”辨伪给理学带来的巨大冲击：“阎若璩‘虞廷十六字’辨伪……还剥夺了程朱理学的经典依据，对一向以尧舜三代万世心法继承者自视的程朱理学，不啻釜底抽薪之击。”[29]为此，有学者特意在《论语》、《尚书》关于“中”的论述外，找出《周易》有关“中”的论述，以完善儒家道统的“时中”说，印证“十六字心传”的可靠性。[30]而孔颜授受之儒学道统说，则将道统说奠基于极为坚实的基础上，彻底改变了此不利局面。

2. 此说凸显了孔子对于儒家道统的创造意义。孔子对仁的创造性提升与开拓，奠定了儒学发展的基调。他对仁的最重要阐发，即见于克己复礼为仁之说。正如朱子所认为的那样，此处方才见证了孔子贤于尧舜处，方显出孔子在儒学道统中的地位。盖在尧舜禹所传“十六字心传”之道统中，孔子仅仅居于传承者地位，未显出其对儒学之特殊贡献。“克复心法”则充分展现了孔子以仁学对儒家道统之开创，是道统之作者而非述者。此说与后世学者不满足于仅以“述经”事业者看待孔子，推崇孔子开创之功的思想一致，古人如胡五峰，今人如熊十力、牟宗三等极力推孔子仁说对道统的开创之功。

3.“克复心法”之传以孔颜授受为标志，具有极为广阔的包容性，能最大程度地吸纳儒学内部各家之说，易为各家所共同接受。孔颜在儒学史上具有不容置疑的崇高威望，孔颜授受较之孔曾、孔孟等传承具有更大的代表性和说服力，能得到理学、心学、功利学派等各家之认同。儒学各派基于不同立场，对曾子、孟子学不尽表认可，但对颜子之学一致称赞而绝少异议。“学颜子之所学”为各家所共许之入道之门。史上有学者对颜渊在孔门道统中地位之被忽视甚表不满，特意补充之。如明代丰坊伪造的《石经大学》特意在“正心”章补入“颜渊问仁”二十二字，李纪祥先生认为“丰坊特意提出颜渊，旨在针对朱子所建立的孔、曾、思、孟道统而反对之”[31]。陈逢源先生亦认为丰氏此举意在“补充朱熹建构孔子、曾子、子思、孟子道统之传中失落的环节”。李、陈二氏皆未注意、甚或错会了朱子倡导“克复心法”以树立颜渊在道统中卓越地位的苦心。

近来有学者对阳明学派推崇颜子学贬低曾子学有细致论述，认为阳明学派力图通过崇颜贬曾，突出孔颜道统之传，自认接续颜子的方式来夺取程朱道统思想的话语权。[32]这个论断很有意思。一方面，程朱学派对颜子非常推崇，仅将颜子置于孔子一人之下。程子大力提倡“学颜子之所学”，朱子对颜子的成就有总结性论述[33]，提出了孔颜“克复心法”之说。在“崇颜学颜”这一旗帜上程朱、阳明学派并无差别，当然在对颜子内涵的解读上，二者差别很大。另一方面，两家的根本差别在于阳明学派对曾子的贬低，“贬曾”其实并非阳明学派的创见，早在宋代，陆象山、叶水心就表达了对曾子的贬低。当然，程朱学派是颜、曾一并推崇，在他们看来，即便颜曾有高下之别，也是互补而绝非对立，尤其对于学习者（教法）来说，曾子的意义丝毫不亚于颜子。心学一派刻意突出颜、曾的差异，自然有其思想根源，但事实表明，尽管刻意渲染颜曾的对立，阳明学派并未实现对程朱道统话语的颠覆。从更广泛的文化背景看，颜、曾并列说更为学术界所接受。

4. 孔颜仁学授受，表明儒学道统以内圣修为之学统为根本，并不有赖于政统与治统。而尧舜禹之“十六字心传”，含有很大的政统成分。儒家之特质在于心性内圣之学，理解这一点对于划清儒学在未来发展中与政治之纠葛，从而在政教分离的现实社会中更好地推动儒学向前发展具有方向性意义。就此可以促使我们重新反思许多问题，诸如新儒家所建构的内圣开出外王说是否必要？“政治儒学”是否是儒学的发展方向？生命之体征、礼乐之教化是不是对于儒学具有更紧切的意义等。

5. “克复心法”乃工夫与本体之结合，尤为强调了工夫的意义，彰显了儒家之学以实践工夫为主的特质。这一点在朱子的孔门弟子之评中亦得到体现。如朱子认为子贡与曾子境界之别体现在知、行上，二子皆闻夫子一贯之道，“然彼以行言，而此以知言也”。子贡博闻强识，由知入道；曾子与之相反，于践履笃实上下工夫，由行入道。曾子实处用工，更为可行，领悟更加透彻，子贡知上工夫过多，行上不足，故对道之领悟不如曾子。朱子引尹氏说指出：“孔子之于曾子，不待其问而直告之以此，曾子复深谕之曰‘唯’。若子贡则先发其疑而后告之，而子贡终亦不能如曾子之唯也。二子所学之浅深，于此可见。”（《论语集注·卫灵公》）故在某种意义上可说，无工夫即无儒学，即无道统。朱子正是从工夫角度指出此心法授受更为亲切紧要，它关涉为学工夫的各个方面，彻上彻下，内外并包，不同资质者皆可循此用工以达于圣域。这点明了未来儒学之开拓发展，必须以实践工夫为支撑，否则是无源之水，无本之木。“克复心法”以工夫为本，它与以阐发本体为主的《中庸》这一“孔门传授心法”正好相互补充，相得益彰。

朱子对“克己复礼为仁”章的诠释花费了巨大心血，于晚年最终将其提升到“心法切要”的地步，作为“十六字心传”的补充与深化，体现了朱子的睿智。此说突出了孔颜授受在儒学道统史上不可取代的独特意义，同时发展了程颐所倡导的“学颜子之所学”的理学主题。它表明整个儒学道统的延续，皆须以孔颜之学为准的，以下学上达的工夫本体为根本路向。以现代眼光来看，“克复心法”这一以孔颜授受为标志的道统线索对儒家思想发展具有重要的意义，它强调了工夫与本体这一主题对于儒学发展的根源性意义，指明了未来儒学之发展，应继续循此方向推广。

注　释：

[1] 关于朱子“四书”与其道统说之关联，台湾陈逢源先生《朱熹与四书章句集注》一书多有论述。

[2] 陈逢源：《朱熹论道统——重论朱熹四书编次》，《东华汉学》2005 年第3期。

[3]〔宋〕朱熹：《四书章句集注》，北京：中华书局，1983年，第132页。

[4] 钱穆：《朱子论人心与道心》，载《朱子新学案》第二册，成都：巴蜀书社，1986年，第101页。

[5] 陈荣捷：《朱子新探索》，上海：华东师范大学出版社，2007年，第222—225页。
[6] 朱汉民、肖永明：《宋代四书学与理学》，北京：中华书局，2009年，第326页。
[7]《四书蒙引》卷七 。
[8]《文集》卷十一《戊申封事》。《朱子全书》本，上海：上海古籍出版社、合肥：安徽教育出版社，2002年，第591页。本文所用朱子原文，凡未注明出处者，皆为《朱子全书》本。
[9] 同上。
[10]《朱文公文集》卷十四，第664页。
[11]《朱文公文集》卷七十四，第3590页。
[12]《吕焘己未1199年所闻》，《语类》，第1467页。
[13]〔元〕金履祥：《论孟集注考证》卷六，《四库全书》第202册，第80页。
[14]《语类》，第1462页。
[15]《朱文公文集》卷七十七，第3709—3710页。
[16]《语类》，第1587页。
[17] 同上书，第1585页。
[18] 同上书，第983页。
[19] 同上书，第3881页。
[20] 同上书，第3880页。
[21] 如黄榦《朱子行状》称儒家道统“由孟子而后，周、程、张子继其绝，至先生而始著”。陈淳《严陵讲义·师友渊源》认为朱子“集诸儒之大成，而嗣周程之嫡统”。
[22]《文集》卷四十五《答廖子晦》十六，第2108页。
[23]《延平答问》，第 331 页。
[24]《南轩集》卷二十，《四库全书》1167册，第588页。
[25]《吕东莱别集》卷七，《四库全书》1150册，第229页。
[26]《文集》卷四十五《答杨子直》，第2075页。
[27] 胡炳文：《四书通·中庸通》卷一，沈阳：吉林出版集团有限责任公司，2005年。
[28] 同上。
[29] 赵刚：《论阎若璩“虞廷十六字”辨伪的客观意义——与余英时先生商榷》，《哲学研究》1995年第4期。
[30] 向世陵：《理学道统论的两类文献根据与实质》，《齐鲁学刊》2008年第6期。
[31] 李纪祥：《两宋以来大学改本之研究》，台北：台湾学生书局，1988年，第167页。
[32] 吕妙芬：《阳明学士人社群——历史、思想与实践》第六章“学派的自我定位”，台湾“中央研究院”近代史研究所专刊，2003年，第269—295页。
[33] 参见拙稿：《道学之魂：学颜子之所学》，《哲学动态》2011年第9期。

（原载《人文杂志》2013 年第 6 期，
作者单位：南昌大学江右哲学研究中心）

朱子学年鉴（2013）

全球朱子学研究述评

朱子学研究的新境际

——新世纪以来中国大陆朱子思想研究述评 *

⊙ 李承贵

朱熹（1130—1200），是孔子以后中国哲学思想史上最具影响力的儒家学者，因此朱熹思想一直就是中国哲学思想史研究领域的重点、焦点与难点，从而引得学者全心求索、憔悴不悔，并取得了辉煌的学术成果。新世纪十余年，朱熹思想研究继往开来，视域开阔、方法多样、新论迭出，引人瞩目。本文拟对新世纪十余年朱熹思想研究展开全面考察，显其不足，彰其优长，作为未来朱熹思想研究可资参照的一面镜子。

一、哲学理论之探讨

宋明儒学与先秦儒学基本差别之一，就是宋明儒学更具哲学性质，而宋明儒家思想最具哲学性的代表莫过于朱熹。研究者敏锐地注意到朱熹思想的这一特点，在继承以往的研究成果上，对朱熹哲学思想展开了更为深入的研究。这里的“哲学理论”，包括朱熹哲学思想研究方法的更新、朱熹哲学思想的结构、朱熹哲学思想的性质等内容的研究。

（一）研究范式与方法

丁为祥回顾以往朱熹哲学思想研究的进路时指出，自朱熹哲学形成以来，大体经历了三种不同的解读：从时空的维度出发，往往会以理与气之不可分割关系来说明其先后关系，这就使其哲学表现出一种宇宙生化论的规模，但对其理先气后关系却无法做出恰切的说明；从形式逻辑的视角出发，无疑会以其理先气后关系对二者的不可分割关系做出说明，这种解读虽然也可以使其哲学呈现为一种本体论建构，但又存在着无法落实的偏弊；从道德理性之超越性视角出发，虽然可以准确地把握其理先气后关系以及其本体

---

* 本文系江苏省高校哲学社会科学重点研究基地“南京大学儒佛道与中国传统文化研究中心”重大项目“儒学概念、问题与价值综合研究”（2010JDXM008）阶段性成果。本文应夏威夷大学与成均馆大学联合举办“The Current Sate of Confucian Studies”国际学术会议而作。本文最初论文资料由博士生董甲河搜集，特致谢意！

论立场，但又会对其本体之遍在性形成一定的偏取。直至目前，这三种不同的解读视角代表着人们研究朱子哲学的三种不同进路。[1]由于不满足于“两军对战、命题范畴、本体论、认识论、修养论”之“板块结构式”研究，丁为祥既而强调朱熹哲学研究方式转型的必要性：理所当然地走向其始源性的形成，走向对朱子哲学的发生学研究，即朱子的哲学视野、思想体系包括其绵长而又深远的历史影响究竟是如何发生、如何形成的？在这一背景下，朱子的学术性格、其所继承的思想谱系以及其一生的理论切磋和论战、其对经典的诠释与阐发等等，也都面临着重新解读的需要。所有这些，构成了重新进入朱子世界的基本前提。[2]而乔清举主张用冯友兰境界论研究朱熹思想。他指出，以往学界关于朱子哲学研究的范式采用的主要是西方近代以来主客二分的思维方式，比较重视朱熹的格物说，且把它作为主客体的认识关系问题，忽视了朱子哲学的中国特点。而要打破主客分离的思维模式，必须运用冯友兰的境界论思想来研究朱子哲学。朱熹关于道体流行、仁、孔颜乐处的论述，以及人在功夫纯熟后达到的心纯是理、发即中节的超自律道德思想，都是天地境界的内容。天地境界在朱子哲学中是人与自然的审美性统一，显示了朱子哲学高超的一面。[3]

（二）哲学思想结构

有了思维方式、研究视角上的追求，自然影响到对朱熹思想结构的重新思考。由体用关系去把握朱熹哲学思想结构就是较为普遍的思考方式。李振纲指出，朱子学的第一原理是确立“理”的本体地位，认为其是现实世界的存在依据和价值真原，朱子对形上之理的设定旨在为道德人本主义奠定一不证自明的人学公理，所以本体论须通过主体论（心性之辨）贯彻落实。所谓“主体论”牵涉到心统性情、未发已发、天理气质、人心道心诸问题，而工夫论是朱子实现道德理想主义的具体途径。[4]蒙培元着眼于“理”、“气”内涵及其关系的分析，以呈现朱熹哲学思想的结构。他认为朱熹从两个层面论述了“理”、“气”关系：一是从观念论上论述其“不杂”，只具有逻辑认识的意义；一是从存在论上论述其“不离”，是一种“本质即存在，存在即本质”的思考模式，两者在物中得到了统一。理气先后之说，则是运用逻辑推理的方式得出的“本体论承诺”，通过观念上的区分，建立宇宙本体论的先天预设，即以理为“生物之本”。“生”是气之生，而理是其所以然之本。但逻辑上的在先不是存在上的在先。体用关系是世界存在的基本形式，但不是西方式的本体与现象的关系，而是存在本体与其功能、作用的关系，本体以功能为其存在方式，无功能则无本体。这一学说的重要性在于，承认人类生活在一个真实的世界，而不是两个分裂的世界。[5]

通过朱熹对《太极图》的态度和解释把握朱熹哲学思想结构是另一种讨论方式。杨立华指出，朱子在《太极图说解》中确立的本体论架构是其中岁定法，自44岁撰成以后，始终没有改变。因此，如何理解《太极图说解》中涉及的体用、阴阳概念，对于把握朱子思想中的理气关系等问题，有着至关重要的意义。[6]而张克宾认为，朱熹之所以极力表彰周敦颐《太极图》，视《太极图》为周氏学说之纲领，除了朱熹所说明的客观理由外，欲为其心性学说探索宇宙形上学的根据，实现天道性命的贯通，则是其推重《太极图》的主观动因。朱熹通过对《太极图》意蕴的阐释，精妙地表达了他的太极阴阳学说，从“天命流行”和“神妙万物”的角度阐发了太极阴阳不离不杂的关系，建构起一体二分的理气观。这样便形成了以太极之妙为主旨、以伏羲为起始的大易道统论，并将《尚书》“十六字心传”涵摄其中的思想体系。[7]通过范畴或命题去窥视、演绎朱熹哲学思想结构也是一种新的研究思路，向世陵通过对“继善成性”的分析以推论朱熹哲学思想结构就是一个案例。他指出，朱熹解释“继善成性”总体上不是为字义的通顺，而是为他的理学本体论做论证。理上气下的基本原则通过易学的语言进一步得到贯彻。善与性、天与人、未发与已发、天理流行与人物成性等，虽也体现了天人之间的密切关联，但又不能将一般天理与已具形质的人性混淆起来。“继善成性”说的优长，就在于它将由天至人的生成序列，解释为一个以天道为本而构筑本性的思辨逻辑，同时兼顾个体形质生成带来的特殊性，而本性只是“存”而非“成”，以卫护本然之性纯善无恶的假定。[8]

（三）哲学思想性质

在20世纪下半叶，对朱熹哲学性质的判断，一般是以马克思主义哲学为根据，或为唯心主义哲学，或为唯物主义哲学，或为剥削阶级哲学，或为被剥削阶级哲学，不过，这种判断在新世纪以来的朱熹哲学研究中，已是踪影依稀。朱熹哲学是一元论，还是二元论？抑或既非一元论，亦非二元论？周方海认为朱熹理气论与心性论中存在着明显的二元论倾向，但它的实质是事物之形式因与质料因之间的矛盾；朱熹反对道家“有生于无”、佛家“作用即性”的命题，为现实世界以及儒家伦理规范寻求本体论的支持，是导致其理论矛盾的社会现实原因。[9]唐琳则认为是“太极”一元论，她指出，朱熹从象数和义理两个方面所展开的对“太极”的诠释，贯穿着一个基本的理念：太极为本体之理，因而在理论上，朱熹的太极观超越了汉代以元气为宇宙之初的生成论视阈，将太极看成是与卦爻象数不可分割、与阴阳五行万物不可分割的本体之理。[10]但周炽成不同意一元、二元的划分，他认为朱熹把涵养（用敬）和进学（致知）这两个方面比喻为一辆车之两个轮子，二者要齐头并进，协调发展，缺一不可。陈荣捷依此而总结出两轮哲学。两轮哲学把两种东西的关系看作兼容、配合的关系，与西方的二元论把两种东西（如共相与殊相、心与物、现象与物自体等）的关系看作不相容、抗衡的关系形成了鲜明的对照。两轮哲学是一种实践哲学，而二元论是一种理论哲学。他还认为在我国学界早已普遍熟知外来的二元论而对本土的两轮哲学比较陌生的情形下讨论两轮哲学，有利于人们从言说方式和思想内容等方面叙述具有本土特色的中国哲学。[11]

但随着学术话题重心的转移，关于朱熹哲学思想性质出现了一些新的论说。蒙培元认为朱熹哲学是以“乐”为中心的境界哲学。他分析说，“乐”是儒家哲学所提倡的最高的人生体验，也是朱子所追求的理想境界；“乐”具有审美体验的形式，实则以真善美合一为人生的最大乐趣。在朱子哲学中，“乐”的体验有人格美、人与自然和谐之美、艺术美的美学意义。而追求艺术人生、诗性化的人生，达到真善美合一的境界，是中国哲学包括朱子哲学的一个重要特征。[12]林玮参照当下讨论甚热的“身体”哲学，认为朱熹哲学是诉诸身体的心性哲学。他分析道，朱熹理学的“体”兼具主、客体属性，既指被认识的“天体”和“心体”，也指作为认识活动知觉主体的“心体”，还包括这种认识活动据以呈现自我的“身体”。天体与心体是同构的，主体在完成外向“格物”后，“体认”工夫就转入“身体”内部，通过“持敬”而实现。因而朱熹理学的价值取向是在“身体”中完成的，朱熹“体用”思维也是比附“身体”而产生的认识论。因此，朱熹理学是一种诉诸身体的心性哲学。[13]

姜真硕通过对“与道为体”命题的分析，认为朱熹哲学思想属于“无体之体”的“与道为体”。他指出，在朱子哲学中，万物“与道为体”指道体之发见流行处，在此意义上“与道为体”可谓道体之“用”。但是，“与道为体”之“体”指形体，道之本然之体无形体，有形体之万物不能成为道体，万物只能成为道体通过此形体体现自已的一种场所。朱子为解决以上两种论点之冲突，不采取如“太极为体，阴阳五行为用”的说法，而采取“无体之体”与“与道为体”。这对待关系更胜于单纯的体用模式，更具体体现于“道底骨子”思想。[14]金春峰则认为，对朱熹哲学思想性质判断应将本体论与心性论分开，在本体论或理气观上，朱熹哲学是柏拉图式的两个世界思想，但在心性论和道德修养领域，朱熹的“心学”思想却是系统、深思熟虑的。因此，他批评冯友兰、牟宗三用柏拉图式共相思想解释、化解朱熹哲学矛盾的错误：朱熹的心性和“格物致知”思想，认为“格物致知”是向外求理的认识论，把它用之于道德修养是思想糊涂、“不通”，朱熹所讲的“性善”、“性即理”及“心之德”，也被认为是告子和荀子一类思想。[15]陈来从朱熹对“四德”的论述分析其哲学倾向。他指出朱子对“四德”的讨论包含了三种分析的论述，即“从理看”、“从气看”、“从物看”。但总起来说，朱子的思想不断发展出一种论述的倾向，即不再把元亨利贞仅仅理解为“理”，而注重将其看作兼备体用的流行之统体的不同阶段，如将其看作元气流行的不同阶段。由于天人对应，于是对仁义礼智的理解也依照元亨利贞的模式发生变化，即仁义礼智不仅仅是性理，也被看作生气流行的不同发作形态。这导致朱子的“四德”论在其后期更多地趋向“从气看”、“从物看”、从“流行之统体”看，使得朱子的哲学世界观不仅有理气分析的一面，也有“流行统体”的一面，而后者更可显现出朱子思想的总体方向。[16]

不难看出，学界对朱熹哲学思想研究的方式、朱熹哲学思想的结构、朱熹哲学思想的性质等问题都展开了广泛、深入的讨论，产生了许多有价值的观点。在朱熹哲学研究的方式上，主张弃旧迎新，倡导研究方式的多样化。在朱熹哲学思想结构的把握上，提出了从形上形下、体用关系、太极图、继善成性（命题）等不同角度去认识，认为朱熹哲学结构可以采用体用一体、上下贯通、不离不杂来描述。在朱熹哲学性质的判断上，则有“二元”说、“两轮”说、“乐”之境界说、“身体心性”说、“与道为体”说、“流行统体”说等，可谓“百花齐放、百家争鸣”。可以肯定的是，上述讨论与观点对未来朱熹哲学思想的研究将产生积极影响。

二、哲学分支领域研究

朱熹哲学思想丰富多彩，根据现代学科体系的划分，除了作为一级学科的哲学理论外，还有作为二级学科的科学哲学、宗教哲学、生命哲学等。朱熹哲学思想中，也活跃着属于哲学“二级学科”领域的思想与灵魂。

（一）生命哲学

生命哲学是朱熹哲学思想的重要组成部分，20世纪八九十年代的朱熹研究中，朱熹生命哲学还没怎么引起学者的足够关注，新世纪以来，朱熹生命哲学成为朱熹哲学思想研究中的重要内容。朱熹哲学为什么可以称为生命哲学？徐刚认为这可以从朱熹哲学对生命问题的关心和讨论去判断。他指出，生命问题（生、命、死、魂、魄、形、神、鬼、仙等）是中国古代哲学史上的重大课题。朱熹通过对历史典籍的分析研究，从其理学本体论出发，重新改造与阐释了这些古老的范畴，从中可以看到作为理学家的朱熹对生命本质、生命内涵、生命价值、生命权力、生命责任、生命尊严、生命义务、生命死亡等重大问题所采取的基本态度及思想倾向。[17]王锟通过对朱熹理学思想的深入分析，认为朱熹哲学是“生本论”。他指出，朱熹“生”本体论是以“天地以生物为心”这个命题来体现的，朱熹理学通过心、理综论人生界和宇宙界，形成一个圆融的整体，按照其“一体两分、两体合一”的论说方式，心是人生界最重要的概念，理是宇宙界最重要的概念，并通过心与理、人生界与宇宙界的两体合一，完成对天人的贯通。[18]张克宾认为朱熹生命哲学思想是通过对“复卦”阐发出来的。他说，复卦是理解大易生生之德的切入点和关键。朱熹在继承前贤的基础上，深化了复卦所蕴示的阴阳消息之道，将天地生物之心普遍化，并揭示了阳善阴恶观念下的心性修养之道，将天地之生理落实于心性功夫之中。尤有进者，朱熹又将仁与天地生物之心相结合，构建起“生—仁—理”三者的一体互融，仁既是天地生生之理，又是人之本心，实现了天人之间存在与价值的统一。[19]

蒙培元通过对“格物致知”的分析，揭示出朱子哲学的生命特质。他指出，朱子“格物”之学，其物理层面的意义从属于生命之理，而生命之理是贯通物理的。把人放到生命的共同体的关照下去体认事物之理，是朱子“格物”之学的独特之处。由此生发的具有深层生态学意义的“格物说”，要求人们视万物（包括人类）为自然界生命有机的组成部分，通过求知物之“至理”即“仁理”，由客体回归主体，以达到主客内外之至善，从而实现仁者爱物“无一物不被其泽”的普遍的生命关怀。[20]而朱熹哲学中的“天人合一”命题蕴含着独特的生命智慧。蒙培元指出，天人合一在朱熹哲学中以“心与理一”的形式出现，具有“形而上学”的性质。人不仅是理性的存在，而且是情感的存在；不是情感与理性的分离，而是情感与理性的统一，即“合情合理”地生活。就人与自然的关系而言，这是一种“生”的哲学。自然界有“生理”、“生意”而人得之以为性情，情与理是合一的，天人内外是合一的。人既是价值的创造者，又是自然界“内在价值”的实现者，这种互为主体的关系是维持人与自然生态和谐的根本保证，因而是人类永续发展的根本保证。[21]郭学信对朱熹人生哲学的展开方式进行了分析，他认为是以“涵养德性本原”为核心而从“心与理”的境界观、“内圣”而开“外王”的价值观、“道心”主宰“人心”的处世观三个层面展开，其主旨在于通过内之心性和外在效用两方面来拓展人之生命价值意识，显现出一种高扬人的主体价值、道义价值和社会价值的道德理性精神。[22]

（二）知识哲学

作为中国古代百科全书式的哲学家，朱熹涉猎非常广泛，其对人与自然、主体与客体关系的思考，形成了他关于知识的独特看法，即知识哲学。对于朱子自然哲学、知识哲学的研究，已取得不错的成果。不过新世纪以来，这方面的研究有了很大起色。袁名泽认为，朱子自然哲学既包含“理为本，理为主，理一分殊”、“理气不离不散”的理本论这样一个客观唯心主义哲学体系，也包含“敬”与“静”的结合，不断的格物，力求“铢分毫析”，不断积累以致中和的认识论。这种本体论和认识论以及与此相关的科学精神对朱子本人的思维活动和中国古代哲学的发展产生了深刻的影响。[23]王丽霞通过朱熹与王阳明的比较，分析了朱熹认识论的特点。她指出，无论是朱子对“理”的认识，还是王阳明对“良知”的推崇，都是为了达到对道德、对德性的认识。在朱子的认识论中，“理”是“天理”，是人的道德境界的最高标准；而王阳明的“致良知”，其目的是正心之不正、正物理之不实，使人的行为符合良知之善的本体，所以，其认识仍是对道德的认识。由此，朱、王二人由认识论导致的实践论也是对道德的实践。无论是朱熹的“知先行后”，还是王阳明的“知行合一”，都是对道德的践履，而这种道德认识和实践的目的又都是为当时的统治阶级服务的。与之相应，中国哲学中无论是“敬德爱民”的治国论，还是“践仁成圣”的修养论，都是一种道德实践，并由此决定其认识论也是道德的认识论。[24]

徐强认为朱熹的认识论属于体会、体悟。他分析说，朱熹一般通过“宾（客）之辨”表达他的认识思想以及他对认识主体和认识对象之间关系的看法。基于“主宾”观念最基本的“主人”、“宾客”的含义以及由此基本义引申出的另外一些意蕴，朱熹的“主宾之辨”所表达的认识主体和认识对象间的关系并不是客观的理性认知关系，而是更近于一种人与人之间的关系，或者说类似于主人、客人在交往过程中彼此互动互成的关系；认识主体对认识对象的把握也更多地借助于诸如“体会”、“体悟”等应用于人与人之间的理解方式来进行。这些都使得朱熹的认识思想表现出独特的倾向，并不能简单借西方哲学认识论中“subject”、“object”的模式来理解。[25]乐爱国则认为，朱熹主要是继承并发挥了二程的格致论，并把格致论当作其理学的出发点。朱熹格致论是知识论的表述，也是一种融合了知识论并以其为基础的伦理学。他发挥了早期儒家尊德性而道问学的思想，把伦理学与知识论统一起来，因而是对儒家知识论的建构。[26]郭淑新、余亚斐认为，朱熹以其理学思想为旧本《大学》补“格物致知”传，延展与活化了自孔子开创、荀子接续，但却又为后世儒家所忽视了的知识论传统，使得宋代理学作为“新儒学”在内容和形式（方法）上都区别于传统儒学，从而成为中国哲学发展史上的一座里程碑。因此，对朱熹格物补传意义进行再诠释，无疑有助于中国传统哲学价值的再发掘以及中国哲学研究在方法论上的革新与完善。[27]

（三）鬼神观

朱熹哲学思想中涉及对鬼神的看法，不仅别有特色，而且非常深刻，为学界关注和讨论是情理之中的事情。那么，学界关于朱熹鬼神观研究提出了哪些有价值的观点呢？冯兵认为，朱熹的鬼神观主要是在有关礼乐的讨论中形成的，它既与传统礼学一脉相承，又有着较为浓厚的理学背景，是儒家鬼神论在新的历史时期的集大成者。朱熹认为：鬼神“实有”，源于理气的共同作用；出于“正理”的鬼神“无形与声”，而“非理之常”的鬼怪却有可见之“形质”；鬼神思想是构成礼学的重要部分，鬼神与礼乐有着内在相通性。朱熹对鬼神的讨论，主体上是一种哲学化的鬼神观，但十分复杂，它既有较强的理性主义精神，又受到了世俗的鬼神迷信及佛道二教的影响，从而染上了一定的非理性色彩，可视为传统儒家鬼神观念的一个代表，具有历史的普遍意义。[28]通过对朱熹“以气释鬼神”、“鬼神以祭祀而言”的诠释方式以及“鬼神之理即是此心之理”等观点的深入探讨，吴震认为朱熹鬼神论述基本立场是将鬼神看作“第二著”，因为对朱熹而言，鬼神问题主要是祭祀的问题而不是言说的问题、是宗教的问题而不是气学的问题。朱熹在鬼神问题上强调祭祀实践的重要性，这是朱熹宗教思想的一大特色，也是朱熹对儒学鬼神论的一大理论贡献。[29]殷慧指出，朱熹从义理层面论述了祭祀与鬼神的关系：强调鬼神的本体论意义，重视其天地转化的功能；认为鬼神既是阴阳二气物质，也是二气相互作用、转化的功用与性质。朱熹的祭祀思想与实践引人注目，强调义理与礼制并举。[30]桑靖宇强调说，朱熹哲学中人格神成分是不应该被忽略和否定的，因为他的“天”的三种含义中的“主宰天”即是对周初宗教的“上帝”的继承。朱熹的“主宰天”具有鲜明的内在性，这使其常被义理天和自然天所掩盖。然而，朱熹仍承认神人间的人格性的交流和沟通，但由于“绝地天通”的神权垄断，这主要是通过孔子信仰的中介来实现。利玛窦虽然看到了主宰天、义理天和自然天的不同，但他将儒家的主宰天、上帝等同于基督教的上帝，无疑犯了简单化的错误。[31]

如上综述了关于朱熹生命哲学、知识哲学、宗教哲学（鬼神观）讨论的情形，不难发现，在这几个方面的研究同样是有成就的。在生命哲学方面，发掘了朱熹生命哲学内容，探讨了朱熹生命哲学的理论根据，分析了朱熹生命哲学的结构，通过命题（格物致知）的研究彰显朱熹生命哲学的关怀，揭示了朱熹生命哲学的生态意义，解析了朱熹生命哲学的层次等。在知识哲学方面，对朱熹知识论哲学类型进行了讨论，有“中和认识论”、“道德认识论”、“体悟体会认识论”等，揭示了朱熹知识哲学与伦理的密切关系，并指出朱熹《大学》补传，是对儒家知识论的重大发展和贡献。在鬼神观方面，肯定朱熹哲学思想中存在鬼神观念，分析了朱熹鬼神观与“礼”的密切关系，揭示了鬼神的体为阴阳、用为动静之特点。应该说，学界关于朱熹生命哲学、知识哲学、鬼神观的研究，是广泛的、深入的，而且提出了诸多富有启发的观点，对未来朱熹生命哲学、知识哲学、鬼神观的研究都将产生积极影响。

三、政治与道德伦理思想研究

在朱熹思想体系中，政治思想与道德伦理思想是其重要组成部分，长期以来，人们对它们的关注与研讨的兴趣只增不减。那么，在过去十余年中，朱熹的政治思想、道德伦理思想研究有哪些新的进展呢？

（一）政治思想研究

作为两宋思想的集大成者，朱熹的政治思想与结构不能不为学者所关注。谢晓东认为朱熹以《大学》的“新民”观念为中心重构了儒家政治哲学。他分析说，在朱熹新民学说中，明明德是新民的基础，而新民是明明德的目的。从内在依据、主体、方法、心理基础与落实等方面可以看出，朱熹的新民理念具有明确的内在逻辑结构，对该结构的分析同时就是对“新民何以可能”这一问题的回答。朱熹的新民理念为儒家政治哲学勘定了逻辑边界，相对于中国古代的其他学派具有理论优势。不过，从现代政治哲学的视域来看，其新民学说在政治与道德之间缺乏一种分界观念，解决之道在于平衡君子的责任与个人自主。[32]徐恩火、余龙生则认为，朱熹所理解并着力构建的理想政治，是包括表现为“君权至上”秩序的天理根源之善、以德治方式体现的政治本质之善、在主体德性保障下的形式之善以及“经世致用”的功能（结果）之善等多个方面的“善”的体系。这个体系既涉及理学义理的精微阐释，也有对“合意的”现实政治事务的逐一铺排。建立在此基础上的朱熹伦理政治使得传统儒家政治思想体系更加完备，内涵更加丰富，思辨更显精致，得以有效应对内外双重挑战，巩固儒家思想作为皇权专制制度理论基础的“一尊”地位。[33]

王心竹通过朱熹与陈亮的王霸之辩，分析了朱熹政治思想的特点。她指出，朱熹以天理论王道，认为王霸之别就是天理人欲之异，为王道政治寻找到理本论的依据，强调仁义原则的优先性，体现出强烈的现实批判立场。而陈亮则在对王道所体现的道义原则有所肯认的基础上，认为霸道亦有体现仁政处，霸者的伟业也是仁心之发现，霸固本于王。但朱熹的王霸论在具体理论的阐述上，偏离其原始初衷，转向空谈性命义理，部分地抹杀了其真正价值所在，而陈亮对汉唐君主事功的赞美，从思想逻辑的推衍来看，则会导致道义维度的缺失。[34]张维新认为，在政治思想领域，朱熹通过对“明刑弼教”法制原则的进一步阐发，添加了诸多新的内涵，从而丰富和发展了儒家政治法律思想。他分析说，由于朱熹深知“明刑弼教”学说远不如“德主刑辅”粉饰统治阶级“仁政”的效果，为了强化封建国家的政治职能，朱熹密切关注古代法制体系的具体结构，并着手对儒家传统的“德主刑辅”观念进行了新的解释。[35]陶有浩则认为，朱熹政治思想具有浓重的“三代”情结与色彩，朱熹以重现三代之治作为社会治理的最终目标，为实现这个理想，提出了教育教化、礼法相济、提供基本物质保障和进行财富调节等措施。在这些治理手段中，朱熹对教育教化作用尤为看重，把它作为社会治理的根本方式，从而使其治理思想体现了官方系统与民间资源相结合的特点，并从正反两方面为我们分析现实问题提供了新视角。[36]

（二）道德伦理思想研究

作为中国历史上杰出的儒学代表，朱熹伦理道德思想向来是朱子学研究中的重要内容，颇受学界重视。温克勤对朱熹道德本体论特点表示了关切，他指出，朱熹本体论思想凸显了儒家道德本体论的即内在即超越，即本体即工夫的鲜明特征。但朱熹道德本体论的客观唯心论性质和为封建伦理纲常的绝对性、永恒性辩解应予以批判，而其中一些合理的有价值的思想在历史上对伦理学研究和道德教化产生了一定的积极作用。[37]萧仕平通过对“诚”、“信”两个范畴的分析，对朱熹道德伦理思想特点及其现代意义展开了讨论。他分析说，朱熹的“诚”意味着人从肉体的欲望中超拔出来，获得了合于天道的超越境界，而“信”主要指人际交往关系中的表里如一，言行相顾。朱熹的“诚”、“信”大体上可以归为法理学家富勒所说的“愿望的道德”和“义务的道德”两种道德类型。分别立足于“义务的道德”和“愿望的道德”的研究范式，审视朱熹对“诚”、“信”的观点，有助于思考当前诚信建设的问题：第一，“义务的道德”提示我们应以公共法规进行诚信制度的建设，确保人们达到朱熹所谓“凡事都著信”之境；第二，“愿望的道德”提示我们回味朱熹“‘诚之者，人之道也’便是信”，借助信仰力量夯实个体的诚信道德的基础。[38]

沈顺福通过对“道心”的阐发，探讨了意志在朱熹道德思想上的作用。他分析说，朱熹哲学中的人心是对人的感觉和知觉的统称，它是心灵对事物的直接反映，道心则是人心的主宰，这个主宰，从道德的角度来看，它便是某种意志。朱熹认为只有儒家的意志才是善良的，因此道心指儒家的意志。通过学习，将善良的儒家价值观转换为自己的意志，然后持之以恒而得以实现，具体的方法便是居敬。人心离不开道心，感觉和知觉离不开人类理性的主导，缺少了儒家性质的意志来主宰的感觉和知觉是危险的。[39]谢晓东、杨妍也对朱熹思想中的“道心”、“人心”的功能进行了分析研究。他认为，在朱子哲学中，“人心”指人的感觉与需求，“人心”之合乎性理的状态即为“道心”。“人欲”的真实含义是“私欲”，“人心”不是“人欲”。“人心”是“通孔”，“道心”或“天理”乃“人心”向上提升一层的结果，“人欲”乃“人心”向下坠落的结果。“天理”、“人欲”就宽泛的意义而言是在“人心”的基础上分化的。[40]黄富峰对朱熹道德思想层级进行了区分，他认为，理与欲的纠缠是人的生存状况，理与欲的冲突构成道德认识的内容，格物正心、情德相彰、重意践行、循序渐进是道德认识的方法，“天人合一”则是道德认识的目的。[41]

通过对“理”在朱熹伦理道德思想中内涵的分析，进而展示朱熹伦理道德思想的特性，这是朱熹伦理道德思想研究中的一种新的进路。赵妙法认为，朱熹受程颐的启发，把理分为“所当然之则”与“所以然之故”两个不同的层面，并认为后者比前者“更上面一层”。朱熹以此诠释《论语》“四十而不惑，五十而知天命”和“民可使由之，不可使知之”，从而认为“所以然之故”就是“天命”。从现代的观点来看，“所当然之则”相当于具体的特殊的自然法则、道德准则和行为规范，属于伦理学的研究对象；“所以然之故”相当于抽象的普遍的最高原理原则，属于后伦理学的研究对象。[42]杨国荣指出，由强调“理”、“欲”之间的对峙及确立“理”的优先性，朱熹使当然之则的普遍性及其超越感性经验的一面得到了空前的强化，后者相应地亦意味着道德领域中形式规定的突出。然而，通过“仁”与“理”的沟通、“情”的引入，通过肯定礼仪的节文与人格的统摄之间的统一，以及对“权”与境遇分析的关注，朱熹又确认了道德原则与人在生活世界中的具体存在之间的联系，并注意到了道德实践中实质的方面，从而不同于形式主义的伦理学。朱熹伦理思想中的多重趋向无疑表现了其体系的复杂性，而它的更深刻的意义则在于为我们重新思考伦理学中形式与实质的关系并对二者做合理的定位，提供了某种理论的资源。[43]

冯宾分析说，朱熹认为“敬”与“和”为礼、乐的价值主体，并在先秦哲学的基础上做了理学式的丰富与发展，将理学与礼学做了有效的融通，“敬”主要体现为一种工具价值，“和”则为目标价值，二者不仅具有礼乐的情感伦理特性，同时还凸显了礼乐实践主“敬”的价值导向。因此，礼乐是朱熹沟通天理与人欲、贯通上学与下达的桥梁，其情感伦理的本质属性为朱熹的思想体系增添了温润的气质。[44]董卫国指出，朱子在吸收前人思想的基础上，对忠恕思想做出了创造性的诠释。他从天地的忠恕、圣人的忠恕和学者的忠恕三个层面理解忠恕之道，分别揭示了忠恕之道的本体论、境界论和工夫论内涵。认为本于仁德发用的恻隐同情之心是忠恕之道的基础，阐述了忠恕之道的心性论依据，认为在具体的道德实践中，忠恕之道与格物致知是相同的为学工夫，但两者表述思路存在很大差别。[45]王敬华认为朱熹建立了十分完整的道德教育理论体系，其道德修养论尤有独特创获。“存天理、灭人欲”是其道德修养论的核心，“人欲”亦即人之“私欲”。为了达到“存理灭欲”的目的，朱熹提出了一系列自我修身的重要方法。朱熹的道德修养论给当代的道德教育尤其是大学的德育教育以许多有益的借鉴和启迪。[46]

我们欣喜地看到，在朱熹政治思想和伦理道德思想研究方面，不仅内容广泛，而且研讨深入。就政治思想研究看，探讨了由“内在依据、主体、方法、心理”四要素围绕“新民”而形成的朱熹政治思想结构，揭示了由“君权至上秩序的天理、以德治方式体现的政治本质、在主体德性保障下的形式、经世致用功能”等方面体现的朱熹政治思想的“善”性质，分析了朱熹政治思想仁义优先与空谈性理的矛盾，肯定了朱熹修改、完善“明型弼法”对发展儒家政治思想的意义。就伦理道德思想研究看，指出了朱熹伦理道德本体论“即体即用”的结构，但批评了朱熹伦理道德思想的唯心论、为封建纲常服务的性质；通过“诚”、“信”两范畴的分析，将朱熹道德思想分为“义务的道德”和“愿望的道德”两个类型；分析了“道心”在朱熹伦理道德思想中的根本作用，认为是“道德意志”，主宰人欲、提升人心；通过对“理”内涵的分析，指出“当然之则”和“所以然之故”分别代表不同类型伦理学的研究内容；探讨了“理”之为当然之则下落到生活的途径与形式，认为朱熹关于“理”内涵的不同规定，具有在处理形式与实质关系上的意义；断言朱熹伦理思想属于礼乐情感伦理，正是通过“敬”、“和”范畴，将理学与礼学结合起来，使朱熹伦理思想有了温和性；分析了天地忠恕、圣人忠恕、学者忠恕与朱熹道德伦理思想本体、境界、工夫三个层次的关系；肯定了朱熹建有完整的道德教育教化体系；等等。可见，在朱熹政治思想与伦理道德思想研究中，的确展开了非常有启示意义的探讨，的确提出了许多有学术价值的观点。

四、经学思想研究

朱熹思想在很大程度上是通过对经典解释而展开的，朱熹在解释经典过程中，不仅常常表达对“经”的态度，而且展开了具体的“治经”实践，提出了诸多关于“经”的思想和观念。在过去十余年朱熹思想研究中，朱熹经学思想也受到了广泛关注和深入研究。

（一）疑经与治经

朱熹在解经过程中，对经典并不是盲从的，而是持理性的态度，在他认为不能确定的情况下，他都予以存疑。关于《尚书》，王春林认为朱熹不仅疑《古文尚书》，而且也怀疑《今文尚书》，虽然他看到了古文和今文两者的差距，但并不认为古文和今文有优劣之分，更从来没有从文本的真实性角度怀疑过古文或者今文，朱熹虽然提出了“《书》有两体”之说，但不是为了维护《古文尚书》，而是为了要求读（或解）《书》时有疑则阙，重在意达而不是字字有解。[47]关于《尔雅》，周春健认为朱熹对《尔雅》所持的是一种较为明确的怀疑和否定态度。不过，尽管朱熹对《尔雅》的基本态度是否定的，但在著作中对《尔雅》解说进行正面驳正的例子却极少，更多的则是对《尔雅》解说的撷取。朱熹对《尔雅》的态度，首先与《尔雅》一书的词典性质有关，词典的形式使它无法像其他经书那样可以更直接地表现其义理思想，因而难以引起主要作为理学家的朱熹的更大关注；其次，朱熹对《尔雅》的怀疑态度，是宋代以来疑古辨伪思潮的必然结果，朱熹怀疑《尔雅》也是其辨伪学的重要成果。朱熹对于《尔雅》的言说应当成为朱熹经学的重要组成部分。[48]关于《诗序》，雷炳锋通过《诗序辨说》考察了朱熹的观点，认为在《诗序》作者问题上的判断是矛盾的：一方面肯定汉代毛公之前已有很久的流传，一方面又说《诗序》起初出于汉儒之手乃后人所为。而之所以如此，在于朱熹既要破除《诗序》的权威，论证其不可信，又认为《序》亦不可全废。朱熹虽不一概否定《诗序》，但其疑《序》反《序》的倾向却十分明显。《诗序辨说》分别从妄生美刺、望文生义、《诗经》的使用场合、《诗序》本身逻辑矛盾以及一些训诂和文字方面的错误等几个方面辩驳了《诗序》之失，同时朱熹的《诗序辨说》又体现出了有破有立的特点，对男女之地位、君臣之关系以及《诗经》中涉及情爱之诗都有很好的论述。[49]关于《春秋》，赵伯雄指出，朱熹不敢否定《春秋》的经典地位，但反对“一字褒贬”说，反对以“例”说《春秋》，对“三传”以及历代经师的解经表示出了强烈的怀疑，而对在当时有着重要影响的程颐与胡安国的《春秋传》也提出了批评。朱熹客观求实的态度，在当时的儒者中独树一帜，而对《春秋》经传的看法，在学术史上有着重要的地位。[50]

从朱熹疑经的态度可以看出，朱熹对“经”有着自己独立的理解，因而在解经上也表现得与众不同。陈良中指出，朱子在《尚书》训诂上矫正了传统注疏的一些错误，他对《尚书》脱简的判断和语序的调整，突破了对经典的迷信，开拓了《尚书》研究的新方向。他以理学思想阐释《尚书》词、句，赋予了这部古老经典以时代思想的新鲜血液，为实现经典的现代化转化提供了可资借鉴的方法论基础和思想资源。[51]罗军凤指出，朱熹视《春秋》为史，是因为反对经学家“一字褒贬”的解经法，主张从具体史实中体会《春秋》义理。同时，他将义理贯穿于《春秋》史事之中，并将义理作为史书写作的指导原则。然而，《春秋》义理本身却是不融通的，所以视《春秋》为史，出于朱熹对《春秋》义理不能融通之后无奈的选择。[52]孙显军研究了朱熹对《大戴礼记》的态度与理解，他认为朱熹对《大戴礼记》的态度是有保留的，而对《大戴礼记》的认识应是基于学术的直觉，具体成果体现在《仪礼经传通解》中，这是将《大戴礼记》融入到儒学经典体系之中，特别是礼学经典体系之中进行会通式研究的一次尝试。[53]关于《孝经》，刘增光分析说，朱熹作有《孝经刊误》与《孝经考异》，二书皆存，后者存于朱申《孝经句解》中，二书针对不同主题而作，正好互补，因而将其视为朱熹两次考订《古文孝经》的依据，是不正确的。朱熹本不打算为《孝经》作注，非如“四库”馆臣所谓“未及为之训释”。但随着朱熹理学思想影响之扩大，这又吊诡式地促使着后来学者以理学来注解和诠释《孝经》。[54]李清良对朱熹治经方式做了特别的思考，他认为朱熹反思的依据乃是人之常情，即“缘情察闻”。“缘情察闻”之所以既可能又必要，乃是因为自天地以观之则必然存在人之常情，人之常情与常识不同，它的存在并不否定认识的必要。作为反思依据，中国所谓常情与西方所谓理性并非完全不同。[55]

（二）易学观

《周易》是儒家基本经典之一，从而也是朱熹理学思想来源之一。那么，朱熹对《周易》究竟持什么样的主张，又做了哪些有意义的工作呢？王新春认为，朱熹站在易学史发展的高度，通过重新审视体认天人宇宙之理，研判古今《易》说，推出了极具见地的《周易》观。他虽视《周易》为卜筮之书，但绝不同于一般术士的理解，而是将其视为有画前之《易》与画后之《易》深刻内蕴的卜筮之书；他也不是为了教人单纯用《易》占筮，而是着眼于引领人们体认《易》所蕴含的人所置身其中的作为生命共同体而存在的宇宙之理，学会针对不同情势通权达变，用生命去了悟并践行基于太极之理的人生应然之道，化《易》之道为自身之道：须是以身体之。经过朱熹的辩证拨乱，《易》之学问最终落实为一种生命之学、实践之学，还《易》以本来面目。[56]郑万耕认为，朱熹以追求《周易》的本来面貌为目标，提出了“易本卜筮之书”的命题，突破了经学的传统观念，并以阴阳对待和阴阳流行概括易学中的阴阳变易学说，进一步发展了中国古代的辩证思维，以程颐体用一源说解释周敦颐的《太极图说》，将汉唐以来易学哲学中的宇宙生成论体系，转变为本体论体系，对儒家哲学的发展做出了重要贡献。[57]赵中国则认为，朱熹易学观是对易学总体的反思，包括易学史观、对易之结构的认识，以及对象数易学和义理易学及其关系的整体反思。易学史观包括一对核心概念：本意和言说，它们描述了易学原初状况和后世易学发展的关系；易由“理”、“象数”和“辞”三重层面构成；以易学史观和对易之存在结构的认识为前提，朱熹进一步思考并融合了象数易学和义理易学。朱熹易学观为易学史做出了巨大的贡献。[58]张克宾指出，朱熹通过对历史文献和《周易》经传的考察，主张“《易》本是卜筮之书”，虽然是古调重弹，但其中又别具新思，因为朱熹此举并非止于揭示一个历史事实，而是一方面认为圣人作《易》教民卜筮，乃是传授给民众一个开物成务、为善去恶的实用方法，另一方面则由卜筮之特点而进入到《易》文本的意义表达方式之中，提出“《易》是个空底物事”的精妙论断，深入发掘《易》的“象语言”之特质，并在卜筮的语境中昭示出象数与义理的原发性关系。更为深刻的是，朱熹指出作为卜筮之书《易》的终极意义来源和价值根基乃是作为宇宙本体的自然之理。[59]

（三）“四书”学

“四书”即《论语》、《孟子》、《大学》、《中庸》，这四本书在朱熹那里被合在一起，成为《四书集注》。不过，“四书”形成及其各自在朱熹思想中的地位与价值并不同。这些都是需要分析研究的。许家星详细考证了“四书”学的形成，他认为朱子“四书”学的形成大致可分为启蒙期、准备期、形成期、成熟期和完善期五个阶段，期间朱子对“四书”的注释刊刻既齐头并进又分合有度，或各书单刻，或《学庸章句》合刻，或《论孟集注》合刻，应特别注意的是朱子并未合刻《四书集注》。至于《四书或问》，虽编为一帙，而实包含丁酉1177年《论孟或问》与晚年《学庸或问》两个不同时期、层次的著作，不可视而为一。《论孟精义》为系列著作，先后有癸未1163年《论语要义》（庚辰1160年《孟子集解》）、壬辰1172年《论孟精义》（《论孟集义》）、庚子1180年《语孟要义》三个不同版本，壬辰《精义》、《集义》仅是名称之别，但与庚子《要义》存在内容差别，不可混淆前后《要义》，亦不可视壬辰《集义》在庚子《要义》后。今流传通行本《论孟精义》似为壬辰前后之盗本。认为准确把握朱子“四书”学的形成，对朱子“四书”学的理解具有基础性意义。[60]郭齐则认为，朱熹晚年曾对“四书”内部的先后次序做过两种不同性质的规定，充分反映了他的治学观点和道统思想。[61]唐明贵则对《论语集注》注释特点进行了讨论，认为此书在注释上有三个特点：第一，以程氏之学为主，兼采时人之说；第二，承袭、增损改易汉唐古注；第三，通经以求理。《论语集注》既注重探求经文之本义，又注重义理阐发，从而将训诂学与义理学熔为一炉，避免了对经文的穿凿附会，使其阐发之义理建立在对经义的解释之上，因此成为《论语》学史上最有影响的一部著作。[62]

对于“四书”的形成在儒学史、道德信仰与社会教化等方面的意义，学者们也进行了深入探讨。朱汉民对“四书”在儒家人文信仰建立中的意义给予了肯定。他分析说，朱熹的代表著作《四书集注》，完成了儒家的人文信仰的建构。在这部里程碑式的文化巨著中，朱熹表达出了更加强烈的人文意识与浓厚的理性精神。然而，几乎在朱熹进一步强化儒学的理性化、人文化的同时，他的《四书集注》强化了儒学的信仰，从而强化了儒学的宗教功能。可以说，在朱熹的“四书”学与宋儒的思想体系中，人文观念的强化与宗教功能的强化几乎是一体的。[63]翟广顺则分析了“四书”形成的思想意义与社会意义。他指出，朱熹纂辑“四书”，旨在将儒家经典的诠释与学校教科书建设熔于一炉。作为中国儒家经典“四书”的集大成者，朱熹注重义理阐发而不废章句训诂，力辟佛说而注意吸收、利用其理论思维成果，形成了以《四书章句集注》为代表的一系列“四书”著作。朱熹治“四书”，实现了文化传播与教育的有机结合，为南宋以降元明清三代的士人学子开启了为学进德的基础路径，确立了中国封建社会后期的信仰体系和政治伦理秩序的合法性。[64]李方泽对朱熹阐释《大学》在其理学中的意义进行了深入的探讨，他指出，从文本考察和经典诠释的角度出发，朱熹经过移其文、补其传的工作，重新诠释《大学》主旨，把它从《礼记》中一篇通论“礼”意的文字改造为“为学次第之书、即物穷理之学”，从而离经独立，自成一书，并使之获得了“四书”之首的地位。朱熹以“致知在格物”为主题改造和重新诠释《大学》，目的在明了吾心之全体大用，这有一定的学理依据，同时更是一个学术创新的过程，是出于其建构理学体系的需要。朱熹这一学术创新有得有失，对后世产生了重大影响。[65]

（四）经与思想关系

朱熹解释经典与汉儒不同，必须表达自己的思想、诉求自己的价值，这样就涉及朱熹本人的思想与其所解释经典的关系。这个问题并没有被学界忽视。霍炬认为，朱熹的诗学思想有着表面上的矛盾性，且又与同时代人的观点大异其趣。朱熹把对诗学的思考放进了他的理学框架之内，使“文”、“道”范畴具有了“理气不二”的性质，既否定了文道相妨论的局限，又避免了互用论可能带来的理论误区，并且赋予文学以坚实的道德理性基础。[66]方笑一通过对朱熹所写奏疏的研究，指出朱熹在奏疏的写作中时常引用《尚书》经文，除了利用《尚书》的劝谕功能影响帝王外，还通过对经文的阐释，引导帝王接受自己的理学体系。而且，朱熹十分注重阅读经书的主观感受与趣味，并在文章中传达、显现这种趣味，或阐发经义以提升立意，或反思学习经书的方式，或重绘经典传承的学术谱系，使其文章具备了深刻的学术内涵。这就是值得关注的朱熹经学与文章之关系。[67]殷慧则对朱熹注经的社会、政治、学术原因给予了关注，她认为朱熹《仪礼》学思想的产生与宋代的社会、学术、政治之间有着紧密的联系。一方面，基于复兴儒学的伟大使命，朱熹针对王安石新学的学术影响，决心重振社会秩序，积极推行礼下庶人的礼仪运动；另一方面，反思宋代礼学研究，朱熹试图通过编撰《仪礼经传通解》振兴《仪礼》学研究，消除《礼记》学研究中出现的种种弊端，为士人学子学习《仪礼》提供指导。[68]蔡方鹿则对朱熹经学进行了总体性分析与判断，他指出，朱熹在吸取先前经学思想资料的基础上，对传统经学加以总结，对汉学流弊提出批评，并结合时代的发展，确立“四书”义理之学，对中国经学进行改造和创新，使之发展到一个新的阶段，又修正宋学盛行后出现的流弊，重训诂辨伪，反对脱离经文本义而空谈义理，启发了后世的训诂辨伪之学。在一定意义上可以说，朱熹不仅集宋学之大成，而且兼采汉宋，把训诂与义理相结合，从而发展了宋学和中国经学。[69]

从学者们的研究中可以发现，朱熹经学思想是极为丰富的，也是极为复杂的。朱熹对经典持有怀疑的态度，这是理性精神的表现；朱熹对经典都进行实事求是的考证，这是客观精神的表现；即便是朱熹怀疑的经典，他也要认真研究，并选择性吸收，这是自信、开放精神的表现；朱熹强调据事实以正误、置于史实中分析判断，是历史主义精神的表现。朱熹提出的治经方法和态度都是有积极意义的。就朱熹的易学观言，有的认为朱熹解易学为生命之学、实践之学；有的认为朱熹将易生成论发展为本体论，是对儒家哲学的发展和贡献；有的对朱熹易学结构进行分析，认为朱熹易学观包括易史、结构、象数易学、义理易学四个方面，也有的认为朱熹易学观，一方面凸显易之开物成务、为善去恶之实践，另一方面关照易之“象语言”——象数与义理二者关系，从而将《易》视为价值之源、宇宙本体。就朱熹的“四书”学言，有对“四书”学形成过程所做的具体细致的爬梳，也有对“四书”学熔义理与训诂为一炉特点的揭示；有关于“四书”思想资源对人文信仰建立积极作用的考察，也有对“四书”思想意义和社会意义的揭示；有关于朱熹对《大学》的解释对朱熹理学体系建构积极作用的分析，也有对朱熹为文立说时引用经典资源的关注；有对朱熹选择、解释某部经典的社会、学术、政治原因的分析，也有对朱熹经学兼采汉宋、并取训诂与义理的肯定。无疑，上述关于朱熹经学思想研究的实践与成果，将成为朱熹经学研究史上的重要里程碑。

五、诠释思想研究

朱熹的思想几乎是在诠释经典中形成的，而朱熹在诠释经典的过程中，必然会表达其对经典的态度、提出诠释经典的原则与方法，从而形成其丰富的诠释思想。这方面内容当然也是学者们感兴趣的课题。

（一）诠释学原则的讨论

曹海东对朱熹经典诠释思想进行了系统研究，将朱熹经典诠释的原则概括为求真性、创发性、渐进性、融通性、深透性、崇理性等六个方面。[70]蔡方鹿认为，朱熹的经典诠释学融合了经学诠释与哲学诠释，形成了较为完整的本体论诠释学体系，提出了以原著、原义为经典诠释的依据和以义理为坐标的经典诠释标准。[71]谢晓东指出，学界对朱子之诠释学方法多有研究，但忽视了对其诠释原则的讨论，朱子经学诠释的原则可分为四类：本义至上原则、以传注解经原则、忠实原意原则与名义界分原则；朱熹理学诠释的原则也有四类：儒家立场制约原则、怀疑原则、以义理定训诂原则、先本义后推说义原则；因而朱子的理学诠释学实际上融经学诠释与理学诠释为一途。[72]周光庆认为，朱熹诠释“四书”过程中，形成了系统的诠释原则，即诠释方法与诠释目的统一、文本诠释与社会实践统一、语言诠释与心理诠释统一、诠释效应上的个人“兴起感法”与建立理学体系统一。[73]金春峰对《中庸章句集注》的诠释思想及其方法论问题进行具体考察，认为朱熹《四书章句集注》的指导思想是《中庸章句序》“十六字心传”之“道统说”，并论析了朱熹《中庸章句》的诠释方法论有如下几点：一是“随不同文本与文句的原意而作相应诠释的原则，也即力求忠实于原著的原则”；二是“字面的解释与赋予的实质内涵的区分”；三是“一般的解释与特殊场境或论域的区分”；四是“引用的解释与朱熹自己思想的区分”；五是“朱熹的诠释确亦是相互贯通的”。[74]

（二）诠释学方法的归纳

张汝伦指出："朱熹释义学的基本路径是先解字义，再解文义，最后贯通阐发得出所解之义理。"[75]刘笑敢认为，朱熹对经典的诠释，实践了"跨文本诠释"与"融贯性诠释"两种方法，正是借助这两种方法，建立自己的哲学体系，并且，朱熹的经典诠释时刻徘徊在两种定向之间。[76]曹海东将朱熹经典解读方法概括为"以潜心玩索为主的解读法"、"以小学考释为主的解读法"、"以义理辨释为主的解读法"等三个方面。[77]李兰芝通过对朱熹诠释《周易》的考察，认为朱熹实践了四种方法：一是把经历事变、掌握义理等方面知识视为诠释《周易》的必备条件；二是要以圣人的意识形态为认识对象，从《周易》观察圣人作《周易》的用心；三是"理与象又须辞上理会"；四是人人各以其意去诠释。[78]周光庆认为，朱熹分别创建了心理学诠释方法论和语言诠释方法论：心理学诠释方法论包括四个方面：唤醒、体验、浃洽、兴起，此四点构成了朱熹心理学诠释方法论的基本内容与基本精神；语言诠释方法论包括三个方面：一是立足具体环境，打通相关语境，"剖析名义"；二是自下面做上去，自上面做下来，"逐层推捱"；三是略释文义名物，引导学者自求。[79]

（三）诠释思想特点的判断

张汝伦指出，朱熹的诠释思想不仅是系统的诠释学，也是一种积极的诠释学，因为他不仅主张批判的诠释，也主张诠释是一个实践过程，在这点上与哲学释义学的精神是颇为相近的，因此，"摆在我们面前的任务并不是创建中国的释义学，而是恢复和发展中国的释义学"。[80]曹海东将朱熹经典诠释学的特点概括为"与理学密切相关，具有浓烈的时代气息"、"继承传统而开新，具有极强的创造精神"、"关注修身及治平，具有鲜明的实践倾向"等三个方面。[81]郑宗义试图从一个宏观综合的角度追问朱熹对经典诠释本身及其所牵涉的各种理论问题的看法，认为朱子解经的基本立场是格物穷理的工夫，在诠释过程中主张追求"本意"，注重文本意义、圣人用心与天理性命的体会，其经典诠释中又具有经世致用的面向，不可谓非大有功于儒家经解传统。[82]朱汉民指出，朱熹将"实践—体验"作为其"四书"学诠释方法，与"语言—文献"的诠释方法相比较，"实践—体验"的诠释方法具有强调诠释者的实践主体性、表达诠释者精神活动的完整性、体现主客统一的现实性等特征，故而能够更有效地化解经典文本的历史性与诠释主体的时代性、经典文本的理念性与生活实践的现实性之间的矛盾。[83]。冯达文认为，《大学》诠释存在两个路向：朱熹的诠释以形式化与知识化为入路，阳明的诠释取信仰性与践行性为路向，并由此说明诠释的有效性不应局限在这种诠释之于原文是否有所根据，应该考虑到这种诠释被接受的程度。[84]李清良、郭瑞芳则以"理解之蔽"为进路，认为朱子诠释思想与西方现代诠释学同样强调"理解之蔽"的存在是必然而非偶然，但中国古典诠释学理论认为"理解之蔽"不只是成见，朱熹坚持用"本心"来化解理解之蔽，因此强调心性修养的功夫论，是朱熹以及中国古典阐释理论与西方阐释学的本质区别。[85]彭启福将朱熹与陆九渊诠释思想加以比较，认为朱熹理解理论的视野属于知识论诠释学，而陆九渊理解理论的视野是实践论诠释学。[86]蒙培元认为朱子的哲学体系与“四书”是相互诠释的关系，并从方法的角度归纳出朱熹诠释“四书”的“重视文字诠释，揭示本来意义”、“拓展诠释空间，确立普遍原理”、“运用分析方法，建立分层理论”、“转换诠释向度，赋予新的意义”、“形上学的重建及限制”、“回到直觉体验，追求圣人境解”等六个特点。[87]

可见，朱熹在诠释经典过程中，不仅收获了自己的思想，而且形成了较为系统、较为独特的诠释理论与方法。朱熹提出的经典诠释的理论与方法，是中国哲学思想史上的重要财富，学界给予了极大关注与研究。对朱熹提出或实践过的诠释原则、诠释方法，以及诠释实践所表现出来的特点等，都进行了较深入的分析和较准确的归纳，并对朱熹诠释原则的独特性、诠释方法的多样性、诠释思想特点的复杂性等，都展开了精彩的讨论、做出了精辟的结论，所有这些，对朱熹诠释思想研究的拓展与深化，都将产生深远而积极的影响。

六、朱熹思想与佛老关系

作为宋明新儒家中杰出代表的朱熹，其思想的形成自然与佛教、道家道教关系密切，这方面的讨论事实上由来已久，但新世纪以来的十余年，讨论的视角与内容有较大转变，值得关注。

（一）朱熹思想与佛教

关于朱熹思想与佛教关系的研究，主要论题自然还是排佛、容佛，但讨论的内容与角度有很大变化。

1. 朱熹佛教观研究。对朱熹佛教观方面的研究，李承贵具有代表性，他的著作《宋代儒士佛教观研究》中用了十余万字的篇幅讨论朱熹的佛教观。李承贵关于朱熹佛教观的讨论主要涉及朱熹对佛教常识的认识、对佛教教义的理解、对佛教性质的判断、对佛教功能的评价等方面。在讨论朱熹对佛教常识认识方面，李承贵指出，朱熹对佛教常识的认识包括佛教在中国的传播状况、佛教基本概念和命题、佛教建筑与制度、佛教与中国本土思想关系等内容。[88]在讨论朱熹对佛教教义认识方面，李承贵从本体论、心性论、伦理观、义理结构等方面展示了朱熹的认识情形。在本体论认识方面，朱熹所理解的佛教本体论是“世界为幻、为空”。[89]在“心性论”认识方面，朱熹所理解的佛教“心论”是“以心观心”，实际上是“裂心为二”；所理解的佛教“性论”是“作用是性”，实际上是“以气质为性”；并因为这样的“心性论”，佛教不分是非、不事存养。[90]在伦理认识方面，朱熹对佛教伦理审查的结论是：在认知上是“不识天理”、在实践上是“不守伦理”、在目标上是“自私其身”、在特点上是“无缘之慈”、在后果上是“绝类止善”。[91]在义理结构认识方面，朱熹观念中的佛教“道体的特性”是“二”、佛教“伦理关怀”以绝灭为事、佛教“工夫的路径”是栖心淡泊，因而佛教与儒学不仅存在末用之异，也存在本体之别。[92]李承贵对朱熹佛教观的总体评论是，朱熹对佛教的认知、理解和评价涉及面极为广泛，有些方面不乏深刻，但他对佛教的理解具有肤浅性、对佛教的评价具有片面性，即朱熹对佛教的认知和理解存在大面积的、严重的误读。而之所以存在误读现象，主要原因就是以儒学作为评判佛教的唯一标准。[93]

2. 朱熹反佛思想。不难看出，朱熹佛教观中具有强烈的反佛教倾向，对于朱熹反佛情形、内容及其原因，也受到学界普遍关注。杨永胜认为，朱子论佛的思想主要集中在《朱子语类·释氏》篇中，朱子早年虽然有学佛的经历，佛学对其思想有很大的影响，但是从总体上看，朱子是反佛的，其反佛的要点主要集中在：一是认为佛教之说多是世人附会老庄之学而成的，新意甚少；二是认为佛教入华以后脱离了它的本旨；三是释氏的“空”把一切都空掉了，变成了纯粹的虚无，佛言空，儒言实；四是佛教败坏了人伦纲常。[94]刘立夫指出，朱熹往往是从否定佛教的角度来阐明儒学的价值，儒佛之辨是朱熹排佛的一大特色，但要从朱熹对佛教“内在批判”的层面去看，即对朱熹关于儒佛二家的本体论、心性论、境界论、工夫论和修养论等方面的言论进行梳理，从多元性的价值立场对朱熹的儒佛之辨做出合理的评价。[95]施保国、李霞则认为，朱熹“外斥”佛教的原因，可从目的角度、本体论角度、伦理纲常角度、认识论角度、社会生产角度等方面去分析；而“内援”佛法的原因，可以从社会文化背景、本体与现象关系、心性论、伦理等角度去探讨。朱熹对佛教“阳违之而阴奉之”的原因有三：学术上建构新儒学的需要；政治上维护儒学正统地位的需要；朱熹“斥佛”源于对佛教理解的片面性。[96]吴冠章、朱更生认为，宋明理学的形成标志着儒、释、道“三教合流”的最终完成，在这一融合的过程中，朱熹对佛教的态度很具有代表性：一方面，政治上以儒家为正统，排斥佛教；但另一方面，从学术发展的需要出发“援佛入儒”发展新儒学，并将它最终落实到封建伦理道德上，为封建统治服务。[97]

3. 朱熹对佛教的吸收消化。朱熹思想的形成，无疑吸收、消化了佛教元素。那么，朱熹究竟吸收了哪些佛教内容？吸收的方式怎样？学界对此也有很细致全面的讨论。孙利认为，朱熹的心性哲学是在儒释道三家融合的基础上形成的，佛老思想对朱熹的影响主要体现在两个方面：其一，佛老形上本体的运思方式；其二，佛老“克己”、“主静”的心性修养方法。朱熹在吸收佛老思想的同时，又站在儒家的立场上批判了佛老“出世”、“无为”的态度，这使得朱熹理学又超越了佛老，成为中国社会后期文化发展的主流。[98]张俊指出，朱熹广泛吸收了佛教，尤其是佛教的理论模式，在利用佛教理路的架构上，承载了儒家道德价值体系。朱熹思想的本体论、心性论以及修养方法等三个层面与佛教既有差别，又吸收消化了相关内容。[99]高建立认为，朱熹尽管对佛教展开了批判，但由于他认识到了佛学心性思想的可取之处，在批佛的过程中，灵活地采取了明排佛学、暗窃佛学的方式，对佛教的佛性论进行了吸收改造，从而发展完善了自己的心性思想。朱熹的心性思想使儒家心性论达到了完备的程度，对后世产生了广泛而深远的影响。[100]而且，朱熹不仅吸取了佛教心性论思想，还吸取了佛教的思辨理论、思维方法，援佛入儒以改造儒学，以佛学作为改造儒学的工具，光大新儒学，使其理学思想有用于当时且传之于后世，这是朱熹明排佛、暗窃佛学、援佛入儒以发展理学的真正意图。[101]张慧远则通过朱熹与禅的关系，揭示了朱熹在三个方面吸取了佛教元素：即“理”的本体论与华严禅；格物致知的认识论与禅宗“渐修顿悟”的修习方式，“随事”、“日用”的境界论与禅宗的“不离日用”的解脱观。“理禅交融”导致了儒的禅化与禅的儒化。[102]

（二）朱熹思想与道家道教

新世纪以来，关于朱熹思想与道家道教关系的研究，在广度与深度上都有所增强，此即概述其具体讨论情形。

1. 朱子的道教经典研究。朱熹是大儒，对文化的态度是开放的，因而道家道教尽管那时被列为邪学，但他还是很关注的。钦伟刚认为，在宋代易学史和《参同契》文献演变史中，实际上是朱熹第一个提出了先天学起源于《参同契》丹学思想的论说，朱熹为了把与《参同契》旧本（如《道藏》所收无名氏注本、阴注本和郑焕校正本所见彭注本等）不合的先天学理论导入到《参同契》思想解释中去，删除和更改了《参同契》旧本的经文，作成了所谓的《参同契》定本（《参同契考异》本）。从南宋后期的《参同契》文献的基本情况来看，正是《参同契考异》的刊行，才结束了持续到南宋初期和中期的《参同契》文献的不安定状态，朱熹的《参同契考异》，对宋末元初的《参同契》注本、刊本产生了很大的影响。可是到现在为止的道教研究，一直没有充分认识和探讨过朱熹的《参同契考异》对南宋以来道教内修思想演变史和《参同契》文献演变史所产生的影响，今后有必要对这个问题做更深入的研究。[103]但田智忠不同意这种观点，他对“朱子删改《参同契》文本说”做出回应：《参同契》文本在唐代已经基本稳定，而唐宋之际阐发《参同契》的文献大量出现，导致了《参同契》与之相混同的现象；在朱子之前已有先例以“乾坤坎离”释《参同契》的“牝牡四卦”的说法，而《参同契》本身也是陈抟、邵雍“先天方位”说的思想来源之一；通过“朱子删改《参同契》文本说”的具体条目做出了分析，指出其判断多有失误；因此，不存在“朱子删改《参同契》文本”问题。[104]杨燕试图从朱熹自己的说法出发，对朱熹所认为的道教所指、道教人物关系以及他对宋代道教的评价等问题做一简单梳理。认为朱熹所指的道教包括道家，同时涉及方士方术、黄老道以及后来的张陵五斗米道等，老、庄、列、杨等先秦人物都被朱熹明确纳入道教体系，在时间上以老、杨、列、庄为序，并对老、庄思想进行了明确区分。对庄子师承问题，朱熹有保留地继承了韩愈的说法，比较含蓄地认为庄子出自儒家。朱熹对先秦道家评价颇高，但对宋代道教状况的评价却颇不乐观，而是持同情和批判的态度。[105]

2. 朱子思想的道家道教影响。朱熹对道家道教有所批评，但并不妨碍他“为我所用”。郭齐认为，朱熹学说形成过程中，道教曾产生过不可忽视的深刻影响。这主要表现在：朱熹广泛结交道人，直接参与道教活动；对导引之术也有所研究；潜心钻研过道家典籍，对老庄列子以来及诸经律法术撰著烂熟于胸；整理道教典籍。比如，朱熹关于道教的起源和流变、老子思想的精髓、道家修炼方法等的研究，都形成了自己的心得。再如，理气论是朱熹整个思想体系的基石，而朱熹早期理气论的形成，是以他对周敦颐《太极图》和《太极图说》的阐释——《太极解义》为主要标志的。在《太极解义》中，朱熹从本体论角度阐发理气关系，对理气先后，理气动静，理与气之同异诸问题做了深刻论述，对源于道家的宇宙生成模式做了更为广阔的修正和重建，其对道教思想的吸收是明显的。[106]王利民对朱熹青年时期以《黄庭内景经》为核心文本建构起道教信仰进行了分析。他指出，朱熹的修持方式主要是斋戒、诵经、存思、服气，显示了高级文士的修道实践与宫廷和民间宗教行为的雅俗分野。朱熹与道教的因缘对他的诗歌产生了两方面的影响。慕道山栖、离绝尘累的道门宗风使其早期诗歌表现出雅尚隐逸的世外高情，热烈的道教情感给他的诗歌染上了浪漫的色彩。总之，从《牧斋净稿》中，可以清楚地看出道教是此集中的主要宗教祈向，而佛教影响在其中只处于附庸的地位。[107]苏敏、徐炳兴探讨了朱熹哲学思想的形成与道家、道教的关系，他们的结论是：第一，朱熹的哲学思想是继承和发挥周敦颐、邵雍等理学家的自然哲学思想的精华，并且吸取道教、道家思想而形成。可以说，朱熹由对《周易》的研究，进而联系到周敦颐的《太极图》和《太极图说》及邵雍的《先天图》和《先天图说》等思想，建立自己的宇宙观和阴阳五行理论，这些思想的形成都与道家、道教思想有直接或间接的渊源关系。第二，《考异》一文中反映了朱熹关注道教、道家思想的研究，其主要目的不在于修道成仙，追求长寿，而主要在于汲取道教、道家思想，构建自己的理学思想体系，达到个人修养乃至关注社会治乱的境界，意在借道兴儒。[108]

丁原明则主要从哲学层面考察了朱熹对道家道教思想的吸收。他分析说，在理本论上，朱熹借助于老子的“道”将先秦表征法则或规律的“理”提升到宇宙本体的高度；在宇宙生成论上，他的“理—气—物”，既与老子和《淮南子》的生成模式相似；在动静观上援用了老子“归根日静”思想；在修养论上，他将“收敛身心”、“以静养动”、“惩忿窒欲”等作为“持敬”的涵养工夫，表现了对道家的“主静”说和道教的“守静去欲”说的认同。朱熹援用道家、道教思想的价值，不仅使他完成了宋代理学体系的建构，并且揭示了儒学创新必须根植于文化思想的积累、震荡、融合及巧妙运用基础上，方可获得成功的发展规律。[109]赵静分析说，道家哲学本质上是一种生命哲学，其理论的核心是生命观念，统观朱熹的一生，早年时企慕成就仙道，中年时则孜孜矻矻地研究道家、道教典籍，又以研究邵雍、周敦颐和《易》学的思想为契机，将道家哲学中有关生命意识内容融合进自己的生命观体系中，晚年时对《阴符经》和《周易参同契》的研究，修正和论定了自己的生命观，尤其是生命的本质和生命的境界等内容，足见朱熹生命哲学受道家道教影响之深。[110]

然而，朱熹对道家道教元素的吸收都是不打折扣地“照单全收”吗？田智忠、胡东东的回答是否定的。他们以《阴符经考异》为例，对朱熹吸收道家道教元素的程度进行了分析，认为把朱子之作《阴符经考异》看作为是其“儒表道里”或者“援道入儒”的重要证据之一，是需要做具体分析的。他们通过对《阴符经考异》与朱子其他著作的比较，指出至少是在《阴符经考异》中，发现朱子对《阴符经》的诠释具有较为明显的儒学特色，这一努力与朱子对《太极图》的儒家化诠释有着惊人的一致性。[111]而孔令宏认为朱熹思想对道教产生了很大影响。他分析说，道教与中医药有密切的内在联系，在道教产生之前，儒学的发展已经受到中医药的影响，这为儒学在道教产生之后接受道教的影响铺平了道路。朱熹对中医药和道教均有研究，其思想受二者影响，尤其是受道教影响比较大。正因为朱熹思想与道教思想有相通相同之处，所以，他的人格和学识得到了道教人士的推崇，其思想得到了道教学者们的高度评价，并广泛而深刻地影响了宋末之后道教思想的各个方面。朱熹哲学吸收了道教思想而又超越于其上并在宋末之后逐步成为官方意识形态，是后期道教逐步趋于衰落的原因之一。[112]

佛教、道家道教与朱熹思想的关系究竟如何，上述研究为我们呈现了一幅清晰的图画。关于朱熹的佛教观定义、朱熹佛教观所涉范围、朱熹佛教观特点等，都进行了说明、分析与概括，同时指出了朱熹佛教观的不足；对朱熹反对佛教的过程、内容及原因，也有较深入全面的分析；而对朱熹吸收佛教的元素、范围，以及在吸收过程中对佛教的改造等情况，也展开了讨论与研究，并提出了一些可供思考的答案。在朱熹与道家道教关系方面，学界对朱熹的道教经典研究给予的关注，有对朱熹是否删改道教经典展开的争辩，有对朱熹观念中的道教内容的寻找，有关于道家道教在本体论、心性论、工夫论影响朱熹思想的分析，有从理本论、动静观、涵养工夫等角度影响朱熹哲学形成的考察，有认为朱熹生命哲学的资源与灵感，来自道家道教。不过，也有论者对朱熹思想所受道家道教影响持谨慎态度。比如，认为朱熹吸收道家道教资源是有限的，而且朱熹思想的本色始终是儒家。再如，认为朱熹虽然吸收了道家道教元素，从而完善了自己的理学体系，但反过来又影响了道教，并加速了道教的衰落。

进入新世纪以来，与中国学术其他领域一样，朱熹思想研究开展得如火如荼，其论域之广阔、论题之深入是前所未见的。在哲学思想、政治思想、伦理道德思想、经学思想、诠释思想、与佛老思想关系等领域，都展开了具体的、创造性的探索与研究，不仅展示了朱熹思想的博大精深，呈现了学术成果的丰硕精美，演绎了学术创见的绝伦精彩，而且渗透着深切的人文关怀。因而我们可以满怀信心地说，有了这广阔的、辛勤的、专业的、创造的、关怀的朱熹思想研究实践，朱子学研究更为美好的未来一定值得期待。

注　释：

[1] 丁为祥：《朱子理气关系的三种不同解读》，《江南大学学报》2012年第1期。
[2] 丁为祥：《如何进入朱子的思想世界——朱子哲学视野的发生学解读》，《陕西师范大学学报》2010年第4期。
[3] 乔清举：《朱子的境界论思想简论》，《湖南大学学报》2012年第6期。
[4] 李振纲：《理性与道德理想主义——论朱子学的精神》，《河北大学学报》2001年第1期。
[5] 蒙培元：《朱熹哲学是两个世界还是一个世界？》，《学术月刊》2008年第3期。
[6] 杨立华：《体用与阴阳：朱子"太极图说解"的本体论建构》，《哲学研究》2012年第10期。
[7] 张克宾：《朱熹与〈太极图〉及道统》，《周易研究》2012年第5期。
[8] 向世陵：《论朱熹对"继善成性"说的规范》，《周易研究》2011年第1期。
[9] 周方海：《朱熹之二元论矛盾及其原因》，《求索》2006年第6期。
[10] 唐琳：《朱熹易学太极观的哲学内涵》，《中国哲学史》2010年第2期。
[11] 周炽成：《论朱熹与儒家的两轮哲学》，《学术研究》2013年第2期。
[12] 蒙培元：《乐的体验与审美境界——朱熹哲学的一个重要问题》，《陕西师范大学学报》2010第3期。
[13] 林玮：《朱子学的身体哲学再诠释》，《江西社会科学》2012年第2期。
[14] 姜真硕：《朱熹"与道为体"思想的哲学意义》，《孔子研究》2001年第3期。
[15] 金春峰：《对朱熹哲学思想的重新认识》，《学术月刊》2011年第6期。
[16] 陈来：《朱子四德说续论》，《中华文史论丛》2011年第4期。
[17] 徐刚：《试论朱熹生命哲学思想》，《哲学研究》2002年第10期。
[18] 王锟：《"天地以生物为心"——朱熹哲学的"生本论"》，《哲学研究》2006年第2期。
[19] 张克宾：《论朱熹易哲学中的"生生"与仁》，《中州学刊》2012年第1期。
[20] 蒙培元：《何为"格物"？为何"格物"？——从"格物说"看朱熹哲学生态观》，《泉州师范学院学报》2010年第1期。
[21] 蒙培元：《论朱熹"生"的学说》，《鄱阳湖学刊》2011年第1期。
[22] 郭学信：《朱熹人生哲学通论》，《聊城大学学报》2002年第2期。
[23] 袁名泽：《朱子自然哲学的审视与纠偏》，《重庆大学学报》2011年第2期。
[24] 王丽霞：《朱熹〈大学章句〉与王阳明〈大学问〉认识论之比较》，《学术论坛》2000年第5期。
[25] 徐强：《"主宾之辨"与朱熹的认识思想》，《安徽大学学报》2009年第2期。
[26] 乐爱国：《从朱熹的格致论出发——论儒家知识论传统的建构》，《黑龙江社会科学》2010年第5期。
[27] 郭淑新、余亚斐：《儒家知识论传统的延展与活化——朱熹格物补传意义的再诠释》，《北京师范大学学报》2007年第3期。
[28] 冯兵：《理性与非理性之间：朱熹的鬼神观辨析》，《学术研究》2013年第2期。
[29] 吴震：《鬼神以祭祀而言——关于朱子鬼神观的若干问题》，《哲学分析》2012年第10期。
[30] 殷慧：《祭之理的追索——朱熹的鬼神观与祭祀思想》，《湖南大学学报》2012年第2期。

[31] 桑靖宇：《朱熹哲学中的天与上帝——兼评利玛窦的以耶解儒》，《武汉大学学报》2012年第2期。
[32] 谢晓东：《朱熹的“新民”理念——基于政治哲学视角的考察》，《厦门大学学报》2011年第4期。
[33] 徐恩火、余龙：《得理至善：朱熹政治伦理思想的内在理路》，《江西社会科学》2012年第11期。
[34] 王心竹：《从朱陈之辩看朱熹陈亮的王霸思想》，《社会科学》2011年第11期。
[35] 张维新：《论朱熹对儒家法制原则的改造》，《北方论丛》2012年第2期。
[36] 陶有浩：《论朱熹的社会治理思想》，《求索》2010年第1期。
[37] 温克勤：《略论朱熹的道德本体论思想及借鉴启示意义》，《天津社会科学》2009年第6期。
[38] 萧仕平：《两种道德要求的分疏和转换——朱熹的“诚”、“信”之别及其对当代诚信道德建设的启示》，《道德与文明》2010年第6期。
[39] 沈顺福：《朱熹心灵哲学初探》，《江西社会科学》2009年第4期。
[40] 谢晓东、杨妍：《朱子哲学中道心人心论与天理人欲论之内在逻辑关系探析》，《江苏社会科学》2007年第2期。
[41] 黄富峰：《朱熹的道德认识论》，《齐鲁学刊》2009年第6期。
[42] 赵妙法：《朱熹的伦理学与后伦理学之别》，《安徽大学学报》2008年第2期。
[43] 杨国荣：《理念与境遇——论朱熹的伦理思想》，《孔子研究》2001年第3期 。
[44] 冯宾：《予“敬”予“和”：朱熹的礼乐价值论》，《江汉论坛》2012年第5期。
[45] 董卫国：《朱子对儒家忠恕之道的创造性诠释》，《广西社会科学》2013年第2期。
[46] 王敬华：《朱熹的道德修养论及其德育启示》，《湖北社会科学》2009年第7期。
[47] 王春林：《“朱熹疑伪〈古文尚书〉”一说考辨》，《福建论坛》2009年第8期。
[48] 周春健：《朱熹与〈尔雅〉》，《湖北大学学报》2008年第5期。
[49] 雷炳锋：《朱熹〈诗序辨说〉试论》，《宁夏大学学报》2011年第2期。
[50] 赵伯雄：《朱熹〈春秋〉学考述》，《孔子研究》2003 年第1期。
[51] 陈良中：《论朱子〈尚书〉学章句义理之得失》，《重庆师范大学学报》2009年第3期。
[52] 罗军凤：《朱熹说〈春秋〉》，《史学史研究》2005年第3期。
[53] 孙显军：《朱熹的〈大戴礼记〉研究》，《苏州大学学报》2009年第1期。
[54] 刘增光：《朱熹〈孝经〉学探微三题——从元明学者的理解看》，《杭州师范大学学报》2013年第1期。
[55] 李清良：《缘情：朱熹治经之依据》，《湖南师范大学社会科学学报》2002年第5期。
[56] 王新春：《朱熹的〈周易观〉》,《哲学研究》2011年第10期。
[57] 郑万耕：《朱熹易学简论》，《江西社会科学》2002年第2期。
[58] 赵中国：《朱熹易学观述论》，《社会科学》2008年第5期。
[59] 张克宾：《朱熹“〈易〉本是卜筮之书”》，《中国哲学史》2011年第2期。
[60] 许家星：《朱子四书学形成新考》，《中国哲学史》2013年第1期。
[61] 郭齐：《朱熹“四书”次序考论》，《四川大学学报》2000年第6期。
[62] 唐明贵：《朱熹〈论语集注〉探研》，《中华文化论坛》2006年第3期。
[63] 朱汉民：《朱熹〈四书〉学的人文信仰特征》，《求索》2004年第10期。
[64] 翟广顺：《典籍与教科书同构：朱熹纂辑〈四书〉的理路》，《齐鲁学刊》2012年第2期。
[65] 李方泽：《朱熹对〈大学〉主旨的改造和诠释》，《安徽大学学报》2006年第3期。

[66] 霍炬：《论朱熹诗学的理论统一性》，《陕西师范大学学报》2001年第1期。
[67] 方笑一：《论朱熹经学与文章之学的关系》，《华东师范大学学报》2012年第2期。
[68] 殷慧：《宋代儒学重建视野中的朱熹〈仪礼〉学》，《湖南大学学报》2012年第6期。
[69] 蔡方鹿：《朱熹经学与宋学》，《社会科学研究》2003年第5期。
[70] 曹海东：《朱熹经典解释学研究》，武汉：湖北人民出版社，2007年，第208—309页。
[71] 蔡方鹿：《朱熹经典诠释学之我见》，《文史哲》2003年第2期。
[72] 谢晓东：《朱熹之理学诠释学原则探析》，《福建论坛》2005年第11期。
[73] 周光庆：《中国古典诠释学导论》，北京：中华书局，2002年，第420—422页。
[74] 金春峰：《〈中庸章句〉的诠释思想及方法论》，《中国哲学与文化》（第3辑），桂林：广西师范大学出版社，2008年，第203—206页。
[75] 张汝伦：《朱子的释义学》，《中国诠释学》（第3辑），济南：山东人民出版社，2006年，第234页。
[76] 刘笑敢：《诠释与定向——中国哲学研究方法之探究》，北京：商务印书馆，2009年，第209—236页。
[77] 曹海东：《朱熹经典解释学研究》，武汉：湖北人民出版社，2007年，第117—174页。
[78] 李兰芝：《朱熹的易学诠释学》，《本体与诠释》，北京：生活·读书·新知三联书店，2000年，第238—250页。
[79] 周光庆：《中国古典诠释学导论》，北京：中华书局，2002年，第367—369、423—427页。
[80] 张汝伦：《朱子的释义学》，《中国诠释学》（第3辑），济南：山东人民出版社，2006年，第226页。
[81] 曹海东：《朱熹经典解释学研究》，武汉：湖北人民出版社，2007年，第363—367页。
[82] 郑宗义：《论朱子对经典诠释的看法》，《经典与诠释：色诺芬的品味》（第13期），香港：华夏出版社，2006年，第207—240页。
[83] 朱汉民：《实践—体验：朱熹的〈四书〉诠释方法》，《中国哲学史》2004年第4期。
[84] 冯达文：《从朱子与阳明之〈大学〉疏解看中国的诠释学》，《中日〈四书〉诠释传统初探》，上海：华东师范大学出版社，2007年，第231—245页。
[85] 李清良、郭瑞芳：《论朱熹对理解之蔽的认识——兼论中西阐释学理论的一项本质区别》，《湖南师范大学社会科学学报》2003年第2期。
[86] 彭启福：《朱熹的知识论诠释学和陆九渊的实践诠释学》，《安徽师范大学学报》2008年第3期。
[87] 蒙培元：《朱熹是怎样诠释四书的？——从方法的角度看》，《湖南社会科学》2007年第5期。
[88] 李承贵：《朱熹佛教常识论——朱熹对佛教常识的认知及其检讨》，《江西师范大学学报》2004年第1期。
[89] 李承贵：《朱熹视域中的佛教本体论》，《福建论坛》2007年第1期。
[90] 李承贵：《朱熹视域中的佛教心性论》，《福建论坛》2007年第3期。
[91] 李承贵：《佛教伦理：朱熹的认知、偏失及其教训》，《学术研究》2008年第11期。
[92] 李承贵、王金凤：《佛教与儒学的三大差异——朱熹的分辨与判断》，《湖南大学学报》2012年第6期。
[93] 李承贵：《朱熹误读佛教之表现及其原因》，《合肥学院学报》2007年第3期。
[94] 杨永胜：《概论〈朱子语类·释氏〉中的反佛思想》，《学理论》2012年第29期。

[95] 刘立夫：《朱熹的儒佛之辨》，《哲学研究》2008年第11期。
[96] 施保国、李霞：《“外斥内援”：朱熹佛教观探析》，《江西社会科学》2010年第7期。
[97] 吴冠章、朱更生：《朱熹的佛教观》，《天府新论》2007年第3期。
[98] 孙利：《朱熹对佛老心性思想的借鉴与批判》，《廊坊师范学院学报》2008年第2期。
[99] 张俊：《朱熹思想与佛教关系》，《船山学刊》2007年第4期。
[100] 高建立：《从心性论看朱熹对佛学思想的吸收与融会》，《齐鲁学刊》2007年第3期。
[101] 高建立：《援佛入儒：朱熹理学的新特色》，《河南大学学报》2005年第2期。
[102] 张慧远：《〈朱子语类〉“理禅交融”思想探微》，《学术界》2007年第2期。
[103] 钦伟刚：《朱熹删改〈参同契〉经文考》，《宗教学研究》2004年第3期 。
[104] 田智忠：《也论朱子对〈周易参同契〉的整理》，《周易研究》2012年第1期。
[105] 杨燕：《论朱熹的道教史观》，《泉州师范学院学报》2008年第1期。
[106] 郭齐：《道教对朱熹思想的深刻影响》，《中国道教》2000年第1期。
[107] 王利民：《从〈牧斋净稿〉看朱熹的道教信仰》，《宗教学研究》2002年第4期。
[108] 苏敏、徐炳兴：《朱熹与〈周易参同契考异〉》，《江西社会科学》2005年第10期。
[109] 丁原明：《朱熹理学对道家、道教思想的援用》,《孔子研究》2002年第2期。
[110] 赵静：《朱熹生命观中的道家思想》，《绥化学院学报》2011年第5期。
[111] 田智忠、胡东东：《简论朱子〈阴符经考异〉的儒学特色》，《河北师范大学学报》2008年第2期。
[112] 孔令宏：《朱熹思想对道教的影响》，《孔子研究》2000年第5期。

（原载《福建论坛》（人文社会科学版）2013年第9期，
作者单位：南京大学哲学系）

民国朱子学研究学术综述

⊙ 王治伟

民国时期是中国历史上非常特殊的一段时期，大体上从辛亥革命开始算起，到新中国成立为止。朱子学在民国时期也是不可或缺的话题，民国学者大都从某种角度，对某个朱子学话题进行了一定的探讨和研究。目前，当代学者从很多角度对民国朱子学的学术资源进行了挖掘和分析，使得民国朱子学的研究逐渐风行，成为学术界的一个重要话题。

一、以人物为中心的研究

民国时期学人对朱子学感兴趣的不在少数，当代有些学者以该学人为中心，全面阐述他们的朱子学思想，并对他们和朱子学的各种渊源加以介绍。这些研究给我们呈现了清晰又完整的民国朱子学面貌。

（一）白寿彝的朱子学研究

白寿彝是民国时期著名的史学家，他对朱子学有很多独到的研究。乐爱国教授全面介绍了白寿彝对朱熹生平事迹的研究、对朱熹从学于道谦的论证、对《朱子语类》的研究、对朱熹易学的研究等内容。他认为，白寿彝对于朱熹生平事迹的研究，包括了对朱熹师承的研究以及对朱熹从政事迹和讲学事迹的研究，都具有相当的学术功力。他通过佛书之外的史料对朱熹从学于道谦做了论证，在朱熹生平事迹研究的史料上是一种突破，而且他提出研究朱熹首先要研究朱熹生平事迹，而研究朱熹生平事迹“须注意这些事实下面所隐伏的精神”，在朱熹研究的方法上也是一种创新。[1]白寿彝不仅以李侗《与罗博文书》说朱熹“初从谦开善处下工夫来”证明朱熹从道谦学佛，而且最早以朱熹《游密庵》说明朱熹青少年时多次游盘于道谦所居的密庵。他的这一研究对于论证朱熹从学于道谦具有重要的学术价值。[2]乐教授还指出，白寿彝对朱熹易学文献的考辨，对程、朱易学差异的论述，对朱熹《周易本义》与《河图》、《洛书》关系的分析，对朱熹《周易本义》基本观念的阐发，以及对朱熹易学贡献的概括，都具有相当的学术分量。[3]同时，白寿彝对于《朱子语类》形成过程的研究及其创新，并不比后来影响很大的胡适所撰《〈朱子语类〉的历史》逊色；他对《朱子语类》不足之处的分析以及对其所做的整体改编中，还提出了不少独特的见解。[4]刘永祥也认为，白寿彝早期的朱熹研究亦非常值得重视。他不仅以实事求是的原则对朱熹撰述进行了严密精审的考证，而且超越了单纯的考证层面，反映出通贯的历史意识和划分历史阶段的思想；不仅具有强烈的创新意识，而且通过全面、深入地分析第一手资料，准确把握朱熹著作的思想核心和主要特点，从而揭示出其学术价值并给以恰当的历史评价；同时，其考证中所贯穿着的对朱熹哲学和两宋哲学的理解，成为其后来治学中浓厚哲理和思辨色彩的学术源头。因此，白先生早年对朱熹的研究，不仅是其整个学术生涯的起步阶段，为其以后的学术研究打下坚实的基础，而且已经初步形成自己的治学风格。[5]这些研究把白寿彝这位重视历史考辨的朱子学研究者全面地展示出来，形成了独具风格又颇有价值的学术资源。

（二）冯友兰的朱子学研究

学术界一直都很热衷研究冯友兰，其中自然不免对冯友兰朱子学的研究。冯友兰不但撰写过名为《朱熹》的论文，而且开创了新理学的思想体系，正是对朱子哲学的“接着讲”。冯友兰对朱子哲学的推崇卓然可见。于是，很多学者专门就冯友兰的朱子学进行研究。正如乐爱国教授所说，从民国时期冯友兰《中国哲学史》（下）对于朱子学的研究可以看出，冯友兰从理学与心学对立的角度界定朱子学，并以此梳理朱子的思想来源，研究朱子的理气论，分疏朱子的心性之别，阐释朱子的格物致知论，概述朱子的政治哲学，辨析朱子与陆王的异同。这在当时无疑是一种创新。重要的是，他运用西方哲学概念，通过中西比较的方法研究朱子学，并在阐述朱子学的基础上，修正和发展朱子学，建构了“接着”程朱理学讲的“新理学”体系，而成为后世朱子学研究的典范。[6]程颐、朱熹与程颢之间的学术异同，是民国时期宋明理学研究所关注的重要课题之一。冯友兰《中国哲学史》（下）强调程颐与程颢的差异以及他们各自与朱、陆的密切关系，实际上也论证了朱熹与程颢的学术差异。[7]由此可以看出，冯氏《中国哲学史》（下）中的“朱熹”部分包含了丰富的思想资源。陈代湘也认为，冯友兰的新理学哲学体系主要来源于程朱理学和西方的新实在论。冯先生在《中国哲学史》这部开创性的著作里，选取了程朱理学，尤其是朱子学，作为他新理学的理论前提。在构筑新理学体系的过程中，对朱子学的主要问题进行了选评和改造。[8]他还探讨了冯友兰的方法论与朱熹工夫论的关系。认为冯氏的方法论，包括修养方法（“求觉解”、“敬与集义”）、新理学方法（“正的方法”、“负的方法”）、哲学史研究方法（“抽象继承法”）等，均受到朱熹工夫论的深刻影响。[9]他认为，在冯友兰看来，宇宙只是万有之总名，它不可能有心。心只能知众理，而不能具众理，更非本身就是理。[10]

柴文华认为，冯友兰在他的“三史”（《中国哲学史》、《中国哲学简史》、《中国哲学史新编》）以及其他著作中，系统地勾勒和阐释了自己的朱子学思想。与中国近现代的大儒多是传承和发扬陆王学不同，冯友兰则是接着程朱理学讲，他的朱子学在诠释框架、哲学意味、系统性方面独具特色。[11]在“旧理学”中，“气”这个概念属于形而下，是事物的构成要素，但本身也是一种事物。“新理学”则把“气”规定为“绝对的料”，是一个不具有任何规定性的不可思议、不可言说的形而上概念，这就把“气”更加玄秘化了。另外，“新理学”提出了一个“大全”概念，这是“旧理学”当中所没有的，这种差别性反映的是“新理学”对“旧理学”的超越。柴文华进而指出，“新理学”与“旧理学”相比，它新就新在把旧范畴逻辑化、纯粹化、玄秘化了。他还总结了冯友兰的《中国哲学史》和《中国哲学简史》对朱子学研究的特点：第一，诠释框架不同。冯友兰运用成熟的“以西释中”的框架对朱子学进行了诠释，其中进行了不少与柏拉图和亚里士多德哲学观念的比较。第二，哲学意味更浓。第三，阐释的比较详细和全面。冯友兰从“理”、“太极”、“气”、天地人物之生成、人物之性、道德及修养之方、政治哲学、对于佛家之评论等方面专门探讨了朱子学说。[12]柴氏的研究很全面。王秋则认为，冯友兰从四个方面对朱熹哲学的内容进行了阐释。首先，冯友兰从理气关系对朱熹的宇宙论（形上学）系统进行了阐释。包括：理与具体事物的区别，理和具体事物的关系，理、太极和万物的关系，关于气以及理气关系的论述，具体事物的气化生成过程等方面。其次，冯友兰对朱熹的心性论、道德及修养之方进行了阐释。再次，冯友兰对朱熹的政治哲学思想进行了阐释。冯友兰选取朱熹与陈亮关于王霸之辩的争论阐明其对政治哲学的理解。最后，冯友兰对朱熹关于佛家的评论进行析论。[13]

总之，冯友兰的朱子学研究非常全面，又很有创新。同时其“新理学”体系又是对朱子学的“接着讲”，其正的方法、负的方法等概念，正是对朱子哲学的发展。

（三）张岱年的朱子学研究

作为张岱年的学生，陈来在《张岱年先生的儒学观》一文中，探讨了张岱年对理学的基本态度和重要发展，以及对“理欲之辨”的肯定态度。[14]张岱年在民国时期就已经完成了《中国哲学大纲》这样的开创性著作，最先以范畴为中心来追溯中国哲学的逻辑脉络和思想面貌。其中对朱熹的相关叙述，近年来也逐渐引起人们的研究兴趣。乐爱国教授认为，张岱年的《中国哲学大纲》中对于朱子哲学的叙述，包括对于朱子学派归属及理气论、朱子两一思想、朱子心性论的研究和朱子致知论的研究，体现了张岱年对于朱子哲学研究的问题意识与创新精神。[15]

有的学者注意到张岱年对“理”这个朱子哲学概念的阐释。许抗生认为，张岱年十分重视对“理”概念的研究，在早期即有专门研究“理”思想的文章，在后期的著作中也多次对“理”做了全面而深入的探讨，揭示了“理”概念的基本含义及其在历史上的发展轨迹，为人们准确地把握“理”概念的多重含义、更好地认识中国哲学的特质创造了可能。[16]李承贵也认为，张岱年对“理”的诠释，不仅对“理”进行了分类，对诸种意谓“理”之关系进行了梳理，而且对“理”的特性进行了审定。这些探讨的学术意义，不仅表现在对“理”内涵的丰富和发展上，更表现在对“理”之认识主体数量的扩充和素质的提升上。但是，由于唯物论原则被绝对化使用，使得张岱年对“理”内涵的诠释显得贫乏化，对“理”特性的认定显得单一化，从而使“理”所具有的丰富内涵和意义在很大程度上被忽略。[17]这些分析都有一定的道理，张岱年确实坚持了马克思主义，其对哲学概念的思考也有一个发展变化的过程。

另外，对于宋明理学本体论的区分，张岱年曾说：“中国哲学中本根论，共有三类型，即唯理论，唯气论，与唯心论。（所谓唯者，非谓一切惟何，乃表示最究竟者为何。）”[18]向世陵注意到了张岱年提出的气学与心学、理学并列为三系对儒学研究的深远影响。他认为，张岱年曾把宋明理学分为道学（程朱理学）、气学和心学三系。这一分系说最突出的特点，就是在历史传承而来的程朱、陆王两系的基础上拆分出张王（张载、王廷相、王夫之）气学一系，从而由两系变革为三系。在这之中，涉及重新认识理学的产生及其历史发展、气学一系的独立价值、二程哲学的异同等问题。当然，他对三系说的研究是为自身提出的（理、气、性、心）四系说做铺垫的。[19]这可以看作是对张岱年思想的发展和创新。

（四）钱穆的朱子学研究

钱穆对朱子学的贡献可谓巨大，其后来的巨著《朱子新学案》，对朱子学的概念分析和资料分类都非常详细。民国时期，钱穆对朱子学就已经有了不少的研究。钱穆对朱子学的研究，虽然早在1931年出版的《国学概论》中已有所涉及，但直到1937年才真正开始。[20]1947年，钱穆发表了《朱子学术述评》，次年又发表了《周程朱子学脉论》和《朱子心学略》。乐爱国教授认为，这些著述突出了朱子对于心学的贡献，从心性论的角度把周敦颐、程颢、程颐、朱子统一起来。而这与冯友兰从理学与心学对立的角度把朱子哲学界定为理学，有着明显的不同。钱穆的朱子学研究，主要包括对朱子思想来源的梳理、对朱子心学的阐释、对朱子格物论的研究、对朱子与陆王关系的辨析、对朱子的学术贡献的讨论等诸多方面，展现了朱子的心学体系及其与陆王之间的大同小异。钱穆从心学入手的朱子学研究，既不同于以往对于朱子与陆王的调和，也是对那种把朱子学简单界定为理学而忽略其心学的补充，是一种更加全面而综合的研究。在《朱子心学略》中，钱穆较多地阐述了朱子的心学。他通过大量引述朱子所言，以证明朱子不外心言理，不外心言性。他以朱子理气论为基础，讲心性的可分、可合，并进一步讲朱子之学兼备心即理与性即理。[21]李山河认为，钱穆指出了朱子学说工夫论层面主要体现便是在于其“心学”，而且揭示出该“心学”是在与湖湘学派、江西学派之学术争辩中形成、发展与成熟起来的，既有其对湖湘学派和江西学派的批判与否定，也有其对二者的吸取和采纳。[22]看来，钱穆确实重视心的作用，并试图以心贯通朱子整个思想。

陈代湘也认为，钱穆阐述了朱子与象山心学之同。主要有两个方面：第一，钱先生认为朱子从来没有外心言性、外心言理，而是处处强调心的主宰作用，与象山先立乎其大者的说教完全一致。同时，朱子有时也明言心即理。第二，在方法与工夫问题上，钱先生指出朱子虽然强调格物穷理、博学致知，即所谓“道问学”，但却并未忽视心的本原上的“尊德性”工夫，而是二者兼顾，道问学即所以尊德性。但是，陈代湘不同意钱穆的看法，而是认为，钱穆用朱子学来涵盖和抹杀象山学，在理论上难以讲通，也不完全符合历史事实。朱子虽也大讲心的重要和主宰作用，但始终反对把心看作最高的本体，朱子只讲心具众理，而不讲心即理。[23]他还指出，钱穆视朱子之学为完全包含象山学在内的圆密宏大之心学。这个结论虽新颖，却不能让人无疑。钱穆对朱子中和说前后曲折进行了考释。又力斥王阳明朱子晚年定论之非，认为朱子心学中与象山相合处不是鹅湖会后朱子折从象山。陈氏甚至认为，钱穆一味回护朱子，贬斥陆王，有些地方甚至已陷入他自己所竭力反对的门户意气之中而不自知。[24]

（五）其他民国学者的朱子学研究

民国朱子学研究除了对以上学者的专门研究之外，对其他民国学者的朱子学也有零星的研究。比如对熊十力、谢无量、胡适、唐文治、周予同、李相显、汤用彤等人的朱子学思想，也有学者进行研究。

对于熊十力的朱子学研究，高令印认为，熊十力以“大乘”与“小乘”比作王学与朱学。……他是以《周易》之生生、阳明之良知为前提援引西方现代之感觉论，改造程朱理学之理气、心性说，而形成一种哲学体系。[25]陈代湘却认为，熊十力一生对朱子极其尊崇，但在理气论上却反对朱子。熊十力从“体用不二”、“翕辟成变”等观点出发，认为理和气不可分为二片，因而反对朱子的理气不离不杂的说法。[26]对于谢无量的朱子学研究，乐爱国教授认为，谢无量的朱子学研究包括：朱子思想渊源、朱子哲学、朱子教育说和朱子门人及后学等。[27]柴文华认为，谢无量在这本书（《中国哲学史》）中从太极及理气二元论、性说、修养之工夫三个方面描述和阐释了朱熹的哲学思想。其中认为，在太极与万物的关系问题上，朱熹的核心观点有两个：一是万物统一于太极，二是万物各具一太极。朱熹的性论来源于张载和程颐，是天地之性和气质之性的二重人性论。其修养工夫以格物致知、穷理居静为主。[28]他还对胡适的朱子学渊源进行了详尽的追溯，发现胡适曾极力为朱子的《诗集传》辩护。胡适对朱子的格物致知也非常欣赏，在他看来，朱熹的格致说，就概念和思想而言，具有科学的内涵，包含了科学的目标、范围、方法。然而，他也指出朱熹的格致说在实践中又存在着诸多问题：就目标而言，格物的最终目的在于把握得于天而具于心的“天理”，同时也是统摄“万殊”的一理；就方法而言，强调“冥心求理”、“居敬穷理”、“静坐穷理”，即使是研究自然物，也缺乏假设、实验，所以离科学还很远。[29]乐教授还说，在胡适看来，程朱理学在历史上有“好的方面”：其一，提倡理性；其二，包含人人平等思想。与此同时，胡适又阐述了程朱理学“坏的方面”：其一，将主观臆说认作天理；其二，把人的情欲视作仇敌。[30]

对于唐文治的朱子学研究，乐爱国教授认为，唐文治的《紫阳学术发微》内容包括朱子学术思想历程研究，朱子心性学与工夫论研究，朱子经学研究，朱子政治学研究，朱子与陆王、浙东学派关系研究，清代朱子学研究述评等诸多方面。他的研究还与当时的民族危亡联系在一起，试图通过朱子学研究，坚守民族气节。[31]对于周予同的朱子学研究，乐爱国认为，周予同的《朱熹》对朱熹学术思想源流及著述、朱熹哲学、朱熹经学、朱熹史学与文学、朱熹与象山浙东学派关系等诸多方面，都做了深入的研究。[32]对于李相显的朱子学研究，乐爱国教授认为，李相显的《朱子哲学》以动态的方式阐述朱子哲学诸多概念和思想的发生、发展过程，为朱子哲学的研究提供了新的思路，同时通过建构宏大的朱子哲学体系，提出了新的学术观点，并且还对朱子重要书信、著述的年代做了较为详细而深入的考证，从而把民国时期的朱子学研究推向了新的高度。[33]对于吴其昌的朱子学研究，乐爱国教授认为，吴其昌从考据入手研究朱子学，对朱子著述、朱子治学方法、朱子“格物致知”及其与科学关系都做了深入的考察。[34]对于汤用彤的朱子学研究，陈林认为，汤用彤在《理学谵言》中详细阐述了朱子学和阳明学尤其是朱子学在拯救国家民族危机、提升国人精神道德方面的作用和意义。《理学谵言》反映了汤用彤对朱子学的推崇及会和朱王的倾向，并体现出汤用彤早期的文化观。[35]这些研究都极大地开发了民国朱子学研究的学术资源，同时把民国学人对朱子学的基本态度尽情地展露出来。

二、以问题为中心的研究

在民国时期朱子学研究者的努力下，民国的学术界俨然形成了朱子学问题的相互对话和探讨风气。当代对于这些问题的研究也不乏其人。

（一）对“理气论”的不同解释

理气论是朱子哲学本体论的主要内涵，也是其整个理论体系的基石。因而，对朱子哲学的研究，往往难以避免对理气关系这一基本问题的探讨。民国学者对理气关系的探讨体现在“一元论还是二元论”以及“理气先后”问题上。柴文华对谢无量和钟泰的理气观做了比较，发现：谢无量在其著作《中国哲学史》中认为，朱子的“纯正哲学”（形上学、宇宙论）来自于周敦颐和程颐，是一种理气二元论。而钟泰从理气、天命之性与气质之性、居敬穷理三个方面对朱熹的学说做了自己的解读。他反对谢无量把朱熹的形上学定性为理气二元论的观点。[36]谢无量是二元论者，钟泰是一元论者，谢无量和钟泰的理气观截然相反。陈代湘认为，在钱穆看来，朱子虽然理气分言，但从根本上说是理气一体浑成，而不是两体对立。朱子超越了理、气的对立，主张理气合一，无理就不会有气，无气也不会有理。[37]钱穆实际上是理气合一论者。乐爱国教授对民国朱子学关于本体论上的一元和二元之争做了专门的研究并加以分类。他认为，王国维、谢无量、黄子通、贾丰臻、常乃悳、何炳松、吴博民、蒋维乔、杨大膺、严群、谭丕模、郭毓麟、范寿康、赵纪彬、蒋伯潜、蒋祖怡等人均认为朱子哲学在本体论上是二元论。而周予同和张岱年则注意到了其二元论的一元论倾向。黎群铎、钟泰、吕思勉、陈钟凡、王治心、李石岑、孙远、李兆民、张铁君等人则坚持认为朱子哲学是一元论而非二元论。冯友兰、李相显所坚持的是逻辑在先理论，而唐君毅和张东荪则反对逻辑在先论。[38]这些研究基本上厘清了民国时期的朱子理气观，为民国朱子学勾勒出一条清晰的线索。

（二）朱子学与科学的关系

民国时期，因为中国科学的落后，向西方学习的呼声很高，于是，朱子学研究必然涉及与科学的对话问题。乐爱国教授认为，民国学者对朱子学与科学的关系问题的讨论，主要包括两个方面：其一，朱熹的宇宙论及其对于自然的研究与科学的关系，即朱熹对于宇宙起源、演化以及万物生成等各种自然现象的解释是否具有自然科学的价值；其二，朱熹的格物致知论与科学的关系，即朱熹对《大学》“格物致知”的阐释是否具有科学研究方法的内涵。乐教授追溯了谢无量、吕思勉、熊十力、胡适、冯友兰、周予同、吴其昌、赵纪彬、严群、牟宗三等学者各自对此的观点，认为这是朱子学研究在面对西方科学时形成的一种学术旨趣。[39]乐教授还专门就胡适来研究“朱子学与科学”的关系。胡适用科学方法分析朱子的格物致知，发现朱子的格物致知并不包含假设，因而不能构成真正的科学方法。[40]胡适等人对朱子学与科学关系的思考，其实正是中国传统文化智慧与现代科学技术之间的关系，这也正是当前社会不可避免的话题。

（三）对“存天理、灭人欲”的论争

“存天理、灭人欲”一向被当作宋儒的一个信条。然而学者对于这句话的理解并不一致。通过不同的理解方式，也必然会造成支持和反对两种声音。乐爱国教授指出，民国时期，对于朱熹的“存天理、灭人欲”，既有批评者，也有辩护者。蔡元培批评“存天理、灭人欲”。胡适总体上对“存天理、灭人欲”持批评态度。[41]汤用彤、冯友兰等人把“存天理、灭人欲”的“人欲”解释为“私欲”，并且这一观点得到了当时范寿康、张岱年、蒋伯潜等人的支持。[42]李相显、陈钟凡、冯友兰、范寿康等人倾向于用政治哲学来理解“存天理、灭人欲”，并视之为对于统治者、君主的德性要求，而不是对于普通人的束缚。只有周谷城、赵纪彬等人把朱熹的“存天理、灭人欲”看作是统治者束缚百姓欲望的要求。[43]

（四）对朱熹政治思想的讨论

乐爱国教授认为，周予同的《朱熹》、唐文治的《紫阳学术发微》、陈钟凡的《两

宋思想述评（七）十二章“朱熹之综合学说”》、冯友兰的《朱熹哲学》、谭丕模的《宋元明思想史纲》、范寿康的《中国哲学史通论》、赵纪彬的《中国哲学史纲要》、陶希圣的《中国政治思想史》（第四册）、李相显的《朱子哲学》等作品中，均包含了对朱熹政治思想的讨论。学者或从政治哲学层面上，或从政策主张层面上，或从为政实践层面上，对朱熹政治思想做了全面的阐述。[44]

（五）对福建理学的研究

福建理学是以地域来命名的理学研究。乐爱国教授指出，民国时期，福建协和大学王治心、李兆民、郭毓麟明确提出了“福建理学”的概念，并以此为主题展开系统的研究。他们对北宋时期福建理学家的梳理，对宋代福建理学思想的阐述，以及对明清时期福建理学的研究，都达到了相当深入的水平；开辟了从地域文化的角度研究宋明理学的学术领域，填补了民国时期宋明理学研究的空白。[45]

结　语

民国时期是中国历史上的一个特殊时期，由于各种社会矛盾的凸显，各种思想潮流横行，中西文化之间的交流频繁，中国传统文化的历史定位是学者必须面对的重大问题。民国学者大多都是在私塾中读着朱熹的“四书”、“五经”长大的，具有深厚的朱子学基础。然而，他们又往往到西方留学，看到西方的先进技术和文化思想。在狂飙突进的五四精神影响下，学者到底怎样来看待中国传统文化，怎样评价朱子学，这是我们长期忽略的重要问题。于是，对于朱子学研究者来说，民国朱子学是一个新的学术研究领域，当前学界的相关研究表现出从个人研究向学术现象研究的转变趋势，这也正是民国朱子学研究不断深化的必然结果。对民国学者个人思想的全面挖掘，必然走向社会普遍学术话题的讨论。然而，既然是学术探讨，就必然有争论，民国学者讨论朱子学概念时候所表现出来的捍卫真理、不惧权威的精神让我们深深地钦佩。当代的朱子学研究，绝不应该忽视民国时期的成果。

然而，当前的民国朱子学研究也有它的不足。首先，还有很多重要的学者没有得到足够的关注，还有很多民国文献有待于学者的翻阅。如贺麟、梁漱溟等著名学者的朱子学研究还未得到足够的关注。其次，民国学者也往往有自己的缺陷，我们不能把每一个民国时期的前辈都假设成无所不知、不会犯错、没有偏见的学者。当前的民国朱子学研究，也不能忽略民国学者的历史局限性，不能一切都视民国为权威，而应当更加客观地看待民国朱子学的成就。再次，当前对民国朱子学相关问题的研究还很薄弱，有待于结合当时的社会思潮，发掘朱子学更多相关问题的讨论；当前的民国朱子学研究还未太重视朱子经学的研究，朱子经学研究是当前学术界的一大热潮，可是民国学者的相关专门研究还未得到足够重视。最后，民国朱子学研究与同时代东亚各国的朱子学研究尚未形成直接的对话和比较。

总之，民国朱子学研究必然要经历一个漫长的发展过程。当前学者的研究只是一个开端，随着研究的深入，更多的问题会凸显出来，学者也会采用更多的角度来投入相关的研究。以后的朱子学研究必然会更加重视民国的成果，民国朱子学研究的问题也会给今天的朱子学研究带来更多的启发。

注　释：

[1] 乐爱国：《白寿彝对朱熹生平事迹的研究》，《史学史研究》2012年第4期。
[2] 乐爱国：《民国时期白寿彝对朱熹从学于道谦的论证》，《福建论坛》（人文社会科学版）2012 年第9期。
[3] 乐爱国：《民国时期白寿彝的朱熹易学研究》，《周易研究》2012年第5期。
[4] 乐爱国：《民国时期白寿彝对〈朱子语类〉的研究——兼与胡适〈《朱子语类》的历史〉比较》，《齐鲁学刊》2013年第1期。
[5] 刘永祥：《白寿彝先生与朱熹研究》，《回族研究》2011年第1期。
[6] 乐爱国：《民国时期冯友兰的朱子学研究与创新》，《东南学术》2013年第5期。
[7] 乐爱国：《民国时期嵇文甫对朱熹与程颢思想异同之辨析——兼与冯友兰〈中国哲学史〉之比较》，《社会科学战线》2013年第2期。
[8] 陈代湘：《冯友兰对朱子学的继承和超越》，《船山学刊》2003年第1期。
[9] 陈代湘：《冯友兰方法论与朱熹工夫论》，《湘潭大学社会科学学报》2002年第6期。
[10] 陈代湘：《现代新儒学与朱子学》，南开大学博士论文2002年。
[11] 柴文华：《论冯友兰的朱子学》，《中国哲学史》2011年第2期。
[12] 同上。
[13] 王秋：《朱子学与中国现代哲学的思想空间》，黑龙江大学博士论文2010年。
[14] 陈来：《张岱年先生的儒学观》，《中国哲学史》2004年第3期。
[15] 乐爱国：《张岱年的朱子哲学研究及其创新——以〈中国哲学大纲〉为中心》，《安徽大学学报》（哲学社会科学版）2013年第2期。
[16] 许抗生：《张岱年论中国哲学中的“理”思想》，《河北学刊》2005年第1期。
[17] 李承贵：《张岱年释“理”之路径及其省察》，《社会科学研究》2012年第1期。
[18] 张岱年：《中国哲学大纲》，北京：中国社会科学出版社，2008年，第108页。
[19] 向世陵：《“接着讲”与理学的“被讲”——冯友兰、张岱年先生的宋明理学三系说研究》，《南京大学学报》（哲学·人文科学·社会科学版）2006年第6期。
[20] 钱穆：《八十忆双亲师友杂忆》，北京：生活·读书·新知三联书店，2005年，第200页。
[21] 乐爱国：《民国时期钱穆的朱子学研究及其创新——从朱子心学入手》，《南京社会科学》2013年第1期。
[22] 李山河：《钱穆的朱子哲学思想研究》，福建师范大学硕士论文2010年。
[23] 陈代湘：《现代新儒学与朱子学》，南开大学博士论文2002年。

[24] 陈代湘：《钱穆的朱子心学论评析》，《中国文化研究》2001年第3期。
[25] 高令印、高秀华：《朱子学通论》，厦门：厦门大学出版社，2007年，第523页。
[26] 陈代湘：《现代新儒学与朱子学》，南开大学博士论文2002年。
[27] 乐爱国：《民国时期谢无量的朱子学研究》，《厦门大学学报》（哲学社会科学版）2013年第1期。
[28] 柴文华：《论冯友兰的朱子学》，《中国哲学史》2011年第2期。
[29] 乐爱国：《民国时期胡适的朱子学研究》，《天津社会科学》2013年第6期。
[30] 乐爱国：《民国时期对朱熹"存天理、灭人欲"的不同观点——以胡适与冯友兰为中心》，《西南民族大学学报》（人文社会科学版）2014年第1期。
[31] 乐爱国：《民国时期唐文治的朱子学研究》，《暨南学报》（哲学社会科学版）2013年第10期。
[32] 乐爱国：《民国时期周予同经学史视野下的朱子学研究》，《江汉论坛》2013年第7期。
[33] 乐爱国：《民国学人李相显〈朱子哲学〉述论》，《南昌大学学报》（人文社会科学版）2013年第3期。
[34] 乐爱国：《"理学而尚考据"——民国学人吴其昌的朱子学研究》，《江南大学学报》（人文社会科学版）2013年第2期。
[35] 陈林、乐爱国：《民国时期汤用彤〈理学谵言〉对朱子学的阐释与推崇——兼论汤用彤早期的文化观》，《江汉学术》2013年第5期。
[36] 柴文华：《论冯友兰的朱子学》，《中国哲学史》2011年第2期。
[37] 陈代湘：《现代新儒学与朱子学》，南开大学博士论文2002年。
[38] 乐爱国：《民国时期对朱熹理气论的不同解读》，《人文杂志》2013年第3期。
[39] 乐爱国：《民国时期朱子学与科学关系的讨论》，《学习与实践》2012年第10期。
[40] 乐爱国：《胡适对朱熹格致说的诠释及影响》，《江淮论坛》2013年第2期。
[41] 乐爱国：《民国时期对朱熹"存天理、灭人欲"的不同观点——以胡适与冯友兰为中心》，《西南民族大学学报》（人文社会科学版）2014年第1期。
[42] 同上。
[43] 同上。
[44] 乐爱国：《民国时期对朱熹政治思想的研究》，《北京社会科学》2013年第5期。
[45] 乐爱国：《民国时期对福建理学的研究——以福建协和大学王治心、李兆民、郭毓麟的研究为中心》，《福建论坛》（人文社会科学版）2013年第8期。

（作者单位：厦门大学哲学系）

近年来国内朱熹经学研究综述

⊙ 陈 林

朱熹的经学思想是其学术思想的重要组成部分。近年来，朱熹经学思想继续受到了学术界的广泛关注和深入研究，学术界对朱熹经学思想的研究呈现出方兴未艾之势。本文即拟对国内2010年以来朱熹经学思想的研究现状做一回顾、梳理和总结。

一、朱熹经学思想的整体研究

近年来，从宏观层面整体研究朱熹经学思想的专著和论文并不多，但亦有可圈可点之作品。2010年，东方出版社出版了杨燕著的《〈朱子语类〉经学思想研究》，这是我国第一部系统研究《朱子语类》经学思想的专著。在杨燕看来，《朱子语类》不仅在朱熹思想研究中具有重要的史料价值，而且在整个中国经学史上也具有不可忽略的历史影响。文中，杨燕对《朱子语类》中的朱熹经学思想进行了全面、系统的梳理和凝练。杨燕分别从《朱子语类》经学思想的文献基础，新典籍体系的建构，经学阐释的基本精神、路径与现实困境，“天理人欲”、“止”、“仁”等概念发微以及宗教意蕴五个方面对朱熹经学与哲学思想做了梳理和辨析，审视了《朱子语类》中关于经典体系的构建问题，考察了《朱子语类》的经学阐释理论，分析了《朱子语类》的经学修养论和天命观。作者认为，《朱子语类》将经学阐释的基本路向定位为诉求“圣人本意”，通过心理阐释、语法阐释和实践阐释三个层面，超越了传统经学从文本到文本的阐释路线。[1]

方笑一《论朱熹经学与文章之学的关系》一文则探讨了朱熹经学与其文章之学的关系。文中指出，朱熹除了利用《尚书》的劝谕功能影响帝王外，还通过对经文的阐释，引导帝王接受自己的理学体系。另外，在记、序这两种文体的创作中，朱熹或阐发经义以提升立意，或反思学习经书的方式，或重绘经典传承的学术谱系，使其文章具备了深刻的学术内涵。[2]李丽琴《宋代经学诠释与朱熹对儒学终极关切的构建》一文指出，作为关乎儒士终极关切的经学诠释学，从一开始的设定就是存在论诠释学，而不完全是技艺论诠释学。当朱熹以“心性理”的诠释为仁义之道设定了一个不言而喻的绝对基设之时，也就完成了对理或道的本体论论证，建立起儒家仁义之道的思想信仰，最终为儒士觅见足以安身立命的自家安宅。[3]叶方石、舒拥军则以《四书章句集注》和《诗集传》

为例探讨了朱熹的训诂解经方法。作者指出，朱熹继承前人并发展了因声求义、据境求义、据形索义、稽考旧注法等训诂方法；朱熹还创造性地运用了金石证古法；而据义理通训诂法则为朱熹所独创。[4]

二、朱熹经学思想具体内容的研究

（一）关于朱熹“四书”学的研究

朱熹“四书”学是其经学思想的重要部分，历代学者十分注重对朱熹“四书”学的研究。当前，学术界对朱熹“四书”学的研究可谓硕果累累。近年来，许家星对朱熹“四书”学多有研究。许家星详细考证了朱熹“四书”学的形成过程，认为朱熹“四书”学的形成贯穿其毕生，可分为启蒙期、准备期、形成期、成熟期和完善期五个阶段，期间朱熹对“四书”的注释刊刻既齐头并进又分合有度，或各书单刻，或《学庸章句》合刻，或《论孟集注》合刻，但朱熹并未合刻《四书集注》。《四书或问》虽编为一帙而实包含丁酉1177年《论孟或问》与晚年《学庸或问》两个不同时期、层次的著作，不可视而为一。《论孟精义》为系列著作，先后有癸未1163年《论语要义》、壬辰1172年《论孟精义》、庚子1180年《语孟要义》三个不同版本，壬辰《精义》、《集义》仅是名称之别，但与庚子《要义》存在内容差别，不可混淆前后《要义》，亦不可视壬辰《集义》在庚子《要义》后。今流传通行本《论孟精义》似为壬辰前后之盗本。[5]许家星还总结了古今学者朱熹“四书”学的研究成果，并展望了未来朱熹“四书”学的研究。他指出，现代的朱熹“四书”学研究采用哲学诠释为主，经学为辅的进路，在《四书集注》的内在研究、学术史研究、专题研究方面有所收获。而宋元以来的朱熹“四书”学研究则多姿多彩，就发展阶段论，呈现出由南宋之“铨择刊润”、少有发明到元代凸显作者见解、阐发与批判兼具，再至明清趋于保守凝固的变化历程。从诠释样式论，有考据派、义理派、综合派、科举派。从研究态度论，有维护阐发型、批评指摘型、自我发明型。从诠释体裁论，有集编、纂疏、笺证、通旨、章图、经疑等。从诠释目的论，则致力于阐发《集注》原意，疏通辨析朱熹早晚异同之说，力求归于一是。未来的朱熹“四书”学研究应在已有成果基础上融合经学诠释与哲学诠释两种方式，以探求朱熹“四书”学的本质为根基，深入挖掘朱熹“四书”学的理论内涵，实现与现代思想的对接与转化。[6]翟广顺则分析了朱熹“四书”学的思想意义与社会意义。他指出，朱熹纂辑“四书”旨在将儒家经典的诠释与学校教科书建设融为一体。朱熹治“四书”实现了文化传播与教育的有机结合，为元明清三代的士人学子开启了为学进德的基础路径，确立了中国封建社会后期的信仰体系和政治伦理秩序的合法性。[7]杨浩探讨了朱熹《四书章句集注》对儒家道统论的理论贡献。他认为，朱熹《四书章句集注》对儒家道统论的理论贡献，不仅在于道统谱系方面的完善，而且在于从哲学高度将《中庸》的思想与《尚书》中十六字心传作为儒家道统内容加以会通，并且其会通的一个关节点就是具有时代性的“存天理、灭人欲”的思想。[8]另外，许家星在《超凡与入俗——朱子四书学圣人观略析》一文中对朱熹“四书”学中蕴含的圣人观进行了探讨。文章认为，朱熹通过诠释“四书”，在继承周、程圣人观的基础上，分析了圣人与理合一、大、全、通、化的超凡特质和同于常人这两个向度，揭示了大成至圣和偏至之圣、尧舜性之和汤武反之的圣圣之别，剖析了由圣人而衍生出的圣王、圣师、圣徒人格。作者同时指出，朱子所坚持的偏圣说也造成圣、贤、君子概念之间的混乱。[9]

学者们还对朱熹《大学》学、《中庸》学、《论语》学、《孟子》学的具体思想进行了深入研究。许家星对朱熹《大学》思想亦有研究。在《“更是〈大学〉次序，诚意最要”——论朱子〈大学章句〉“诚意”章的诠释意义》一文中，许家星对朱熹诠释《大学》“诚意”思想进行了探析。他指出，朱熹紧紧围绕致知与涵养这一道德工夫对《大学》“诚意”做出了新诠。其一，朱熹基于性善论和工夫论立场，对诚意、自欺、自慊、慎独诸概念内涵做了独特阐发。其二，朱熹具有通贯视野，将诚意与自欺、自慊、慎独诸概念贯穿起来，分别视为诚意之内核、体验、工夫，共同构成“诚意”这一有机整体。进而阐发诚意与致知、正心之知行、先后、主辅、轻重关系，展现了工夫的独立性与连续性。其三，朱熹对“诚意”的阐释是在不断突破自我的修改历程中进行的，朱熹长期以来只是将诚意与自欺联系，直至生命最后数年才将诚意、自欺、自慊、慎独通贯诠释。[10]许家星还探析了朱熹对《论语》“克己复礼为仁”章的解读。他指出，与其他学者从仁之名义、仁礼关系入手解读《论语》“克己复礼为仁”章不同，朱熹是基于工夫论立场来对此章进行阐发的。朱熹的工夫论诠释首先体现于对“克”、“为”、“一日”、“归”等词数易其说的曲折解读；其次为凸显工夫的心性和事为两面，朱熹以“本心之全德”、“天理之节文”对“仁、礼”做出了独特揭示。由此，朱熹创造性揭示了克复工夫笃实、亲切、健勇、精细、彻上彻下的“切要”特点，尤其对“理”与“礼”、“克己”与“复礼”、彻上与彻下等问题反复其说。朱熹对“克己复礼为仁”章的解读，体现了其致广大、尽精微的学术特质，显现了经典诠释的工夫论目的和现实教化的使命意识。[11]朱汉民、周之翔在《朱熹〈大学〉“明明德”诠释的理学意蕴》一文中探析了朱熹诠释“明明德”的理学意义。文章认为，朱熹通过对《大学》“明明德”命题的不断阐释，将先秦儒家与宋代理学思想成果进行整合，从而从“明明德”中读出了工夫论、心性论、天理本体论等思想的意义，使这一原本只是普通政治道德的概念，获得了丰富的哲学内涵。文章还认为，朱熹从《大学》“明明德”中读出的“圣贤之意”、“自然之理”，得益于他“我注六经”和“六经注我”两种诠释方法。朱熹正是通过“我注六经”来实现“六经注我”，从而使先秦儒家思想与宋代理学思想融贯于他对“明明德”命题的注释中。[12]

值得注意的是，近年来学术界对朱熹《中庸》学的研究取得了丰硕的成果，其中尤以乐爱国的研究最为突出。乐爱国认为，朱熹《中庸》学是对“北宋五子”尤其是二程《中庸》学的继承和发展。与作为汉唐《中庸》学代表的汉郑玄注、唐孔颖达疏《礼记正义·中庸》相比，朱熹《中庸章句》在解经方法、对《中庸》篇章的理解、对“中庸”的理解、对“天命之谓性，率性之谓道，修道之谓教”的理解、对“慎独”的理解、对“致中和”的理解、对“君子之道费而隐”的理解、对“诚”的理解、对《中庸》引《诗》曰“不显惟德！百辟其刑之”中“不显”的理解等九个方面提出了重要的不同观点和思想。[13]

基于对朱熹《中庸》学的这一理解，乐爱国进一步深入研究了朱熹《中庸》学的具体内容。他在《朱熹〈中庸章句〉“诚”论——与郑玄、孔颖达〈礼记正义〉之比较》、《朱熹〈中庸章句〉对“诚者，天之道也”的诠释——兼与〈礼记正义·中庸〉的比较》、《析朱熹“‘诚’为〈中庸〉之枢纽”》、《朱熹论〈中庸〉之“诚”》等文章中对朱熹《中庸章句》“诚”思想进行了深入阐发。乐爱国认为，《中庸章句》明确把“诚”看作《中庸》之枢纽。朱熹对《中庸》的诠释，强调《中庸》全篇首尾一贯，以“诚”通贯全篇。尤其是，朱熹还对此做出了详细的论证，并进一步提出由“诚”而“中庸”，从而揭示了《中庸》的深刻内涵。朱熹对《中庸》的这一诠释，不仅体现出朱熹《中庸》学的特色和创新，而且亦可看出“诚”是朱熹理学的最高境界。乐爱国进一步指出，汉郑玄注、唐孔颖达疏《礼记正义·中庸》把“诚”释为“信”，朱熹《中庸章句》则把“诚”界定为“真实无妄”，并对“诚”与“信”做了区分，尤其是从天道与人道合一的层面讲“诚”，而与《礼记正义·中庸》不尽相同。对朱熹《中庸章句》与《礼记正义·中庸》在“诚”论上的异同做比较和分析，不仅可以看出前者对于后者的思想变化和发展，而且对于深入发掘“诚”的内涵，也具有重要的意义。乐爱国强调，朱熹《中庸章句》讲“诚”是天所固有的“理”之本然，讲的是天，《礼记正义·中庸》讲“诚”是天所赋予的人的先天本性，讲的是人，二者存在着明显的差异。重要的是，朱熹从他的诠释中引申出对于天道的论述，认为天道之“诚”在于“不二”，即纯而不杂，而且由于“诚”，天能够生生不息，化生万物。同时，朱熹还引申出对于伦理道德的论述，认为“诚”既是天所固有的“理”之本然，又是人的先天本性、圣人之德，并且比“五达道”、“三达德”更为根本。[14][15][16][17]乐爱国还阐述了朱熹《中庸章句·哀公问政》中蕴含的为政以诚的思想。他指出，朱熹《中庸章句·哀公问政》实为郑玄、孔颖达《礼记正义·中庸》上篇第十四至第十七章和下篇第十八至第二十章的合并。这一合并用“诚”予以连贯，以“诚”为枢纽，蕴含了朱熹的为政以诚思想。朱熹以“真实无妄”释“诚”，从天道与人道统一的层面来界定“诚”，认为“诚”要比“五达道”、“三达德”以及“九经”之法更为根本，体现了比“为政以德”更进一步的为政以诚思想。[18]

乐爱国还探析了朱熹对《中庸》“慎独”，“性”，“道”，“教”，“知、仁、勇”，“致中和”等重要概念的创造性诠释。他指出，与汉郑玄、唐孔颖达《礼记正义·中庸》注疏“慎独”进行比较，朱熹把慎独之“独”解释为“人所不知而己所独知之地”，而与郑玄、孔颖达注疏不同；同时，朱熹的“慎独”专就“已发”上说，要求谨慎于人的内心活动，与马王堆帛书《五行》篇的“慎独”意在“内心专一”、郭店楚简《五行》篇的“慎独”即指“慎心”，有许多相似之处。关于朱熹《中庸章句》对“性”、“道”、“教”内涵的阐述，乐爱国指出，朱熹《中庸章句》从人与物统一的层面对“天命之谓性，率性之谓道，修道之谓教”的诠释，强调人与物有着共同的“天命之性”，同时又有各自不同的“道”，要求依据各自不同的“道”对人与物做出不同品级的节制和约束，蕴含着人与自然万物平等的思想。而对朱熹《中庸章句》“知、仁、勇”内涵的诠释，乐爱国认为，在朱熹看来，《中庸》所讲的“知、仁、勇”意在劝勉人要“择善”而“固执”；另外，朱熹对于“知、仁、勇”的诠释还与“中庸”结合在一起，而且特别强调必须以“诚”为根本。关于朱熹《中庸章句》对“致中和”的阐释，乐爱国认为，朱熹《中庸章句》对“致中和，天地位焉，万物育焉”做了合理而深入的诠释。他将“中”与“和”推到极致，并据此体会人的先天本性，以及与此具有共同性的天地万物之理及其变化规律，进而实现“天地位”、“万物育”。这些观念蕴含着具有现代意义的生态思想。[19][20][21][22]

乐爱国在《朱熹“中庸”解的实学思想——兼与二程“中庸”解之比较》一文中对朱熹《中庸》学中蕴含的实学思想进行了解读。文章认为，朱熹《中庸章句》的实学思想，既源自二程以“实学”诠释《中庸》，又形成于对二程后学追逐“未发”而求“中”的批评。正是这一实学思想，使得朱子在解读“中庸”时，能够在二程“中庸”解的基础上，以“不偏不倚、无过不及”解“中庸”之“中”代替二程的“不偏之谓中”，强调“已发”时的随时以处“中”；以“平常”解“中庸”之“庸”取代二程的“不易之谓庸”，强调“无过不及”的“平常”，把“中”与“庸”统一起来。这种解读既体现出朱子崇实黜虚的实学思想，又是对二程“中庸”解的发展。[23]

需要指出的是，在乐爱国积极关注朱熹《中庸》学的同时，其他学者也对朱熹《中庸》学进行了研究。如，郭晓东探讨了朱熹对《中庸》“致曲”的诠释。他指出，朱子将《中庸》“其次致曲”解释为将人身上“善端发见之偏”推致极处的一种工夫。所谓“致曲”之工夫，即是朱子《大学》诠释中的“格物致知”之工夫。这体现出朱熹贯通了《大学》和《中庸》。许家星则探讨了朱熹《中庸章句》首章的诠释特色。[24]许家星认为，朱子对《中庸》首章做出了创造性的诠释，深刻论述了该章居于全书之“体要”的地位，指出该章依次论述了“道之本原”、“存养省察”、“圣神功化”三个儒学核心话题，揭示了《中庸》乃是集儒家本体、功夫、境界三位于一体的成德系统。这一成德系统，通天人，合内外，安人我，即内在而超越，精微地浓缩了儒学的根本要义。[25]郑熊探讨了朱熹解释《中庸》的方法。他指出，朱熹对《中庸》的解释活动以朱熹为解释者，以《中庸》作为历史文献和解释对象，把朱熹与《中庸》联系起来的就是解释方法。这个解释方法不仅包括语言解释、心理解释的研究方法，还包括“理在《经》文内”的研究思路。朱熹《中庸》解释方法具有历史性，这与《中庸》本身特点以及朱熹师承渊源等有关。[26]张锦波也对朱熹《中庸章句》的实学特点进行了探讨。他认为，朱熹对《中庸》的解释体现出其理学的实践性特征。朱熹一方面主张“在中”之“中”、“时中”之“中”的区别，同时又将二者贯通起来，以“在中”之“中”来统摄“时中”之“中”，兼体用而言“时中”，体现出深厚的理学意味，也展现出理学家“体用一源”的思维方式；另一方面释“庸”为“平常”，拓展了“庸”字的实践范围，也加强了“庸”字的实践意蕴，体现了其思想的实学特征。[27]

近年来，学术界对朱熹《论语》学和《孟子》学的研究则相对较少。2012年，中国社会科学出版社出版了周元侠《朱熹的〈论语集注〉研究：兼论〈论语集注〉的解释学意义》一书。该书较为全面地研究了朱熹的《论语集注》。作者对《论语集注》中的经学思想和理学义理进行了深入剖析，并针对《论语集注》由“注”转为“经”的超越时代的现象给予了解释学分析。全书分为六章。在第一章中，作者立足于《论语》诠释史，通过梳理《论语》及其注释情况，论证《论语集注》是朱熹吸取传统注经模式，广泛采纳传统注疏以及宋代义理解说的集大成之作。第二章分析了《四书章句集注》的形成过程及其意义，突出了《论语集注》在朱熹理学体系中的地位和意义。第三章从《论语集注》的编排结构、注释体例以及注释内容上探讨了《论语集注》的经学注释特色，并从音读、训诂、史事考证等角度分析了《论语集注》的经学创新之处。第四章和第五章则以朱熹对“学”、“政”、“礼”、“仁”及“性与天道”的阐释以分析《论语集注》的理学视域，展现《论语集注》的时代特色和理论创新。第六章探讨了后世对《论语集注》的解释以及《论语集注》的解释学意义。[28]钟小明在《朱熹〈论语集注〉对“吾道一以贯之”的阐释》一文中从“吾道一以贯之”与“忠恕”之道、“吾道一以贯之”与“体用”以及“吾道一以贯之”与“理一分殊”等几个方面对《论语》“吾道一以贯之”进行阐释。作者指出，朱熹对“吾道一以贯之”的阐释与魏何晏注、宋邢昺疏有着明显的差异，他对“吾道一以贯之”的含义进行了延伸和拓展，继承和发展了魏何晏注、宋邢昺疏《论语注疏》的经学研究成果，并在此基础上进行了合理的发挥，丰富了“吾道一以贯之”的哲学含义。[29]在朱熹《孟子》学方面，乐爱国对朱熹诠释《孟子》“仁民而爱物”的思想进行了研究。乐爱国指出，虽然朱熹推崇《孟子》的“仁民而爱物”，但不能由此简单地以为朱熹主张应当像对人之爱那样爱护自然万物。像先秦儒家一样，朱熹强调“爱有差等”，并且以“理一分殊”为依据；因而在朱熹看来，爱物与爱人是不同的。同时，朱熹又不是主张以人为中心，一切服从于人的需要，而是吸取了贾谊《新书》的观点，把“爱物”与对自然物的合理开发和利用结合起来，并且认为，应当尊重自然，根据不同自然物的特性，使万物各得其所。[30]

（二）关于朱熹《诗经》学的研究

朱熹的《诗经》学思想依旧是学者关注的重点。刘娟对朱熹《诗经》学思想进行了反思，指出朱熹《诗经》学思想多有矛盾之处：一是对《诗序》的态度，尽管朱熹多次提到《诗序》不可取，但在具体解诗时多从《序》说；二是面对华夷之辨时，朱熹对王室正统的价值评判背离了其一贯坚持的道德至上原则；三是具体解诗时文学情感与义理道统之间的冲突。造成此种现象的原因主要有宋代理学背景、朱熹多重身份及当时的政治现实等。[31]周淑舫则对比了朱子诗学理论和孔子“诗论”。并指出，战国楚竹书的孔子“诗论”，以总论、分类论、重章叠论的不同形式，彰显出孔子的诗学理论。汉代诗学虽曰传其衣钵，但却背离了孔子诗论宗旨，以经学家法训诂释义，把诗变成穿凿附会的道德品行说教。《诗集传》之论虽有依其旧说之嫌，但辨识否定，认同人之情感，与孔子论诗不期而合。《诗集传》又在文本体味、创作群体、天性人欲、赋比义释说、意象审美上有着删减增益，彰显出朱熹诗学改造、发展、拓新儒家思想的鲜明特点。[32]

王玉琴和孙雪萍对朱熹解《诗经》的方法进行了研究。王玉琴在《理学与诗学的契合——朱熹诗法观综论》一文中探讨了朱熹的诗法观。该文指出，朱熹将理学修养中“涵养须用敬”之涵养移位于诗学研究，提出习诗者要像涵泳经典一样涵泳诗意，将理学本体论与诗学工夫论联系起来。朱熹之诗法观是其“理一分殊”等理学思想在诗学问题上的反映，后世诗论正是在对朱熹诗法观扬弃的基础上开展了对诗法的进一步研究。[33]孙雪萍则探讨了朱熹《诗经》学的“兴起”方法。孙雪萍指出，“兴起”是朱熹《诗经》学中的一个关键概念，但长期以来并未引起足够重视。“兴起”本质上是理解主体与理解客体不断交融的意义生成过程，它作为一种有效的诠释机制和策略，使朱熹的“以义理说《诗》”合法性成为可能，为其通过《诗经》更好地阐发理学思想做了基础性的铺垫，在《诗经》汉学向《诗经》宋学转变过程中，起到了中介与桥梁作用，其地位不容忽视。[34]

雷炳锋对朱熹《诗序辨说》进行了研究。他认为，朱熹在《诗序》作者问题上的判断是矛盾的。朱熹一方面肯定汉代毛公之前已有很久的流传，一方面又说《诗序》起初出于汉儒之手、乃后人所为。之所以会出现这种矛盾，是因为朱熹既要破除《诗序》的权威，论证其不可信，又认为《序》亦不可全废。朱熹虽不一概否定《诗序》，但其疑《序》反《序》的倾向却是十分明显，《诗序辨说》分别从妄生美刺、望文生义、《诗经》的使用场合、《诗序》本身逻辑矛盾以及一些训诂和文字方面的错误等几个方面辩驳了《诗序》之失，同时朱熹的《诗序辨说》又体现出了有破有立的特点，对男女之地位、君臣之关系以及《诗经》中涉及情爱之诗都有很好的论述。[35]张辉则对朱熹的《诗集传序》进行了探究。他认为，目前我们看到的《诗集传序》并非为通行本《诗集传》所撰写，而是朱熹此前为其“失败之作”《诗集解》写的序言。从《诗集传序》中，我们可以发现朱熹诗经学思想有三个方面的改变：其一，有意将人性（“性”、“欲”）置于汉儒的“风”、“教”之先；其二，以理学悄然置换汉儒的经学；其三，通过刻意强调“以诗说诗”、“将本文熟读玩味”，试图把《诗经》的解释权重新交还给每一个读者。正是在这些改变上，我们认为，《诗集传序》乃是《诗经》解释传统由政治解释转向文学解释的重要标志之一。[36]

郝永对学术界关注较少的朱熹《诗经》学的王道思想进行了研究。他指出，当下学界对朱熹《诗经》学的王道思想关注不多。朱熹《诗经》学中王道思想是以周文王为寓托，由天命、天理、民意三位一体的本体论，真、善、美三位一体的德性论，人类社会、人与自然大和谐的效用论等共同组成的学术体系。朱熹的王道思想是以天理为本的理本论，本质上不同于先秦百家王道的道本论、法本论、（民）欲本论等。[37]郑俊晖探析了朱熹《诗经》学中乐的思想，认为朱熹《诗》乐思想堪称中国《诗》乐研究史承上启下之重要环节。朱熹的《诗》乐思想主要体现在三个方面：一是体悟雅、郑之辨，力主"诗皆入乐"，将研究者从《诗》三百皆雅乐的窠臼中解放出来；二是诠释"风、雅、颂"之义，启发研究者重视从乐歌本体的角度研究《诗》乐；三是发现郑卫"淫诗"，揭开了千百年来掩盖在大量情歌上的盖头，从而使曾经一度迷失方向、甚至误入歧途的《诗》学研究回到正确的道路上来。[38]

房瑞丽对朱熹的三家《诗》学思想进了研究。指出朱熹的《诗集传》对三家《诗》的征引，表明了朱子的三家《诗》学思想。朱熹对三家《诗》的运用，与当时的社会环境、学术环境 、《诗经》研究的状况和朱熹本人的学术追求等紧密相关。朱熹的三家《诗》学思想与王应麟的《诗考》一道，影响了清代三家《诗》学的发展。[39]

（三）关于朱熹《易》学的研究

近年来，学界对朱熹的《易》学思想也给予了较多关注。吴宁和张克宾从新的角度对朱熹"《易》本是卜筮之书"的观点进行了阐述。吴宁以朱熹论《周易》的成书过程为切入点，分析了朱熹从伏羲画卦、文王周公重卦和作卦爻辞乃至孔子作十翼，来展现其所主张的作《易》目的是如何得以实现的。"《易》本是卜筮之书"是朱熹一以贯之地对"《易》何为而作"这一问题的回答。此论断构成朱熹全部《易》学诠释工作的基础，朱熹《易》学体系只有借此才能得到适当的理解。[40]张克宾认为，朱熹通过对历史文献和《周易》经传的考察，主张"《易》本是卜筮之书"，虽然是古调重弹，但其中又别具新思。朱熹此举并非止于揭示一个历史事实，一方面认为圣人作《易》教民卜筮，乃是传授给民众一个开物成务、为善去恶的实践方法；另一方面则由卜筮之特点而进入到《易》文本的意义表达方式之中，提出"《易》是个空底物事"的精妙论断，深入发掘《易》的"象语言"之特质，并在卜筮的语境中昭示出象数与义理的原发性关系。更为深刻的是，朱熹论证指出，作为卜筮之书《易》的终极意义来源和价值根基乃是作为宇宙本体的自然之理。[41]

王新春对朱熹的易学观进行了全面分析。他指出，朱熹赞同四圣作《易》之说，认为"《易》为卜筮之书"，但朱熹并不是把《易》仅仅当作卜筮之书，而是将其视为有画前之《易》与画后之《易》深刻内蕴的卜筮之书。朱熹以理学的视域对《易》之卜筮之法做了创造性的解读，加入了用占筮接通太极之理的新内涵，《易》之符号所开示的一切，不过是理学观念的具体演绎而已。朱熹认为《易》的核心在于卦，由六十四卦所组成的有符号而无文字之《易》是《易》的根本；这一符号之《易》最为圆融，它的意蕴无限丰富，是宇宙人生万物万象万变的象征。朱熹主张，读《易》的最高境界当是超越《易》之一书，即超越《易》卦的符号系列以及文字系列，充分体会出“画前之《易》”的深刻哲理。[42]尉利工对朱熹《易》学诠释思想的形成与特点进行了探析。他认为，朱熹主张探求《易》之经文本意，并通过经之大义进而理解天理。朱熹对《易》的诠释，既重象数，又重义理，融合了象数派和义理派的观点，同时也是对两派的超越。[43]金祐瑩则从哲学角度，通过对朱熹《易学启蒙》的分析，考察作为象数《易》学和义理《易》学的基础的先天《易》学和后天《易》学的基本原理和相互关系，由此进一步研究了作为象数《易》学和义理《易》学的共同基础的“理”的意味。金祐瑩指出，朱熹的《易》学不是在象数和义理哪一个的立场上对两种《易》学的综合，而是试图确立《易》学的基础，进而把对理的意味的系统的解释和说明作为最终目标。[44]

不少学者还对朱熹《易》学中的哲学思想进行了研究。如，黄黎星探讨了朱熹对《易》“乾道变化”概念的诠释。他指出，朱熹对“变”与“化”的含义进行了精细的辨析，用以说明阴阳二气动静流行所呈现的不同形态，以及人与万物之性化育与生成的转化形态，具有哲理精义。[45]唐琳对朱熹太极观的哲学内涵进行了分析。唐琳指出，朱熹从象数和义理两个方面所展开的对“太极”的诠释，其中贯穿着一个基本的理念——太极为本体之理。朱熹的太极观超越了汉代以元气为宇宙之初的生成论视阈，将太极看成是与卦爻象数不可分割，与阴阳五行万物不可分割的本体之理。[46]张克宾则探讨了朱熹对《易》“生生”思想的阐述。张克宾指出，朱熹在继承前贤的基础上，深化了复卦所蕴示的阴阳消息之道，将天地生物之心普遍化，并揭示了阳善阴恶观念下的心性修养之道，将天地之生理落实于心性工夫之中。朱熹又将仁与天地生物之心相结合，构建起“生—仁—理”三者的一体互融，仁既是天地生生之理，又是人之本心，实现了天人之间存在与价值的统一。[47]

田智忠在《也论朱子对〈周易参同契〉的整理》一文中对“朱子删改《参同契》文本说”进行了回应。针对在朱熹之前《参同契》文本不稳定的观点，作者指出，《参同契》文本在唐代已经基本稳定，而唐宋之际阐发《参同契》的文献大量出现，导致了《参同契》与之相混同的现象。针对朱熹首次把《参同契》所本无的“先天方位”思想强加到对《参同契》的解释中的说法，作者指出，在朱子之前已有先例以“乾坤坎离”释《参同契》的“牝牡四卦”的说法，而《参同契》本身也是陈抟、邵雍“先天方位”说的思想来源之一。文中，作者还就“朱子删改《参同契》文本说”的具体条目做出了分析，指出其判断相关失误之处。[48]

（四）关于朱熹礼学的研究

朱熹礼学是朱熹经学思想的重要组成部分。近年来，学界对朱熹礼学的研究进一步深入。

刘艳探讨了朱熹《家礼》的实质和特色。刘艳认为，宗法制度是《家礼》的实质和核心，祠堂制度和祭田制度体现出《家礼》的特色，冠、婚、丧、祭的礼仪规约都是围绕着宗法制度、祠堂制度和祭田制度来展开的。[49]周慧珺对朱熹《周礼》学进行了研究。周慧珺指出，朱熹对《周礼》的研究是基于《周礼》的文本，结合《周礼注疏》以当时的政治经济背景为考量，对名物制度进行了一番思考，对涉及周代礼仪和自我修养的德育以及知行互动的层面给予了特别关注。将朱熹的《周礼》观纳入朱熹的整个学理系统，从朱熹对阅读《周礼》视角的建议，以及对《周礼》部分内容详加考究的撰文，可以发现，朱熹十分关注人的德性修养，认为这是人参与实践的基础，制度层面的学习不及自身修养来的迫切。如何能做到格物致知、正心诚意，才是朱熹在《周礼》书中孜孜以求的东西。[50]

殷慧则从宋代的社会、政治及学术背景角度探讨了朱熹《仪礼》学思想。殷慧认为，朱熹《仪礼》学思想的产生与宋代的社会、学术、政治之间有着紧密的联系。基于复兴儒学的伟大使命，朱熹直接针对王安石新学的学术影响，决心重振社会秩序，积极推行礼下庶人的礼仪运动。反思宋代礼学研究，朱熹试图通过编撰《仪礼经传通解》振兴《仪礼》学研究，消除《礼记》学研究中出现的种种弊端，为士人学子学习《仪礼》提供指导。[51]

（五）关于朱熹《尚书》学的研究

近年来，学术界对朱熹《尚书》学的研究相对较少。2013年，人民出版社出版了陈良中《朱子〈尚书〉学研究》一书。全书分为“宋代学风与宋代《尚书》学”、“朱子论《书》考辨”、“朱子之《书》学成就”、“朱子解经方法及价值取向”、“朱子与蔡沈《书集传》”、“朱子《书》学影响”六章。该书剖析朱子《尚书》学的学术渊源及学术背景，理清朱子《书》学与其思想体系的内在逻辑关系，探讨了朱熹以理学思想改造《尚书》经典命题内涵，阐述了朱熹汉学宋学相交融之解经方法，揭示了经典现代化可资借鉴的路径，进而阐明朱子《书》学在《尚书》学史及中国学术史上的地位。同时，该书以“十六字心传”和“皇极”之具体解读，指出《尚书》作为一个整体在朱子思想建构中之意义，矫正了以往只关注《大禹谟》之偏弊。该书还对朱熹与蔡沈《书》学的异同进行了考辨，认为二者在《尚书》训诂、义理和注疏体例上存在差异。[52]尉利工则对朱子的《尚书》学诠释思想进行了探究。尉利工指出，朱子在治《尚书》的过程中，不仅重考证，而且重义理。训诂考证方面，在朱子的《尚书》学中主要是对伪《古文尚书》及《孔传》、《书序》的考证辨伪；在义理阐发方面，朱子提出治《尚书》要“求圣人之心”，并强调重在以义理解之，通其所可通，毋强通其所难通。重义理阐发而又不废章句训诂是朱子对《尚书》经典诠释的原则。[53]

（六）关于朱熹《孝经》学的研究

近年来，学术界对朱熹《孝经》学的研究亦相对较少，只有刘增光的《朱熹〈孝经〉学探微三题——从元明学者的理解看》。刘增光认为，朱熹作有《孝经刊误》与《孝经考异》，二书皆存，后者存于朱申《孝经句解》中。二书针对不同主题而作，正好互补。因此，认为朱熹两次考订《古文孝经》的观点是不正确的。朱熹本不打算为《孝经》作注，非如“四库”馆臣所谓“未及为之训释”。但随着朱熹理学思想影响之扩大，这又吊诡式地促使着后来学者以理学来注解和诠释《孝经》。[54]

三、总　结

通过对2010年以来国内学术界朱熹经学思想研究现状的梳理，我们可以发现当前学术界对朱熹经学思想的研究呈现出以下几个特点：第一，学术界对朱熹经学思想的研究呈现出多元化的趋向，既有从宏观层面整体着手，探讨诸如朱熹诠释经典的方法、朱熹经学与理学的关系等，也有对朱熹“四书”学、《易》学、《诗经》学、礼学、《尚书》学、《春秋》学、《孝经》学中的某一学进行研究，但更多的是对上述组成朱熹经学的某一学中的某个问题或某个论题或某个概念范畴进行研究。无论是哪种角度的研究，这些研究都体现出一个特点——问题意识更强，分析更加细致深入。第二，朱熹的“四书”学、《易》学、礼学、《诗经》学依然是学者关注的重点，其中尤以“四书”学、《易》学最为突出，而朱熹的《孝经》学和《春秋》学则鲜为学者所关注。第三，在研究方法上，学者主要采用经学文献整理和哲学义理诠释两种研究方法。但两种方法相比，哲学义理诠释之法更为学者所采用。这一现象很容易理解，因为朱熹注经本就是既重本义探讨又重义理阐发，以注经的形式阐发思想义理，所以当今学者更喜欢研究朱熹经学中的哲学义理。

需要注意的是，与朱熹哲学思想的研究相比，朱熹经学思想的研究仍相对薄弱。另外，对朱熹《孝经》学和《春秋》学也有待加强。因此，朱熹经学思想的研究仍任重道远。我们有理由相信，在学术界的共同努力下，今后朱熹经学思想的研究将会取得更丰硕的成果。

注　释：

[1] 杨燕：《〈朱子语类〉经学思想研究》，北京：东方出版社，2010年。
[2] 方笑一：《论朱熹经学与文章之学的关系》，《华东师范大学学报》（哲学社会科学版）2012年第2期。

[3] 李丽琴：《宋代经学诠释与朱熹对儒学终极关切的构建》，《孔子研究》2012第4期。
[4] 叶方石、舒拥军：《朱熹〈集注〉、〈集传〉训诂方法论析》，《长江大学学报》（社会科学版）2010年第1期。
[5] 许家星：《朱熹四书学形成新考》，《中国哲学史》2013年第3期。
[6] 许家星：《朱子四书学研究之回顾与前瞻》，《中华文化论坛》2013年第2期。
[7] 翟广顺：《典籍与教科书同构:朱熹纂辑〈四书〉的理路》，《齐鲁学刊》2012年第2期。
[8] 杨浩：《孔门传授心法——朱子〈四书章句集注〉对儒家道统论的理论贡献》，《首都师范大学学报》（社会科学版）2012年第3期。
[9] 许家星：《超凡与入俗——朱子四书学圣人观略析》，《孔子研究》2010年第6期。
[10] 许家星：《“更是〈大学〉次序,诚意最要”——论朱子〈大学章句〉“诚意”章的诠释意义》，《南昌大学学报》（人文社会科学版）2011年第1期。
[11] 许家星：《仁的工夫论诠释——以朱子“克己复礼”章解为中心》，《孔子研究》2012年第3期。
[12] 朱汉民、周之翔：《朱熹〈大学〉“明明德”诠释的理学意蕴》，《哲学研究》2012年第7期。
[13] 乐爱国：《〈朱熹《中庸》学研究〉导论》，《社科纵横》2013年第2期。
[14] 乐爱国：《朱熹〈中庸章句〉“诚”论——与郑玄、孔颖达〈礼记正义〉之比较》，《西南民族大学学报》（人文社会科学版）2012年第12期。
[15] 乐爱国：《朱熹〈中庸章句〉对“诚者，天之道也”的诠释——兼与〈礼记正义·中庸〉的比较》，《中共宁波市委党校学报》2011年第5期。
[16] 乐爱国：《析朱熹“‘诚’为〈中庸〉之枢纽”》，《中共宁波市委党校学报》2010年第4期。
[17] 乐爱国：《朱熹论〈中庸〉之“诚”》，《徐州工程学院学报》（社会科学版）2013年第4期。
[18] 乐爱国：《朱熹〈中庸章句·哀公问政〉的为政以诚思想——兼与〈礼记正义·中庸〉比较》，《厦门大学学报》（哲学社会科学版）2012年第1期。
[19] 乐爱国、钟小明：《朱熹〈中庸章句〉对“慎独”的诠释——兼与〈礼记正义·中庸〉的比较》，《中国哲学史》2012年第4期。
[20] 乐爱国：《朱熹〈中庸章句〉对“性”“道”“教”的诠释及其蕴含的生态观》，《中共宁波市委党校学报》2013年第2期。
[21] 乐爱国：《朱熹〈中庸章句〉对“知、仁、勇”的诠释》，《湖南科技大学学报》（社会科学版）2013年第5期。
[22] 乐爱国：《朱熹〈中庸章句〉对“致中和”的注释及其蕴含的生态思想——兼与〈礼记正义·中庸〉比较》，《鄱阳湖学刊》2012年第1期。
[23] 乐爱国：《朱熹“中庸”解的实学思想——兼与二程“中庸”解之比较》，《厦门大学学报》（哲学社会科学版）2010年第5期。
[24] 郭晓东：《论朱子对〈中庸〉“致曲”的诠释》，《湖南大学学报》（社会科学版）2012年第6期。
[25] 许家星：《朱熹〈中庸章句〉首章“三位一体”的诠释特色》，《中州学刊》2010年第5期。
[26] 郑熊：《朱熹〈中庸〉解释方法论》，《西北大学学报》（哲学社会科学版）2010年第6期。
[27] 张锦波：《“实”而“中庸”——试论朱熹关于“中庸”的解读》，《福建论坛》（社科教

育版）2011年第12期。
[28] 周元侠：《朱熹的〈论语集注〉研究：兼论〈论语集注〉的解释学意义》，北京：中国社会科学出版社，2012年。
[29] 钟小明：《朱熹〈论语集注〉对“吾道一以贯之”的阐释》，《东南学术》2013年第2期。
[30] 乐爱国：《朱熹对〈孟子〉“仁民而爱物”的诠释——一种以人与自然和谐为中心的生态观》，《中国地质大学学报》（社会科学版）2012年第2期。
[31] 刘娟：《朱熹诗经学思想矛盾性探析》，《河南工业大学学报》（社会科学版）2013年第2期。
[32] 周淑舫：《孔子“诗论”与朱子诗学理论的比较研究》，《孔子研究》2011年第1期。
[33] 王玉琴：《理学与诗学的契合——朱熹诗法观综论》，《盐城师范学院学报》（人文社会科学版）2010年第3期。
[34] 孙雪萍：《朱熹〈诗经〉诠释之“兴起”说浅论》，《烟台大学学报》（哲学社会科学版）2011年第4期。
[35] 雷炳锋：《朱熹〈诗序辨说〉试论》，《宁夏大学学报》（人文社会科学版）2011年第2期。
[36] 张辉：《朱熹〈诗集传序〉论》，《文艺理论研究》2013年第2期 。
[37] 郝永：《论朱熹诗经学的王道思想》，《周口师范学院学报》2012年第6期。
[38] 郑俊晖：《朱熹〈诗〉乐思想》，《交响（西安音乐学院学报）》2011年第1期。
[39] 房瑞丽：《朱熹的三家〈诗〉学探略》，《孔子研究》2013年第5期。
[40] 吴宁：《〈易〉本卜筮之书：朱子论〈易〉的形成》，《衡水学院学报》2012年第5期。
[41] 张克宾：《朱熹“〈易〉本是卜筮之书”疏论》，《中国哲学史》2011年第2期。
[42] 王新春：《朱熹的〈周易〉观》，《哲学研究》2011年第10期。
[43] 尉利工：《朱子〈易〉学诠释思想的形成与特点》，《哲学动态》2011年第10期。
[44] 金祐瑩：《朱子易学之哲学的分析——通过〈易学启蒙〉理解“理”的“穷极”义》，《周易研究》2011年第2期。
[45] 黄黎星：《朱熹论〈周易〉“乾道变化”之精义》，《孔子研究》2010年第1期。
[46] 唐琳：《朱熹易学太极观的哲学内涵》，《中国哲学史》2010年第2期。
[47] 张克宾：《论朱熹易哲学中的“生生”与仁》，《中州学刊》2012年第1期。
[48] 田智忠：《也论朱子对〈周易参同契〉的整理》，《周易研究》2012年第1期。
[49] 刘艳：《朱子〈家礼〉的实质及其特色》，《洛阳师范学院学报》2011年第9期。
[50] 周慧珺：《朱熹〈周礼〉学研究》，《长沙理工大学学报》（社会科学版）2013年第3期。
[51] 殷慧：《宋代儒学重建视野中的朱熹〈仪礼〉学》，《湖南大学学报》（社会科学版）2012年第6期。
[52] 陈良中：《朱子〈尚书〉学研究》，北京：人民出版社，2013年。
[53] 尉利工：《论朱子的〈尚书〉学诠释思想》，《孔子研究》2013年第6期。
[54] 刘增光：《朱熹〈孝经〉学探微三题——从元明学者的理解看》，《杭州师范大学学报》（社会科学版）2013年第1期。

（作者单位：厦门大学哲学系）

2013年中国台湾学界朱子学研究成果提要

⊙ 郭雨颖　藤井伦明

综观2013年中国台湾学界朱子学研究的状况，朱熹思想或朱子学相关的研究仍然相当丰富，有从经学、义理、历史、文学、道德修养等各种不同的角度来探讨朱子或朱子学的研究成果。可以说，中国台湾学界的朱子学研究相当多元化。提到多元化，近年来中国台湾学界非常注重"东亚"这一视野、观点，从"东亚"的脉络来重新检视儒学相关问题的研讨会、演讲以及课程相当盛行，其研究成果已经非常丰硕，在中国台湾学界"东亚儒学"作为一个独立的学术领域受到认可。关于朱子学研究，在中国台湾学界，除了中国大陆朱子学之外，探讨朝鲜朱子学、越南朱子学、日本朱子学方面的研究也越来越多。

另外，中国台湾宋明理学研究历来深受牟宗三、唐君毅等新儒家思想的影响，尤其是牟宗三先生对中国台湾宋明理学研究的影响相当凸显。牟先生对朱子思想的分析非常细致，且具有哲学性，其研究成果、观点，在朱子学研究上确实不能忽略。因此，在中国台湾学界，无论继承或批判牟先生的观点，许多朱子学研究仍以牟先生的观点为前提或出发点进行分析、探讨。关于这一点，看2013年中国台湾学界朱子学相关研究成果便知。

据初步调查，2013年中国台湾学界的朱子思想或朱子学相关研究的成果，专书有3本，期刊论文有41篇，专书论文有4篇，学位论文有6篇。以下简单介绍其中主要研究成果（参考2013年台湾朱子学研究相关资料）。

一、专　书

关于朱子学相关研究的专书，有以下三本。陈逢源《"镕铸"与"进程"：朱熹〈四书章句集注〉之历史思维》（台北：政大出版社），林庆彰、姜广辉、蒋秋华主编《文革时期评朱熹（上、下）》（台北：万卷楼），林莉娜、何炎泉、陈建志编《故宫法书新编十七：宋 朱熹墨迹》（台北："故宫博物院"）。《故宫法书新编十七：宋 朱熹墨迹》属于书法艺术领域的著作，并不是朱子学研究的学术性成果，故在此不谈，以下介绍前两本专著。

首先，《“镕铸”与“进程”：朱熹〈四书章句集注〉之历史思维》是由在台湾地区朱熹《四书章句集注》研究相当著名的陈逢源教授所作。陈教授2006年撰写《朱熹与四书章句集注》（台北：里仁书局），从“历史价值、撰作历程、思想体系、注解体例、援据来源、义理内涵等”不同角度来探索“朱熹《四书章句集注》之历史价值”。[1]《“镕铸”与“进程”：朱熹〈四书章句集注〉之历史思维》是收集陈教授这几年发表的朱子学研究的成果编辑而成的。全书由以下六章以及附录两篇构成：

第一章 “颖悟”与“笃实”——朱熹论孔门弟子

第二章 “治统”与“道统”——朱熹到道统之渊源考察

第三章 “政治”与“心性”——朱熹注《孟子》的历史脉络

第四章 “纵贯”与“横摄”——朱熹征引二程语录之分析

第五章 “道南”与“湖湘”——朱熹义理进程之检讨

第六章 “详味”与“潜玩”——朱熹叮咛语之梳理与检讨

附录一 思想史重构——诠释朱熹《四书章句集注》进路的思索与反省

附录二 朱熹《四书章句集注》征引书目辑考

本书在每一章最后“结论”部分，条列式地归纳出本文获得的结论，相当简要明白，对理解本书所开展的朱子学研究的重点以及成果非常有益。因此，以下根据本书的结论部分，简单介绍其内容。

第一章：“颖悟”与“笃实”——朱熹论孔门弟子

本章考察、分析朱熹在《四书章句集注》中如何征引论列孔门弟子，如何评论孔孟弟子等问题，作者主要获得以下结论：

1. 圣人气象，孔、颜乐处，原是北宋儒者思索的重要课题，更是“道学”成立的关键，朱熹征引前贤之见，从中及于孔门弟子高下之分析，以及儒学脉络的厘清，《论语》遂有不同以往的诠释角度。

2. 朱熹以孔门弟子“颖悟”与“笃实”两分，取代以往“四科十哲”的分类概念，颜渊与曾子代表孔门正宗，而曾子更关乎“道统”之传，自此孔子门人层次井然，儒学传续，遂有清楚的线索。

3. 为求凸显圣人形象，表彰颜渊、曾子之学，朱熹更留意孔子弟子质性不同，以及孔子“因材施教”的内容，孔门弟子以道相向，笃实为学，让人风慕向往。只是“药病”之说，诠释一偏，过于强调弟子缺失，形成《四书章句集注》十分特殊的现象。[2]

第二章：“治统”与“道统”——朱熹到道统之渊源考察

本章透过分析《四书章句集注》的内容，重新检视朱熹建构道统的进程及其目的。作者提供以下结论：

1. 孔子之下，孟子、荀子、扬雄、王通、韩愈五贤相继，从表彰韩愈而及于孟子，成为北宋庆历、熙宁间儒者政治实践的重要思考方向。

2. 回归于心性，终于确定孟子独特孔子之传，孔子、曾子、子思、孟子系谱遂取代五贤相继的说法，儒学内涵更为清楚明白。

3. 标举孔、曾、思、孟，推崇二程，以心性为依归，全然为朱熹所接受，北宋以来儒学实践与反思，成为“四书”义理核心。[3]

第三章：“政治”与“心性”——朱熹注《孟子》的历史脉络

本章透过朱熹《孟子集注》所征引的材料，探讨朱熹建构《孟子》经典地位的思考过程。作者提供以下结论：

1. 宋儒表彰韩愈，进而发现《孟子》价值，历经庆历时期的思考，到新旧党争，在尊孟与反孟之间，意见分歧，然而从二程及诸儒意见中，朱熹剔除疑义，终于确立《孟子》地位。

2. 朱熹以“天命”消解“不尊周”的质疑；以儒者应有之出处态度，分判君臣分际，然而回归根本，得见“性善”为儒学思想的核心，于此皆是响应诸儒质疑的结果。[4]

3. 朱熹进一步绾合圣圣相承意象，揭出“道统”概念，从孔子、曾子、子思、孟子之传中，深化儒学历史情怀，确立得孔子之传的线索，《孟子》经典地位终于完成。

第四章：“纵贯”与“横摄”——朱熹征引二程语录之分析

本章整理朱熹在《四书章句集注》中征引二程之材料，阐明朱熹联结、综合明道的“纵贯”系统与伊川的“横摄”系统的情形。作者获得的结论主要如下：

1. 朱熹原本分别二程，清楚明白，但《四书章句集注》并二程为一家，由分而合，乃是熔铸之后的结果。

2. 朱熹寻求二程与圣人旨趣，从穷究于字句间，进而兼取并用，最后熔铸一体，乃是朱熹得见明道与伊川义理的传承与互补作用。

3. 朱熹征引二程，从文字之“迹”，达致其“意”，注解形态的跃升，为“四书”建立义理核心，终于完成经典重构工作。[5]

第五章：“道南”与“湖湘”——朱熹义理进程之检讨

本章检核《四书章句集注》征引内容，探讨杨时的“道南”系统与谢良佐的“湖湘”系统，分析两派系统的思想在朱熹完成《四书章句集注》而建构“四书”体系时扮演的角色以及影响。

本文主要获得以下结论：

1. 朱熹继承道南一系，检核《四书章句集注》，关注所在，集中于李侗与杨时，对于“四书”体要之处，多以杨时说法为宗。

2. 朱熹从湖湘一系所得，检核《四书章句集注》，征引内容以谢良佐、胡寅、张栻为主，重点集中于圣人气象的掌握，以及《论语》章句语脉的辨析，已由义理讲论，进于经旨阐发，于此可见朱熹学术进程。

3. 朱熹以中和新说，汇整道南与湖湘两系，以心统性情的架构，融通体用，贯通动静，镕铸二程所传“静”、“敬”法门，不仅确立了二程学术地位，也终于形构了儒学之宏大规模。[6]

第六章：“详味”与“潜玩”——朱熹叮咛语之梳理与检讨

本章关注《四书章句集注》的注释、论述方式，阐明朱熹突破一般经注的体例局限，站在读者的立场，采用反复叮咛、提示重点的论述方式的情形。作者归纳出以下结论：

1. 朱熹《四书章句集注》引据之余，往往镕铸体会，一抒个人心得，文字之间，深致叮咛，遂使诠释有感人的力量。

2. 朱熹化解歧义，对于工夫与境界、圣与凡之间，建立观察，形塑儒学之传的线索，提醒后人继承，道统论述于此得见。

3. 从经注工作而及于圣人事业，《四书章句集注》义理衔接，体系已具，朱熹遂以读者的心情，寄语于叮咛，祈求千载知音，详味思考，期许也有同样丰盈的感动。[7]

总之，作者脱离“门户之见”，根据朱熹的《四书章句集注》为文本，实证性地阐明朱熹学术思想的正面貌。其分析方法、论述脉络非常理性、客观，本书所提供的各种观点、分析结果非常有说服力，一定对朱子学研究有贡献。

林庆彰、姜广辉、蒋秋华主编的《文革时期评朱熹（上、下）》是台湾“中央研究院”中国文哲研究所执行的“新中国六十年经学研究计划”的研究成果。根据“编辑说明”，本书“收集文化大革命末期批判朱熹及相关人物之论文九十余篇，论文集三本，专书一本。论文均采自全国各地之报纸、期刊和学报”。本书分为“单篇论文”与“专书”两部分，“单篇论文”部分进一步分类为朱熹总评、评朱熹理学、评朱子著作、评朱子生平行事、评朱子与陈亮、评朱子与林彪、评朱子科学等七类内容而收入相关文章共85篇。“专书”部分收入《朱熹的丑恶面目》（上饶地区革命委员会政治部宣传组婺源县革命委员会政治宣传部）、《略评朱熹》（江西人民出版社编）、《可恶的朱熹》（赣南师范专科学校中文科编）、《批判朱熹文集》（福建省图书馆编）等四种。

如主编林庆彰教授所指出，本书所收入的“文革”时期的朱子评论“有太多情绪的语言，有些几近谩骂，甚至是污蔑”，完全称不上客观理性的纯学术性朱子学研究。因此若从朱子学研究的成果这一角度来说，其学术意义确实有局限，但从“文革”研究或历史上的朱子学评价这一角度来说，这些朱子评论以及研究肯定具有参考价值、学术意义。总之，透过本书，读者可以了解在“文革”时期如何评价朱子，如何批判朱子学等实际状况，本书提供了研究现代中国史的各种研究课题。

二、期刊论文

论文方面，2013年中国台湾学界的朱熹思想及朱子学的相关研究论文殆可分为以下四类。

（一）朱熹思想与观念问题

有关朱熹思想的问题，本年度的研究以沈享民的《朱熹批判“观过知仁”与“知觉为仁”之探讨——对比于程明道与谢上蔡的诠释进路》和陈佳铭的《朱子格物思想中“心与理”的属性与关系新探》为佳。

朱熹与湖湘学派的渊源，可以上溯自朱子早年深受谢良佐的思想影响，大抵是朱子由“习禅”到之后从学李延平“由禅返儒”的这段时间，等到朱子思想臻至成熟，便开始对上蔡有较为严厉的批判，其中“以觉训仁”便是一个争论点。沈享民《朱熹批判“观过知仁”与“知觉为仁”之探讨——对比于程明道与谢上蔡的诠释进路》旨在阐述朱熹对湖湘学派以“知觉”训“仁”的批判问题，沈氏认为，朱熹对湖湘学者有关于“仁”的认识，并不完全是牟宗三先生所言的“误解”，反倒是湖湘学者对于“仁”说的认识主要是继承谢上蔡，沈氏把程明道与《上蔡语录》中的诸条数据做一比较，从中可以看出，明道解仁一词多是使用近于譬喻的方式；但上蔡则否，上蔡在“心有所觉谓之仁”与“四肢偏痹谓之不仁”两语表述中的“谓之”有近于“定义”语，就朱熹而言，“仁”作为体，为“心之德”，并不能等同于“知觉”，故沈氏认为朱熹对于湖湘学派所谓“误解”的原因，其根本原因来自谢上蔡粗略、大而化之的义理疏解方式。[8]

朱子的理气论问题，是处理朱子思想核心的重要定位，牟宗三对于朱子思想的判定深深影响着中国台湾学界，其认为朱子的“理”不能活动，故理的道德意义及力量便被减杀。陈佳铭的《朱子格物思想中“心与理”的属性与关系新探》一文，旨在修正牟宗三对于朱子规定的“理不活动”说。陈氏一文认为，在朱熹理气论的架构下，心属于气，但做工夫的心是属于心气与理浑然为一的状态。陈氏认为“朱子的工夫至某种程度时，则此理即可对心有某种动力，故不当视朱子的理的道德动力不足”，意即朱子的理并非只具有静态、不活动的面向，理尚能表现出“生生不已、天理流行”的一面，其关键在于是否臻至“心静理明”、“豁然贯通”之境。陈氏以为所谓的“豁然贯通”之境可自“心与理为二”及“心与理为一”的两种背景为前提下来探得，“心与理为二”概是强调理为“所以然之理”，理不活动；但在“心与理为一”下的理解，通过“豁然贯通”以致尽心的程度，心与理可彼此相合，这种“心理相融”的状态则可以展现出宇宙间生生不已的创生动力，是以，就“心理相融”来看，朱子亦是体认到理的活动性。[9]

（二）“四书”与经学相关研究

本年度有关“四书”及经学的相关研究，有王志玮《论明初〈四书大全〉的纂修意义》，姜龙翔《朱子〈五经〉阅读次序及其义理定位》和周欣婷《朱子〈易学〉的动静观：从经学与理学的交涉谈起》等三篇文章。

《四书大全》为明代胡广等人奉成祖之诏修撰，成祖修撰此书意在以圣人之道治天下，王志玮《论明初〈四书大全〉的纂修意义》一文，主要考察《四书大全》纂修所代表的历史意义。王氏认为历来先行研究多推尊《五经正义》而贬低《四书大全》，其实是受到清儒“汉宋之争”的关系。而《四书大全》的形成当从纂修的目的以及朱门后学对于朱注的疏解而论，王氏认为，就政治层面来看，明成祖纂修《四书大全》的目的乃是在强调自己“行道”的正当性；但就奉命纂修的儒臣而论，《四书大全》当是具道统代表的辑成，因此，《四书大全》的修纂便以朱门后学倪士毅的《四书辑释》为蓝本，企图彰显朱熹的宗主性及其道统地位。王氏认为《四书大全》纂修的过程，是明成祖欲以治统收纳儒林的道统，这一点自儒臣的《进书表》与明成祖的《御制序》便不难看出两股势力的角力，《四书大全》的纂成其实是这两股势力之间激荡与妥协下的成果。[10]

历来的先行研究多只探讨朱子对于阅读“四书”的次序及义理问题，却忽略了朱子如何透过阅读“五经”来建构他的思维，姜龙翔《朱子〈五经〉阅读次序及其义理定位》一文意在阐述朱子阅读“五经”的次序及义理问题，并以此来补足朱子读书法的全貌，姜氏指出朱子的读书法主要分为三个阶段，首先是以阅读“四书”为基础，作为探求义理的“精粹之法”，再者是必须回归“五经”，“五经”的阅读顺序为《诗》、《书》、《礼》、《易》、《春秋》，《春秋》之后则是由经典入史籍，透过读史来对史事义理进行判断的“应用阶段”。另外，姜氏认为，朱子的读书法乃是透过“四书”先确定义理的探求之法，之后再透过阅读“五经”形成两次的“义理建构循环”，探求义理的方法以及对于圣人之意皆为该备后，便能以此作为衡定史事的得失，故阅读史籍成为朱子读书中的第三阶段，同时也是将“义理建构循环”运用于对历史的价值判断上，通过这种读书次序作为取径的建构，方可作为朱子理想的义理阐释进程。[11]

在朱子建构理学体系之前，当有其援用的思想资源，其中对于经典的注疏和诠释，便是他思维的展现，周欣婷的《朱子〈易学〉的动静观：从经学与理学的交涉谈起》一文即尝试从朱子的《易》学出发，并扣紧《易》中的“动静”问题，周氏认为以“动静”为切入点来思考《易》被放在“经学”与“理学”两种不同的脉络交涉下，有它一定的意义，因为它涉及朱子以“以静为本”的主静说来奠基“以理为本”的新儒学，同时又从太极与阴阳的关系来探讨太极之理，朱子的太极同时包含着形上、形下两种层次的“动静”。此外，朱子更以《坤》、《复》、《艮》等卦来说明理学所谓“静”的内涵，并以此检别儒释之间的不同，这一点成为“儒释之辨”课题中重要的依据，尤其反映在工夫论上。周氏认为，朱子对于“动静”之义的看重主要牵涉经学的“经旨”与理学的“道体”，这一点放在对《易》学的观察上，最得以显见。[12]

（三）朱子后学的研究

关于朱子后学的研究，本年度共有两篇论文，分别是王奕然的《探析朱子与门人对“理学字义”的论述——以〈性理字训〉、〈北溪字义〉为讨论文本》，以及孙淑芳的《存心之学——〈心经附注〉的圣学论述》。

朱子后学对于朱子学说的推衍，可有助于进一步掌握朱子思想，王奕然的《探析朱子与门人对“理学字义”的论述——以〈性理字训〉、〈北溪字义〉为讨论文本》一文在对比分析程端蒙的《性理字训》及陈淳《北溪字义》中对于朱子理学概念的疏解，以朱子的“小学”为切入点，最重要的是，《性理字训》和《北溪字义》两书撰成的旨要皆在于“训蒙”之用，以此作为童子入道之径，字义浅显易懂是作为“训蒙”之书的首要条件，但这同时也招致疏解过“粗”及“浅陋”的批评。王氏一文旨在对比两书，透过全书的次序编排及理学概念，来析论同为朱门后学对于师说继承，及其说与朱子师说原旨的差异性。[13]

朱子后学除小学范畴的“训蒙”之说外，当以发扬师说的大学之道为已任，偏重在对性理学的阐发，孙淑芳的《存心之学——〈心经附注〉的圣学论述》试图透过真德秀撰、程敏政附注的《心经附注》来阐释圣学论述中的本体与工夫论，《心经附注》中所论的圣人心法以“诚”与“敬”为修养的根源，通过“诚敬兼修”的“存心”之学进而达成天命之实践。孙氏此文除了针对《心经附注》中所蕴含的心法做分析外，亦关注到《心经附注》在东亚世界的传衍，尤其是它在朝鲜时期传入韩国后所扮演的重要角色，特别是《心经附注》广为朝鲜士林所重视的原因，乃在于朱子“存心”之学中的“诚”与“敬”成为朝鲜儒者（如李滉、李珥、曹植等人）建构“圣学”的重要依据，朝鲜的“圣学”旨要不但是“修己之学”，同时亦是“修己治人”的王道理想。[14]

（四）朱子学在东亚世界的开展

近年来儒学于域外的传播成为汉学研究讨论的焦点之一，而朱子学在东亚世界的开展，更是不可忽略的重点，本年度的朱子学相关论文，日本儒学方面有张文朝的《〈朱熹诗集传〉在日本江户时代（1603—1868）的流传》、田世民的《从媒体史的观点看近世日本知识人的〈朱子家礼〉实践》，以及藤井伦明的《神儒妙契——山崎暗斋垂加神道中的“心”概念》、《从格物到觉知——德川日本崎门朱子学者三宅尚斋“格物致知”论探析》等四篇文章；韩国儒学有张雅评的《李栗谷、成牛溪“四端七情”论辩》，越南儒学方面则有林维杰的《黎贵惇的朱子学及其仙佛思想》一文。

近年来，域外汉籍的传播成为汉学（域外中国学）研究的重要议题之一，就朱子学的研究而论，汉籍的传播更是不能忽略的观察点。张文朝的《朱熹〈诗集传〉在日本江户时代（1603—1868）的流传》一文持续深化他关注的《诗经》在日本的传播与接受等议题。张氏一文主要是针对朱子《诗集传》在江户时代的传播问题，共分为三个阶段，其中江户前期（1603—1692）的《诗经》相关书籍的流布多以朱子学新注系统为主，但等到中期开始（1693），古注系统的开始增加，概是因为古义学与古文辞学等古学抬头的影响，等到“宽政异学之禁”（1790）后，朱子学由德川幕府颁定为“正学”，朱子学以外的学问遂遭到压抑。张氏亦透过对于藩校教育的观察来申阐《诗经》的影响，其认为不管就藩校出版、刊行的教材，还是就学风而论，朱子学新注影响所及仍较古学为广、为多，可见朱子《诗集传》在日本《诗经》学史上的重要性。[15]

汉籍的传播与接受成为研究东亚朱子学的前提条件，朱子的著作是如何为东亚世界的儒者所接受，且他们如何使朱子的学说适应当地？如何实践？这都是问题意识的形成。田世民的《从媒体史的观点看近世日本知识人的〈朱子家礼〉实践》尝试用“媒体史”的方法来考察《家礼》在近世日本的传衍，就媒体史的论点来看朱子学的传播，可以发现明代官修的《性理大全》以及丘浚的《家礼仪节》在对外流传时，同时也使《家礼》得以广为流布于东亚世界。《家礼》传入日本，为日本儒者接受当有其时代脉络，《家礼》实践的原则主要落在“不做佛事”上，抗击佛家的祭祀礼仪，并以此奉为圭臬。由是观之，田氏认为以神主或位牌而论，更可当成是一种传播的“媒体”（media），这当中或有各家学说之间的彼此倾轧，如朱子学派讲求位牌一语为儒家本有，认为即便佛家有所谓位牌的形制，主要还是借自儒家；同时，古学派为了对抗朱子学的礼制，亦讲求恢复汉唐的神主形式。《家礼》作为媒体的传播，不再是一种只针对版本的考察，反而是必须将其放在历史脉络中，方可知儒者在实践过程中所代表的时代意义。[16]

儒学于日本的脉络化（Contextualize）最具代表性的学派莫过于山崎暗斋的崎门（きもん）学派，山崎暗斋学习孔子“述而不作”的精神，对于朱子学说严格遵守，此外暗斋亦在晚年学习神道，透过神儒兼习的方式来完善对于朱子学的认识，可以说，暗斋是最具“日本思维”的朱子学者。藤井伦明《神儒妙契——山崎暗斋垂加神道中的“心”概念》一文旨在阐明暗斋是如何通过神道作为思想资源，并以此来与朱子学对应，借以臻至所谓“神儒妙契”的情形。文中认为高岛元洋对于暗斋的研究值得商榷，高岛认为暗斋对于朱子学认知逸出朱子本身，两者基本上是属于“异质”的观点，暗斋对于朱子的理解并不相同，主要在于暗斋将他所认识的“神”理解为朱子学中的“理”。但藤井氏认为这种说法有其矛盾存在，依照暗斋自身的理解，他所认知的“神”应该等同于朱子学中的“心”，暗斋认识的“心”属于一具感应功能的活物，显然并未逸出朱子学的范畴，故藤井氏认为暗斋所理解的朱子学并不如高岛所言般相差得那么遥远。且若把暗斋这种“心”、“神”说法读入神道系谱中来理解，则可发现以“神”对应于朱子学中的“心”，概为中世以来神道学者所认识的共相，暗斋的神儒妙契之说，当是系在“心”与“神”对应而成的妙合为前提之下，在这个意义上，暗斋的所倡行理学与神道可以产生对应，且不相冲突。[17]

藤井伦明的第二篇文章《从格物到觉知——德川日本崎门朱子学者三宅尚斋“格物致知”论探析》，同样以崎门朱子学为中心，他以“崎门三杰”之一三宅尚斋的“格物致知”论为探讨的重点，相较于崎门朱子学中的“居敬”工夫，即物穷理的工夫反倒为尚斋所重视，尚斋认为“气”便是“理”的具体化，因此这世界的万事万物皆可视为“一理”的具现，故尚斋的理气论往往被定义为“理一元论”，但藤井氏一反历来学界的推断，认为尚斋的理气论应如内田周平所阐明的“理气二元一体论”，因为在尚斋的理解中，理、气关系不过是同一存在的体、用两种不同面向，对于“理”的预设排斥了行上与抽象的世界，反而注重在现象世界中的“即物性”，深具日本式的思维。由尚斋的理气关系推导到他的义理结构，藤井氏认为，尚斋的“理”当是“心具万理”（呈浑然貌），必须透过“格物”来确认内在之“理”，即通过对外在事物进行“格物”的方式，来认识心中潜在具有的“条理区别”，由此亦可证成“格物→觉知”，使心的全貌得以朗现，就尚斋而言，“心体之明”同时也是“明德”的工夫，是为一种“心法”。[18]

相较于前述日本儒者抗拒对于形而上学、抽象思考的思维特色，韩国朝鲜时期儒者则侧重对性理学的阐发，张雅评的《李栗谷、成牛溪“四端七情”论辩》一文，便关注到作为朱子学者的李栗谷和成牛溪及两者对于“四端七情”的论辩问题，事实上，“四端七情”的论辩早在栗谷和牛溪之前，李退溪及其门生奇高峰即已展开，大抵而言，牛溪继承退溪立场，认为“四端七情”及“人心道心”可分别言之，但栗谷的立场基本上与高峰相同，同样持“七情包四端”的看法，认为两者并不能分开言说。牛溪的立场在于可将道心与人心的关系分别统属于理气关系，即道心为理（四端），人心为气（七情），四端在七情之外；栗谷则反对牛溪的观点，认为四端虽为纯善，但仍是属于“情”的范畴，因为四端是性（纯善）直接的表现，若“善情”为气所掩，则同样有沦于恶的可能，故栗谷认为，七情是情的“总会”，它必然包含四端。张氏认为，由牛溪、栗谷开启的“四端七情”之辩虽然在一定程度上超脱不出退溪及高峰的认识，但其实牛溪的立场亦不是完全立足于退溪的认识，反而是滑转在栗谷与退溪之间。[19]

有别于东北亚的朱子学，东南亚的朱子学则有其不同特色的展现，如越南朱子学的发展深受当地的“风气”所影响。林维杰的《黎贵惇的朱子学及其仙佛思想》一文，旨在阐述越南后黎朝时期的儒者黎贵惇和其对于中国儒学的吸纳、融摄，黎贵惇为学宗于朱熹，故他对于世界的认识便系在朱子学中的“理气”思维上，本篇文章主要探析黎贵惇是如何运用“理气”关系来了解鬼神，但这其中必须包含越南的风土影响，如他在解释自然界所生成的现象时，便将之“串接”理气关系，如“以气论风”、以气贯穿万事万物存在的生灭节奏等，黎贵惇重视“气”的作用概与安南的自身的宗教习俗（儒、释、道三教）相关，“理”所扮演的伦常角色则被弱化。“气化”强调通过祭祀活动来进行“感应”，如黎贵惇以“卜筮”来说明人心可与鬼神相感，人心与鬼神的感应，属于气的“同质相感”，但他所强调气的感应仅注重在祭祀活动的“功利性”，对于鬼神必须保持敬意且不可诋毁，即是纯就宗教层面而论，并未深化进入到如朱子般所强调的“宗教人文化”，以“德化”作为对伦常的护持。故此，林氏认为，黎贵惇的朱子学并未像朱熹本人般严谨，他喜谈鬼神，讲求业报轮回，反而使越南的朱子学特色走向了“简明化”、“世俗化”甚至于“修正化”。[20]

另外，本年度关于朱子学研究的学位论文共计为六篇，硕士论文有赖妤宜的《探讨朱熹的思维模式——以〈朱熹的思维世界〉为蓝本》，以及苏昊《从朱熹的心性论论其“中和”理论》等两篇文章；博士论文则有王家泠的《从玄学到理学——魏晋、唐宋之间〈论语〉诠释史研究》，王奕然《朱熹门人考述及其思想研究——以黄榦、陈淳及蔡氏父子为论述核心》，曾瀚仪《理气之争？——朱熹与戴震对孟子重要观念解法之比较》，以及郭芳如的《从鬼神观论朱熹哲学及其宗教向度》，共四篇文章。具体论文介绍详见后文的“朱子学研究硕博士论文荟萃”。

综而论之，本年度中国台湾朱子学的研究议题除了对朱子本身学术思想观念重新做了探讨与诠释，以及朱子后学的相关研究外，亦关注到朱子学说于域外的传衍，这方面可举朱子的著作为要，如《诗集传》与《朱子家礼》，尤其是它们在德川日本的流布。对于朱子学说的内在阐发，韩国朝鲜时期的儒者则侧重于对性理学的发掘，甚至于适应越南宗教、风土而生成的东南亚朱子学，都在阐发朱子学的多义性及多元性，从中我们亦可以窥知的是，自明清以降，朱子学的思想活力主要是在域外存续，尤其是比邻中国的日本与朝鲜，甚至越南等地。对于东亚朱子学研究的开发是当前中国台湾学界的重要发展领域，除本文所介绍的专书、期刊论文、学位论文外，2012年6月台北“中央研究院”举办的“第四届国际汉学会议”，其后会议论文亦由台北“中央研究院”中国文哲研究所钟彩钧教授编辑成论文集于2013年出版[21]，《“中央研究院”第四届国际汉学会议论文集：东亚视域中的儒学》的内容便特别强调以“东亚儒学”为名，论文集中收录的文章亦有多篇围绕在对“东亚朱子学”议题的建构上（参考后文的“2013年台湾地区朱子学研究相关资料”），显而易见的是，朱子学的研究并不仅是聚焦于中国域内，域外“汉学”（Sinology）性质的朱子学，甚至于儒学的多元性还尚待我们开发。

注　释：

[1] 陈逢源：《朱熹与四书章句集注》，台北：里仁书局，2006年，第25页。
[2] 陈逢源：《“镕铸”与“进程”——朱熹〈四书章句集注〉之历史思维》，台北：政大出版社，2013年，第61—62页。
[3] 同上书，第103页。
[4] 同上书，第141页。
[5] 同上书，第177页。
[6] 同上书，第219—220页。
[7] 同上书，第257页。
[8] 沈享民：《朱熹批判“观过知仁”与“知觉为仁”之探讨——对比于程明道与谢上蔡的诠释进路》，《“国立”台湾大学哲学论评》（台北）2013年第45期，第39—60页。
[9] 陈佳铭：《朱子格物思想中“心与理”的属性与关系新探》，《中国文哲研究集刊》（台北）2013年第42期，第149—182页。
[10] 王志玮：《论明初〈四书大全〉的纂修意义》，《东华汉学》（花莲）2013年第18期，第275—303页。
[11] 姜龙翔：《朱子〈五经〉阅读次序及其义理定位》，《东吴中文学报》（台北）2013年第26期，第91—119页。

[12] 周欣婷：《朱子〈易〉学的动静观：从经学与理学的交涉谈起》，《"清华"中文学报》（新竹）2013年第10期，第379—439页。
[13] 王奕然：《探析朱子与门人对"理学字义"的论述——以〈性理字训〉、〈北溪字义〉为讨论文本》，《孔孟月刊》（台北）2013年第51卷第6期，第43—50页。
[14] 孙淑芳：《存心之学——〈心经附注〉的圣学论述》，《国文学报》（台北）2013年第54期，第1—31页。
[15] 张文朝：《朱熹〈诗集传〉在日本江户时代（1603—1868）的流传》，《汉学研究通讯》（台北）2013年第32卷第1期，第9—22页。
[16] 田世民：《从媒体史的观点看近世日本知识人的〈朱子家礼〉实践》，《淡江日本论丛》（新北）2013年第27辑，第143—159页。
[17] 藤井伦明：《神儒妙契——山崎暗斋垂加神道中的"心"概念》，《师大学报·语言与文学类》（台北）2013年第58卷第2期，第1—23页。
[18] 藤井伦明：《从格物到觉知——德川日本崎门朱子学者三宅尚斋"格物致知"论探析》，《汉学研究》（台北）2013年第31卷第3期，第169—192页。
[19] 张雅评：《李栗谷、成牛溪"四端七情"论辩》，《鹅湖月刊》（新北）2013年第462期，第35—46页。
[20] 林维杰：《黎贵惇的朱子学及其仙佛思想》，《台湾东亚文明研究学刊》（台北）2013年第10卷第2期，第161—186页。
[21] 钟彩钧主编：《"中央研究院"第四届国际汉学会议论文集：东亚视域中的儒学》，台北"中央研究院"2013年。

（作者单位：台湾师范大学东亚学系）

2013年度韩国学者对朱子学的研究状况*

⊙〔韩〕姜真硕

一、引　言

2013年韩国学者的朱子学研究大体上有朱子学、退溪学和栗谷学等三个领域的研究。当然韩国的朱子学研究除了这些领域以外，还涉及整个朝鲜性理学的哲学话语与论争，而因分量与研究有限，这次暂且不提这方面的成果。在三个领域的研究中，关于朱子学的研究可从一般主题的研究、深化研究和论争上的研究探讨之。在退溪学研究方面，韩国学者比较着重于探讨四端七情之论辩与其他教育哲学、治疗意义和功夫活用论等应用哲学上的内容。与此相比，韩国学者对栗谷哲学的研究比较少，这也反映出韩国学者很重视四端七情的话语和朱子—退溪系统的思想脉络。

二、韩国学者对朱子学的研究状况

第一，在朱子学的研究方面，韩国学者比较重视朱子未发体认的理论。崔一凡在《朝鲜性理学的未发体认工夫研究》的论文中提出了朱子未发论所具有的多种解释的可能性，并介绍了以往学者对朱子未发体认的看法。道南学派提倡的未发体认是朱子学统一向重视的问题。笔者认为，在李延平所授的朱子未发体认说方面，可再探讨三位学者的论点。其中，牟宗三提出了本体论的超越体征，刘述先也提出了李延平思想具有的独创特色，而陈来提出朱子学从道南学转变为二程学的特色及道南学派具有的神秘特色。崔一凡从这些中国学者的论点出发重新探讨了退溪与栗谷未发体认的异同问题。笔者认为崔一凡的研究为韩国性理学的研究提供了一些新的视角。朱子未发论的另一研究成果是李相敦的《朱子未发论的浑然与粲然》的论文。李相敦从一性浑然和粲然条理的角度重新探讨了人之未发中具有的思虑未萌与直觉不昧的意义所在。他强调人之本性在未发

---

* 本论文为基金项目“This work was supported by Hankuk University of Foreign Studies Research Fund of 2014”的阶段性成果。

中虽然一性浑然无法特指什么，但是其中条理秩序井然存在，因而人一旦感触外物，人心之特定条理就发现出来。李相敦强调这些理论关系到未发工夫的问题。李相敦的未发论研究提出了以往较少探讨的浑然与粲然的概念，这也可说是韩国儒学上新的研究。

黄棕源在朱子学的研究中涉及仁之自然生命的哲学意义。他在《朱子仁概念的自然生命意义》中探讨了朱子的仁思想具有的生命意义所在。黄棕源特别强调了朱熹始终思考及探索天地与人之德之间存在的一贯特色。朱熹的仁思想凸显了全体自然生命的“生命意义”。人类的个别生命生长盛衰之过程，从全体自然生命的视角看，则大自然的生命运动从未中断，而且个别生命也由种子的方式生生不息。但另一方面，黄棕源认为人之仁义礼智与宇宙的元亨利贞似乎不完全一致，而且宇宙的生命运动也不能仅靠循环与连续的角度探讨。笔者认为黄棕源的研究在朱子仁思想的研究方面提供了新的看法。另外，就朱子学的比较研究而言，有延在钦的《张栻心论研究》。延在钦在该论文中重新探讨了朱熹与张栻哲学之间具有的折中与对立的一面。延在钦认为张栻一方面要吸收朱熹《中和心说》的主要内容，另一方面折中胡宏的心论，而他的这些试图没有得到成功的结果。还有金起贤写了《从朱子学的即物穷理的观点看阳明学的事上磨练》的论文。金起贤质问朱子的“即物”与阳明的“事上”之间有否共同的意蕴。金起贤认为阳明学对朱子学的误解之处在于阳明把朱子的“物”不是从人文学而是从自然学理解之。从现代学问的观点看，则阳明以理只存在于事物里为朱子学的主张是远离现实的。金起贤主张在事物之理先天地具备于人之心中的理论上看，则朱子学与阳明学实际上没有区别。

韩国朱子学的另一论点，是有关李承焕的著作《横说与竖说》的争论。2012年高丽大学哲学系的李承焕教授从横说与竖说的角度重新解释了朝鲜性理学的四端七情论辩。他认为如果我们从横说与竖说的角度看，则退溪与栗谷的论点的差异自然鲜明，终究是一种理论框架的不同所造成的。这几年，李承焕的《横说与竖说》著作，在韩国学术界里引起了不少争论，当然坚持传统的理论立场的一方觉得他的论点有些误导的作用，而另一方认为他的论点成了突破以往较古老的话语结构的一种线索。李相益在《性理学的再构成，还是解体?》的论文中重新分析了李承焕之《横说与竖说》的内容。李相益首先从同情的角度接受李承焕的理论框架。在他看来，认为李承焕坚持“性发为情”，而以“性即理”为不完整的概念，但是他认为应该坚持“性即理”的立场，而把“性发为情”看作不完整概念。笔者认为这些论辩丰富了韩国性理学的理论概念的研究。

第二，在退溪学的研究方面，韩国学者还是比较重视四端七情论辩所具有的哲学意义。郑相峰在《退溪对朱子哲学的理解与其特色》的论文中，深入探讨了退溪说过的“理之动静”、“理发”、“理到”的思想。郑相峰强调退溪把朱子言的无情意、无计度、无造作当作理之本体，而此本体具有体用之用，即其作用，因此有能发能生的至妙之用。郑相峰分析说退溪说的理发之发是发现（manifest）的意思，而气发之发指谓发动（motion）。而后代学者不把这两个不同意思严格区分而混用，由此产生误读和误导。此外，退溪之“理到”思想关联着朱熹之格物穷理的思想。郑相峰主张退溪之“理到”思想人心之穷理与理自身之发现的双重意义。这是说人之格物穷理的过程中，包括理之本体也会主动自我发现的过程在内。笔者认为郑相峰的论文把退溪哲学成功地分析及整理出来，值得专家学者参考。关于退溪之四端七情论辩的另一篇论文是朱光镐的《退溪理发说，从理之能动性到道德情感的日常性》。朱光镐主张我们不是从理之能动性或发现性等观点，而是从道德情感的日常性看待退溪之四端七情论辩。由此，朱光镐接受李承焕教授的横说与竖说的框架。在他们看来，退溪与其后学比较倾向于他们基于道德心理学把道德倾向与人欲倾向布置成横说架构，相反的，高峰与栗谷他们所立足与存在的乘伴论把理气布置成乘伴者与乘伴基础的竖说架构。因此，朱光镐认为退溪倾向的横说要求人要检束及控制气之欲望，而且人以道德原则之理克服气质、做道德判断。相对的，高峰和栗谷倾向的竖说比较不重视人要检束及控制气之欲望的部分，是因为他们说的理没有能意图、造作等功能。从这些理论背景上朱光镐主张退溪之“理发”是指气质不能干预的纯道德律，也是指此道德律完全掌握人之意志的瞬间，而不是指理自身真的能动、能发的意义而言的。笔者认为这两篇论文即反映了当前韩国学术界对朱子退溪学解释的区分所在。

关于退溪学四端七情论的另一篇研究论文是崔英成的《关于退溪四七理气互发论之渊源的考察——以洪治的〈心学章句集注大全〉为主》。崔英成介绍洪治（1441—1513）出生比李退溪（1501—1570）早60年。洪治的《心学》里出现退溪的有名命题“理发而气随之，气发而理乘之”的句子。在韩国一般学术界里，洪治与退溪的思想传承几乎不被重视，是因为洪治之著作因当时的政治士祸而消失，并且他的著作依然有后代之伪作的嫌疑。崔英成主张学者把洪治的《心学》看作伪书是没有根据的，当今学者应当以更严密和理性的态度再分析《心学》的真伪问题和意义内涵。

其他退溪学的研究有关于礼学论辩的研究。金贤寿在《16世纪中后期退溪与门人学人之间的礼学论辩及倾向研究》的论文中介绍了《退溪丧祭礼答问》著作所引起的礼学论辩的主要内容。金贤寿在通礼和祭礼部分介绍了奉祀代数、忌日等的争论内容，在丧礼中介绍了神主旁题之位子、握手之制、庐墓制及返魂、父在为母丧及心丧等项目的争论内容。而且金贤寿用图表很详细地说明《退溪丧祭礼答问》所成的演变过程中参与的学人与其主张内容。笔者认为这篇论文善于介绍朝鲜时代韩国礼学的论点及其特色。还有谈到退溪之教育哲学的论文有Shin Chang-ho（신창호）的《退溪教育哲学与传统教育》。他在该论文中从退溪之《圣学十图》深入探讨了退溪的教育哲学。Shin Chang-ho用图表详细说明《圣学十图》具有的教育哲学的内容及分类。这篇论文也是值得参考的。

笔者还要介绍从应用哲学的角度探讨朱子退溪学的论文。其中，有一篇是从国乐治疗意义上剖析退溪笔写及传承的《活人心方》的内容。朴贞连在《关于退溪国乐治疗方法之模式研究》中介绍了《活人心方》中的“去病延寿六字诀”和“脏腑运动法”。目前，学术界在人文治疗、哲学治疗、哲学咨询等领域中得出新的研究成果。朴贞连详细介绍了在《活人心方》里的阴阳五行与人之五脏的相关性、脏腑运动法在音乐治疗上的意义等。笔者认为传统哲学之应用治疗的研究是一种新的突破。刘英姬也在《朱子学的哲学治疗的意义》的论文中探讨了朱熹《朱子语类》具有的哲学治疗的内容及意义。

三、结 语

就栗谷哲学的研究状况而言，韩国的栗谷学会在2013年6月召开了《人的本性与心的根本》的学术大会。学者们综合探讨了从栗谷以来所形成的“湖洛论争”的主要概念及哲学含义。朝鲜时代的韩儒思想主要为“湖洛论争”与“四七论争”所笼罩，因此栗谷学会的这些研究十分受到重视。此外，关于茶山丁若镛的研究也依然活跃，茶山的“四书”之诠释及忠恕等思想还是多被引用及研究。2013年度，韩国学者对朱子学的研究，一方面保持传统主题和概念的研究，另一方面试图寻找朱子学、退溪学、栗谷学、茶山学研究的新领域。这些新的研究方向分化成哲学治疗、横说与竖说、教育哲学、生态哲学、比较哲学等领域。

参考文献：

[1] 金文鎔：《18世紀朱子學的天人關係論의 向方——頤齋 黃胤錫의 경우를 中心으로》, Seoul, 韓國哲學論集39輯, 2013年。

[2] 李相益（Lee, Sang-ik）：《性理學의 再構成인가? 解體인가 ——李承焕의〈横说과 竪说〉에 대한 批判的 論議》, Seoul, 退溪學報133輯, 2013年。

[3] 延在钦：《張栻의 心論 研究——湖湘學과 朱子學의 聯關性을 中心으로》, Seoul, 中國學報67輯, 2013年。

[4] 崔一凡：《朝鲜性理學의 未發體認工夫 研究》, Seoul, 退溪學報134輯, 2013年。

[5] 李相敦：《朱子 未發論의 渾然과 粲然》, Seoul, 退溪學報133輯, 2013年。

[6] 黄棕源：《朱子 仁 概念의 自然生命論的인 意味》, 大田, 儒學研究29輯, 2013年。

[7] 金起贤：《朱子學의 卽物窮理 觀点에서 본 陽明學의 事上磨鍊》, Seoul, 孔子學 24號, 2013年。

[8] 刘英姬：《朱子學의 哲學治療的 意味——〈朱子語類〉를 中心으로》, Seoul, 韓國의 思想과 文化 68輯, 2013年。

[9] 朱光镐：《退溪 理發說, 理의 能動性에서 道德的 感情의 日常性으로》, Seoul, 哲學研究47輯, 2013年。

[10] 신창호 (Shin, Chang-ho)：《退溪 教育哲學과 傳統教育——〈聖學十圖〉를 中心으로》, Seoul, 教育哲學50輯, 2013年 8月。

[11] 朴贞连：《退溪의 國樂治癒 方法에 관한 研究——〈活人心方〉의‘去病延壽六字訣’과‘臟腑運動法’을 中心으로》, Seoul, 大田, 儒學研究28輯, 2013年6月。

[12] 郑相峰:《退溪의 朱子哲學에 대한 理解와 그 特色——理의 動靜, 發, 到를 中心으로》, Seoul, 韓國哲學論集37輯, 2013年。
[13] 金贤寿:《16世紀 中後盤 退溪와 文人, 學人 간의 學 争點과 傾向 研究——〈退溪喪祭禮答問〉을 中心으로》, 大邱, 退溪學論叢21輯, 2013年。
[14] 崔英成:《退溪 四七理氣互發論의 淵源에 대한 一考察——洪治의〈心學章句集注大全〉과 關聯하여》, Seoul, 韓國哲學論集37輯, 2013年。

（作者单位：韩国外国语大学校 中国学部）

2013年日本朱子学研究综述

⊙〔日〕板东洋介

一、概观——对日本人而言，朱子学意味着什么？

朱子学与日本人的关系，在儒教文化圈中具有不同于他国的特征。同属东亚儒教文化圈的各国，自19世纪后半期起，陆续开始了近代化（西欧化）进程。可以说，众多地域在此过程中，作为异于西欧近代的自身固有的思想传统而被意识、被回顾的核心思想正是朱子学（或源于宋学的新儒教）。无论是站在近代立场上抨击其落后性、压抑性，抑或相反在业已现代化的社会中，试图以某种形式来促使该传统复兴，都不出其外。然而在日本，并未将前近代思想史中形成的传统内涵与朱子学统一起来。至少近代的日本人在思考自己所依据的思想传统时，脑海中首先浮现出的不会是朱子学。如1900年，新渡户稻造（1862—1933）以“日本魂”（the soul of Japan）为副标题写了《武士道》（*Bushido*），而铃木大拙（1870—1966）在1938年所著《禅与日本文化》（*Zen and Japanese Culture*）中则从禅佛教中探究“日本文化”之本质，可见，熟谙西方思维方式与语言的近代日本知识分子，在向西方人述说日本人的独特性时，他们所意识到的该独特性之核心是武士道与禅佛教。时至今日，当专门研究领域外的普通日本人提到“我们的传统”时，同时意识到的内涵也不是朱子学。

那么，朱子学是一种未对日本人的精神史传统施以本质性影响，仅涉其表层而掠过的外来思想吗？日本近世的国学者们的确如此认为。他们反复主张，他们周围的日本的朱子学者，以及朱子学式言说，只是被舶来的高迈的“理”搞得不知所措，其实与日本人的基层生活实感，与作为这些感觉之基础的日本自古以来的“道”（古道）格格不入。不过，即使是在那个时代，他们也属少数。朱子学对日本精神世界的影响其实是难以估量的，无论是用来培养武士的严格的“士人”式人格修养，还是在各自的身份与职分中形成的主体性人格、深深影响了诗歌与美术的“天人感应”感觉，直至近代也为自由民权运动与社会主义运动所继承的“志士仁人”意识等，无不如此。于是，一个问题呈现于我们面前：如果朱子学既不是“封建教学”，也不是未扎根于日本风土的外来思想，那么在日本思想史中，它究竟意味着什么？这一设问看似简单，实则为一大难题。在2013年的日本朱子学研究成果中，仿佛回应这一难题似的，涌现出一些见解新颖的论著。究其原因，一来在日本学术界内，随着以往将朱子学定位为近世的“封建教学”的结论受到质疑，故有必要重新审视该学问之性质与意义；另一则是由于在曾将朱子学作为思想体验的各地区，分别开展的朱子学研究已经从比较各国思想史并互相交流，进步到了探究“东亚地区的朱子学”这一学术水准。下文将介绍本年度获得的研究成果。

二、日本的“日常”问题——土田健次郎著《江户的朱子学》

本年度的日本朱子学研究成果，首推土田健次郎著《江户的朱子学》（筑摩书房，2014年）。正如作者在后记中所指出的，该书不是研究专著，而是面向普通读者的系列丛书中的一册，对江户时代的朱子学人物、学派、思想内容及其社会性影响等做了简明的概述。作者本人是中国朱子学专家，曾著《道学之形成》（创文社，2002年）一书。书中涉及与道教、禅佛教等周边诸思想的关联，对宋代“道学”形成史做了通览。该作者所著日本朱子学通史，当然不会停留于概说水平，给日本朱子学研究带来了许多重要启发。

作者批评了日本思想史学者之弊，如对朱子学理解不深，易将日本思想言说上见到的“太极”等“朱子学式”言辞，立即视为朱子学的直接影响。作者认为，“太极”等一般性词汇早在“六经”中已见到，日本思想史上的某一思想是否受到朱子学的影响，不能单凭是否使用这些词语，而应据其中的“朱子学的特质”（第48页）是否被理解来判断。正因作者是长年倾心于“朱子学之特质”的中国思想史专家，才会提出如此主张。那么，作者所把握的“朱子学之特质”是什么呢？那不是发明出新概念，而是体现在依据理气论架构，对以往的思想史中不断出现的既存诸概念、诸问题进行综合化、体系化。即该学问的意义在于，不拘于儒教架构，而将当时禅学与道教中也被追问的“自然与规范”、“内心与外界”、“善与恶”、“个人与社会”、“道德与欲望”、“主观与客观”（第104页）等问题群，作为一个连续性、分析性的大理论体系提出来。朱子学对该问题群不断进行对比、统一、综合，即在朱子学内部用语中，上述问题相当于“天道与人道”、“性与情”、“公与私”、“知与行”、“穷理与居敬”等对概念。这样便为不同于佛老式试图超越于人伦之外的做法，而是安于作为该现实社会的一员，分别各自成为理想化存在（圣人）的做法寻找到了“思想表达方式”，这被视为“江户时代的朱子学之存在意义”（第97页）。的确，在日本也有信奉者的阳明学派、日本特有的儒学派之一古学派，都是通过否定朱子学对“知与行”、“天道与人道”的成见而发展出独自思想的。可是这些反朱子学派的思想性活动，毕竟都是在朱子学所开拓的“思想表达方式”的内部发展起来的，而另一方面，他们本身与朱子学拥有着相同的根本目标——于人伦中求各人终极的自己实现。因此作者提出，近世日本出现的阳明学与古学等反朱子学诸派“尽管由于是作为对抗朱子学的学派而登场的，主张相异，但拥有共同的问题意识与思想术语”（第97页），并指出，朱子学的意义正在于，在近世日本的思想界开辟了包括朱子学派在内的“诸学派并行而存立之场所”（同前）。

那么，在朱子学提供了理论架构与基本术语的近世日本思想空间中，朱子学与反朱子学的争执、酬答之间被追究的思想内容到底是什么呢？该书详尽叙述的是，“敬”之实践与神道（日本的传统宗教）之关系（第八章）、朱子史论中的“正统”概念对日本皇统论之影响（第七章）等饶有趣味的问题，本文则选取第六章中令人寻味的日本的“日常”问题来看。

这一章集中描述的是从朱子学起步，其后转向反朱子学立场，开创了独自的古义学的伊藤仁斋（1627—1705）。仁斋生于江户时代早期京都的一个富庶的商人之家。数百年来，京都（平安京）一直是天皇的都城，不仅保存了四季祭典与高雅的礼法等传统文化遗产，而且富庶的商人、文化人与艺人云集，构建起与武家政权（幕府）直接掌控的地域迥然不同的、独特的生活习俗。那便是既不同于儒教礼乐，也有异于武家这一新兴阶层的尚武式生活习俗的，历史悠久却不成文的日本传统“日常”世界——包括至今仍在日本社会中被称为“世间”、“常识”、“空气”等的东西——得以最完整地保存下来的场所。生于其中的仁斋，不顾家人反对，毅然选择了当儒者的道路，开始探究朱子学。仁斋曾号“敬斋”，严格地实践了居敬，但逐步感受到自己崇尚的朱子学理论及其实践与周围的京都町人的日常生活感觉之龃龉，并为此深感痛苦。仁斋本人其后的话准确地表达了这一点，他陷入“学问”与“日用”“捍格而不入”的状态（《童子问》）。他患上严重的神经衰弱，闭门谢客，在孤独与懊恼中度日，数年后改号“仁斋”，开始猛然抨击朱子学。其批判之处涉及多方面，根本而言，其核心在于否定朱子学中基于“理”将“性”与“道”视为相同的主张（即“道”也是作为“天理”的“本然之性”而为万人所固有的这一主张）。在仁斋看来，引导日常人伦世界的“道”本与各个人的“性”不同，并非在某个个人的内心里作为“理”而存在的。因此，当日常生活中遇到他者时，以“理”为基准来严责，就会陷入“残忍酷薄”（《童子问》）。相反倒是应该对谁都无法应用的日用之“道”保持敬虔，通过检证、反省自他的行为来不断努力接近“道”。土田分析指出，仁斋区分“性”与“道”的见解便是对“理作为抽象性原理约束不定形的日常”之“拒否”（第117页）。即仁斋放弃了按舶来的“理”对作为京都町人的仁斋切肤感受到的日本不成文的、默契之中的“日常”世界进行整序、合理化，相反尝试顺应“日常”。尽管仁斋的见解最终导致了对朱子学的否定，但毕竟是沿着朱子学的“性”、“道”、“理”的议论展开的，不使用这类词语就无法表述。著者最后下结论说，仁斋正是经过真挚体认朱子学后背离它这一过程，才得以“将当时日本人的思想性情感作为明确的思想提示出来”（第128页）。而且令人深思的是，同为朱子学者但抨击仁斋的浅见䌹斋（1652—1711）的做法也是，承认仁斋所寻见的日本的“日常”所在本身，并用“日常”之本体来重新界定朱子学的“理”。可以说，朱子学的包括性理论体系，在近世日本，为日本思想界开拓了一个方向：把握至此未给予明确的思想表达方式的日本的“日常”，在该处下功夫。[1]

三、古学派观与东亚的朱子学

上一节详述的伊藤仁斋之思想，虽然是反朱子学的，但那是在日本的精神风土中彻底考究、实践朱子学，结果导致该理论体系之否定、解体的，在某一方面上具有作为朱子学展开之特征。然而在以往的日本思想史研究中，较之仁斋与朱子学的上述连续性，更加强调以仁斋为代表的古学派与朱子学之断裂。即认为，在中国历代王朝及朝鲜李朝，朱子学的正统性得到科举与士大夫阶层等社会制度方面的支撑，较长时期内，在思想上社会上都未动摇，而在江户时代的日本，全面接受朱子学半个世纪左右，就出现了全面批判朱子学的古学派，由此可见日本人之特别。毋庸讳言，在这些见解中，时而混入了以朱子学为宗的亚洲诸国之“停滞”对日本的“进步性”、“开明性”这一福泽谕吉（1834—1901）以来的“脱亚”式价值观。

本年度付梓的若干论著，要求修正这一日本人的夜郎自大式古学派观，提倡将古学派作为在同属儒教文化圈的诸地域分别开展的，接受作为普遍体系的朱子学，并按各自的精神风土而改变的诸运动的一部分来把握。首先，井上厚史的论文《儒教は“东アジア共同体”の纽带となりうるか（儒教能否成为“东亚共同体”的纽带）》（《北东アジア研究》别册2，2013年）对上述日本人以往的古学派观做了严厉的批判，并试图将古学运动作为中国、朝鲜、越南等接受朱子学的各地域发生的“巨大思想性变动”（第109页）的日本版来把握。井上厚史认为，在接受朱子学的诸地域共同提出了“对他者的认识”（同）这一问题。即在各地发生了试图超越格物致知说与《大学》新民说中见到的朱子的“不穷一草一木之理，无法理解人，这一慎重但将自他做截然区别的冷淡的他者理解”（第111页），从而使儒教返回对他者的深厚信赖、温情之运动。明代的王阳明、朝鲜李朝的李退溪，以及近世日本的伊藤仁斋，三人各自不同地探究了这一“他者认识”的问题。在黄俊杰今年出版的日译本《东亚思想交流史》（藤井伦明、水口干记译，岩波书店，2013年）的第三章《18世纪东亚儒学者之思想世界》中，也关注了接受朱子学的东亚诸地域在18世纪这一时期发生思想变动之共时性。通过这一点，可在18世纪的各地域代表性儒者，即清的戴震（1724—1777）、朝鲜的丁茶山（1762—1836），以及与仁斋并肩的古学之雄荻生徂徕（1666—1728）等人的反朱子学主张中发现一些共通点。一方面批判了朱子学中存在的将形而上学与道德结合起来的倾向，另一方面生于18世纪的他们“体神化不测之妙于人伦日用之间”（第75页），他们还认为“事物的抽象性‘本质’只能在具体的‘存在’中寻求”（第77页），从中发展出与现实本身结合的“实学精神”。

无论井上厚史所举的阳明、退溪、仁斋等人，还是黄俊杰所举的戴震、茶山、徂徕等人，都迫使我们反省“日本古学派的独自性”这一日本人的通识。而且，井上厚史所关注的如何超越自他疏离，以及黄俊杰所指出的排除抽象性、形而上学式思维，沉浸于现实本身的态度，都如土田健次郎所指出的那样，是由于朱子学作为一个周全的定论为之奠定了基础才得以可能的“思想表达方式”。可以说，本文开头提出的“对日本而言，朱子学意味着什么？”这一设问，必然会扩展为“对东亚而言，朱子学意味什么？”这一问题。

注　释：

[1] 土田健次郎曾在前部著作《“日常”の回复——江户儒学の“仁”の思想に学ぶ（“日常”之恢复——学习江户儒学中的“仁”之思想）》（早稻田大学出版部，2012）中提及，在仁斋与䌹斋的争论中出现了江户儒学史中的“日常”问题。请参阅该著作。

（作者单位：日本学术振兴会）

2013年日本学者朱子学研究现状述评

⊙ 陈晓杰

与中国内地近几年来方兴未艾的朱子学研究相比，日本从20世纪90年代开始就呈现出研究队伍后继乏力的局面，对这一点，石立善在2006年撰写的研究综述中已指出，笔者在去年为年鉴所撰写的《2011—2012年日本学者朱子学研究现状述评》[1]一文中也有论及，有兴趣的读者请参看之，在此就不再重复了。

但是，如果仅因近期日本朱子学研究的青黄不接，就以为可以绕过日本的相关研究，那可能是得不偿失的。笔者在去年的述评中曾指出，日本有近百年的汉学研究之传统，在学风上大多务求严谨扎实，在对某课题进行研究时，一方面会尽可能搜集相关先行研究成果，另一方面，在论证时基本都以材料为依据，不喜浮夸之谈，这就是日本一直引以为傲的实证主义精神，这当中有相当多的东西值得我们去学习与借鉴。

由于从数量来说，2013年日本学者的朱子学研究成果非常有限，因此本文在介绍的范围上与去年的述评相比又有所扩大：其一，与去年一样，笔者会将单篇论文列入介绍范围；其二，对去年述评中遗漏的重要研究进行补充介绍；其三，在介绍中，对若干相关主题进行简要的回溯性介绍（此次述评中重点介绍朱熹的鬼神观以及与真德秀相关的研究）。

据笔者所知，2013年在日本出版的朱子学专著只有木下铁矢的《朱子学》（讲谈社，2013年）一本，因此本文不再区分论著和论文。此书属于讲谈社出版的一系列古典普及型研究，因此与一般意义上的学术著作在定位上略有不同。该书可以说是木下对近十多年来自己研究之汇总，但因为要顾及一般读者，无论是论证还是引用材料上都会受到限制，因此在这里，笔者想向国内同仁介绍一下木下先前的研究成果。木下原来研究清朝考据学，后转为专攻朱子学，1999年出版的《朱熹再読——朱子学理解への一序説》（研文出版），可以说是其力作，木下在书中提出了诸多崭新而敏锐的观点，很值得仔细研究。对此，石立善在述评中也有介绍，就不再重复了。之后，木下继续从事朱熹思想研究，并将2000年至2007年的九篇相关论文汇集成新著《朱熹哲学の視軸——続朱熹再読》[2]。

在这里仅以《续朱熹再读》的第一章《朱熹の思索、その面差しと可能性》（《朱熹之思索，其面相及其可能性》）为例进行介绍。通常人们都把朱熹理解为所谓“二元论者”，即理气、阴阳、已发未发等二项对立之思维，然而在木下看来，朱熹本人毋宁说是力图打破这些二元之对立的，这体现在朱熹对“心”的理解上：

“心则通贯已发、未发之间，乃大易生生流行、一动一静之全体也”（《文集》卷四十三《答林择之》），“心是与性相独立、性之具在的‘场所’，并且是时时变换的独特之‘场’”，与此同时，“心”和“太极”都是“无对”之存在，朱熹将其特征描述为“妙”字（“盖太极者本然之妙也，动静者所乘之机也”），木下通过对“神”、“妙”以及“机”之分析，指出“使阴阳之相互转换得以进行的运转之机关（switching），此转换运转之作用便是太极”（第17页），所谓“作用”，木下用“事件存在”来区别于通常意义上的“物件存在”。何谓“事件存在”？例如朱熹对“夫仁者，已欲立而立人，已欲达而达人”的解释是：“以已及人，仁者之心也。于此观之，可以见天理之周流而无间矣。”不说“仁者之心，以已及人”，正是排除日常思维的先有某物件、然后对此物件进行描述的方式，而倒转过来是以事件性的“以已及人”为先，此事件才能与“天理之周流而无间”相联系。同样的，通常我们理解宋明儒学之“万物一体”论是建立在形而上学式的“人物均受天地之气（理）而生”的基础上，但是朱熹曾明确否认此说法：“不须问他从初时，只今便是一体……他那物事自是爱，这个是说那无所不爱了，方能得同体。若爱，则是自然爱，不是同体了方爱。”[3]对他者乃至万物之爱是自然生起的“事件”，先在于“彼此是否同体”的理论性思维。木下在这篇文章中反复强调的是什么？是朱熹在努力克服所谓常识性的思维（实体化，二元对立等等），或者毋宁说，木下所看到的朱熹的形象，在很大意义上是木下自己的思索之深刻性的折射——对于先有某物后有某事的（主语与述语的语言之惯性与主语先在性的捏造，这至少可以上溯到尼采对康德的批判）思维惰性的批判，以及对“事件”、“此时此刻”之强调，不难让我们联想到诸如Whitehead等西方哲学家破除实体化思维的努力。

另外，木下还有一篇论文《“仁義礼智信”か“仁義礼智”か——現在の朱子学理解を問う》（《“仁义礼智信”还是“仁义礼智”？——对当今朱子学理解之疑问》），收录在《吉田公平教授退休纪念论集》（研文出版，2013年）一书中。事实上，在去年日本有好几个并非研究朱子学的老师以及同学都问笔者是否看过此文，何以该文会受到如此关注？木下近几年来一贯地批判岛田虔次[4]的朱子学理解，在木下看来，由于岛田式解读的重大偏差，时至今日，日本的朱子学研究对朱熹都普遍存在严重的误读。就朱子学而言，最核心的概念无疑是“性”与“理”，朱熹继承二程之观点，主张“性即理”，而对于“理”，在后文还会提到，无论是中国还是日本，都存在很多种解释，但就“性即理”这一命题而言，绝大多数研究者都偏向于从“本质”（essence）上去进行理解，木下在第一节就举了日本朱子研究的代表人物吾妻重二的说法：“就人而言，人存在之理是‘仁义礼智信’。仁义礼智信才是人之所以为人的根据，是仁与动物或者植物相区别开的本质（存在规定）。”[5]这个说明比较简略，接下来木下以日本思想史研究者渡边浩（渡边是丸山真男的直系弟子）为例，依照渡边之理解，“理”能判定某个体究竟属于“人”还是“桃子”或者“椅子”等类别，并且是此各个类别之特定的“应有之存在方式”（在るべき在り方），这显然与吾妻所说的“本质（存在规定）”同出一辙——桃子是桃子，是因为桃子所应有的存在方式、亦即是“理”之内在性。木下认为，这种“本质”论属于经院哲学所讨论的“本质存在”（essentia）与“事实存在”（exsistentia）之范畴中的“本质存在”：本质存在是“某物是什么”、亦即是说面前某物究竟是桌子还是椅子，而事实存在说的是某物是否实际存在，例如面前是否有一张桌子。那么，朱熹所说的“理”就成为区分“人”与其他类别的“本质”所在。但是，木下仅举了一例，就动摇了上述看似理所当然的解释：在《孟子·离娄下》中，朱熹如此解释孟子的“人之所以异乎禽兽者几希”：

> 人物之生，同得天地之理以为性，同得天地之气以为形。其不同者，独人于其间得形气之正，而能有以全其性，无少异耳。[6]

朱熹明确指出：人与物同得“天地之理”，理无所谓完全不完全，区别就在于人与物得到“天地之气”是不同的，人能得“形气之正”，故能“全其性”而已。接下来木下还花了很大的篇幅介绍与分析岛田等先行研究的问题所在，而在笔者看来，关于“理”是否是人之本质规定这一点，在朱熹本身的文脉中，其实就是“理同气异”论，而二程已经注意到了这一问题，云：“天地之间，非独人为至灵，自家心便是草木鸟兽之心，但人受天地之中以生尔。人与物，但气有偏正耳。”[7]朱熹的“气有偏正”说显然源于二程。用“气”来解释人与其他生物之不同固然可行，但朱熹仍然需要解释：同样作为“人”，人与人之间何以存在着先天或者后天的巨大差距？木下引用了岛田的说法，岛田认为：“五行”（金木水火土）对应“五常”（仁义礼智信），既然万物之基本组成都是“五行”，那么五行之间的比例差异就决定了即便同样是“人”，如果“木气”盛则性格偏于“仁”，“火气”盛则偏向“礼”。由此，木下认为，岛田依然是在主张“理”之本质主义论。但公允地说，在原文中岛田并没有说此处之“仁”即是“理”，而毋宁可能是说：“仁”等“五常”之德在现实世界中所展现出来的程度，是由“气”，亦即“五行”所决定的，因此这依然可以说是“理同气异”论。包括朱熹有时候说“理有偏全”，这依然是在后天“理”被“气”遮蔽而产生的差异，从“理一分殊”的角度来说，人与其他万物之间的“理”不可能是“异”。岛田将“理”解释为“仁义礼智信”，并不妨碍他以及学界主流的“本质=存在规定”之理解。在之后，木下还针对岛田之说法，提出“性=理”的内容究竟是“五常=仁义礼智信”还是“仁义礼智”的问题，并依据朱熹文献的检索结果以及理论分析，论证了晚年朱熹是站在“仁义礼智”一边理解“性=理”的立场。但如果岛田并不是以“理异”来把握人与人之间的差异的话，那么“是四德还是五常”的讨论相对于“存在规定”说之批判而言，可能并不那么重要。

事实上，不管是吾妻、渡边，还是被木下视为此理解之发端者的岛田，都没有明确表示自己所主张的所谓“本质”、“存在规定”之说法源于经院哲学（在笔者看来更可以上溯到亚里士多德）。我们在生活中有太多习焉而不察的词汇，不管是“本质”、

“内在”，还是“形而上学”，尽管在这个时代，“形而上学”已经偏于贬义，而大多数日本的中国思想史研究者也对西方哲学以及理论不感冒，但这并不表示我们在使用这些词汇时能够避免其背后长达千年之久的形而上学背景。木下是当今日本极少数中国思想史研究出身而又具有一定西哲素养的学者，或许正因为如此，他才能一再发现诸如上述之问题所在。

同样收录在《吉田公平教授退休纪念论集》中的朱子学研究还有一篇：牛尾弘孝《朱熹の鬼神論の構造——生者と死者をつなぐ領域》（以下简称《构造》）。关于牛尾，去年的年鉴中有介绍，请读者参看之。牛尾在《中国哲学论集》第36号的《書評吾妻重二著『朱子学の新研究』》[8]一文中，曾花了很大的篇幅介绍日本学者对朱熹的鬼神观研究，而《构造》一文在很大程度上是书评之延续，因此这里有必要简单回顾一下鬼神观问题在日本方面的先行研究状况。朱熹上承张载与二程之思想，以气之屈伸往来为鬼神，而市川安司早在《朱子哲学论考》一书中就已经指出：张载持“气之循环”论，气虽然有消长，但总量不变，而程颐主张“气”是“生生”，产生新“气”的根源为“真元”，朱熹则继承了程颐的思想。之后的土田健次郎以及三浦国雄的观点也基本相同。市来津由彦则进一步指出：朱熹“在继承程颐之气说的同时，新之气生生不息，补充了减少的成分，因而从总量上看天地间之气没有增减，如此便对张载的气化宇宙论和程颐的气说之间进行了调停”[9]。牛尾还提到，关于程颐的“真元之气”说，友枝龙太郎解释为“生命体之根源”，而山田庆儿以及土田健次郎则认为应当与道教有关，但遗憾的是都没有具体的说明，因此还有进一步检讨的余地。另一个重要的问题是，如果朱熹认为气并非循环而是会趋向消亡，那么在祭祀鬼神尤其是自己的祖先时，所谓“祖考来格”便不可理解，这一点后藤俊瑞早在1937年就已经指出[10]，战后居于学术统治地位的岛田也认为这是朱子学理论的自我矛盾[11]。但在此后，又有不少学者站出来为朱熹辩护，因而有所谓“破绽说”之争论。在这里不可能一一罗列，仅举两人为例。柴田笃在《陰陽の霊としての鬼神——朱子鬼神魂魄論への序章》（《作为阴阳之灵的鬼神——朱子鬼神魂魄论序章》）一文中，并不像某些学者那样以存在论、工夫论等区分来为朱熹辩护，而是以关键词“灵”出发，他指出：“灵这个字是对如下之事实的表达——作为存在原理之天理而内在于万物生成要素的气当中。”就人而言，就是“心”：“心本体因为保有理，换句话说与理合一，因而具有能够认识与知觉事物之理的机能。这被称为心之虚灵。”那么鬼神魂魄也同样具备“理气妙合”之性质，因而祭祀时候的“感格”正体现出魂魄理气妙合之灵妙性[12]。市来津由彦则指出，光从“气”是“聚散”还是“消亡”的角度来思考是不够的，他建议从“理”的角度进行理解：从存在论上看，气之生成与聚散说到底都依据“理”，人之存在本身就是理气一体，这一点和柴田的观点不谋而合；从实践的角度看，如果应当祭祀，就应当去祭祀，特别是在祭祀之时，通过尽自己之诚敬而达到心灵之纯化，“就祭祀本身而言，由祈祷而使得鬼神来格，所追求的是祭祀者引发此感格……这种由祈祷而来的心灵之纯化，就在朱熹以及其门人的主观之中得到保存”。

在介绍完上述研究成果后，我们再回过头来看牛尾的《构造》一文。朱熹以气之屈伸往来解释鬼神，但事实上此处说的鬼神是泛指意义，即天地间周流不息之气，就人而言则是魂魄。如果“昼”为“神”，“夜”为“鬼”，那么生者就是“神”，死者就是“鬼”，但是生者也有“鬼”，其屈伸消长是渐变的，因此可以画出一幅类似于物理学上的沙漏轨迹图。其次，牛尾以文集卷四十五《答廖子晦》第二书为例：

> 性只是理，不可以聚散言。其聚而生、散而死者，气而已矣……但有是理，则有是气……鬼神便是精神魂魄……皆非性之谓也。故祭祀之礼，以类而感，以类而应。若性则又岂有类之可言哉。然气之已散者，既化而无有，其根于理而日生者，则固浩然而无穷（下划线为笔者所加）。故上蔡谓我之精神，即祖考之精神，盖谓此也。[13]

对于“其根于理而日生者”一句，牛尾问道：此“理”是何“理”？“生”又是何意？一般作为中国人，既然是自己的母语，尤其对像“生”这样的词，不会有太大的警觉，但是作为日本汉学的传统，采用江户训读法进行训读是基本功课，而在训读之时，对于一个字应该怎样训读，其实就直接牵涉对此字乃至整个句子的理解。就“生”而言，牛尾列举了几种先行研究的训读法：荒木见悟的翻译是“以理为依据，每天都（继续）活着（日々生き（続け）ているもの）”，这种解读应该是考虑到了后文“我之精神，即祖考之精神”的说法。而市来津由彦则直接训读为“根于理而日日生者（生じる者）”，其分析是“像生生之气那样，连续不断被生出的东西，这从天地运作之普遍性视角来看，果然还是归结为理”。比较有趣的是，近几年来中国台湾以及日本的部分学者开始强调通过“东亚儒学”之视角来重新探讨儒学以及儒学思想史，即便不直接接受此主张，不少学者也陆续把目光转向日本或者韩国的儒学，期待从中发掘出新的东西。无独有偶，牛尾在文章中提到了日本朱子学派的代表人物山崎暗斋（1618—1682）的晚年弟子三宅尚斋（1662—1741）所撰写的《祭祀来格说》，该书只有短短的八页，但内容上正好是关于祭祀之礼的鬼神来格与三宅自己的个人体验：

> 不灭之理，藏于不绝之气。以不灭之理，求之于不绝之气，则不绝之气，根于所藏之理，模写于所求之理而出来。洋洋仿佛，见前日事，见前年祖考。气之根于理而生，随感而见者，如此矣。[14]

事实上，土田健次郎早在1996年就已经注意到了该文，并评论道：“祖先之精神（灵妙之作用）根于天地之精神而生生不穷，这里的强调点与其说是气，不如说是理。”[15]笔者对三宅尚斋没有研究，但就此段文字而言，如果能点明“不绝之气”之所以“不绝”或者“生生”，正是因为“天地生生之大德=理”的话会更好。牛尾很欣赏三宅的上述理解，并指出，三宅并不是想暗示“理”真的能生“气”。由于“理”能乘于“气”，因此“气”之生生不穷，在某种意义上当然也能说是“理”之流行。

刚从东洋大学退休的阳明学研究者吉田公平教授在2012年出版了《中国近世の心

学思想》（研文出版），当中有若干篇论文与朱熹相关，但因为时间关系，笔者未能在去年的年鉴截稿日期前看到此书，因此在本次论文中进行简要的补充介绍：此书是吉田公平从20世纪80年代开始直到最近的论文合集，在内容上自然以阳明学以及相关研究为主。东洋大学是日本唯一一所以哲学为主要学科的大学（其创始人为日本著名思想家井上圆了）[16]，以吉田公平为首的中国哲学教研室均秉承大学的优良传统，一方面积极学习和吸收西方哲学与思想，另一方面有很强的现实关怀，这两点在日本其他中国思想研究基地以及学者身上是很难看到的。吉田公平此书以“心学”为题，但此“心学”不是泛泛之意义的心学，而是建立在两大前提上。其一，依照其老师荒木见悟在《仏教と儒教》中提出的著名理念、即“本来性”与“现实性”：人之为人的本性是“性”或者佛教说的“佛性”，此是“本来具有”而完全自足；其二，虽然人的现实状态会有所欠缺，但是不需要通过外力，而通过自己之努力“悟”得本来完全之性。在吉田公平看来，既然近代是“上帝已死”的世俗化社会，则宋明儒学的“自立本愿”之精神恰恰能发挥作用。由于各篇论文主题不一，在此无法一一介绍，但是例如《告子について》一文，对于宋明儒学中历来被作为“异端”的告子，非常冷静地剖析了其与孟子的论辩，指出孟子的诘难均存在逻辑上的跳跃，并不足以驳倒告子，而朱熹则先入为主地以孟子之见为“正统”，完全无视告子之人性论的意义所在。另外，例如对于《大学》的“新民”与“亲民”之辨，朱熹注重圣贤对民众之教化而取“新民”之意，但是如此一来，“占绝对多数的民众必须通过他者之救济，如此不免使得性善说与自力主义有所褪色……民众结果只是教化之对象，而无法成为人伦上的自觉之创造者”，而王阳明使用“亲民”，则强调“他者虽是助缘，从究竟上来说还是需要人之自力，而此力量本来就是人人本来固有的”[17]。对以上之评判是否公允，在此不赘，但是很显然，对于研究对象并不仅仅抱着客观实证之态度，而积极反思其思想与实践之意义以及问题所在，吉田公平的上述学问之姿态都是值得我们学习与借鉴的。

接下来介绍单篇论文。辻井义辉《朱熹哲学における感応と理》（《朱熹哲学中的“感应”与“理”》）（东洋大学中国哲学文学科纪要第21号，2013年，第219—244页），去年的年鉴中对辻井及其论文有简单介绍，请读者参看之，在此不赘。该文研究的对象是老生常谈的朱子学之“理”，在简单介绍了日本学界的若干种解释（楠本正继：“生成世界的主宰之根本因”；安田二郎：“意味”；岛田虔次：“宇宙、万物之根据，宇宙之应有的原理，就个体而言是个体之所以成此个体的原理”）之后，辻井特别推崇木下铁矢的看法，木下将“理”理解为“元→亨→利→贞”之顺次展开旋律（Rhythm）、将“性”理解为“活动程式（Program）”，辻井此文即以“阴阳”为线索来证成木下之理解。首先，朱熹认为，天下之物都是“有阴有阳”、“有动有静”，阴阳之间既相互转化，也相互抗争，是极具动态的。那么，何以阴阳会如此运作？那自然是因为有“阴阳之理”。但是，辻井引用了两则材料，试图证明“阴阳之运作是由于理是主体”（第227页），却颇有问题。两则都出自《朱子语类》：

动则此理行，此动中之太极也。静则此理存，此静中之太极也。[18]

太极理也，动静气也。气行则理亦行，二者相依而未尝相离也。太极犹人，动静犹马。马所以载人，人所以乘马。马之一出一入，人亦与之一出一入。[19]

我们知道，中文“则”字有多重含义，而“动则此理行”的“A则B”结构，显然属于承接关系，像《论语·为政篇》的“学而不思则罔，思而不学则殆”即是如此。A与B未必就是因果关系，但A在时间上不可能晚于B。如果“理”是“主体”，何以作为“客体”（既然辻井认为理是主体，那么动静当然就被认定为是客体）的“动静”会先行或者至少不在“理”之后？要确切理解这两句话，我们还是要回到最基本的问题上来看。“理”是否是某种实体性的存在？回答显然是“否”，朱熹明确否定“理”或者“太极”是“一物”。如果不是，那么说“理”是“主体”是什么意思？辻井在同文第232页上以“动静者，所承之机”为例，认为如同人骑在马上一样，“理”乘于“气”，那么“动作之主便是理”、“绝非没有意义地单纯搭乘在上面，而毋宁说是操纵”。问题在于，朱熹此比喻虽然有名，但本身却存在问题：“理”与“气”并不处在同一层面上，本不能以“人”、“马”这样两种相对待之物来进行理解。如果说“理”是“操纵”气，那么何以朱熹不说“人欲一出一入，马亦与之一出一入”，而要倒过来说“马之一出一入，人亦与之一出一入”？“理”本身不可言“动静”，更不可言“主体”，否则朱熹就不会为“气”偏离“理”之问题而苦恼了。

既然理不是“一物”，那么“动则此理行”，意思就是说“动”则此“理”寓于“动”之中，此即“不相离”之意，而“动”之所以能“动”以及此“动”之运作方式，则依据“理”。

有这动之理，便能动而生阳……既动，则理又在动之中。[20]

作为前半部分的结论，辻井认为，阴阳之理，便是使得气能够规律性地自动运转、依据一定之节奏而发生阴阳之运作，是此自动装置的“内在动力因”，这其实是重复了木下的结论，而“动力因”的说法与“主体”是相差很远的。

论文后半部分以“感应”为研究对象，衔接非常紧密。何以见得？盖朱熹曰：“凡在天地间，无非感应之理，造化与人事皆是。且如雨旸，雨不成只管雨，便感得个旸出来。旸不成只管旸，旸已是应处，又感得雨来。”[21]辻井注意到，朱熹强调感格之重要性，以至于像豚鱼这样的无知之物，只要人“至信”，便能“感豚鱼，涉险难，而不可以失其正”[22]，并指出：“此‘感’并不只是从外部进行作用，而是能深入到对方的内部而作用，换句话说，是‘唤起’、‘引起’之意味”（第238页），当然，这一点在实践上更重要，儒家主张父慈子孝，父之“慈”能够“感”化子女，而子女由此而唤起自身本有之孝心，与此同时，“‘应’在作为‘应’而作用时，同时也在‘感’对方”（第239页）。诚然如此。用符号标记来看会更清楚一些：

（A应）A感→B应（B感）→A应（A感）→……

但是，木下早在《朱熹再读》一书中就已指出，上述“感应论”模式均以A、B为不同主体为前提，但事实上程颐就提到“‘寂然不动’，万物森然已具在。‘感而遂通’，感则只是自内感。不是外面将一件物来感于此也”[23]，朱熹在回答弟子对此的提问时说：“物固有自内感者，然亦不专是内感，固有自外感者。所谓‘内感’，如一动一静，一往一来，此只是一物先后自相感。”[24]亦即是说，所谓“感应”，有“外感”和“内感”两种。但辻井认为，无论是哪一种，其基本原理都是相互唤起、相互抗争、同时相互转换，此自动装置之所以可能，当然是因为“理”之存在（第243页）。

福谷彬《孔孟一致論の展開と朱子の位置——人性論を中心として》（《孔孟一致论之展开与朱子的地位——以人性论为中心》）（《日本中国学会报》第65集，2013年，第103—118页，以下简称《孔孟》）。福谷彬是京都大学文学研究科博士，硕士时期就开始研究朱熹，取得了一定成果。研究儒学者动辄称“孔孟之道”，但孔子与孟子之一致性并非理所当然，从汉代开始，出现认为孔子与孟子在根本思想上一致的观点，而福谷认为，此“孔孟一致论”的最终完成是程朱理学。福谷在该文中以“人性论”为切入点，对思想史上的“孔孟一致论”进行了梳理。关键句其实就两句，孔子曰“性相近，习相远”，“唯上智与下愚不移”，而孟子主张“性善”，“人皆可为尧舜”，就字面意思来看，孔子持阶层式人性论，而孟子主张人性向善之普遍性。福谷首先梳理了扬雄、王充、韩愈的孔孟一致论观点，指出他们都以《论语》的阶层式人性论为基础，调停《论语》与《孟子》。到了汉代，董仲舒以爱敬父母之德为“孟子之善”，以遵从三纲五纪为“圣人之善”。而作为唯一现存古注的作者赵岐，对孟子的圣凡一致论则理解为：“圣人亦人也，其相觉者，以心知耳。故体类与人同，故举相似也。”于是圣人与凡人只有形体意义上的相似。这依然是延续了阶层式人性论的观点。到了北宋，王安石推崇孟子，但认为孟子所说之“性”其实是表现在外面的“情”，赞同孔子的性相近论，但是，王安石与前人不同之处在于，“下愚”并非“不可移”，而是不愿意努力去“移”，因此从理论上说，“下愚”也存在向上之可能性。到了朱熹的时代，福谷首先整理了道学的谱系，指出张载所提出的“气质之性”与“本然之性”的区分至为关键，由此，孔子所说的“性相近”就是“气质之性”，孟子所言“性善”则是“本然之性”，而“下愚”也只是自己不愿意“移”而已。“同样是孔孟一致论，朱熹认为，既然孟子正确地继承了孔子之思想，那么由孟子之思想完全可以逆推出其由来、亦即孔子之思想，这毋宁是以《孟子》为基准而理解《论语》”（第113页）。当然，福谷也指出，朱熹并没有因此而抬高孟子的地位，他始终强调，孟子之思想来源于孔子，不可言《孟子》胜过《孔子》，与此同时，朱熹还认为，《论语》的记载多切实具体，而《孟子》则多从理论方面着眼，两书各有特色。

在介绍完该文之后，笔者想提出两点疑问。首先，福谷认为“孔孟一致论从汉代开始到宋代逐渐形成，但其内容之变化到目前为止则没有受到关注”（第115页）。但是，孔子与孟子之异同，不知古今有多少大家曾经论及，而人性论上的“性相近，习相远”与“人皆可以为尧舜”命题，几乎是基本中的基本，以思想史（尤其是孟子学）的角度进行整理的先行研究也是不胜枚举。即便其他先行研究没有用“孔孟一致论”的题目进行讨论，但在内容上也多有重复之处。不管是汉代的人性论，还是道学的人性论，福谷所言很难说有超越前人之处。如果将该文界定为总结与梳理之文章（在日本的话，此类文章应当划分为“研究笔记（研究ノート）”，而非“论文”），那么列举相关的先行研究就非常必要，但该文所列参考资料又非常有限。其次，福谷在开篇就以孔子的“性相近，习相远”为阶层式人性论，并以陈述句式说“两书（笔者按，指《论语》和《孟子》）有很大的差异”。但是，撇开宋明儒学的“气质之性”、“本然之性”的理解，《论语》和《孟子》的人性论真的有很大差异吗？特别像《论语》那样，经常缺乏前后文语脉的情况下，要断定孔子之原意，在笔者看来几乎不可能。在孔子的时代，对于“性”之讨论还没有展开，他说“性相近”，此“性”究竟是何义？“相近”又是何义？此皆不可晓。但孔子说“相近”，那与主张人性普遍论的孟子就未必有“很大的差异”，并且对孟子的“性善论”的理解，我们也需要注意，孟子并没有天真到认为在现实世界中的人都已经是“善”或者是“圣人”了，否则孟子还需要说什么“扩充”的工夫呢？孟子竭力主张的只是人人都有先天向善之可能性，并且在后天之干扰被排除后，就如同水流之就下那样，自然会向善。当然，上述理解只是笔者肤浅的个人见解而已，但至少从行文上来说，如果“孔孟一致”并非理所当然，那么“孔孟并非一致”也不是不言自明的前提。另外，该文以思想史的角度进行人性论的探讨，得出宋代之前“孔孟一致论”的儒家持阶层性人性论的观点，而宋代以后则倾向于普遍性人性论，那么我们是否还可以进一步向深层挖掘而追问：为什么会产生这样的现象？这种变化是否只限于道学的谱系，还是说是儒家整体乃至社会层面对人性论的理解之改观？要回答上述问题，就不是狭隘的思想史研究所能解决了。

福谷彬《『資治通鑑綱目』と朱子の春秋学について——義例説と直書の筆法を中心として》（《〈资治通鉴纲目〉与朱子的春秋学——以“义例说”和“直笔”书法为中心》）（东方学第127辑，2014年2月，第66—82页）。众所周知，朱熹编纂的《资治通鉴纲目》（以下简称《纲目》）是以司马光的《资治通鉴》（以下简称《通鉴》）之体例与笔法为准，从大义名分论之立场进行修改的作品，其体例模仿《左传》，“纲”之笔法也多采用“春秋笔法”。但是，朱熹本人一直反对“一字之褒贬”那样的穿凿附会，认为孔子是依据鲁史而“直笔”写成，否定“义例说”，而另一方面，在《纲目》中事实上却存在着大量褒贬的书法，因而例如大名鼎鼎的内藤湖南早就指出其中存在的矛盾，福谷为了解决此矛盾，重新探讨了朱熹的春秋学观点。首先，福谷认为朱熹春秋学的独创性即是“义例说之否定”与“直笔说之提倡”（第67页），但事实上这两点在朱熹之前都早已有人提出，例如唐人啖助就提出“美恶在于事迹，见其文足以知其褒贬”，北宋蜀学的崔子方更明确批判《公羊传》、《穀梁传》的所谓“日月为例”说，此皆为治春秋之常识，不多赘述。福谷指出，朱熹从年轻时候就开始对“义例说”抱有怀疑，在晚年的《书临漳所刊四经后》依然如此认为。最有代表性的是《朱子语类》中的一段话：

春秋所书，如某人为某事，本据鲁史旧文笔削而成。今人看春秋，必要谓某字讥某人。如此，则是孔子专任私意，妄为褒贬。孔子但据直书而善恶自著。

何谓“鲁史旧文”？

如晋史书赵盾弑君，齐史书崔杼弑君，鲁却不然，盖恐是周公之垂法，史书之旧章。

福谷指出，此说依据的是杜预的“义例说”。在杜预看来，在孔子笔削之前就存在的春秋书法之规定是“凡例”，与之相异的是“变例”，所谓“变例”就是孔子“一字褒贬”之新意。由此可见，朱熹否定的“义例说”是指“变例”，而非“凡例”（第70页）。但问题在于，福谷可能过于夸大了杜预与朱熹之间的差异。杜预虽然看似像今文经学家那样主张孔子通过“不书”、“故书”等解经语来“微显阐幽”，但“正例”与“变例”之外还存在着无例可言的情况：“其经无义例，因行事而言，则传直言其归趣而已，非例也。”因而在今文经学家看来是“例”的很多东西杜预都不承认。

但是，如果一味否认圣人褒贬之义，那么孔子修春秋的意义究竟何在就成了问题。因此朱熹说：“春秋一发首不书即位，即君臣之事也。书仲子嫡庶之分，即夫妇之事也……一开首，人伦便尽在。”朱熹所指的是隐公元年之记事。经文所记录之事件在朱熹看来，都是与人伦相关的教训，因此即便孔子不加一字之褒贬，其内容也已经有所谓“大义”在了。福谷还引用了另一条相关的材料：

当时天下大乱，圣人且据实而书之，其是非得失，付诸后世公论。盖有言外之意。若必于一字一词之间，求褒贬所在，窃恐不然。

福谷指出“朱子一方面否定《春秋》有一字褒贬，主张直书说，另一方面认为其中有‘言外之意’”，并认为这并不矛盾（第72页）。例如《朱子语类》卷五十八中有如下记录：

孔子已自直书在其中。如云：夫人姜氏会齐候于某，公与夫人姜氏会齐候于某……此等显然在目，虽无传亦可晓。

这里牵涉的是鲁桓公与夫人文姜在访问齐国时，齐襄公与文姜奸通，桓公知情却反而被杀，文姜也没有返回鲁国。虽然《左传》有详细记载，但朱熹认为光看经文中反复提及“姜氏”的记载就能够明白事情之缘由。由此，福谷总结道：“通过记录事实，使得毁誉褒贬自见，与此同时，为了明此毁誉褒贬，而通过直书史实的记录者之作为，以上两点即是朱子所认为的‘直笔之笔法’。”（第73页）

在分析完朱熹的春秋观之后，福谷进一步考察了《纲目》之编纂与朱熹春秋学的关联。在初稿完成阶段（1172），朱熹在序文中点题：“因两公四书（笔者按，即司马光的《通鉴》、《通鉴目录》、《通鉴举要历》和胡安国的《通鉴举要补遗》），别为义例，增损隐括，以就此编。”但是，在淳熙六年（1179）《朱文公文集》卷四十六的《答李滨老书》中，朱熹却说：“通鉴之书，顷尝观考，病其于正闰之际，名分之实，有未安者。因尝窃取春秋条例，稍加隐括，别为一书而未及就。”此“别为一书”当为《纲目》之“凡例”。对于“凡例”之修订，福谷引用了文集卷三十七《答尤延之书》来证明其与春秋学的关系。按照司马光《通鉴》之旧例（现不可考），事王莽之臣者去世时皆书“死”字，但对于同样侍奉王莽的扬雄，记录却是“是岁，扬雄卒”。对此，朱熹在书信中说：“正以其（笔者按，指扬雄）与王舜之徒，所以事莽者虽异，而其为事莽者则同……所以著万世臣子之戒明。虽无臣贼之心，但畏死贪生，而有其迹，则亦不免于诛绝之罪。此正春秋谨严之法。若温公之变例，则不知何所据依。”在朱熹看来，司马光对王莽之臣书“死”是“直笔”，那么对于同样是王莽之臣属的扬雄就没有理由网开一面。

朱熹还从其他史书中吸收“直笔”之写法。例如《后汉书》中对于曹操而书“夏五月丙申，曹操自立为魏公”，朱熹就很称许，他对于《通鉴》中的“夏五月丙申，以冀州十郡封曹操为魏公”的“封”字很不以为然，并在《纲目》凡例之“篡贼”条目中写道：“至王莽、董卓、曹操等自得其政，迁官，建国，皆依范史，直以自为自立书之。”福谷对此评论道：“《纲目》中的‘曹操自立’之记述，与其说是朱熹以自己的意图对《通鉴》进行笔削，不如说是《通鉴》对《后汉书》的记述进行了不恰当的修改，而朱熹又重新还原到范晔《后汉书》原先的记述中去。从先前所述的朱子春秋学的立场来讲，不是通过一字之褒贬来进行笔削，而是以尊重旧史之记述与旧例的立场出发，直书事实。”（第77页）同样，《纲目》中有名的“蜀汉正统论”等等也都出现在“凡例”中，福谷认为，这并不是朱熹本人下褒贬之意，而只是参取“史法之善者”。

由于《纲目》的题材性质，加之非朱熹本人所作之说由来已久，《纲目》很少受到思想史研究者的关注，因此笔者花了很大篇幅介绍此文。一方面，福谷对于先行研究之整理以及分梳都很清晰，值得参看；另一方面，朱熹所称许的“直笔”与“朱熹所否定之义例是指变例”这两点也得到初步澄清。但是，笔者依然想指出：在朱熹看来，孔子直书史实，是有“言外之意”和“毁誉褒贬”的，只是不像后世今文经学那样认定个别字眼之变动或者“不书”都有圣人之“微言大义”（在朱熹看来如果真是那样圣人就有“私意”）。但是，我们必须清楚地认识到，朱熹这样说是建立在其天理人伦观千古不变的普遍性框架下的，换句话说，孔子当时以父子君臣之人伦为“正”，而千百年之后的人们依然会认为父子君臣为天经地义，因此朱熹才有信心说圣人是“付诸后世公论”，因为“公论”千百年不变。其次，朱熹自己编订《纲目》之“凡例”，但此“凡例”中却充满了种种朱子学的价值判断，不管是君臣之义还是蜀汉正统论。如果“凡例”不包含价值判断，朱熹何以能判断过去的史书之书法中何为“善”何为“不善”？正是因为朱熹自认为自己的价值理念是万世不变的前提下，他才能批评《纲目》对扬雄（不书“死”而书“卒”）以及曹操（不书“自立”而书“封”）之姑息，这背后所隐藏的是非常强烈的君臣名分论。我们可以说，从朱熹自身的立场来看，“直笔”之书法与“凡例”之建立是没有矛盾的，因为在朱熹的世界观中，“事实”与“价值”永远是不可分割且永恒不变的，所以直书“事实”即可以说“无私意”，又可以说是蕴含着自明之“褒贬”。但如果并非朱子学的信徒，那么“直笔”与“义例说”之矛盾就无法消解，或者更准确地说，朱熹所说的“直笔”只对接受朱子学理念的人而言才成立。对此问题，福谷其实是有所意识的，因此他才在文章最后写道：“在今人看来，《纲目》之‘凡例’，在内容上是以伦理之观点对史实进行笔法上的区分而作，在史实中掺入伦理评价的倾向非常明显……这样的‘凡例’之恣意性，反而让我们想起了微言大义。”（第78—79页）

中纯夫[25]《本末格物说考》（《日本中国学会报》第62集，2010年）。从朱熹作《大学》补传开始，对于《大学》的“格物”究竟应当如何理解就一直是聚讼不止的话题，以至于在明代出现了黄宗羲所谓七十二家“格物”说的程度。中纯夫在该文中对宋明时期的“格物”说进行了系统的整理，非常具有参考价值。对于《礼记·大学篇》的“格物”应该如何解释，历来是众说纷纭。代表性的无疑是朱熹的训“格”为“至”，训“物”为“事”，而王阳明则以“格”为“正”，“物”为“意之所在”，除此之外，王心斋以大学本文的“物有本末”训“物”的所谓“淮南格物说”非常有名（但事实上在王心斋之前就有人如此解释，朝鲜儒学也是），中纯夫即对明末的“本末格物说”进行了系统性的整理，并分出“以格物为本”（王柏），“以致知为本”（冯从吾），“以诚意为本”（黎立武、袁俊翁、罗汝芳、刘宗周、毛奇龄、汤斌、朱鹤龄），“以修身为本”（王艮、蒋信、王栋、耿定向、章潢、姚舜牧、李颙）四大类。中纯夫指出，本末格物说之意义首先就在于将“八条目”视为本末终始之次序，在此情形下，将“格物”视为“本”并不符合逻辑，“致知”的情形也是一样，因此只有王柏和冯从吾分别以“格物”和“致知”为本，是毫不奇怪的，而“诚意为本”和“修身为本”在逻辑上都能说通。另外，《大学》之文本在明代的主流至少有：①《大学章句》，②《大学》古本，③（伪）石经《大学》三种。从理论上说三种版本都能得出本末格物说之结论，但在依据《大学章句》的情况下，与朱熹的传第五章之格物解释必然会产生冲突，而事实表明也是如此，不过，对于即物穷理之说，给予肯定性评价的并不少，由此可见，即便否定朱熹的经书解释，也并不意味着否定其工夫论；相对而言，阳明学出现之后的十四例中，十一例对良知说采取肯定之立场。

关于朱熹本人的思想史研究就介绍到这里。事实上，就笔者所了解到的情况来看，内地朱子学研究这几年已经开始逐渐拓宽研究领域，特别是对于朱子后学的几个重要门人弟子的相关研究——黄榦、陈淳、真德秀，已经获得了不少阶段性成果。反观日本方面，由于一方面中国思想史研究队伍后继乏力，而一线研究者则纷纷将目光转向日本或者韩国朱子学，而在大环境下，近几年中日政治方面的意识形态对立日趋激化，导致很多日本普通民众对于中国抱有负面印象，中国的古典就更很少有人问津。从另一个角度来看，日本在江户时代，尤其是中后期，由于幕府的官方意识形态需要，朱子学在日本有逐渐普及化的趋势，因此无论对朱子学抱有多么负面的评价，对朱子学本身的界定几乎都可以说是理解日本“近代化”的一个关键点。正因为如此，对于朱熹本人，事实上一般的人文学者还可能会有一定的关注，但是朱熹之后的朱子后学，与日本的“近代化”问题几乎没有关系，那么朱子后学之研究被冷落，从以上笔者归纳的三点来看，就不难理解了。当然，以上论述只是一个宏观性的把握。姑且不论质量，单从论文的数量来看，对黄榦的研究远远少于陈淳和真德秀。何以如此？以笔者之管见，陈淳对朱子学的基本概念进行整理与解释而作的《北溪字义》，很早就传到江户时代的日本，日本对于中国朱子学的理解，从江户时代直到今天，在很大程度上都依赖于此书。原因很简单，朱熹的《四书章句集注》固然是经典，但毕竟是朱熹对传统儒学之诠释，要理解与把握朱熹本人思想，那就必须阅读数量庞大的《文集》书信以及《朱子语类》，这对于江户时代的人而言几乎不可能，而在今天，能够不借助江户训读法直接阅读朱熹原著的日本学者，尤其是日本思想史研究者越来越少，相对而言，陈淳的《北溪字义》简直就是一本“朱子学入门字典”，姑且不论陈淳本人的思想与晚年朱熹是否存在偏差（至少笔者认为是存在的），陈淳本人在朱熹门下之地位以及其实力，都确实使得《北溪字义》成为朱子学入门的基本参考书目，因此不难理解，尤其是日本近世思想史学者对于《北溪字义》的熟悉程度很可能要高于朱熹本人。那么，真德秀又何以相对受到关注？事实上，检索真德秀的相关研究就会发现，有好几位研究者撰写过与真德秀宗教思想以及政策相关的论文。因为笔者去年也曾撰写过真德秀的论文，在此即以真德秀为例进行介绍。

就思想史而言，从明代开始的儒学内部对真德秀的评价不高，此不需多说。但值得注意的是，真德秀一方面留下了总计400余篇“青词”、“疏语”、“祝文”[26]。事实上，小岛毅早在1991年发表的《牧民管之祈祷——真德秀的场合》[27]一文中，就针对通常不为“思想研究”所重视的卷四十八至五十四所收录的“青词”、“疏语”、“祝文”进行了分析与整理。该文的关注焦点主要集中在真德秀“为民祈祷”的理念以及祠庙拜谒、祷告所牵涉的正统性问题，对于卷四十八、四十九的道教“青词”并没有详细地展开。在此之后，松本浩一对真德秀的祝文、青词等进行了分析，在某种程度上可以说是对小岛毅论文的补充[28]。但该文仍然延续了“儒家正统与道教思想、民间信仰”的视角。松本浩一还列举了同时代的魏了翁、黄震以及陈淳等儒家对于民间道教的看法，由此指出：在当时已经无法完全扭转民间对佛教、道教信仰的情况下，像真德秀那样对于佛道进行统摄与吸收的做法可能是明智之举。

另外，前川亨[29]《真徳秀の政治思想——史弥遠政権期における朱子学の一動向》（《真德秀的政治思想——史弥远政权期的朱子学之动向》）（驹泽大学禅研究所年报第5号，1994年，第65—84页）一文，结合南宋政治来探讨真德秀的宗教政策，很具有参考价值。众所周知，朱熹在死前被韩侂胄政权打为“伪学”，但随后打倒韩氏而掌权的史弥远（1164—1233），却积极为朱子学平反并争取拉拢朱子学士人，在短短30年间，朱子学完成了“反体制”到“体制意识形态”的转变，而在此期间出入政坛的朱子学者，正是私淑朱熹的真德秀。但是，真德秀本人无论在思想以及为人方面都颇受后儒之诟病，不管是全祖望还是四库馆臣都认为真德秀沉溺于佛老之学而“不纯”。前川并没有直接从思想史的角度来理解真德秀学问之“不纯”，而是从朝廷宗教政策出发，得出了史弥远与真德秀在立场上极其相近的惊人结论。何以说“惊人”？大凡治宋史者都知道，史弥远在史书上被刻画为玩弄权术的权相，并且宝庆元年（1225）真德秀与魏了翁之落官也是史氏党徒之所为，但就此认为史弥远是反朱子学者，则未免过于轻信偏袒朱子学的史官之记载。前川列举了史弥远与朱子学之间存在某种政治协调关系的理由：其一，史弥远推翻反朱子学的韩侂胄政权，那么反过来说史氏与朱子学在反韩氏这点上就有亲和性；其二，史弥远拥立宋理宗上台，其中的核心人物是郑清之，郑氏与朱子学之亲和关系能为史氏搭桥；其三，史弥远上台正值南宋败于金朝、人心惶惶不安之时，在以政权稳定和维持秩序为紧要课题的情况下，不管是朱子学还是其他宗教，凡是能够加以利用的史弥远都必须利用。反过来就朱子学的立场来看，朱子学派急需摆脱“伪学”的帽子而站稳脚跟，因而前川认为，史弥远政权与朱子学虽然表面对立，实则两者政治利益存在一致性，正是因为这一点，使得朱子学能够很快返回政治舞台而成为官方正统意识形态。

前川以宗教政策为例试图证明其观点：佛教政策方面，嘉定年间（1208—1224）史弥远确立了五山制度，例如禅宗寺院之住持等任命权均操纵在史弥远的手上，国家对佛教之干涉达到顶峰，也同时标志着世俗权力对宗教的全面压制。而在五山制度确立后不久，真德秀就为径山之住持撰写文章：“师，名妙崧……道价为当世第一”[30]，真德秀之用意可见一斑。真德秀本人的佛教观如何？在文集卷二十九的《送高上人序》中，真德秀开篇即自问：“道一而已，乃有儒释氏之不同，何哉？”并答以佛教离弃人伦，故不可取。但接下来笔锋一转，当真德秀听到高上人（未详）年幼时家贫而不得葬双亲，去年回到三山后行葬礼、甚至还在墓地之附近建“思亲”之精舍，便大加赞赏。前川分析道：“不犯破坏世俗人伦秩序之谬误，反而拥护此秩序，这是认可佛教的必要条件。但是换一个角度来看的话，在具备此条件的情况下，佛教也因此而能在体制内确保自己的地位。”（第71页）在此情形下，就不存在佛教与儒教之不同，正所谓“道一而已”，而这样的话，不管是二程还是朱熹都绝不会说，我们只要想起《中庸章句序》中著名的“以至于老佛之徒出，则弥近理而大乱真矣”就可以了。如果说上述对佛教的认可尚属于消极层面，那么例如文集卷三十五的《敕封慧应大师后记》中，真德秀提及嘉定十五年（1122）、很多地方出现疫情，净空禅师现身做祷告，“风雨旋至，瑞雪继之”，并评论道：“昔者，帝王受命，显穹为神人主……而又秩百神崇明祀，以佐人治所弗及。”对此，前川认为，施行仁政而安民，是世俗世界之官僚的职责，但这毕竟是“人治”，例如疫情以及自然灾害等等，则超出了“人治”之范围，而宗教领域的佛教之神力正能够辅佐人治之不足，所以真德秀才说“幽明虽殊，其为劝奖，一也”，“人治=儒教=明”与“人治所弗及=佛教=幽”，如此而形成政治支配之稳定性。那么，真德秀对于佛教的立场，显然与史弥远相近，即“利用（着重号为前川所加）佛教的咒术之力，以巩固政治支配”（第73页）。道教方面，真德秀自己更积极地设醮祷告，这一点已经有很多学者论及，就不再重复了，其着眼点也同样在于利用道教仪式来补充世俗政权之不足。在文章末尾，前川预想了两种对其观点的反驳，在这里仅介绍第二点，即对于朱熹去世之后的朱子学之发展，前川是否过高评价了真德秀的作用？事实上，真德秀在中央政权并没有多大作为，其功绩如下文要介绍的小林义广所说，更多地体现在作为“父母官”的地方行政上。因此，真德秀与之后取得国教地位的元代朱子学很难说有直接关联。但前川认为，真德秀作为朱子学之范式，其意义重大。在元代，以“咒术之园”的喇嘛教为代表，很多宗教都被蒙古统治者“宽容”地接受，在之后日益明显的“超越三教之别的中国式万神殿”、“宗教界的中国式正统”之过程，与作为政治支配护航的意识形态而确立自身地位的朱子学，恰恰可以看作是同一硬币的正反两面，这一点从史弥远时期的宗教动向以及真德秀的政治思想探讨中就能够看出端倪（第80页）。

前川的上述论证颇具冲击力，尤其是其一方面关注宗教政策与政治的关联性，另一方面又紧密结合朱子学的发展状况与定位，其视野之广阔与敏锐很值得借鉴。不过，笔者在这里有两点小小的疑问，仅供参考：其一，朱熹本人是否如前川所说，是“反体制”的？这个问题与前些年争议很大的朱熹皇权论有类似之处——朱熹究竟是主张伸张“士权”、抑制皇权，使皇权仅具备象征意义（就像日本近代史著名的美农部达吉“天皇机关说”），还是作为政治体制的意识形态支持皇权？其二，笔者在《从“上帝”到“万神殿”——以真德秀之青词祷告为例》一文中曾指出，不管是小岛毅还是松本浩一，均强调真德秀是站在“牧民官”之立场而“为民祈祷”，这种理解的潜在前提可能是“神道设教”。事实上，前川亨在分析与比较真德秀与权相史弥远的宗教政策之相似性的论文中，更明确地表达了这种理解。但是，即便不参照《文集》、《大学衍义》等其他文本，就卷四十八、四十九两卷而言，真德秀留下了十篇“生日设醮青词”以及九篇为母亲祷告的青词，这些青词显然不属于“为民祷告”之范畴，如果真德秀本人并不相信道教之诸神以及斋醮祷告之有效性，他为什么还通过这种形式来为自己以及家人祈祷，便完全成为不可解[31]。

小林义广《宋代地方官と民衆——真德秀を中心として》（《宋代地方官与民众——以真德秀为中心》）（《研究论集》第10集，河合文化教育研究所，2012年12月，第89—106页）。小林是名古屋大学文学部历史学博士，现任东海大学文学部教授，他是日本正统的东洋史研究专家，主要方向是宋代的历史、文化以及宗族、地域研究[32]。所谓“谕俗文”，众所周知就是与民众直接接触机会较多的地方官员为了教化民众而撰写并公开布告的文章，就现有文献而言，宋代的“谕俗文”只有20余篇，但如果不拘泥于形式而关注内容的话，例如振兴农业的“劝农文”在宋代很常见，而地方官为了排除农业生产活动的负面因素，大多还会关注民众的生活方式，这当中就包含了教化的成分，其他例如“劝学文”、“劝孝文”、“晓谕词讼文”、“劝谕救荒文”等多种形式，其实都可以看作是“谕俗文”的变体。其次，在宋代，谕俗文最初的撰写者是北宋的陈襄（1017—1080），他在皇祐年间（1049—1053）作为台州仙居县知事而作了“劝谕文”，此举得到了朱熹的赏识。而私淑朱熹的真德秀，也在自己的谕告文中提道：“昔密学陈公襄为仙居宰，教民以父义母慈兄友弟恭，而人化服焉。”其次来看谕俗文的内容，既然是教化民众，前提当然是民风与儒家道德不相合。值得注意的是，宋代的地方官大多在布告中提到民间诉讼相争的问题。在宋代，即便是同一族内部，贫富差距也急剧扩大，围绕财产等事情，骨肉之亲都会不惜对簿公堂。再来看真德秀，在《西山先生真文忠公文集》卷四十中，共收录了“潭州谕俗文”、“再守泉州劝孝文”、“福州谕俗文”三篇，从内容上看，基本方向都是教导民众团结和睦、孝敬亲长，其中两篇都提到了“健讼”的问题，宋代社会之风气由此可见。其次，从谕俗文中能看出当地的一些特色，例如二度上任泉州的“泉州劝孝文”中，提到追荐供养之不必要性，其背景就是泉州当时佛教盛行，因此布施僧尼以及供养很流行，这一点也可以从李元弼的《作邑自箴》卷六“劝谕民庶榜”等文中得到佐证。再次，真德秀作为地方官，其谕告文中的两篇都被收录在明刻本《明公书判清明集》的卷首，可见其模范效应，那么真德秀的施政何以能得到如此高的评价？在小林看来，主要还在于作为朱子学者，真德秀身体力行朱熹的“诚”说，自己在上任时以身作则，并且相信一旦地方官员有诚意，那么民众也必定会受到感化，遵从官员之教化。小林认为，这从另一个角度来看，说明真德秀相信“民众并非单方面的是被统治者，而是具有主体之自觉来看待地方官之行政”（第102页）。对此，笔者认为可能需要更全面地考察真德秀的思想，尤其是尊王论来进行综合判断，在此就不细说了。最后，小林提到，在传统社会，一般民众的识字率很低，因此官员要传达自己的教化，光靠到处张贴布告是远远不够的，因此无论是从各种历史文献，还是真德秀的谕俗文中，我们都能看到“父老”、亦即有教养与学识的士人以及年长者的身影，有了“父老”之配合，儒家所主张的“风教”才可能顺利传达到一般民众中去。通观全文，小林一方面向我们展示了东洋史研究者扎实的史学功底，另一方面，在论述中紧密结合真德秀的事例来进行分析，并准确地把握真德秀与其他宋代地方官之“同”与“异”，非常值得我们学习。

以上就日本2013年的朱子学研究做了简单介绍与评价，并对于若干主题进行了回溯性的介绍与分析。由于笔者之学识限制，难免挂一漏万，敬请谅解为感。

注　释：

[1]《战后日本的朱子学研究述评：1946-2006》，原文刊载于《鉴往瞻来—儒学文化研究的回顾与展望》（上海：复旦大学出版社，2006年），也可以参看网上免费电子版本转载，例如http://www.confuchina.com/10%20lishi/riben%20zhuzi.htm。

[2]研文出版，2009年。另外，木下铁矢的近著还有《朱子—はたらきとつとめの哲学》（岩

波书店，2010年），限于篇幅就不做介绍了。

[3]《朱子语类》卷三十三，北京：中华书局，1986年，第852页。

[4]岛田虔次的书虽然国内翻译不多，但最有名的《中国における近代思惟の挫折》很早就出版，之后的沟口雄三出来批判岛田的欧洲中心主义以及岛田的反驳等等，也逐渐为内地读者所熟知。不过，“挫折”说主要讨论的对象是明代的阳明学以及李卓吾这样的“异端”，就朱子学研究而言，最有名的还是《朱子学と陽明学》（岩波书店，1967年）一书，该书从1967年第一次印刷开始，到2011年为止已经是第39次印刷，其影响力可见一斑。岛田对朱子学以及阳明学的理解、包括岛田对“四书”的解读，在日本至今仍占据统治地位，打个不很恰当的比方，他的地位近似于牟宗三之于大陆、台湾的宋明理学研究。

[5] 汤浅邦弘编著《概説中国思想史》（ミネルヴァ书房，2010年），第112页。

[6]《四书章句集注》，北京：中华书局，1983年，第293页。

[7]《河南程氏遗书》卷二。

[8] 九州大学中国哲学研究会发行，2010年。

[9]《朱熹門人集団形成の研究》（创文社，2002年），第458页。

[10]《朱子の実践哲学》（目黑书店，1937年），第267页。

[11]“鬼神问题对于朱子学理论而言带来了重大矛盾，朱子最终也没有给出明确的解决方案。”（《大学·中庸》下，朝日新闻社，1978年，第89页）

[12]《哲学学报》第50辑（九州大学文学部，1991年），第82-84页。

[13]《朱子全书》，上海：上海古籍出版社，1990年，第3089-3090页。

[14] 江户刊本，宝永五年（1708），尚斋三宅重固识，宝历十三年（1763）刊，九州大学中国哲学研究室坐春风文库所藏。笔者未有机会看到此版本，此处是转引牛尾原文。

[15]《鬼神と“かみ”—儒家神道初探》，《斯文》第104号，1996年。

[16] 可参看其主页之介绍：http://www.toyo.ac.jp/site/chinese/

[17]《中国近世の心学思想》，第81、86页。

[18]《朱子语类》卷九十四，第3123页。

[19] 同上书，第3128-3129页。

[20] 同上书，第3125页。

[21]《朱子语类》卷七十二，第2422页。

[22]《周易本义》，《朱子全书》第一册，第84页。

[23]《二程集》上册，第154页。

[24]《朱子语类》卷九十五，第3206页。

[25]京都府立大学教授，主要研究阳明学，近年来开始转向朝鲜儒学以及朝鲜阳明学之研究，代表著作有《朝鮮の陽明学—初期江華学派の研究》（汲古书院，2013年）等。

[26]青词，又称青辞，产生于唐朝而盛行于宋、元、明时期，是道教斋醮时很重要的奏告文书之一。其句式为四六句式，很明显与唐代文坛盛行的四六骈文有关。根据张海鸥《唐宋青词的文体形态和文学性》（《文学遗产》2009年第2期）一文统计，宋人留有青词作品1423首，而唐代是248首。就现在能够看到的文献而言，真德秀写下的青词数量可见一斑。

[27]《史学杂志》第100号，1991年。

[28]《宋代道教民间信仰》（汲古书院，2008年）第一章第五节《祠庙の位置づけと知识人の贡献》。

[29]专修大学法学部教授，早稻田大学文学研究科出身，主攻佛教，而研究领域涵盖中国

思想史、日本思想史、近现代问题等等，同是当今中国思想研究领域极少见的具备复数领域专业知识且思维敏锐的学者。论文有：《耶律楚材論—金朝滅亡前後における思想状況と政治状況の牽聯》（驹泽大学禅研究所年报第3号，1992年）；《矛盾の神学—日本近世思想史における神話的思惟の問題》（专修人文论集第54号，1994年）；《李沢厚"批判哲学的批判"考—現代中国のカント論（下）》（驹泽大学外国語部论集第42号，1995年）；《"鎖国"と"開国"をめぐる理論的問題—政治地理的な視点からの試論》（专修人文论集第61号，1997年）；《身体感覚としての孝—二十四孝と宝巻にみる孝の実践形態》（土屋昌明编《東アジア社会における儒教の変容》，专修大学出版局，2007年）；《中国近現代政治史研究とサルトーリーポスト文革時期における"民国史"の課題》（专修大学法学研究所纪要33，2008年）；《"韋伯熱"初探—1980年代中国におけるウェーバー受容の一側面》（社会科学年报第42号，专修大学社会科学研究所，2008年）等。

[30]《西山文集》卷二十五《径山三塔记》。闭国

[31]《儒道研究》第一辑，北京：社会科学文献出版社，2013年，第232页。

[32]研究论著有《欧陽脩　その生涯と宗族》（创文社，2000年），《宋代地方官の民衆善導論》（知泉书馆，2009年），《王安石—北宋の孤高の改革者》（山川出版社，2013年）以及论文若干。

（作者单位：日本关西大学亚洲文化研究中心）

近年欧洲朱子学著作提要

⊙〔德〕苏费翔Christian Soffel 〔法〕戴鹤白Roger Darrobers

一、朱熹《大学》、《中庸》章句全文首次翻译成西方语言

起初，西方学者研究“四书”学，将《论语》、《孟子》、《大学》、《中庸》的文本译成外语时，大多习惯寻求先秦时代原本的意思。他们的目标符合朱熹的看法：朱熹曾撰写《周易本义》等书，一样是这个用意，并不愿意发展出一个“新意”，而希望可以溯源经文的“本义”。这些学者的成就甚为可观，展开“四书”很多方面的哲学思想。

但是因为各种因素，某一经书的“本义”实在难以确证。把经文翻译成外语的时候，又有中文、外文字词含义不同的情况，屡屡造成问题。因此标准的注本相当重要。再者，为了了解宋明以来的传统儒家学术，最好要借鉴较有影响力的批注，如朱熹《四书章句》。

英国人理雅各布（James Legge, 1815—1897）曾把“四书”翻译成英文，其巨著很有代表性，常常采用朱熹批注。虽然如此，一百年以来的学者都还没有把《四书章句》的批注翻译成外语，颇为可怪。

最近确有新的趋势。澳洲的学者Ian Johnston与Wang Ping（王平）共同把《大学》、《中庸》全文包括郑玄注以及朱子《章句》统统翻译成英文（Ian Johnston and Wang Ping, *Daxue & Zhongyong*. Hong Kong：The Chinese University Press, 2012）。看这本书就可知不同的批注造成不同的翻译，如“中庸”一个词，用郑注翻成“Using the Centre”，用朱注翻译成“Central and Constant”，谨为一例。因此，这本书《大学》、《中庸》经文各自有两种翻译，一个是按照郑玄的意思，一个是按照朱熹的意思。

此外，加拿大学者Diana Arghiresco女士又把朱子《中庸章句》翻成法文，在法国巴黎出版（Diana Arghiresco, *De la continuité dynamique dans l'univers confucéen: Lecture néoconfucéenne du Zhongyong* (中庸); *nouvelle traduction du chinois classique et commentaire herméneutique*. Paris：Les Éditions du Cerf, 2013）。苏费翔花了十几年工夫，才完成此书。除了《中庸》经文与朱熹批注翻译之外，加上很详细的解释，用诠释学（hermeneutics）的方法阐述了与《中庸》哲学有关的许多反思，涉及朱熹其他的著

作，如《论语集注》，甚至于《老子》、《庄子》等道家思想，古希腊哲学等等，在《中庸》学方面立下很重要的地标，并以朱熹《中庸章句》为基准。

按，苏费翔Arghiresco书较为详细的英文评论，即将发表在*Philosophy East and West*杂志，敬请参考。

二、专书介绍

1.〔德〕苏费翔（Christian Soffel）、〔美〕田浩（Hoyt Cleveland Tillman）合著：*Cultural Authority and Political Culture in China: Exploring Issues with the Zhongyong and the Daotong during the Song, Jin and Yuan Dynasties*（《中国文化权威与政治文化——对宋金元〈中庸〉与“道统”的探索》）。

此书由Stuttgart：Franz Steiner Verlag 2012年出版。

全书通过探讨中庸和道（道统）的传承，作者论证了文化权威与政治文化之间的复杂关系。研究突出了王柏和郝经在此议题上的独立见解。分为三个部分，第一部分论述南宋《中庸》与道统，第一章：历史的和汉学的背景，第二章：宋代视野中的《中庸》——欧阳修、苏轼、朱熹、叶适和王柏，第三章：道统与《中庸》；第二部分论述宋金元文化思考的冲突与融合，第四章：宋金元时期的郝经与道学，第五章：宋金元政治文化与王朝合法性问题，第六章：郝经论《中庸》与道统。最后为结论。

2.〔法〕戴鹤白（Roger Darrobers）（西巴黎大学）译：朱熹《戊申封事》法译本。

该书由巴黎美文出版社（Les Belles Lettres）2013年出版。

2013年，法国美文出版社“汉文—法译书库”再版了戴鹤白译朱熹《戊申封事》。该书初版由巴黎友丰书店于2008年出版，此次再版为汉、法双语对照版。这也是 “汉文—法译书库” 收入的第二本朱熹著作译著，第一本是2012年出版的由 Guillaume Dutournier（杜杰庸）、戴鹤白合译的朱熹、陆九渊通信论著《太极之辩》。

美文出版社始建于1919年。近一个世纪以来，其出版的希腊语、拉丁语与法语双语对照版欧洲典籍译本已达800余种。秉承这一传统，该社于2007年开始编辑出版面向法语读者的“汉法—法译书库” 双语译丛，主要收录中国古代典籍的法译著作，同时也收录韩国、日本和越南的汉籍译本。译丛主编为法兰西学院“中国思想史”讲席 Anne Cheng（程艾兰）教授与法国高等实验研究院研究导师 Marc Kalinowski（马克）教授。该译丛现已出版20余种，其中有《古诗十九首》、《盐铁论》、扬雄的《法言》、陆贾的《新语》、法显的《佛国记》、苏轼的《东坡记》、李珥的《击蒙要诀》、利玛窦的

《天主实义》等。这些译本都配有译者的长篇引论，译文中也多附有大量详注。（戴鹤白文，李国强译）

（作者单位：德国特里尔大学 Trier University、法国西巴黎大学）

德文语境中的朱熹思想

——对朱熹思想之德语接受史的考察与反思*

⊙张　柯

一、引　言

自16世纪以降，通过西方传教士和学者们的翻译，中国古代典籍开始持续地输入西方，成为与“西学东渐”方向相反的另一种东西方文明的交融态势。在此进程中，德语世界的学者们做出了巨大贡献，他们不仅翻译了大量中国经典著作，而且许多译本都系中文典籍在西方世界的第一种译本，进而为西方其他语言的转译工作奠定了基础。正是由于有持久的翻译活动做支撑，德语世界对中国古典思想的兴趣一直比较浓厚，而其对“中国哲学”的看法也展现了一种较为丰富的状态。

众所周知，德国学者对待“中国哲学”的态度，在莱布尼茨与黑格尔那里构成了两个极端：莱布尼茨极为推崇中国古典思想，认为它是一种更为高明的哲学；黑格尔则从其对孔子思想意义的判断出发，断言中国没有哲学。然而，这两种极端并不能借以直接断定德语学者对中国思想的基本看法，多数对此问题有所表态的德国学者大都持一种中间立场，即一方面不再像莱布尼茨那样如此推崇中国思想，另一方面也大都肯定中文是人类历史上少有的几种天生的哲学语言。后一种肯定，一方面来自德国学者对历史事实的尊重：在浩漫的历史长河中，只有中国、印度、希腊这三个民族独立形成了本己的哲学思想[1]；另一方面也可以从《道德经》在德文世界的译本数量得到说明，迄今为止，《道德经》的德译本已达114种[2]。

《道德经》在德语世界中的持久热度多少反映了一般德语读者对中国古典思想内在分层的判断和定位：先秦道家文本乃是或者说接近于真正的哲学，先秦儒家文本离哲学语境则有相当距离。然而，对于中国哲学的另一重要代表——宋明理学，或者更具体地说，对于朱熹思想，德语世界是如何看待又是如何理解的呢？

毫无疑问，哲学文本的异域语言翻译史与此思想的异域接受史有最直接的关联。因而，我们若要考察朱熹思想在德语世界中的接受史，莫若首先从德语世界对朱熹思想的

* 本文系贵州传统文化中心研究项目“同一与差异：中西比较哲学视域中朱子‘理一分殊’思想的当代意蕴”（项目编号：2010003）的阶段性成果。

译介活动入手，然后再依据一些重要文本来检讨其得失。

二、对朱熹思想之德语译研工作的考察

陈荣捷先生在其卓越的专题研究《欧美之朱子学》中曾认为，西方世界对朱熹思想的最早译介是稗治文（E. C. Bridgeman）在1849年的摘译，此人“采取朱子全书关于宇宙、天地、日月、星辰、人物、鸟兽若干语，译成英文，虽仅七页，而从朱子直接材料看其思想，于焉开始。故欧美翻译朱子本人资料，以此为最早，而欧美研究朱子之专著，亦以此为最早”[3]。

然而这一看法显然有误，因为德国学者 K. F. Neumann[4]1837年就已在著名的《历史神学杂志》（*Zeitschrift für die historische Theologie*）上发表了长达88页的对朱熹理气思想的德文译介成果[5]。译者对朱熹思想的整体格局有相当了解，而且私人藏有一套《御纂朱子全书》[6]。其译文系对《御纂朱子全书》第四十九卷即“理气一”的翻译，分别按“总论、太极、天地、阴阳、五行、时令”进行了完整翻译。在文本的导论部分（共32页），译者着眼于“道统传续”，首先对朱熹之前的中国思想史脉络进行了一番梳理，然后对承接道统的朱熹思想做了评价，其对朱熹思想的最终定位是：“朱熹乃是中国的亚里士多德，他的著述是他的时代与他的民族之信念与知识的集大成者。”就目前资料来看，这应是西方对朱子文本最早的、严格意义上的译介成果（更早之前的耶稣会传教士如龙华民等人对中国理学思想所进行的有极大缺陷的编译成果并不能与之相提并论，译者本人在导论中也指明了这一点）。

尽管有这一失误，但陈荣捷的专题研究仍然注意到了一些德语学者对朱熹思想的译介贡献：1876年，Georg von der Gabelentz[7] 译周子《太极图说》并朱子注；1879 年，Wilhelm Grube[8]选译朱子关于理气若干条，翌年又从《性理精义》译周子通书与朱子注释[9]。1953年，Olaf Graf [10]耗费多年心血方得完成的《近思录》德文译本面世[11]，此系该书在西方世界的第一种译本，且由于该书的特殊性与重要性，故有深远意义。陈荣捷先生对此译本的评价是：“书凡三篇，共四册。第一篇为概论。第二编上下册为近思录与叶采近思录集解之翻译。第三篇为翻译之附注。在概论中详言近思录与其思想在理学上之位置。又与佛教、道教，与西方思想，尤其是斯宾诺莎相比较，实为朱子研究一大进步。”[12]Graf 神父又再接再厉，于1970年出版德文研究巨著《道与仁：中国宋代一元论中的实然与应然》[13]，得到陈荣捷的好评。陈称作者为“当代西方综述朱子之最丰富者”，并评其书：“以近思录为出发点，泛论宋代理学而以朱子为中心，所论太极、理气、道、天、命、乾坤、仁、四德、中和、敬、人道、格物、心意、天地之心，评佛等等，虽乏完整，而言之成理。”此外，陈荣捷也注意到了20世纪20年代和30年代出现的

两部用德语写就的中国哲学史，分别是 E. V. Zenker 的《中国哲学史》[14]与 Alfred Forke 的《近现代中国哲学史》[15]（此书视宋代哲学为近现代中国哲学的起点，故研究范围是从宋代到民国），陈对后者论朱子部分的评价是："分论理气太极、天与帝、天地阴阳、鬼神魂魄、人物与性、道、朱陆之辨，西方学者对于朱子之嘉许，范围周广。所引朱子之语，亦算精到。盖Forke之中国学问研究之造就，可比Bruce[16] 而实过之。"除此之外，并无多论。关于这两部德文中国哲学史，我们将在后文中予以探讨。

陈先生的研究完成于20世纪70年代，对此后数十年德语世界的最新进展当然无可涉及，而且对此前一些相关研究也多有遗漏，故下文中我将尽可能地予以补充，以便为更进一步的"德语朱熹思想研究"乃至更广范围的"德语中国哲学研究"做一文献学的准备。在原典译注方面，致力于宋明理学研究的当代德国汉学家、波鸿大学教授 Wolfgang Ommerborn（欧阳师）重新译注了《近思录》，并于2008年出版，这是该书在德文世界的第二个译本[17]。此译本通过大量评注和阐释，试图在德语世界中树立这样一种观照：宋代新儒家的这一文献选辑乃是世界文化史上最有影响力的文本之一[18]。

在研究著作方面：德国汉学家 Wilhelm Schott 曾在1886年出版《对中国博学之士朱熹的评论》[19]；1985年，JuttaVisarius 出版专著《朱熹形而上学研究》[20]；1987年，Wolfgang Ommerborn 出版专著《新中国的思想史研究：当前对朱熹及其理气论的评价》[21]，此系其在波鸿大学的博士论文；同年，日本学者岛田虔次的代表作《朱子学与阳明学》被Monika Ueberhoer（于佩和）教授译为德文出版[22]；1999年，Hae-suk Choi 出版比较哲学领域的研究专著《斯宾诺莎与朱熹：斯宾诺莎伦理学与朱熹新儒家学说中的作为人之存在根据的绝对自然》[23]；2001年，中国台湾学者 Lin Wei-chieh（林维杰）在法兰克福出版其博士论文《理解与道德实践：朱熹儒学与伽达默尔哲学解释学之间的比较》[24]；2003年，Hans van Ess（叶翰）出版研究专著《从程颐到朱熹：胡氏家族传统中的正道论》[25]，认为朱熹思想吸收了胡宏和张栻的许多思想，其思想体系中的许多内容都来自湖湘学派，但较之湖湘学派，朱熹思想有更为强大的、兼收并蓄的纯粹学术精神，也因此而得以成功。此书原系其1999年在汉堡大学提交的教授资格论文；2006年，Wolfgang Ommerborn 出版新作《戴震对孟子的接受与他对朱熹学派的批判》[26]，此研究分别从哲学思想和政治思想两个层面予以展开；2009年，Thomas Tabery 博士出版了研究颜习斋哲学的专著《自身教化与世界构形：颜元的实践论哲学》[27]，此书对朱熹的理气思想做了较为详尽而深入的专题研究，颇为可观。

在研究论文方面，德国著名翻译家 Franz Kuhn 在其走向中国文学翻译之路前，曾在1917 年发表过关于朱熹的学术论文：《中国皇帝关于朱熹的九条诫命》[28]；Olaf Graf 在1948年发表了比较哲学论文《朱熹与斯宾诺莎》[29]；Michael Lackner 对同样的问题予以关注，发表重要论文《朱熹是黑格尔之前的"黑格尔"么？在中国和当代西方之间的理解难题》[30]；1963年，Victoria Contag 发表论文《对古人朱熹的认识》[31]；Michael Friedrich 在1989年发表论文《传统与直觉：朱熹学派的渊源史》[32]；莱比锡大学教授

Ralf Moritz 在1997年发表重要论文《概念与历史：论朱熹》[33]，由此文可清楚地看到，“理”在朱熹思想中乃是“一体化的整体性规范”。较之以上学者，在此领域用力最勤者当属 Wolfgang Ommerborn，他先后发表的相关论文有：《朱熹学说中对人的哲学考察》、《新儒家朱熹的生平与思想》、《朱熹对孟子仁政理论的接受和这种理论的哲学根基》、《评叶翰的〈从程颐到朱熹：胡氏家族传统中的正道论〉》等[34]。

在哲学史专著方面，德语学界除了20世纪二三十年代出现的三部中国哲学史——Heinrich Hackmann 的《中国哲学》[35]、E. V. Zenker 的《中国哲学史》与Alfred Forke 的《近现代中国哲学史》——外，一直没有太大进展。但有必要提及的是，2005 年去世的德国著名汉学家 Wolfgang Bauer（鲍吾刚）曾在2001年出版了一部全新的中国哲学史专著：《中国哲学史：儒家、道家、佛教》[36]。这是一部较为系统的哲学史著作，其中用20页篇幅探讨了朱熹哲学，从“理、人性与爱、物与心、新的经典著作、朱熹与伟大的综合”五个环节分别展开。鲍吾刚认为，北宋道学的基本特性在于对“宇宙论”（Kosmologie）的建构和对“存在”（Sein）的重新发现，但又因此出现了两极性倾向（Polarisierungstendenzen），而朱熹的功绩就在于他对此做出了一种“伟大的综合”。

以上我们从译本、研究专著、研究论文、哲学史专著等几个层面考察了近三百年来德语学界对朱熹思想的译介研究工作的概况，对其中一些成果我们也做了简要的介绍，但为了更加深入地思考德语学界对朱熹思想的理解与接受活动，为了更加透彻地观察中国思想在异域语境中的命运，显然还有必要结合一些重要成果来加以重点分析和阐释。

三、对德国汉学之“朱熹理解”的观察与反思

就整体而言，较之英美汉学对朱熹思想的研究，德国汉学对朱熹思想的译介和研究有如下几个特点：第一，翻译和研究的丰富度不如英美汉学，翻译的规模和研究成果的数量亦不如英美汉学。德国的华裔学者始终难以被纳入到德国汉学研究群体中来，这或是一个较大的影响因素[37]；第二，英美汉学的朱熹研究侧重于文化史、思想史、政治史方面的考察，德国汉学的朱熹研究则更多地着重于研究哲学问题本身和追问思想自身的意义，这无疑是受到了德国思辨哲学精神的深重影响；第三，对于朱熹思想的哲学意义，英美汉学界由于有华裔学者的强力支撑，不乏厚重作品和深邃洞见，德国汉学界的认识则略显笼统，深入的文本剖析和深邃的义理思辨较为缺乏。然而，伴随着德文译研活动的积累以及研究者语言熟练度和文化亲和度的提升，这种局面正在逐渐改变，我们也更期待着这种转变和积累的升华。

近四百年来，德国学者对朱熹思想的意义和要旨有各种各样的理解，我们选择几种较具代表性的理解来加以分析和批评。

莱布尼茨（1646—1716）是最早对朱熹思想要旨做出评论的德国学者，这是无可争议的历史事实。尽管莱布尼茨本人并不通晓汉语，他对朱熹理气思想的了解仅仅来自于传教士的翻译和报道，而且受某些文本的误导（龙华民等传教士在其著述中认为理、气、太极这些范畴在先秦时就已形成），尽管他有所怀疑，但终竟不能确知这些范畴的确切历史信息。但这并不能完全阻绝深邃思想之间的共振，而且就其对朱熹理气思想的理解与评论来看，其中所蕴藏的深邃洞见与精思妙契，委实令人惊叹。

1701年，意大利传教士龙华民（Nicolas Longobaldi，1559—1654）的著名论文出版了法文译本，此即《论中国宗教的几个问题》（*Traite sur quelquas Points de la Religion de la Chinois*），这是来华耶稣会士向西方介绍中国哲学和宗教的重要文献之一。1714年10月12日，法国学者尼古拉·德·雷蒙（Nicolas de Remond）致信莱布尼茨说，他已读过龙华民的上述论文，请求莱布尼茨对这篇论文做一评论。1715—1716年间，在生命的最后岁月，莱布尼茨写出了著名的《论中国自然神学》一文，这是一封未发出的长信，更是一篇严格意义上的学术论文，而且凸显了莱布尼茨思想在其后期臻于成熟时的一些重要特性。

出于反对利玛窦融合主义传教方针的考虑，同时也由于没有深入理解中国思想的实质（尽管利玛窦本人对理学思想的理解也颇为肤浅[38]，但龙华民则更为不堪，因为他根本没有弄清先秦儒家和新儒家的区别），龙华民在其论文中认为理学思想乃是一种唯物主义的思想，朱熹反复强调的“理气不分”等主张成为其主要论证依据。最终，在他看来，“理”乃意指一种“原初物质”。

莱布尼茨在其论文中对龙华民的上述立场和立论进行了批判。

首先，关于思想材料问题，莱布尼茨审慎地指出，为了深入探讨，“最好是将经书全部翻译出来，但是既然还做不到这一点，我们也只可做暂时性的判断”，由于龙文引用理学典籍文字的目的是为了反驳其内容，故“我们并无理由怀疑他伪造任何东西。我相信这些材料所提供的有关中国的权威性的学说，应是可靠的，而且不会被人视为恭维之辞；所以我要为它做合理的解释。除此之外，我也会运用同意龙华民神父想法的利安当神父所加上去的话”[39]。

其次，莱布尼茨指出，对理气思想意义的争议焦点在于：中国人是否承认“精神实体”的存在。龙华民给出了否定答案，而莱布尼茨却说：“我在熟思后，认为他们承认过——虽然或者没有承认精神实体是与物质分别存在的。对于受造的精神体来说，这并无害处。连我本身也倾向于‘天使有肉身’的信念——而这也是数位古代教父们的说法。我也认为理性之灵不能完全脱离物质。……要断定中国人是否承认精神实体，我们尤其应该研究他们的‘理’或秩序。‘理’是万物的第一推动者与根据；而且——我相信——‘理’近乎我们的至高神观。认‘理’为纯被动性的、生硬而毫无人情的、和物质一样的，是不对的。”

最后，通过对有限的文本材料和思想资料的考察，莱布尼茨看出了“理”这个词的不同含义："由此我断定，这个词必定有双重含义。有时用其严格含义，指至高至上的存在，有时则指任何一种精神。"理的双重含义因而可分为：作为本原存在的理和寓于个别事物之中并决定其性质的理。前者乃是"源始原则"（Urprinzip），它是"第一推动者和万物的原因，并且我相信，它相应于我们说的神圣（Gottheit）"，"在某种意义上，理乃是事物的精纯本质、强力、力量以及真正本性，因为他（指朱熹）已经明确地区分了气中之理和气中之物"。因而这里所谓的理，"不是指精神性的原始实质，而是指一般的精神性的实质或者说隐德莱希，也就是那种东西，与诸灵魂一样，它秉有主动性、感知或有秩序的活动（nicht die geistige Ursubstanzgemeint, sondern allgemein die geistige Substanz oder die Entelechie, also dasjenige，was wie dieSeelen mit Aktivitaet und Wahrnehmung oder geordneter Taetigkeit begabt ist）"[40]。

隐德莱希，希腊文 entelecheia，字面意思为"在完成之中；在完善中居有"，亚里士多德以此意指"实际造作之力"、"实现之力"。在亚里士多德的希腊语境和莱布尼茨的单子论思想中，此概念都同样具有二重性意义：整体（存在自身）的实现与个体（存在物）的实现。存在之整体的实现征用着个体之实现，个体的实现又参赞着整体的实现活动。也正是基于这种宏阔而深邃的思辨视野[41]，莱布尼茨不可思议地把握住了让其本己思想与东方思想发生深邃共振的关键契机：一方面，莱布尼茨指出，就个体而言，"理"是物之为物的具体之理，是个体意义上的隐德莱希（实现之力），故其"秉有主动性、感知或有秩序的活动"；另一方面，就整体而言，莱布尼茨认为，作为"原始原则"的"理"并非变化之主体，而是原始的隐德莱希或者说实质性的行动之力[42]。

莱布尼茨的这种解读远远超越了我们的期望。甚至，当我们回顾本己思想传统时，我们不得不承认，理气之辨对于"精通中文"的中国学者来说也仍然是一个至为艰难的问题，那么我们就能多少晓悟到，思想之理解问题绝非仅仅是一个语言之掌握的问题。笔者认为，理解朱熹理气问题的关键就在于能否洞见到理之二重性以及如何阐明这种二重性，但对此的深入探讨和论证显然并不能在此进行，因为此工作必须首先在我们本土思想视野和道说方式中予以充分展开[43]。

我们再来看福尔克（Alfred Forke）的相关论述。

尽管有其本己限度，但福尔克完成于20世纪30年代的三卷本德语中国哲学史巨著——《古代中国哲学史》、《中古中国哲学史》、《近现代中国哲学史》——迄今可能仍然无法取代，因而又得到再版机会。福尔克对中国哲学史的理解框架和观察视野与欧美很多学者都大相径庭，需要专门加以深入探讨。其最为特别之处体现在他把宋代哲学当作近现代中国哲学的起点。

欧洲学者对中国思想内在格局的理解长期存在一种偏见，即重视先秦思想，而轻视宋明理学。这种偏见导致的后果在20世纪初期的两部德语中国哲学史中有直接体现。

Heinrich Hackmann 在其哲学史著作《中国哲学》中用220页的篇幅来探讨古代哲学（先秦时期），对中古时期哲学（两汉至唐）用了90页篇幅，对于宋代及其后哲学则只用了65页。同样地，Zenker 在其《中国哲学史》中用了近340页篇幅来阐释古代先秦哲学，对中古哲学的探讨用了200页，对于宋代以降的哲学则只分配了130页的篇幅。与之形成鲜明对比的是，福尔克的《近现代中国哲学史》仅正文部分就达到了650页篇幅，远远超越了其他学者的阐释篇幅。在此书中福尔克用近300页来阐释宋代哲学，又用150页来探讨明代哲学，因而仅从文本篇幅和解释规模来看就与一般欧美学者的中国哲学史阐释格局存在相当大的距离。之所以如此处理，是因为福尔克对宋代以来的中国哲学有极高评价：

> 中国和日本的哲学史家们认为，宋代以来的中国哲学与古代中国哲学是势均力敌的，所以他们也相应地对宋代以来的哲学进行同样详尽的探讨。但在我看来，宋代以来的中国哲学不仅是与古代中国哲学同样重要的，甚至还更为重要。只是在宋代以来，中国哲学才得到了完全的发展。推崇古代哲学的那些先前的儒家学者甚至现代的哲学家们的看法都是有问题的，因为，古代中国哲学诚然构造了根基，但却并未构成中国哲学之终极。先秦时代是智慧的时代，宋代和明代则是真正的哲学之时代。古代圣贤对智慧的把握通常是直觉性的，很少予以论证。他们所从事的仅仅是一些基本概念，他们并没有从中引出更进一步的推论。只是从宋代以来，这些基本概念才真正得到了哲学性的思考，最高的难题被把握住了，独创性的解答被发现了。……大多数的中国哲学史专家们把宋代视作中国哲学的第二个巅峰时期，我则把它看作是中国哲学的全盛时代，当然也不能排除这样一种可能：随着当前欧洲文化的渗透，中国哲学还会迎来第三次巅峰时期。[44]

精通中文的福尔克在研究宋代哲学时主要依据的文本是《朱子全书》、《性理大全》、《性理精义》、《理学宗传》以及《宋元学案》等。他之所以如此高调地评价宋代哲学，根本是因为他对朱熹哲学有极高评价。

从文本来看，由于受到黄宗羲和王船山之理学观或明或暗的影响，福尔克对朱熹理气思想的理解并未推进到足够的深度，甚至还不如莱布尼茨的洞见深度。尽管如此，福尔克仍然看到了朱熹哲学中某种无与伦比的东西。

在福尔克看来，"朱熹不只是宋代最重要的哲学家，更根本地，他乃是最伟大的中国哲学家，他比孔子、老子或王阳明都要更加伟大"。这种观点可能会让许多中国人和欧洲人都感到吃惊，福尔克为此进行了下述辩护：孔子是圣人，却并非伟大的哲学家。他传承了古老的道德原理并将其带入经典形式中，但这并没有开创新的东西。他所从事的只是实践性的生命哲学。最重要的哲学领域，如形而上学、自然哲学等，对于孔子而言是陌生的，却是朱熹所精擅的。就创造性精神而言，老子胜于朱熹，但老子更多是诗人而非哲学家。他以思想作诗，令人有同感，但却不可论证。老子诚然是创造了一种形而上学的若干基本概念，但他忽略了伦理学和其他学术。至于王阳明，尽管很多人认为他超越了朱熹，但他的视野与朱熹思想的纵贯疆域相比显得相当狭隘。令朱熹殚精竭虑为之求索的很多问题都还是先秦思想家所不知晓的。朱熹之伟大在于，他会尝试着去对他的主张加以论证，他会以极大的审慎去衡量赞成与反对的意见。在这方面，尽管有一些哲学家在独创性上超过了朱熹，但他们却无能于论证，而我们对一个哲学家的基本要求却是：他要能够说服我们，使我们确信其思想的真理性。获取原创性的想法并非那么困难，倘若人们使自己免除于对这些想法的合理性加以论证的辛苦，或使自己满足于似是而非的论证的话。唯有朱熹，他以他那批判性的思想方法而规避了不可靠的立论。[45]

由此，福尔克对朱熹的思想史意义做出了下述断言：朱熹掌握了他的时代的全部知识，因此堪与亚里士多德、阿奎那或者莱布尼茨相提并论。在最为切近的意义上，他更像是阿奎那。两个人都受制于传统并深谙传统，但也都能借助异域思想发展出自己的哲学，但这两个人的哲学工作重心都放在了阐释和评注上而并未倾力于构建自己的哲学陈述。尽管有种种时代条件之限制，但朱熹仍是所有中国思想家中最具哲学品性的思想家，他最为接近于西方所理解的哲学家。他的精神涵括了他全部的生活世界，对于其中智慧，他并不仅以诗意箴言来予以道说，而且也对他所要认知的一切加以真正的哲学思辨[46]。

以阿奎那和朱熹来加以比对，这是中外一些学者的习见，福尔克也概莫能外。然而这种比对多是就外在效应和粗略形态而言的，就思想对话之基本问题（存在之二重性与理之二重性问题）而言，与朱熹理气思想最能遥契交接的并非在存在论问题上坚持“类比说”（Analogie）的阿奎那，而是洞察到存在之“单义性”（Univozitaet）的更为深邃精锐的邓·司各脱[47]。以此而论，福尔克对朱熹思想的理解更多的也只是在思想外在层面上运行，缺乏足够的穿透力和思辨力。不仅如此，他对孔子和老子的评价也都显示了他的理解限度，当然对此我们也不必苛求。从整体来看，福尔克对朱熹思想的高度评价植根于他的这样一种判断：朱熹是古典中国最具严格哲学品性的思想家。倘若我们能免除于视其为“欧洲中心主义”这样的诛心之论，倘若我们能从其尚不充分的表述中看到其洞察的闪光点，福尔克的这种观照就仍然是有其积极意义的，至少比起那些言必称先秦的哲学史观要更具警醒之力。

最后我们来看一下“德国汉学界中最具野心的尝试之一”——葛拉福神父（Olaf Graf）的理学研究巨著《道与仁：中国宋代一元论中的实然与应然》。在论者看来，这种野心主要体现在：不仅正视中国哲学的自主性，而且也试图将中国哲学与西方哲学两个巨大传统平等地对待[48]。葛拉福的这部著作主要分为两个部分，即首先探讨宋代道学的核心概念与基本问题，然后对新儒学的定位问题进行纵贯分析和对比。由书名可知，葛拉福将宋代道学看作是一元论哲学，更确切地说，是“一元论的同一性哲学”[49]。具体到朱熹哲学，葛拉福明确反对惯常的视朱熹为二元论者的看法：理与气并非形式与质料的关系，理与气之间的差异并不足以定位于二元论，因为其基调乃是同一性，或者说差异着的同一性。但葛拉福并未真正揭示其中要害，甚至当他进而在第二部分展开朱熹与阿奎那的思想类比时（可以明显看出，这是他的主要着力点），隐藏于其哲学立论中的脆弱性就得到了暴露。

在某种意义上，我们可以承认对朱熹思想的一元论定位，但阿奎那的存在论思想并不能简单地归结为一元论思想，也因而恰恰不适宜于与朱熹相类比；或者如论者马恺之所指出的那样，葛拉福“在比较一元论者朱熹与协调一元论（Monismus）和二元论（Dualismus）的阿奎那时，思想上的收获是相当模糊的：他不进行真正的分析，而仅是给出一种‘氛围’”[50]。

尽管有许多重大的结构性失误，但葛拉福对朱熹理气思想的解读和阐释却仍有其值得肯定之处。他多少已经看到，理气问题之实质就是理之二重性问题；这种二重性固然运作于差异中，但这种差异性也只有在本源的同一性中才是可能的。然而这些值得凝视的闪光点却在其过于仓促和宏大的比较中被弄得黯淡无光了。

如此，我们就结束了本节的考察工作。若着眼于思想本身所要求的深度，我们必须承认，除少数研究外，目前所看到的德语世界的朱熹思想研究大都不能令人满意，大都还难以经得起学术性和思想性的严格要求，或者说，都还难以构筑一条连接并提升各种洞见的坚实道路。诚然，从积极方面来看，这也就意味着有待实现的中西思想对话之前景的超乎想象的辽远与开阔。但仍有必要指出和提醒的是，导致既有现实中这种挫折的原因不仅仅在于理解中国思想的难度，也不仅在于中国思想的非连续性（非道路性）特质，更根本的在于，西方学者对其本己思想即西方思想的理解本就极为艰难。如此就激发了这样一种双重观照：

一方面，对本己传统中的关键思想尚不能有足够理解的人，也极难期待他能真正进入异域传统中的典范思想。对语言的掌握固然非常重要，但思想本身的理解绝非仅仅是一个文字功夫问题，精通异域语言的福尔克与葛拉福所曾遭遇的暗礁也是我们中国学者所曾遭遇、正在遭遇并且将来仍会遭遇的暗礁。与其说我们对异域思想缺乏足够的把握，毋宁说我们对本己传统的思想要素还可能缺乏真正的洞见，因而就还没做好准备去展开一场本质性的对话。另一方面，完全不通中文、只能借助于二手资料的莱布尼茨的那些不可思议的深邃洞察又构成了另一种意味深长的暗示和激励。[51]思想的真正对话是宽容的，这种宽容乃是一种宽阔行走的浩然允诺。回顾历史，我们就会发现不同传统之中曾经一再发生过的类似事态：不重训诂考证而专致义理发扬的宋明理学正是崛起于并运作于这种宽容之中，而在今日西方古典学者看来颇不准确的18、19世纪的那些希腊哲学的德译本，也恰恰是以种种本己化的“走音”才强力支援了德国古典哲学的深邃思辨。最终，所有这一切就构成了这样一种暗示：限度或许能够成为本质之允诺，对话或许能够激励彼此之成就，只要“我们”能够真正进入思想之中。

注　释：

[1] 策勒尔：《古希腊哲学史纲》，翁绍军译，济南：山东人民出版社，1996年，第2页。

[2] 此据德国汉学家顾彬的报道，见《顾彬：传播中国文学的使命感》，《京师学人》第25期。

[3] 陈荣捷：《朱子论集》，台北：学生书局，1982年，第422页。

[4] Karl Friedrich Neumann，1793—1870，19世纪德国汉学家，慕尼黑大学东方学教授，曾在法国汉学泰斗雷慕沙处学习中文，后于1829—1831年到中国进修中文，收购中国典籍12000册回国。其生平事迹参见 Hartmut Walravens, *Karl Friedrich Neumann und Karl Friedrich August Guetzlaff: zwei deutsche Chinakundige im 19.* Jahrhundert, Wiesbaden: Harrassowitz, 2001.

[5] Karl Friedrich Neumann, "Die Natur-und Religionsphilosophie der Chinesen. nach dem Werke deschinesischen Weltweisen Tschuhsi", In: *Zeitschrift für die historische Theologie*. Neue Folge, Stück 1, Nr. 1, Gotha 1837. S. 1-88.

[6] 按Neumann本人的报道，当时整个欧洲仅有三套《御纂朱子全书》，除其本人家藏一套外，另两套分别为巴黎皇家图书馆和英国亚洲学会所收藏（其中巴黎所藏版本还残缺不全）。参见 Karl FriedrichNeumann,"Die Naturund Religionsphilosophie der Chinesen. nach dem Werke des chinesischen WeltweisenTschuhsi", S. 3.

[7] Georg von der Gabelentz，1840—1893，19世纪德国汉学家，1876年凭《太极图说》译文和相关研究获博士学位，后任莱比锡大学教授，代表作为《中国文言语法》。

[8] Wilhelm Grube，1856—1908，19世纪德国汉学家，Gabelentz的弟子，曾任柏林民俗博物馆东亚部主任兼柏林大学教授，德国女真文字研究的开创者，译有《封神演义》（前四十八回），代表作为《中国文学史》。

[9] Georg von der Gabelentz, *Thai-kih-thu des Tschen-tsi Tafel des Urprinzipas mit Tschu-Hi Kommentare* (Dresden, 1876); *Wilhelm Grube, Zur Naturphi-losophie der Chinesen, Li khi Vernunft und Materie* (1879); Wilhelm Grube, *Ein Beitrag zur Kenntniss des Chinesischen Philosophie T'ung-Su des Ceutsi*, *mit Cu-hi's Com-mentare nach dem Sing-li tsing-i*（Wien, 1880）. 此据陈荣捷《朱子论集》，陈先生对这三种德文译本的评价是"比较准确"。

[10] Olaf Graf，1900—1976，在荷兰莱顿大学以日本儒学论文获得博士学位，常年在韩国和日本以本笃会教士身份传教。

[11] Olaf Graf, *Dschu Hsi*, *Djin si lu*, *die Sungkonfuzianische Summa mit dem Kommentar des Y Tsai* (1953).

[12] 陈荣捷：《朱子论集》，第430页。

[13] Olaf Graf, *Tao und Jen -Sein und Sollen im sungchinesischen Monismus*, Wies-baden 1970.

[14] E. V. Zenker, *Geschichte der chinesischen Philosophie*, Reichenberg 1926.

[15] Alfred Forke, *Geschichte der neueren chinesischen Philosophie*, De Gruyter 1938.

[16] J. Percy Bruce，1861—1934，英国传教士，中文名卜道成，英语世界朱熹哲学的早期译者和系统化研究的开创者，代表作为《朱熹和他的前辈们》（*Chu His and His Masters*, London, Probsthain, 1923）。

[17] Wolfgang Ommerborn (Hg.), *Jinsilu -Aufzeichnungen des Nachdenkens über Naheliegendes-Texte der Neo-Konfuzianer des 11. Jahrhunderts*. Verlag der Weltreligionen, 2008.

[18] 若我们把观察范围放得略宽一些，则有必要提及下述两种宋代道学重要文献的德文

译本：其一，张载《正蒙》的首个德译全本，Michael Friedrich/ Michael Lackner/ Friedrich Reimann (eds.), *Chang Tsai: Zheng Meng, Rechtes Auflichten (aus dem Chinesischen uebertragen und mit Einleitung und Kommentarversehen)*, Hamburg: Meiner, 1996; 其二，胡宏《知言》的首个德译全本，Hu Hong, *Worte kennen-Zhiyan*. uebersetzt von Hans van Ess, Verlag der Weltreligionen im Insel Verlag, 2009.

[19] Wilhelm Schott, *Zur Beurteilung des chinesischen Polyhistors Tschu-hi*, Berlin, 1886.

[20] Jutta Visarius, *Untersuchungen zur Metaphysik des Chu Hsi*, Diss. Bonn 1985.

[21] Wolfgang Ommerborn, *Geistesgeschichtliche Forschung in der VR China: Die gegenwaertige Bewertungdes Zhu Xi und seiner Konzeption von Li und Qi*, Bochum 1987.

[22] Kenji Shimada, *Die Neo-konfuzianische Philosophie. Die Schulrichtungen Chu Hsis und Wang Yang-mings*, uebersetzt von Monika Ueberhoer, Hamburg 1979.

[23] Hae-suk Choi, *Spinoza und Chu Hsi: Die absolute Natur als der Grund des menschlichen Seins in derEthik Spinozas und der neokonfuzianischen Lehre Chu Hsis*, Frankfurt am Main 1999.

[24] Lin Wei-chieh, *Verstehen und sittliche Praxis: Ein Vergleich zwischen dem Konfuzianismus Zhu Xisund der philosophischen Hermeneutik Gadamers*, Frankfurt am Main 2001.

[25] Hans van Ess, *Von Ch'eng I zu Chu Hsi: die Lehre vom rechten Weg in der Ueberlieferung der Familie Hu*, Wiesbaden 2003.

[26] Wolfgang Ommerborn, *Dai Zhens Rezeption des Mengzi und seine Kritik an der Schule des Zhu Xi*. Teil I: Philosophische Ueberlegungen; Teil II: Politische Ueberlegungen, Bochum 2006.

[27] Thomas Tabery, *Selbstkultivierung und Weltgestaltung: Die praxiologische Philosophie des Yan Yuan*, Harrassowitz 2009.

[28] Franz Kuhn, "Die neun Gebote des chinesischen Kaisers von Chu Hsi", in: *Mitteilungen des Seminarsfuer Orientalische Sprachen*, 20 (1917), 115-141.

[29] Olaf Graf, "Chu Hsi und Spinoza", in: *Internationaler Kongress fuer Philosophie*, 10 (1948), 238-242.

[30] Michael Lackner, "War Zhu Xi ein Hegel avant la lettre? Verstaendnisprobleme zwischen China unddem Westen in der Gegenwart", in: *Internationales Asienforum*, 22. 1/2 (1990), 39-53.

[31] Victoria Contag, "Erkenntnisse des alten Chu Hsi", in: *Sinologica*, 7 (1963), 217-227.

[32] Michael Friedrich, "Tradition und Intuition: Zur Vorgeschichte der Schule von Chu Hsi", in:Schmidt-Glintzer, Helwig (Hg.): *Lebenswelt und Weltanschauung der chinesischen Oberschicht im frueh-neuzeitlichen China*, Stuttgart 1989, 1-43.

[33] Ralf Moritz, "Begriff und Geschichte-Ein Beitrag zu Zhu Xi", in: *Tradition und Moderne-Religion, Philosophie und Literatur in China*, Dortmund 1997, 83-98.

[34] Wolfgang Ommerborn, "Die philosophische Betrachtung des Menschen in der Lehre des Zhu Xi", in: *Bochumer Jahrbuch zur Ostasienforschung*, 11 (1988),

135–152.

"Leben und Denken des Neo-Konfuzianers Zhu Xi (1130—1200)", in: *Das neue China*, 2 (2000), 31–33.

"Zhu Xis Rezeption der renzheng-Theorie (Politik der Menschlichkeit) des Menzius und ihrer philosophis-chen Grundlagen", in: *Archiv fuer Begriffsgeschichte*, 48 (2006), 65–99.

"Rezension zu Hans van Ess: Von Ch'eng I zu Chu Hsi: die Lehre vom rechten Weg in der Ueberlieferungder Familie Hu", in: *Bochumer Jahrbuch zur Ostasienforschung*, 28 (2004), 262–266.

[35] Heinrich Hackmann, *Chinesische Philosophie*, Muenchen 1927.

[36] Wolfgang Bauer, *Geschichte der chinesischen Philosophie: Konfuzianismus, Daoismus, Buddhismus*, C. H. Beck. 2009.

[37] 相比之下，被纳入美国学术体制内的陈荣捷等华裔学者对朱熹思想的大规模翻译和研究，对英美汉学的朱熹研究起到了很大的推动和促进作用。德国汉学界并非没有注意到这一问题，但之所以长期以来未有变化，主要原因还是在于德国汉学本身在德国学术界内部的艰难生存环境。

[38] 参见张西平：《传教士汉学研究》，郑州：大象出版社，1995年，第153—155页。

[39] 秦家懿编译：《德国哲学家论中国》，北京：生活·读书·新知三联书店，1993年，第71—72页。

[40] R. Loosen / F. Vonnessen (Hg.),"Leibniz und die Chinesische Philosophie", in G. W. Leibniz, *Zwei Briefe ueber das binaere Zahlensystem und die Chinesische Philosophie*, Stuttgart 1968. S. 41, 42, 44, 55.

[41] 莱布尼茨深邃地理解了亚里士多德和邓·司各脱的存在论思想的真正要义，进而决定了德国唯心论乃至唯心论之后的西方哲学。对于莱布尼茨的思想史意义，海德格尔在晚年时曾有如此表述："若我们想得足够深远的话，就可以发见到，莱布尼茨的思想承载着和烙印着近现代形而上学的主要趋向。因此，在我们的沉思中，莱布尼茨这个名字并不代表着一种过去的哲学体系。这个名字命名着一种思想的当前，这种思想的力量还没有消逝，而这种当前，我们还有待于与之相逢。" (Martin Heidegger, *DerSatz vom Grund*, GA. 10, Frankfurt 1997, S. 51) 莱布尼茨与朱熹思想的这场"对证式的对话"显得意味深长。

[42] R. Loosen / F. Vonnessen (Hg.), "Leibniz und die Chinesische Philosophie", in G. W. Leibniz, *Zwei Briefe ueber das binaere Zahlensystem und die Chinesische Philosophie*, Stuttgart 1968. S. 64.

[43] 可参见拙文《朱熹"理一分殊"问题中的二重性思辨——从〈朱子哲学研究〉相关探讨的不足与限度谈起》，《中州学刊》2012年第5期。

[44] Alfred Forke, *Geschichte der neueren chinesischen Philosophie*, De Gruyter 1938, Vorwort, VI.

[45] Alfred Forke, *Geschichte der neueren chinesischen Philosophie*, De Gruyter 1938, S. 201–202.

[46] Alfred Forke, *Geschichte der neueren chinesischen Philosophie*, De Gruyter 1938, S. 202.

[47] 阿奎那并未真正理解亚里士多德的类比问题。在阿奎那的那些稍微偏离了亚里士多德类比问题之要义的解读中，阿奎那认为，对存在（上帝）和存在物（造物）的词语运用

必须处于歧义性和单义性之间，此即类比。类比是介于完全多义性与纯粹单义性之间的表达方式，处在类比关系之中的观念不像在单义关系中那样是同一的，但也不像在多义关系中那样是差异的。对此问题，司各脱则把握住了希腊古典形而上学的基本精神，他清晰地指出：存在是二重性的，但这种二重性植根于同一性之中。如果有可能谈论上帝（存在），那么一定会有一些词语在用于上帝和用于造物的时候意义相同。某些超越性的词语（如"一"、"真"、"善"等）必须是单义的，无论这些词语是用于造物的不同种类还是用于造物以及上帝本体，它们都具有单一的意义。更多阐释在此不能展开，容另文探讨。

[48] 马恺之（Kai Marchal）：《德国比较哲学的先锋：葛拉福神父的〈道与仁〉》，萧豫安译，《中国文哲研究通讯》2007年第2期。

[49] Olaf Graf, *Tao und Jen-Sein und Sollen im sungchinesischen Monismus*, Wiesbaden 1970, S. 361.

[50] 马恺之（Kai Marchal）：《德国比较哲学的先锋：葛拉福神父的〈道与仁〉》，萧豫安译，《中国文哲研究通讯》2007年第2期。

[51] 海德格尔对类似问题有发人深省的阐释，他说："工作做得很精确的哲学史家们对他们'研究'的思想家所做的报道，通常是一些很特别的事情；但一个真正的思想家仍然能够借助于这样一种不充分的历史学报道辨认出本质性的东西，原因很简单，就在于他作为思想者和追问者自始就切近于有待思想和追问的东西了——这是一种无论多么精确的历史学科学都不能达到的切近。"（海德格尔：《尼采》，孙周兴译，北京：商务印书馆，2002年，第807页。译文据德文版有改动）

（原载《孔子研究》2013 年第 3 期，
作者单位：贵州大学人文学院哲学系）

朱子学书评

文献、思想与实践
——评吾妻重二《朱熹〈家礼〉实证研究》

⊙王　鑫

《朱熹〈家礼〉实证研究》是日本关西大学吾妻重二教授新近在中国内地出版的一部有关朱子学研究的专著。[1]吾妻教授毕业于早稻田大学文学部，求学期间曾作为日本第一批访华留学生在北京大学哲学系学习。早大阶段，虽师从著名道教学者楠山春树先生，但吾妻教授选择了朱子学作为其研究的主要对象。他在2003年向早大提交并获得文学博士学位的论文就是《朱子学的新研究——近世士大夫的思想史地平》（东京：创文社，2004年）。《朱子学的新研究》中，吾妻教授的研究即已体现了既注重对朱熹文献、哲学思想的细致分析，又重视朱熹思想在历史、实践层面展开的特点。在这部以朱熹《家礼》为中心的新作中，吾妻教授不仅延续了先前研究的特色，而且将视野扩展至整个东亚近世，进一步对朱子思想在实践与制度层面的展开做了更为深详周密的考察。

一

吾妻教授认为，长期以来人们对朱子学的理解与认知偏重于朱熹哲学思想与身心修养的一面，这固然是朱子学中最为重要的内容，但无论从朱子学整体所包含的丰富性，还是从朱子学对后世多层面的影响来说，都应当认识到朱子学作为一种综合“文化”的面貌。具体地说，朱子学是包含哲学、自然、历史、经济、文学、道德、政治理论、教育、祭祀、礼仪等多层丰富内容的有机整体，其影响亦渗透到近世中国及东亚世界历史与社会生活的各个方面。[2]正是从对朱子学作为一种综合“文化”的认识出发，近年来，吾妻教授将研究的重心放在了朱熹的礼学上。“礼”作为“仁”的外在形式或“天理之节文”，是儒家思想在历史实践中最重要的承载者。同样，朱熹的礼学也是朱熹哲学思想在实践与制度层面最忠实的呈现。而在朱熹诸多礼学著作中，传播范围最广、影响后世最深的无疑便是《家礼》。

吾妻教授将《家礼》称作“一部具有划时代意义的文本”[3]，他认为：“《家礼》的问世，可谓是中国近世思想史上的一件大事，其影响力之大，并不亚于《四书集注》。”[4]理由有三：第一，与以《仪礼》为代表的中国古典礼文献相比，《家礼》是中国近世（宋元明清）礼文献的新古典；第二，《家礼》突破了“礼不下庶人”（《礼记·曲礼篇上》）的传统界限，从而让儒家之礼真正走向庶民的生活，使“士”、“庶”各个阶层都能践履。这正反映了“人人皆可为圣人”这一朱子学“平等主义”的人类观；第三，伴随着朱子学作为一种“普遍思想”在东亚近世的广泛传播与深入影响，《家礼》的影响范围也超越了中国的地域范围，扩展到日本、韩国等东亚世界。而在近世的东亚，礼实际上成为区分“华夷”的中心指标。

《朱熹〈家礼〉实证研究》（以下简称《实证研究》）便是吾妻教授有关《家礼》研究成果的一次结集。《实证研究》一书共分两大部分，第一部分是“研究篇”，第二部分是“文献篇”。但从全书的内容来看，实际包含了三方面：一是对与《家礼》有关的先行研究的系统梳理。第一章内容即属于这一部分；二是对《家礼》从文献角度展开的考察。其中包括第三章对《家礼》刊刻与版本的讨论以及第二部分“文献篇”即第八章中对《家礼》文本的勘定；三是有关《家礼》的专题性研究。包括第二章中从文献学入手对日本江户时代礼学整体样貌的说明，以及对《家礼》中一些核心要素如第四章中对“家庙（或祠堂）”，第五、六章中对“木主”，第七章中对“深衣”的细致探讨。与从经学或礼学史角度进行的《家礼》研究不同，吾妻教授的《家礼》研究始终是在朱子学的视野中展开的。因此，以下在对各章内容特点进行介绍的同时，亦将试图指出其对当下朱子学研究所具有的启发意义。

二

《实证研究》的第一章是《儒教仪礼研究的现状与课题——以〈家礼〉为中心》。“儒教”一词是日本中国学界对儒学的惯称。“教”之一字更多的是指儒学是包含思想与制度在内的“教化”的整体。这章中，作者不仅讨论了中国古代仪礼与儒教的关系，儒教仪礼所包含的意义，同时也详细地检讨了迄今为止围绕中国儒教礼仪研究的一些中心课题，尤其是与《家礼》相关的研究焦点所在，如“《家礼》的作者问题”，“《家礼》与《书仪》（司马光）的关系问题”，“《家礼》在东亚的传播与展开”，“丧祭（葬祭）仪礼以及祖先祭祀、家族的问题”等。值得一提的是文末所附《〈家礼〉研究文献目录》。该目录几乎涵盖了所有近代以来各国学者有关《家礼》的研究成果，并做了分门别类的整理。其搜集之广、用功之勤令人叹服。可以说，对先行研究成果的充分重视是作者研究的入门途径。这不仅有助于从整体上把握研究史的全貌，更为重要的一点是：作者自觉地将自身的研究纳入研究史的脉络中，从而建立起与先行研究间的对话关系。通过对话，不断发现新的问题与新的领域，从而将研究不断推进。研究篇中其余各章内容的成立及创获之处，都是运用这种方法的一个结果。

三

《〈家礼〉的刊刻与版本——到〈性理大全〉为止》与第八章《宋版〈家礼〉校勘》是对《家礼》从文献角度展开的考察。正如本书题名所揭示的，“实证”是作者在研究方式上的另一大特色。在作者看来，不管是思想，还是制度，与之历史有关的实证研究最重要的依据都是文献。因此，《家礼》研究的首要任务便是对《家礼》文本的考订。在这一部分，作者的贡献有三点：

第一，彻底厘清了《家礼》在历史流传中的版本系统，并在此基础上以南宋周复本为底本，在尽可能掌握各种参校本的基础上，对宋版《家礼》进行了巨细靡遗的严密校勘。其最终成果即本书第八章《宋版〈家礼〉校勘》，可谓向学界提供了一部足可信赖的《家礼》定本。

第二，解决了长期以来围绕《家礼》作者问题的争议，将《家礼》视作朱熹尚未定稿的稿本之结论为学界提供了一个最为稳妥的定说。朱熹《家礼》自清代王懋竑提出“伪作说”，经四库馆臣的蹈袭，几成定论。近代以来，钱穆、上山春平、陈来等诸多学者皆对“伪作说”有所质疑。作者在继承先前研究的基础上，通过对《家礼》流传各版本及周边资料特别是序、跋的研究，为推翻“伪作说”提供了更有力的证据。如作者所指出的：朱熹逝后不久，相继出现了五羊本、余杭本以及严洲本等数种不同版本的《家礼》。而与这些刊本密切相关的陈淳、黄榦、廖明德以及杨复等都是直接师从朱熹的门人，在他们留下的序跋资料中，无一例外地将《家礼》视作朱熹的著作并最大限度地表现出了对《家礼》的敬意。如果《家礼》真的是一部出自别人的伪作，那绝不可能出现上述情况；王懋竑认为《家礼》的序文也是伪作，现存宋版《纂图集注文公家礼》卷首所载朱熹亲笔序的翻刻本便直接证明了王说之谬；至于王懋竑所言《家礼》记述内容存在着前后矛盾的现象，作者亦正确地指出：这是因为《家礼》流传于世的时候并非完本，而是未完的稿本，即陈淳所说“未成之缺典”（《代陈宪跋家礼》），黄榦所言的“未暇更定”（《朱子行状》），因而也不能以此作为判定《家礼》为伪作的证据。

第三，作者对《家礼》版本流传历史的梳理，其目的并不止步于对版本系统的清楚认识，而是在此基础上，进一步深入到《家礼》在中国近世社会中如何得以普及而又产生影响这一问题。由此亦可窥见作者实证姿态背后真正的关切所在。如在元代刊刻本中，作者列举了元代姚枢的《家礼》刻本。元太宗七年（1235），元军攻克德安（湖北省）之际，江汉先生赵复被随军的姚枢救出，于是向姚枢“尽出程朱二子性理之书”。这是标志朱子学开始在北方得以传播的著名故事。而姚枢在退居辉州苏门山（河南省）后，刊刻道学书籍内便有《小学书》、《论孟或问》与《家礼》。这说明赵复献给姚枢的书籍中，《家礼》应包含其中。由此可以推知：自朱子学北传之初，《家礼》便是其中的一项重要内容。值得注意的是，作者不仅说明了《家礼》在士人和民间所引起的关注，还根据《元典章》中有关“婚姻礼制”的相关记载即朝廷于至元八年（1264）颁布敕令，明确规定婚礼必须以《朱文公家礼》为准，点明了《家礼》自元代起就已进入国家礼制的层面。这无疑为我们探讨“朱子学如何进入国家法典”这一问题在通常所熟知的自元仁宗朝起《四书集注》被钦定为科举取士标准的史实之外提供了极为有益的补充。与此问题相关，则是对明代《性理大全》本的考察。如果从版本史的角度来看，朝鲜与日本出版的诸多《家礼》注释书基本上都是以《性理大全》本为底本。因此，在作者看来，《性理大全》本堪称是《家礼》的“普及决定版”。但《性理大全》本的意义还不仅于此。作者指出：明永乐十三年（1415）胡广等奉旨编纂的《性理大全》70卷，将《家礼》收入其中，这意味着《家礼》作为官方认定的文本正式登场。又据《明史·礼制》，永乐年间，《家礼》由朝廷正式向全国颁行。作者认为，被颁行的应该就是新撰的《性理大全》本《家礼》。这代表着出现于朱子学团体这一民间学派的《家礼》，最终引起了国家的重视，自此反过来由国家向民间进行推广。

四

从以上特别是第三点的说明中可以看出：作者以实证姿态指向的对文献的关照并未止步于文献，在对文献广泛搜集与精密考证的背后所包含的是对研究史、思想史上一些重大问题的关切。换言之，作者以文献入手所进行的实证研究始终具备着明确的问题意识。这一点在有关《家礼》专题研究的各部分亦得到了充分的体现。

《实证研究》第二章《江户时代儒教仪礼研究——以文献学考察为中心》便是通过文献对江户时代《三礼》以及《家礼》接受情况的考察。向来，在日本学界有这样一种观点：认为礼学在近世日本的影响只是作为书本上的知识、作为思想而被学习和讲习，并没有进入到人们实际生活的实践中。但作者在梳理江户时代礼学著作的基础上明确指出，17世纪后半期日本曾掀起一股《家礼》风潮，这不仅表现在各派学者尤其是朱子学系与阳明学系学者所留下的有关《家礼》的著作上，而且体现在很多著名学者、政治人物如林罗山、德川光圀、池田光政等依据《家礼》举行丧、祭仪式的实例中。对《家礼》在丧、祭场合的广泛运用这一历史事实的揭示，不仅有效地纠正了流行的习见，而且与《家礼》冠婚丧祭各种仪礼都得到广泛普及的中国和朝鲜相比，点明了日本儒教仪礼接受的特色。

第四章至第七章是对《家礼》中与礼制有关的一些核心要素的考察。以下仅以第四章有关“家庙”的讨论为例来说明作者上述的研究特点。

第四章《宋代的家庙与祖先祭祀》中的“家庙”乃是一种总称，有时也被称为影堂、祭堂或祠堂，是祭祀一族之祖先灵魂的设施。换言之，家庙（或祠堂）是实行祭礼的场所。《家礼卷第一通礼》便首论“祠堂”，其下有小字自注曰：“此章本合在《祭礼》篇，今以报本返始之心，尊祖敬宗之意，实有家名分之守，所以开业传世之本也，故特著此冠于篇首。”可见，在朱熹对《家礼》的构想中，祠堂被置于首要的位置。显然，作者对“家庙（或祠堂）”的专题研究也是出于对这一点的认识。此章研究的特点在于揭示宋代家庙制度的历史脉络，通过对朱熹前后家庙制度历史流变的考察，朱熹有关家庙设想的“损益”之处及其历史意义便适时地凸显出来。作者指出：以《礼记》等中国古代礼文献为依据的家庙制度的特征在于根据身份、官品来确定能否建立家庙，而家庙的设立是高级官僚的特权。在这种制度下，子孙一旦失去祖先所拥有的官品便有可能失去建立家庙的资格。随着门阀贵族制的崩坏，唐代以前曾发挥过有效功能的家庙制度到了官品只限于一代的宋代，便成为不合时宜、徒具形式的东西。这是造成宋代家庙制度在国家礼制层面进程缓慢的原因。与之相应的，则是士人们的积极探索。北宋的韩琦及司马光或张载、程颐、吕大防等道学家们的努力便是典型案例。在这当中，尤其引人注目的是程颐的主张，其意义表现为：第一，所有士人都应当拥有家庙；第二，可以使用此前只有高官才被允许使用的神主；第三，援用《仪礼》的丧服规定，将在家庙中常祭的对象规定在高祖以下四代即小宗的范围内。朱熹《家礼》的祭祖部分就是继承了程颐的这一构想而制定的。这样一来，程朱的努力成为某种意义上的“重建礼乐”，而家庙也通过这一重建终于从贵族的独享物转变为士人的日常设置。从上面的论述可以看出：作者不仅发掘了以往研究“程朱思想关联”时所未注意的层面，即朱熹在家庙制度上对程颐思想的继承，而且在对家庙制度历史性的重构中指明了其背后政治制度与社会阶层变迁的动因。如果将“士必有庙”这一《家礼》继承自程颐的特点视作程朱思想中平等主义原则的延伸，那么，作者对于《家礼》形成历史背景中政治制度与社会阶层变迁这一客观变化的揭示同样也不容忽视。至此，可以进一步提问的是：既然政治制度与社会阶层的变迁已导致国家礼制层面家庙制度难以推进，那为何道学家们仍然会汲汲于家庙的重建呢？除上引朱熹自注中所说明的理由外，作者还不失时机地指出，家庙的建立实际上使得祭祖的场所由墓祠移至家庙。墓祠是宋代流行的设置在坟墓之侧的祠堂。当时，也有将坟墓的管理委托佛寺的情况，一般称为坟寺或坟庵。这些都可纳入墓祠的范畴内。此外，还可以看到道教宫观作为坟墓看守以及在道观内建立祠堂的事例，这也就是说，无论从设施方面还是从仪礼方面来看，佛道二教在民间祭祀祖先方面承担着相当大的作用。因此，将祭祖由墓祠移至家庙，实际上意味着将祭祀这一重要环节的仪礼方式由佛教或道教的形式扭转为儒教的形式。

此外，作者还在本书的第五、六章中讨论了家庙中最重要的祭器——“木主”的问题，以及在第七章中探讨了《家礼》中的儒服——“深衣”问题。这两项专题研究同样在细密的文献梳理的基础上，提出了许多不同于前人的精彩创见，本文在此限于篇幅，不一一详述。从有关“木主”、“深衣”这两项《家礼》核心要素的专题研究中，还可看到的一点是，作者的研究始终是在东亚文化交涉的视野中展开的。如“木主”部分，除中国外，作者还检讨了对于日本、韩国的影响；“深衣”部分同样也讨论了在朝鲜王朝时期与德川日本的施行情况。毋宁说，从东亚文化交涉的角度看朱子学，这也是作者贯穿全书的一个基本立场。

注　释：

[1]《实证研究》一书自出版以来，笔者所及，已有吴震教授在《中华读书报》上所发表的书评《朱子学研究领域的一部巅峰之作》。吴震教授在书评中，以编者的身份详细介绍了本书的缘起以及吾妻教授的研究业绩，因此本文的相关部分从略。

[2] 吾妻教授的这一观点，见吾妻重二《朱熹と釈奠儀礼改革》，收入井上克人、黄俊杰、陶德民编：《朱子学と近世・近代の東アジア》，日本学研究丛书9，台北：台湾大学出版中心，2012年，第139—154页。

[3] 吾妻重二：《朱熹〈家礼〉实证研究・中文版序》，上海：华东师范大学出版社，2012年，第1页。

[4] 同上书，第75页。

（原文以英文曾发表于 *Journal of Cultural Interaction in East Asian*，第 4 卷，2013 年 3 月。作者单位：北京大学哲学系）

论卜道成"返本开新"的解经方法

——述评《朱熹和他的前辈们：朱熹与宋代新儒学导论》

⊙ 张新国

卜道成是一位与中国渊源很深的汉学家。正像他本人在前言中所称述的，《朱熹和他的前辈们：朱熹与宋代新儒学导论》写作的最初意图"是用来作为我所翻译的《朱熹的人性论》一书的导论"[1]，为对书中所涵盖文化背景不甚了解的英语读者提供研究服务。虽然如此，作者审慎谦虚的话语难以掩盖前者作为一部相对独立的学术专著的独到价值。正如译者所言："这是一部从西方人的视角对朱熹哲学进行研究的开拓性著作。"[2]全书分为四篇，后三篇对朱熹哲学做了全面系统的钻研，尤其是作者以"返本开新"的运思手法，将朱熹哲学与孔子儒学、西方哲学以及神学进行比较所得到的结论富有创见意义。

一、卜道成生平与其《朱熹和他的前辈们：朱熹与宋代新儒学导论》一书简介

卜道成（1861—1934），英国汉学家，英国浸礼会（English Baptist Missionary Society）牧师，一位有深厚学问素养的宗教人士，1887年来华，主要从事传教和教育工作。1916年到1920年间，卜道成曾经担任私立山东基督教大学校长四年之久，有多部著作传世，内容涉及中国、日本和朝鲜的农业史的考察以及朱熹与宋代新儒学的研究。1922年，卜道成完成了《朱熹的人性论》一书的英文翻译和出版工作。《朱熹和他的前辈们：朱熹与宋代新儒学导论》一书是译著《朱熹的人性论》的导论，这是他在伦敦大学攻读博士学位时所提交的学位论文，出版于1923年。

《朱熹和他的前辈们：朱熹与宋代新儒学导论》作为一部聚焦于中国人的哲学观念的著作，有着明确的阐释目标与范围，即"一方面可以区别于在经典中发现的伦理道德教义，另一方面可以区别于这个国家的宗教和民间信仰"[3]。"返本开新"本是以牟宗三为代表的现代新儒家回应时代问题而复兴儒学的思想纲领。"所谓'返本'，就是返儒家内在心性之本；所谓'开新'，就是开现代科学民主之新。"[4]这里用来指代卜道成运用的从原始儒学着眼，创见性地理解朱熹哲学思想的研究方法。本书内容共有四篇

十四章。第一篇对朱熹思想的主要继承者周敦颐、邵雍、二程、张载以及朱熹本人的思想与生平进行了简明的描述，其中朱熹的生平作为则是本篇的重点。这里尤其值得注意的是，卜道成运用的从社会背景中梳理思想的重要方法；第二篇考察了朱熹的宇宙论；第三篇分析了朱熹的人性论；第四篇则是卜道成的独到之处也是最具有代表性的地方，他系统探讨了朱熹哲学的有神论含义和意义。

二、卜道成“返本开新”的解经方法

西方学术史，尤其是在哲学史研究方法上，一直以来存在这样一种比较科学的研究方法，即以社会学方法辅助梳理哲学史思想的发展进程，这种社会学方法以在“语境”下梳理“语义”为理解的核心。这一研究方法在文特尔班、罗素的哲学史研究中被运用并获得极大的成功。此处卜道成“返本开新”的解经方法正是西方哲学家以社会学意义上在“语境”下梳理和诠释“语义”方法的有效运用。

（一）卜道成以“返本开新”的研究方法规整朱熹的宇宙论

“性与天道”是中国哲学尤其是儒学探讨的核心议题。性与天道之间“惟精惟一”的关系是儒学寻求和阐述的主要条目，其关系的实质在于营建人性与天道、个人与群体之间的连续性。其中，天道即主要是以宇宙论的形态得以表达。作为宋代新儒学内容的一部分，朱熹的宇宙论与其前辈们相比，吸收了更多的科学知识成分，为其接下来人性论的论述做好了张本。卜道成以其“返本开新”的研究方法对朱熹的宇宙论予以规整，使朱熹的宇宙论在其整个哲学体系中的地位和作用得以清晰地显示。

卜道成以“返本开新”的研究方法规整朱熹的宇宙论，指称的意义主要在于：着眼于整个人类思想史发展的主要脉络与进路，将朱熹的宇宙论合理安置为朱熹本人哲学思想的基础。在这一规整的过程中，卜道成既考察了宇宙论在朱熹本人具有系统性的学说中的位置与意义，更重要的在于，他又认真考察了朱熹的宇宙论在整个中国传统哲学思想中的共性及其有进步意义的独特性。这主要体现在卜道成对每一时代中国传统哲学核心概念的确定和诠释上，尤其是将朱熹哲学与先秦儒学的概念和思想内涵做对比。如卜道成所说：“‘理’和‘仁’是两个理解中国思想的关键词，也是万物的基础。”[5]这一个规整性的工作对他所要论述的朱熹的人性论与有神论起到打开视野和奠定基调的有效作用。

诚然，卜道成是一位汉学家，但他首先是一位有西学学术功底和思维方式的学者。他对朱熹哲学思想的解释本身就是一种中西思想的比较和交流。所以，我们可以从他客观性的理解和诠释中透视朱熹宇宙论所承载的思维形式。在谈到古代哲学对于西方文化的重要意义时，文特尔班说："我们可以这样来描述古代哲学在各个发展阶段上的典型意义，也就是说，起初，哲学以大无畏的勇气去探究外部世界；然而，当它在这里遭遇到阻挠的时候，它转向了内部世界，由这里视域出发，它以新的力量尝试去思考'世界一大全'。"[6]朱熹的宇宙论正是文特尔班这里的前一个思想时期，即"以大无畏的勇气去探究外部世界"的时期。需要注意的是，此处的时期是在思想史的意义上讲的，与现实的历史年代不是一一对应的关系。在接下来讨论古代哲学的分期时，文特尔班将古希腊哲学分为三个思想时期：宇宙论时期、人类学时期和体系化时期。无论从整体意义上，还是单独考察朱熹哲学思想，朱熹的宇宙论、人性论与有神论在思想史意义上都对应于文特尔班上述三个思想史时期。

这里有两点需要注意：一是朱熹的宇宙论是具有中国哲学思想的义理传统，即人道帅天道意义上的良善天道的理论预设。正如卜道成所说："理是一个伦理原则，生命的本质是道德的，它活动的秘密是道德的。总之，最终理成为神圣的，理无所不在并渗透于存在的每个个体事物之中，理是头等重要的东西。"[7]另一点是朱熹的宇宙论具有不同于希腊古代哲学思想的朴素性而具有近代哲学思辨的特征。卜道成说："中国哲学家对理和气的观点是否与晚期西方哲学的思辨更接近呢？"在接下来的整个论述中，卜道成以朱熹对理的解释对这个问题做了肯定性的回答。

（二）卜道成以"返本开新"的研究方法规约朱熹的人性论

在中国哲学中，尤其是在儒家哲学中，人性论的讨论是出于教化的诉求。这就使得以儒学为主体的中国哲学中所探讨的人性论包含着特殊的思想前提或说理论预设，即"人性论与价值观的统一"[8]。但是，作为思想成分，人性论与价值观在中国哲学中的地位是不一样的，价值观先天地优先于人性论。可以说，人性论是价值观的一个实体性的应用领域。正如李存山所说："中国传统哲学的核心是价值观。"[9]

朱熹的人性论继承和深化了自先秦到宋代的理论成果，其"惟精惟一"的道心人心学说作为人性论具有集大成的特征。此处所谓卜道成以"返本开新"的研究方法规约朱熹的人性论，旨在意谓卜道成从朱熹体系化的人性论中仔细分辨和梳理出它内在的"源"和"流"，批判性地分析和描述朱熹人性论文意深处的源头活水，从而真正厘清朱熹的人性论对后来中国哲学和文化的价值和意义。

在探讨朱熹人性论的一开始，卜道成便指出宋代哲学时代性的哲学问题，即"宋代哲学极为重要的命题是：性是什么？"[10]，宋学的一个重要部分是以人性论为核心的朱熹哲学，但朱熹哲学首先是宋学。卜道成将朱熹哲学中的人性论还原到宋代整体性的文化格局中，更有利于研究者，尤其是后学者在研究之初就有一个高屋建瓴的学术视野，从而恰当地安置人性论在朱熹哲学中的位次和旨意，从而超越哲学史而在哲学理论的最前沿做出研究者自己的发展性的贡献。卜道成本人首先就是这么做的，这一方法得到了合理运用并取得了实效。卜道成的研究成果在朱熹哲学，特别是朱熹人性论研究中不可取代的学术地位也是因此而奠定的。

如果说宋代之前的人性论属于天才般的论断时期的话，那么朱熹的人性论则是在实质上开了体系化时期的先河。从而，宋代哲学人性论中的义理之性与气质之性作为相对独立又相互关联的概念和观念能够得到分析性的陈述和综合性的理解。卜道成说："性是存在于我们自身的，是我们生活的中心，是只要不否认我们自身存在就不能否认的伦理制裁。"[11]卜道成的阐述符合朱熹既关注形而上的价值维度又关注形而下的成就维度这一体用不二的人性论主旨。陈来也说："朱熹认为，天地间有理有气，人物的产生都是禀受天地之气以为形体，禀受天地之理以为本性，使人之本性与天地之理有了一种直接的宇宙论的联系。"[12]此外，卜道成的研究方法中处处体现出从思想史的语境当中去思考的原则，这就避免了单就文字考证所带来的误读。徐复观在探讨人性论史的研究方法时说："治思想史，当然要从语言训诂开始；同时即使仅就语言训诂的本身来说，也应从上下相关联的向句，与其形其声，互相参证，使能确定其意义，而不能仅靠孤立的形与声，一致流于胡猜乱测。"[13]

最后，卜道成归结说："性就是非物质性原则在创生中产生的个性特征。在这种原则下，作为理它是宇宙的根本要素，作为道被认为是组成了道德秩序，作为命是上帝的内在的创造意志。"[14]这种返本开新，即正本清源之后直入本质的研究方法使得卜道成所归纳出来的结论具有合理而完备的特征。

（三）卜道成以"返本开新"的研究方法规准朱熹的有神论及其意义

诚然不乏有神论的个别观点，但是在实质上和体系上讲，中国传统哲学缺乏有神论的传统。主要原因在于中国先秦时期的人文主义精神早已深深植入中国思想文化之中。中国传统哲学中的有神论没有发展为宗教，缘于其散见于各家学说中的有神论观点仅仅在于为自己的学说做理论做张本，除此之外，没有其他的神秘意义。

朱熹的有神论主要在于从理智和情感两个方面宣扬"仁"的教化，这是卜道成以返本开新的研究方法对朱熹有神论所做出的归结。这里的返本开新主要意谓：卜道成认为朱熹从孔孟仁学和北宋五子之学中关于"仁"的理论视域中演绎和营建自己"理"的哲学体系，特别是其"有神论"学说。这个理论规准的方法在本质上是一种内部描述，即理解之后的还原性编排和诠释。

对于朱熹的有神论思想，卜道成主张从朱熹哲学思想的核心来加以反观，即以其论"仁"的思想作为我们理解的前提，剥离其有神论的外壳进入朱熹真正言说的内容。这就需要研究者在研究朱熹有神论时应坚持理性分析的态度而不是神秘性的情感直观。卜道成评价朱熹道："朱熹是名哲学家，而不是一个传教士。在他的个性中占优势的是理智而不是情感。"[15]对于朱熹有神论的意义，他以具有关键性的问题展开论述："从有神论的角度来看，朱熹哲学中的第一因概念到底是什么？既然理是非物质的和伦理的，那么它是否具有神性？换句话说，朱熹的一元论是一神论的一种形式吗？"[16]从卜道成接下来的回答来看，他认为朱熹的有神论之“神”不是神秘性，而是一种伦理道德的神圣性。换言之，其有神论的真正意义不仅是一个“是什么”的问题，即存在论问题，更是一个“意味着什么”的问题，即价值论问题。正如杨国荣所说：“如果说，‘是什么’的追问要求在事实层面敞开存在。那么，‘意味着什么’的提问方式则从人与存在的关系上，确认价值为存在的题中之义。正是二者的统一赋予存在以具体、真实的品格。”[17]此处有一个理解时需要注意的地方，即在具体语境中存在论问题与价值论问题需要仔细甄别其论述的重点所在。在卜道成看来，朱熹的有神论旨在通过这种理论预设来彰显其价值论的维度，即“仁”。卜道成说：“对于朱熹来说，‘仁’是最伟大的……仁是万善之源、德性之根，是遍及宇宙的道的基础。仁是上帝自身的一切属性，是一个永不凋谢的和不死的存在。仁是一切，仁在一切之中！”[18]正如卜道成所分析的，朱熹有神论视域中“仁”的价值论向度，继承了儒学人文精神胜过宗教信仰的理解和诠释传统。

对于此，方东美对朱熹思想的论述与卜道成所论有不谋而合之处，他说：“仁在于永远创造并支持生命，对人而言，其在于与每个人有关的生命之实现与生命之关照。”[19]总之，卜道成以返原始儒学之本、开朱熹有神论意义之新的研究方法从朱熹有神论思想中透视其哲学思想的实质是科学而有效的。

三、余论：卜道成“返本开新”的解经方法的历史哲学基础

近代以来，中国哲学史的研究在内部操作上一直存在所谓的“汉学”与“宋学”之争，即主要是对经典诠释方法上存在这样的分歧：以文字考据为主与以义理体会为主。前者可以归结为分析的方法，主张以原始思想材料首先恢复经典的本来面目；后者可以归结为直观的方法，主张适当扩大诠释的意义范围与解释者的自由度。

卜道成“返本开新”的解经方法正是适度结合了上述两种方法。这种结合工作的认识论背景在于卜道成对朱熹哲学研究的历史哲学基础，即将朱熹哲学的每一部分都描述性地放回整个宋代哲学和中国哲学的体系之中。杨国荣在阐述哲学的功能时谈道：“要理解哲学，我们必须回到哲学的历史，去学习和阅读历史上重要哲学家的著作，这种阅读的过程，也是不断地和哲学家对话的过程。”[20]卜道成理解和诠释朱熹哲学思想时，正是将朱熹作为一种文化现象放回中国哲学文化整体性的体系之中加以考察。卜道成说：“在中国持续了700年之久的伦理和形上学系统，即当代儒学，与其说是孔子学说，不如说是朱熹之学。”[21]在谈到朱熹哲学思想对后世哲学的影响时，卜道成说：“朱熹及其哲学具有自己的价值和意义，他的学说必将构成任何真正理解中国思想的背景。”[22]此外，卜道成还将以朱熹哲学为代表的中国宋代哲学时期与西方文艺复兴时期

相提并论。他说："在中国的文艺复兴中，一系列思想家出现了，他们形成了宋代新儒学。他们的著作把古典时代的思想具体化和系统化，从此该系统就支配了中国人的心灵，从贩夫走卒到博学的学者。"沃尔什在论述什么是历史哲学时强调："'历史哲学'实际上是两组哲学问题的名称：它既有思辨的部分，又有分析的部分。"卜道成"返本开新"的解经方法正是结合了义理思辨与概念分析这两种解释路径。

希尔斯在论述"历史意识"时说："历史意识本身没有内容，它在距今不远的过去和遥远的过去寻找内容。"[23]卜道成"返本开新"的解经方法与其说是一种"化理论为方法"[24]的方法论转换，不如说正是这种超越具体思想知识之后的"历史意识"。这种"历史意识"是一种活的方法，即一种被赋予了主体性的方法。也因此，经典诠释不再是理论形式上的事外描述，而成了一种内化了的意义自动生成的过程。

注　释：

[1]〔英〕卜道成：《朱熹和他的前辈们：朱熹与宋代新儒学导论》，谢晓东译，厦门：厦门大学出版社，2010年，第1页。

[2] 同上书，第226页。

[3] 同上书，第1页。

[4] 李翔海：《现代新儒学论要》，上海：南开大学出版社，2010年，第92页。

[5]〔英〕卜道成：《朱熹和他的前辈们：朱熹与宋代新儒学导论》，谢晓东译，厦门：厦门大学出版社，2010年，第56页。

[6]〔德〕文特尔班：《古代哲学史》，詹文杰译，北京：生活·读书·新知三联书店，2009年，第2页。

[7]〔英〕卜道成：《朱熹和他的前辈们：朱熹与宋代新儒学导论》，谢晓东译，厦门：厦门大学出版社，2010年，第68—69页。

[8] 李存山：《中国传统哲学纲要》，北京：中国社会科学出版社，2008年，第187页。

[9] 同上书，189页。

[10]〔英〕卜道成：《朱熹和他的前辈们：朱熹与宋代新儒学导论》，谢晓东译，厦门：厦门大学出版社，2010年，第109页。

[11] 同上书，第111页。

[12] 陈来：《宋明理学》，沈阳：辽宁教育出版社，1991年，第175—176页。

[13] 徐复观：《中国人性论史》，上海：华东师范大学出版社，2005年，第7页。

[14]〔英〕卜道成：《朱熹和他的前辈们：朱熹与宋代新儒学导论》，谢晓东译，厦门：厦门大学出版社，2010年，第111—112页。

[15] 同上书，第189页。

[16] 同上书，第162页。

[17] 杨国荣：《思与所思——哲学的历史与历史中的哲学》，北京：北京师范大学出版社，2006年，第301页。

[18]〔英〕卜道成：《朱熹和他的前辈们：朱熹与宋代新儒学导论》，谢晓东译，厦门：厦门大学出版社，2010年，第186页。

[19] 方东美：《中国哲学之精神及其发展》，匡钊译，郑州：中州古籍出版社，2009年，第306页。
[20] 杨国荣：《思与所思——哲学的历史与历史中的哲学》，北京：北京师范大学出版社，2006年，第258页。
[21]〔英〕卜道成：《朱熹和他的前辈们：朱熹与宋代新儒学导论》，谢晓东译，厦门：厦门大学出版社，2010年，第1页。
[22] 同上书，第54页。
[23]〔美〕爱德华·希尔斯：《论传统》，傅铿、吕乐译，上海：上海人民出版社，2009年，第59页。
[24] 杨国荣：《思与所思——哲学的历史与历史中的哲学》，北京：北京师范大学出版社，2006年，第257页。

（作者单位：清华大学哲学系）

“如同和高尚且睿智的人谈话”
——读《朱熹大辞典》有感

⊙ 黄训美　谢海金

“书籍，是人类共同的精神财富，是人类进步的阶梯。阅读一本好书，如同和许多高尚且睿智的人谈话。”笛卡尔的这番话，恰似他将几何坐标体系公式化一般，通俗易懂，简洁明了；又恍如他的“普遍怀疑”的哲学主张一样，道理虽极简单，内涵却极丰富。

在书评开篇处引用笛卡尔的名言绝非刻意为之，朱熹这位“致广大，尽精微，综罗百代”的理学集大成者，与笛卡尔这位“欧洲文艺复兴以来，第一个为人类争取并保证理性权利的人”之间，无论从学术思想还是人物生平都没有直接的必然的联系，然而翻阅《朱熹大辞典》，脑中便情不自禁地联想到了笛卡尔的那句话：“如同和许多高尚且睿智的人谈话。”这种谈话，跨越时间，也跨越空间，不囿于学识，亦不囿于思想，对乐学善思见疑之辈，有传道授业解惑之用，对寻奇探幽揽胜之人，有引路教书育人之功。捧卷阅书，畅然有格物致知之乐；独坐回味，悄然有求理论道之感。

这本书，耗费了四年多的时间打磨，汇集了近百位专家学者，凝聚了数十年的研究精华，书中内容，除朱熹综述外，另有朱熹生平事迹、同道及弟子后学、思想体系、传播与研究四大部分，反映和代表了国内外朱熹研究的最高水平。可以说，这样的纸上之物，展现出来的已经不是文字，而是思想和智慧——综罗百代的朱熹思想，传承千年的理学智慧。这种思想和智慧，经过千年的沉淀和发酵，在以张立文先生为首的百位专家手中，得以重现，得到升华，得以传承。

读《朱熹大辞典》，自然不可不提朱熹其人。中国的学术思想史上，自古便有“立功、立德、立言”这个“三不朽”命题。不过，在此不说朱熹之功德，不说朱熹生平经历之坎坷，也不说他的宦海官运之浮沉，更不说他生前身后之荣耀谥号，只说“立言”，即其著书立说和学术思想。

朱熹之“立言”及其思想，若要细说，委实不易，其著作之丰，可谓卷帙繁多，闳博无涯，以至于“学者观之，有惶然骇然之叹”。因此，全祖望才会在《宋元学案》之中评曰“致广大，尽精微，综罗百代”。如此评语，既得文字之精粹，又不失内涵之丰美，虽然依旧简短，奈何笔者文拙思竭，唯以此语寄之。

朱熹作为后世公认的宋明理学集大成者，其思想之博大精深、影响之广泛深远，孔孟之后，无人能及。虽然他生平迭逢厄运、连遭打击，甚至被视为“离经叛道”的“伪学逆党”，但是，其“致广大、尽精微，综罗百代”的思想，却在之后被奉为“祖宪圣章”、“启迪后贤”的官方哲学，历元明清而不衰、到近现代而尤显。其思想之“致广大”，其广大者，指他一生著述繁富、精研甚多，可谓是“彻人心，洞天理，达群哲，会百圣，粹乎洙泗伊洛之绪”，诸如经学、史学、文学、伦理、教育等方面都有涉猎。其思想广博如海、厚重如山，所涉领域，包罗万象，不仅对“理气”、“太极”、“道”等重要的哲学范畴进行了系统阐述，而且在政治、经济、自然、道德等领域都有涉及，且多有真知灼见，几可自成体系。其中他不仅诠释了古已有之的哲学范畴，而且发前人所未发，提出了譬如理、气等重要的哲学范畴。

因此，后人在研究朱熹思想时，本应拨冗去杂、删繁就简，继承和发扬其中的精华，批判和剔除其中的糟粕。然而，近代以来，儒家思想连遭批判，先是五四时期的“打倒孔家店”，后是“文革”时期的“批林批孔”，其矛头所指，实是以朱熹为代表的宋明理学。如此一来，难免在后继学者的心理上设置了一重障碍。虽然期间仍有钱穆、冯友兰、侯外庐等前辈学者笔耕不辍地对朱熹思想进行研究，但是，随着时代的发展，社会的进步，仅仅依靠前人的研究，已经无法支撑起朱熹思想的完整框架。

至此，《朱熹大辞典》之编写团队，深明朱熹思想之重要，明察社会发展之需要，冲决学人心理之障碍，勇担朱熹思想研究之重任，坚持实事求是的研究原则，客观公正的现代视角，围绕朱熹思想，叙其广大，述其精微，和合其思想，在对其自然学说、经济思想等方面进行“分门别类”的整理和研究的基础上，深入剖析其内在的哲学逻辑结构，从而揭示了其间深藏的意蕴，可谓承前人之精研、发后人之深省。《朱熹大辞典》在前辈研究基础上对朱熹思想涉及的各个领域进行科学合理的划分，在分门别类的前提下深入挖掘、详尽阐述，对朱熹的整体思想进行把握，从朱熹的各个范畴进行切入，运用分门别类的研究方法，将朱熹思想按经济思想、政治学说、自然学说等十余个方面进行深入的阐述，博而精、广而深。这种新、广、全的视野，正是朱子学研究现代化、广泛化的基础，更是80年后朱子学逐渐成为显学的前提，同时也是张立文先生及其团队为现代朱子学研究做出的突出贡献之一。

朱熹思想之精微，在于他比前人更加细致、认真地观察社会现象和自然现象，并对此进行更加严密、精辟的分析和解释，在其“广大”的基础上，深入精研。

换句话说，朱熹思想涉及领域广、包含内容多，是真正的博大而精深，犹如高山深谷， 登山越高、所见越远，探谷越深、所见越奇，这对后世研究者来说，既是机遇又是挑战。

虽然朱熹思想接连受到西方文明的冲击、文化运动的责难和政治运动的批斗，但是，作为元明清三代的官方哲学，其影响之深远广泛，是后世任何一个研究中国哲学的学者都不能也无法绕过的高峰。哪怕是在内忧外患、风雨飘摇的近代，国内学者也没有停止对朱熹及其思想进行研究。其中不乏名家大师，更不乏名著佳作，而其中总结的方法、取得的成就，不仅斐然当时，而且影响后世。

近代朱子学研究的方法和成就，已然成为后学研究朱熹思想的学术宝藏，但是，随着社会的进步和时代的发展，新的社会需要和时代形势已渐渐不能满足于过去的研究成果，《朱熹大辞典》正是在这种情况下，以其“登山不愁峻、探谷不愁深”的精神，对朱熹思想细致考证、深入研究，叙其广大的同时述其精微。

朱熹作为“综罗百代”的宋明理学集大成者，以其求理、主体、忧患、力行、求实、道德、开放等精神，回应和化解了当时社会面临的价值理想的挑战、外来文明的挑战和理论形态转型的挑战。

朱熹的这些精神无疑是当时时代精神的精华，虽然随着历史的发展，其赖以产生的时代背景已经消失，但是，这些精神始终根植于中华民族文化的传统中。而这些精神，正是《朱熹大辞典》所倡导的需要“转生”的文化精神。这种文化精神的“转生”，正是现代朱子学研究的新方向。

《朱熹大辞典》不仅是对朱熹思想以及前人研究成果的批判性继承，更是对后继学者进行朱子学研究的深刻启迪。这种启迪不仅体现在方法和方向上，还体现在具体的研究领域的划分上。

《朱熹大辞典》一书洋洋洒洒数十万言，分为相互独立又紧密相连的十五个大章，其中涉及朱熹在经济、政治、自然、鬼神、心性、美学、道德、史学、教育等各大领域的学说，内容之详尽、结构之完整，既成一个大系统，又可自成体系。这对后学而言，无疑是一座巨大而且露天的学术宝藏，虽然学术前辈在这些领域的研究已经非常详尽，但是，却还留给后学很大的深入挖掘、细致剖析的空间。

《朱熹大辞典》上承朱熹思想之博大精微，中转学术前辈在朱熹思想研究中的成果，下启后学对朱熹思想的研究，可谓传承有度、承接有序。

朱熹思想之博大，恰似高山，唯有登临绝顶，才能见全貌、得精髓。然而，登山不可着眼在脚下，须放眼于山巅，唯有大而新的视野，方可见远而全的风光。在朱子学研究的攀登路上，不仅需要全新的思路，更需要全新的视野。视野小则道路少、视野窄则研究难，后学若循此法，一来研究成果难超前人，二来研究道路愈发狭窄，如此一来，研究受限，谈何创新，若无创新，恐有无以为继之忧。

言至于此，《朱熹大辞典》以张立文先生为主编，许多国内成名专家教授为编委会成员，基本囊括了当代在朱子学门类研究方面有突出成就的国内顶级人物，如此阵容，成就这本有关朱熹和朱熹思想的最全面、最系统的辞典性的著作。可以说，翻阅《朱熹大辞典》，就是在华夏文明的大背景下，拾级而上，攀缘不辍，直抵宋明理学的高峰。更何况，此书之编著者，皆是专家学者，而其“领路之人”，更是此学之权威泰斗，读此书，登此峰，隐然有与诸学畅谈之快感。书中的妙语连珠，就像沿途的秀丽风光，可让你或觉心旷，或觉神怡；文中的思想智慧，就像山中的涓流清泉，可让你不觉疲顿，不觉烦躁。当然，读此书，究此理，做此学问，恰如登高山、攀绝壁，绝无一帆风顺、一路驰骋之可能，期间恐有浮云遮望眼，或有险涧塞其途，但是，在学问之路上，只要有大无畏之心、细考证之行，相信自然可以穿云过涧，直达高峰。

（作者单位：福建行政学院、福州大学马克思主义学院）

千淘万漉　正本清源

——读《朱熹画像考略与伪帖揭秘》

⊙ 黄丽奇

历史的窗棂，经过岁月的洗刷，变得斑驳陆离。追问历史的人，如同一位人文导航家，引领人们一起去打开那一扇尘封的窗，在“故纸堆”中触摸历史。其每一次的凝思，每一次的刨根问底，犹如缕缕阳光，穿透历史的尘霾，给人以思想的洗礼和心灵的启迪。

有幸捧读方彦寿先生的《朱熹画像考略与伪帖揭秘》，感觉这是一份沉甸甸的劳动硕果。其浅青灰色的封面设计，古香古色，上面附有一幅特别“吸睛”的慈祥俊逸的老年朱熹画像，而“揭秘”二字也给此书涂上了一层魔幻般的神秘色彩，促使我迫不及待地翻开这本书，希望跟随作者的思路，厘清历史的纠葛。

此书分为上下两卷，上卷是作者对历代朱子画像的考辨，下卷是作者对当前拍卖市场上出现的一些有关朱子的“伪帖”赝品的考辨。这两大部分从不同角度穷本溯源，拭去历史的尘埃，将读者带入一个叩问历史真相的情境中。通过对朱子画像“形”与“神”的考辨，画者的“道”与“技”的甄别，作者告诉我们：对历史的尊重，就是对先儒的尊重；对先儒的尊重，就是对中华文明的尊重。

朱熹乃一代鸿儒，万世师表，以其为代表的朱子学是中国传统文化的优秀代表，经过历史的风雨仍泽溉今人。其有关的画像、刻像和书帖等在文物拍卖市场上非常抢手，一些画手或者刊工为了谋取利益，粗制滥造，无异于亵渎圣贤，丑化先哲。针对这一情况，世界朱氏联合会曾经于2000年发起倡议通过统一朱子像以杜绝伪劣。但是尽管这样，还是难以杜绝伪品的出现。

通读全书，我觉得，此书的特点主要体现了两个“度”，即作者搜集历史资料的广度和挖掘蕴藏这些历史资料背后学术意义的深度。

先说广度。作者不仅对前清故宫的书画著录，海峡两岸的博物院（馆）、图书馆和民间所珍藏和流传的有关朱熹的画像、碑刻、版画、拓本的来源进行了考辨，而且还对一向罕为人知的日本“狩野画派”和韩国流传的朱熹画像，以及宋明建阳刻本、徽州刻本，海外日本“和刻本”、韩国刻本的朱子画像也做了详尽的披露。

再说深度。在广泛搜集资料，从各种不同的方位对朱熹画像的产生与流传进行系统而详尽考证的基础上，作者进而从各种不同角度深入挖掘蕴藏在这些历史资料背后的学术价值。其具体表现为：作者不仅分析了这些画像在朱子及其门人、后学创建的书院中，如何由“敬其像”进而“师其心”，分析这些画像与书院祭祀、与朱子道统论的关系；还细致分析了这些画像对地域文化，如朱子祖籍地徽州，故里建阳、武夷山，乃至对海峡两岸文化交流的影响；也对中、日、韩文化交流等诸多方面提供了充分的论述。

诚如作者所言，最早开始涉及朱子画像考辨领域的是陈荣捷和高令印两位学者，但方先生的研究却极大地拓展了这一研究空间，使得这一领域的研究给人一种豁然开朗的感觉。

在书中，方先生对历代朱子画像及其来龙去脉进行了大量的梳理，其行云流水般的表述，庖丁解牛般的论证，可以看出他在这一领域做了相当充分的积累，对朱子学价值及其历史脉络把握得十分清晰明确，同时对考据学的运用十分灵活。他考虑到史料之间关联的诸多因素，不是用单一的思维方式去研究，而是尽可能全面地看待问题。面对各色伪品，作者一针见血地指出其伪造的痕迹，严厉批评，使其无处遁逃，也提醒了艺术收藏者们和爱好者们要擦亮双眼，莫让浮云遮望眼。

当今世界的文化工业化特点以及文化消费性特征日趋明显，文化传统的阵地常常处于“失守”态势。在这种情境下，能够通过文化的自觉意识判断真假、坚守阵地是多么难能可贵!

从朱子画像考辨的角度，审视文化乱象，坚守儒家传统，这是方彦寿先生拓展出来的朱子学研究的独特路径。传统的朱子学研究，一般是从文本、史料、哲学分析入手，方先生却从常人难以想象的“画像”考辨着手，对朱子学的研究貌似有种“旁敲侧击”的味道。但是，我个人认为，本书也颇有一番“醉翁之意不在酒”的良苦用意。他将中国本土出现的朱熹画像与日本、韩国等搜集到的相关画像资料进行仔细比较，对画像所代表的朱熹形象进行了归纳、整理、确定，同时还穿插研究了朱子学产生发展的历史根源、文化内涵、艺术价值等，并重点探讨了不同地域、不同历史时期、不同类别的朱子画像对传播和继承儒家道统的功能和意义。

此书介绍的朱子画像，种类可谓繁多。例如，从画像人物的全貌看，有全身像，半身像；从年龄上看，有中青年朱子像，老年朱子像；从画像作者看，有自画像，他画像；从创作方法看，有写真像，写意像（也可称作创作像）。当然，作者对朱熹画像考辨的主要方面应该是写真像和写意像。作者指出目前普遍认可的是面部表情端严的半身像。这是目前朱子后裔共同认可的一幅朱熹像，即现藏于建瓯市博物馆的朱熹对镜自画像（绍熙元年，1190，朱子61岁）石刻版。该“朱子对镜自画像”碑刻，据传是明代朱氏十六代孙依旧本重镌，碑中央为朱熹半身像。只见朱熹双手端拱于胸前，神态庄重，须发右颊眼耳间的七颗黑痣清晰可见。

韩国朱川书院有一幅朱子的坐式像，这在中国比较罕见。作者指出这幅画像（图11—5）与日本和刻本《儒仙》中的《朱文公》一图，在韵味上略有几分相似。说明作者对韩国、日本出现的朱熹画像，其熟悉程度可谓了然于胸。又如，韩国朱子后裔赠送的另一幅（图11—9），题为《晦庵朱夫子考亭书院门徒讲论观景》，作者指出此图是一幅创作画，画面中除朱夫子的形象有几分神似之外，其余的场景基本上出于画家的想象，因为画面中的群山不像考亭的玉枕山或翠屏峰，倒是与韩国新安朱氏中央宗亲会所在的光州绫州连珠山有点相似。从这些细节的比较，可以看出作者对不同国家的朱子画像本土化倾向的敏锐观察，以及对写真画像与写意画像之间区别的慎思明辨。其实，通过作者的深入介绍与考辨，读者不难发现收藏在日本、韩国及中国台湾地区的朱文公像，已被融入了不同地域画者对朱子的独到理解和想象，当然其中难免也有失真的成分。

同时，此书通过对朱熹画像考辨，较为深入地穿插探讨了朱子学在国外的传播和影响。例如，在《月霁千秋朱子川——朱熹画像考十一》一文中，作者简要介绍了朱子学如何传入韩国，并介绍了韩国最早的书院绍修书院，以及朱子后裔入朝的历史、定居韩国的开端，来自考亭的朱潜如何成为韩国新安朱氏始祖。穿插此类介绍便于读者了解朱子学在国外传播的历史概况。此外，对于每幅画像究竟出自何人之手，方先生也是事无巨细地去考证。例如，他无意中从韩国朱极中先生赠送的一本题为《道统祠简历史传》小册子中，找到一幅题为"文公朱夫子尊影"的朱子画像，发现与绍修书院张挂的果然是同一幅朱子像，此画像在书中是图11—3。方先生对此画像的画者虽甚是好奇，但因为不敢贸然下结论，他亦坦承暂时还不知道这幅朱子像出自韩国古代哪一位画家之手。显然，在考辨的过程中，其求真务实的精神处处可见。

有不少朱熹画像属于国家级珍贵文物，到底孰"真"孰"伪"，不是哪一个人说了算，需要浩瀚的文献整理与考辨工作。虽然考辨的难度大，作者却坚信判断其真伪仍有一定的规律可循：他认为我们可以据传统的、心理的，或曰大众心里中的朱子画像（如建瓯所存"朱子对镜写真自画像"）来判定真伪。与此同时，作者也通过打通各个历史阶段的史料，指出不同时期朱熹画像演变的关联性。例如，作者通过明万历十七年（1589）万国钦石刻拓本，与万历二十五年（1597）"玄孙应台"拓本似与不似之间的对比，从中推出除了历史上曾有过各"画"各的朱文公之外，还曾有过各"拓"各的朱文公的历史现象，这也导致了朱文公像从写真到逐渐走样，甚至可以说是失"真"。总之，作者善于通过不同画像之间的横向与纵向对比来辨别真伪，并对其历史的关联性客观地发表自己的看法。

树必有根，水必有源。朱子文化与传统儒家文化是一脉相承的。向壁虚构不仅影响恶劣，而且破坏了文化道统的传承。方先生胸怀幽古之思，为朱子学的探索不遗余力。他指出朱门后学在各地创建书院和祠堂，悬挂遗像，祭祀先贤，"非徒崇于香火"，而是珍惜儒学的道统与传承，为后学树立见贤思齐的榜样。在商业社会中，遗憾的是许多朱熹的书帖，也包括一些画像鱼龙混杂，赝品大行其道。方先生对朱子画像、书帖的考辨，是本着一个学者对历史的尊重与敬畏，完全没有涉及任何的商业利益。书中处处可见其力透纸背的思辨之道，严谨的学术精神，以及身体力行的魄力。简言之，他是在广泛阅读前人未发现或者还未注意到的史料的基础之上独辟蹊径，让一个古代圣贤的画像变得立体起来，如跃纸上，而那个时期的灿烂文化仿佛也复活在读者眼前。此书可以让读者的心灵进行片刻的驻足，或恬淡，或静穆，或超然，缓缓消解了物我的境界，步步引导读者与历史的沟通。

基于朱熹画像的流传经历了种种复杂的历史现象，作者始终坚持通过客观史实说话，而非凭空猜测，进行趋于科学的、令人信服的真伪判断。在《民间藏宝识真伪——朱熹画像考十二》一文中，方先生表现出了强烈的捍卫传统文化的自觉意识，此文不但谴责了个别朱子后裔欺骗族人的不良行为，而且再次呼吁社会拍卖市场的诚信回归。通读全书，不难发现方先生纵笔驰骋，一支妙笔透着其内心的文化情愫。其对朱子学文化体系的形成和渊源探索，有着自己的体悟和诠释。长期在这一领域的研究和精深思考，使得他对朱子学产生了一整套独有的问题意识和概念体系，使得本书在理论上的客观自觉、批评上的宽广方面都达到一定的高度。有关朱子画像作品的分析所涉及的一些具体的历史事件，作者配以大量的相关插图，外加像赞、诗文等史料的多重分析，便于一般读者进行了解。

正如朱杰人先生所说，方先生博览群书，学术视野极其开阔，在此书中引用了许多非常冷僻的文献，但又不受此之限。他独具慧眼，常常在别人看来并不起眼的史料中发现新的信息。同时，方先生长期在南平工作和生活，对于朱熹当年生活过的地区，无论是地理环境还是人文环境都耳熟能详，这使得他的文献考辨常常能与实地考察相结合，扎根于“实际的土壤”，从而使他的见地往往能达到一般学者无法企及的高度。

此书的完成是作者的无心为美，然而其虚静澄明的心境，以及淳远仁厚的胸怀，让人印象深刻。因为在这个繁华浮躁、光怪陆离的社会，能够守着一方宁静的天空进行躬耕，实属不易。作者善于从有限中见出无限，其丰富的历史含量，磅礴的征引，深刻的思考，足以证明其文献学的深厚功底。此书的完成跨越了十几载，是作者长期有意识地关注和搜集这方面资料的结果。这本书的出版，不难发现在他的不懈努力之下，已从文献学、史料学的角度把朱子学的研究提升到一个新的研究高度。

机会是给有准备的人的。毫无疑问，涉足朱熹画像考辨这一学术领域的人鲜矣。方先生是从博览群书中产生了对史学、校勘和考据之学等方面的广泛兴趣。他走过的地方很多，从韩国、日本及广州和台湾地区带回来的资料，都是出于有心留意的“意外”收获。有的资料看似不起眼，却对研究的深入起到非常重要的作用。我想作者的冒险勇气，犹如在荒漠孤岛中独自前行。这种正本清源的求真精神，难道不是对以朱子为代表的儒学传统的一脉相承吗？

在全球多元化发展的今天，文化的复兴关乎民族的复兴。朱子学领域的研究应该更加系统化现代化，更加注重文化传承的连续性，或者说更加“接地气”。近年来，随着海峡两岸朱子学研究交流的加深，已经形成一种共识：即提倡积极开拓新的研究领域，广泛挖掘和深入探究朱子学中尚未涉及的人物、学派等诸领域，谋求朱子学研究的全面均衡发展。

然而，朱子学研究在现代生活中的转生，亟待各方学者、学术人的努力才能实现。纵观方先生的学术研究，他在自己的研究领域里，不断发现、不断开拓、不断深入。例如，他之前的著作《朱熹书院与门人考》，将朱子门人的考订与朱子书院的考订结合起来，使朱子门人研究得以进一步深入。其另一本著作《朱熹考亭书院源流考》，对在中国古代教育史上有着重要地位和重大影响的著名书院的历史状况和历史沿革进行考证，甚至对朱熹的教学内容、方法、理论等有一个比较全面的考证和揭示，做到古为今用，对社会主义的现代教育有所启示。《朱熹画像考略与伪帖揭秘》也沿袭了他一贯的学术风格，为实现朱子文化精神在现代生活中的转化提供了一种新的可能的途径。从朱熹画像考辨来研究朱子学，有利于从一个独特角度来传承中国优秀传统文化的基因。方先生对朱熹画像进行长期的有深度的个案研究，取得了有特点的研究成果，体现其朱子学研究的独创性的一面。

此书卷下的数篇文章，如《游云谷诗卷》、《游云谷诗屏》、《赠门人彦忠、彦孝同榜登第诗册》等，从朱熹的生平史料、文献著录着手，考辨周密，论证充分，打破了所谓名家对“伪帖”的吹嘘。而其附录《朱熹的道统论与建本类书中的先贤形象》也阐述了古代刻本中的朱子画像，对在“画像考”诸文中不便过分展开的朱子画像与道统论的关系展开论述，对全书亦是一个有益的补充，着力于朱熹道统论的传播和在书院祭祀中所起的作用。总之，书中处处是作者敏捷思维及精辟见解的闪光点。最可贵的是，在考辨的疑难问题上，他表现出了极强的分析能力，他甚至在说明某件画像是赝品的同时，能够指出造假者的各种历史源流，从而揭开历史的真相，还万世宗师朱熹的原本形象。

千淘万漉，只为了正本清源。朱子学研究，只有溯其源，汲取“源头活水”，才会走得更深入、更宽广。读完此书，人们似乎可以想象作者犹如一名默默无闻的泅渡者，在学术的海洋里乘风破浪。因为痛恨历史颠倒、是非不分，所以他打破沙锅问到底。在其挥洒自如的文字间，读者愈是往后读，愈能发现历史的厚重感，读完方知是一份学者的赤子之心。

其实，对许多事物的认识，往往只有比较了，才能鉴别其价值所在。朱子文化传承的问题也是如此。《朱熹画像考略与伪帖揭秘》在锋芒雷厉的学术质问之外，还能帮助读者了解朱子的为学之道以及朱子学的价值所在，对于有兴趣了解朱子理学的读者来说，此书是值得推荐的难得读本。这是学术人自我文化责任感鞭策下诞生的作品，它穿越了时空的界限，穿越了心灵的企盼，穿越了世俗的迷雾，定格成一种独特的学术风景。

怀揣此书，透过历史的窗棂，我隐约望见遥远的宋代明月，仿佛获得一种无以比附的朱子时代“月映万川”的现场感。

遥想，当年那轮明月，是怎样的一种无与伦比的光辉？

今日之明月还是昨日之明月。不过，我们相信，今日同在这片满溢哲思光华下的儒家道统，通过像方先生这般孜孜求索的历史解码者们的努力，不至于迷失，不至于越走越远。

（作者单位：福建福州海峡职业技术学院）

朱子学
年鉴
（2013）

朱子学研究论著

学术专著

朱熹大辞典

张立文主编，上海：上海辞书出版社，2013年9月，803千字

《朱熹大辞典（精）》是国内第一部朱熹的专人辞典，由著名哲学史家、朱熹研究专家张立文先生主编，并约请全国各地近百位朱熹研究的专家历经四年多精心撰写而成。全书较系统全面收入与朱熹平生事迹、朱熹思想体系、朱熹思想与朱子学传播及研究相关的条目，如思想体系中就收入朱熹政治思想、哲学思想、教育思想、经学思想、文学思想、美学思想、史学思想、经济思想、法律思想、科技思想、心理学思想、子学思想、佛道思想等内容。书的内容除朱熹综述外，分为生平事迹、同道及弟子后学、思想体系、传播与研究四大部分，包括名词术语、人物、学派、组织、会议、著作、刊物等约1900条，反映和代表了国内外朱熹研究的最高水平，具有很高的学术价值，是中国古代哲学与朱熹研究的一个里程碑式和标志性的成果。其出版对朱熹、朱子学的研究与传播，对大力弘扬中国传统文化并使其走向海外，都有重大意义和深远影响。本书的副主编有：朱杰人、方国根、徐刚、向世陵、蔡方鹿。

朱子《尚书》学研究

陈良中著，北京：人民出版社，2013年3月，315千字

该书全面系统梳理了朱熹《尚书》学的资料，通过对大量资料进行分析整理，提出问题、解决问题，对朱子《尚书》学研究的学术背景及学术流变做了详实而有说服力的研究总结，为朱子在此领域中的研究成就及其学术定位提供了深刻评价与深入探讨的平台。书中对朱子《尚书》学研究的特点、成就、历史地位及其影响做了深入的研究和发掘，并对朱子未能完成《尚书集注》的原因做了重点剖析，其结论具有独到见解。全书还通过梳理朱子《尚书》学与其思想体系的内在逻辑关系，总结朱子以理学思想改造《尚书》经典命题内涵及汉学宋学相交融的解经方法，以“十六字心传”和“皇极”的具体解读，指出《尚书》作为一个整体在朱子思想建构中的意义，矫正了以往只关注《大禹谟》的偏弊，探讨了朱熹解经的方法和价值取向，揭示了经典现代化可借鉴的途径，具有极强的理论意义和现实意义。同时也研究了朱子与蔡沈《书集传》的关系，条分缕析，演绎归纳，阐明了蔡沈与朱子学术的渊源，揭示了朱子以蔡氏为《尚书》学传人的可能原因。

朱熹文学思想研究

李士金著，北京：人民文学出版社，2013年11月，280千字

该书从朱子原著出发，从宏观与微观两个层面深入研究和探索了朱熹文学思想的深刻内涵。从朱熹关于《诗经》、《楚辞》等的文学研究专著，到朱熹对于历代作家作品的分析思考，从朱熹的文学理论专题，到他的文学批评与文学欣赏，乃至朱熹的广义创作论，都进行了全面深入的研究探讨。全书分为六章，即《诗经》学研究，《楚辞》学研究，论历代作家作品研究，文学批评和文学欣赏研究，广义创作论研究，文学理论专题研究。《诗经》学和《楚辞》学探析义理，直达本源，研讨艺术，具体包括社会政治、婚姻风俗、天文地理等等，无穷意蕴如溪之流，潺谖而出。“论历代作家作品研究”论述了朱熹对唐代以前、唐宋作家作品的辩证分析，知人论世，以求真相。“文学批评论和文学欣赏论”则从审美的角度，突出根本之义理核心，考证文学，包含朱熹研究文学、批评文学的特点，朱熹理解文学的具体分析，朱熹比较文学批评研究，朱熹文学批评文学欣赏思想与艺术并重研究等内容。“广义创作论研究”则揭示朱熹创作理论，包括朱熹创作学思想概述、朱熹批评文章文学写作形式主义的时代潮流、朱熹论文学创作的学习与模仿、朱熹论创作的态度和方法、朱熹论创作的“根本工夫”、朱熹论创作主体的复杂性、朱熹论生活体验与创作灵感等内容。“文学理论专题研究”探讨朱熹文学思想，包括朱熹论“平淡”、“自然”和“巧”，朱熹文气论研究，朱熹“天生成腔子”等内容。

家学、经学和朱子学
——以元代徽州学者胡一桂、胡炳文和陈栎为中心

史甄陶著，上海：华东师范大学出版社，2013年4月，305千字

该书运用新资料开拓出新的研究视角来研究朱子学，不仅详细爬梳了如《朱程问答》、《感兴诗通》、《在兹篇》、《明经书院志》等少有人关注过的文献，还旁涉程氏宗谱中所发现的朱熹佚文。这些新资料对进一步勾勒朱熹与徽州亲族之间的往来关系，以及元代徽州朱子学的传衍问题帮助甚大。全书包括朱熹与徽州士人的交往与论学、庆元党禁之后的发展；胡一桂对朱熹《易》学的探讨、对朱熹《诗集传》的注释与评议；明经书院与朱子学的传承、胡炳文《中庸通》对饶鲁的批评与吸纳、《感兴诗通》与朱熹《斋居感兴》的比较研究；反思朱子学、从“四书”的版本问题论陈栎对朱熹的认识、《增广历代通略》的史学观；论《在兹篇》的“道”与“文”等内容。

《朝鲜古写徽州本朱子语类》研究

胡秀娟著，上海：华东师范大学出版社，2013年5月，322千字

该书包含了大量新的《朱子语类》研究的第一手文献资料。通过对比《朝鲜古写徽州本朱子语类》与黎靖德本《朱子语类》，书中辑录了大量朝鲜古写本有而黎靖德本无的朱子语录和朝鲜古写本详细而黎靖德本简略的朱子语录，还整理出朝鲜古写本和黎靖德本有所差异的字、词、句。这些资料不仅具有重要的文献价值，而且为宋代方言、语词研究提供了新资料。主要内容包括：《朝鲜古写徽州本朱子语类》内封题字辨析、卷首朱子门人姓氏考订、成书过程考订；《徽州刊朱子语类》刊刻过程考、底本考、正名，《徽州刊朱子语类》和《徽州刊朱子语续类》的关系；《朝鲜古写徽州本朱子语类》在朝鲜的亡佚、在日本的流传；《朝鲜古写徽州本朱子语类》文本整理研究；黎靖德本《朱子语类》重新考订；朝鲜古写本有而黎靖德本无之朱子语录考；朝鲜古写本和黎靖德本语录详略考异；朝鲜古写本较黎靖德本义优之字、词、句比较；《朱子语类》的版本系统等。

《朱子语类》词汇研究

徐时仪著，上海：上海古籍出版社，2013年3月，590千字

《朱子语类》是宋代大儒朱熹的重要著作，近300万字，记有14295条语录。此书在汉语史、思想史、哲学史、文化史及语言学、文献学上的意义人所共知，但近百年来的研究着重在哲学和文化教育等方面，20世纪90年代以来语法层面的研究才日渐增多，但迄今尚欠缺对该书进行比较全面的词汇研究。作者从1981年起即着手从事该书词汇研究，历经30余年，采用文献学和语言学相结合的方法，写成专书《〈朱子语类〉词汇研究》。全书近60万字，以辨章学术、考镜源流为宗旨，首先对文献语料进行鉴别、校勘，弄清传承渊源和各本异同，然后在此基础上对《朱子语类》的词汇概貌、构成、同义词和反义词、专类词语、方俗口语、常用词和词义系统等一一进行考察，创获甚多。总之，该书不仅是关于《语类》词汇的集大成之作，而且实为迄今最详备的朱子语言研究专著，对汉语词汇史特别是近代汉语的探究做出了重要贡献，对汉语词典编纂和《汉语大词典》的修订以及理学研究、朱子学研究等也具有很高的应用价值。

朱子经典诠释思想研究

蔚利工著，北京：中国社会科学出版社，2013年8月，242千字

朱子是宋代儒家思想最重要的代表之一。为了和佛学异端相抗衡，朱子对过去的儒家经典重新进行诠释，复兴了儒家的文化传统。该书认为朱子在对儒家经典诠释过程中所形成的一系列诠释思想及观点，是中国古代经典诠释思想发展的高峰。朱子首先确立了经典诠释的形上依

据，他以天理论为标准诠释儒家经典，这保证了经典诠释的确定性及有效性。在确立了经典诠释的形上依据之后，朱子成功地实现了经典文本重心的转换，逐步以“四书”义理之学取代“六经”训诂之学，从而使“四书”成为儒家经学的主体，进而提出了经典诠释的根本原则即训诂与义理并重的经典诠释原则，超越了汉学与宋学对经典诠释的片面性。在对经典文本的诠释过程中，朱子提出了他的经典诠释方法论：“唯本文本意是求”语言诠释、“穷理为先而力行终之”体验诠释、“格物穷理”即事诠释。该书还就朱子的《易》学、《春秋》学、《诗经》学、《尚书》学、《礼》学诠释思想进行了个案研究。

朱熹与闽学思想研究

黎 昕著，北京：中国书籍出版社，
2013年8月，270千字

该书收入了作者20世纪80年代以来对朱熹与闽学思想研究的部分成果，主要包括三个方面的内容：一是杨时理学思想及其影响；二是闽学思想渊源及其历史地位；三是朱熹思想及其现代意义。第一部分由四篇探讨杨时思想的论文构成。作者认为，杨时是融汇北宋诸子思想的先导，是理学“四书”形成的重要环节，是“理一分殊说”的极力传布者，开南宋以下学者倾力著述之先风，对朱熹思想的形成以及闽学的形成和发展都有重要影响。第二部分由十一篇论文组成。作者认为，闽学的产生与福建经济文化的发展有关，具体论述了南剑三先生、武夷胡氏家学与闽学的关系。作者还概述了闽学与儒学、佛学、道家、道教的关系，具体分析了闽学与濂学、洛学、关学、邵雍的象数学之间的关系，最后归纳了闽学的历史地位与当代价值。第三部分由九篇论文组成。依次从道德修养方法、理欲观、伦理思想、生态智慧、儒家忠恕思想等方面阐发了朱熹思想，同时对台湾地区朱熹研究、海外朱子学研究的方法等做了综述，对朱子思想在朝鲜半岛的传播和影响也做了概述。

朱熹错了
——评朱注四书

傅佩荣著，北京：东方出版社，
2013年11月，146千字

朱熹注解的《四书集注》是他的代表著作之一，也是朱熹用力最勤的著作，临终前一天还在修改《大学章句》。他的注解也是“四书”的诸多注解中最有权威和影响最大的，宋以后的读书人学习“四书”都要参考他的注解。曾有人对朱注做过批评论证，但缺少体系化的系统论述。《朱熹错了》一书对朱注《四书集注》中存在的若干问题进行了全面系统的分析，力图辨明朱注与原典之间存在的分歧，有助于读者从另一层面了解“四书”的本义所在。全书分为四部分，依序是针对《论语》、《孟子》、《大学》、《中庸》的朱注所做的批评辩证。其中《论语》的内容最多，着重指出孔子的基本观点是

"人性向善"。探讨《孟子》部分时，作者分析了一系列与人性有关的概念，最后得出与朱注大不相同的结论。《大学》部分中，对"格物致知"的理解既与朱注有别，也与王阳明的诠释不同。到了《中庸》部分，作者则像是撰写一份心得报告，因为前面三书确立了儒家的思想基调，至《中庸》已有总结的意味。

天地与我默契

——朱熹理学的美学意蕴

吴志翔著，北京：中国青年出版社，2013年9月，164千字

该书探讨的是朱熹理学思想的美学意蕴。全书分为五章，第一章"天人论：至诚无间与审美空间"，探讨天："粹然者"与"苍苍者"、诚：天人合一的根本依据、思诚："妙契一俯仰"之乐等内容；第二章"在世论：人生中的醒觉和忧乐"，探讨人生的觉解："唤醒此心"、"畏天"和"乐天"等内容；第三章"心性论：理欲圆通的中和之美"，探讨天理人欲并不对峙、理欲圆融如何可能、从自然之道到自由之境等内容；第四章"礼乐论：通往渣滓消融的和乐"，探讨超验与经验的统一、天理与形式的契合、渣滓消融的自由与和乐等内容。

朱熹画像考略与伪帖揭秘

方彦寿著，上海：华东师范大学出版社，2013年9月，185千字

全书分上下两卷。上卷为《朱熹画像考略》，分别从各种不同的角度对朱熹画像的产生与流传进行了考证和介绍。下卷为《朱熹伪帖揭秘》，主要内容为对近年出现在国内拍卖市场的号称"朱熹手迹"甚至被吹嘘为"国宝"，经过古今所谓名家鉴定的几幅伪帖，如《游云谷诗卷》、《游云谷诗屏》等，从朱熹的生平史料，文献著录着手，进行周密的考辨和无可辩驳的论证，还其"伪帖"的本来面目。

朱子心论

——"心与理一"与"超凡入圣"之学

吴冬梅著，合肥：安徽人民出版社，2013年6月，190千字

该书从"心与理一"与"超凡入圣"之学的关联，来展开对"朱子心论"的研究。儒学是一种"超凡入圣"之学，"超凡入圣"是儒学最高的理想人格境界，其实质是主体精神与本体的合一。虽然实质一样，但在不同的儒者那里，"超凡入圣"的内容不尽相同，有"心"与"仁"的合一，有"心"与"诚"的合一，有"心"与"道"的合一。虽然都有讲精神与本体合一的意图，但是精神与本

体之间似乎总有看不到且抹不去的隔阂。直到朱子之“心与理一”才使儒学之精神与本体更为吻合，才使儒学之“心性论”比较完备，然而“心”与“理”之间的“隔阂”依然若隐若现。真正彻底去除“心”与“理”之间“隔阂”的始自陆王心学，然而“心即理”一出，“儒释之别”就岌岌可危。从某种意义上来说，正是“心”与“理”之间“隔阂”的存在使得儒学得以存在。可以说，儒释之间的分界线在于其心性论。因而，朱子之“心与理一”是“超凡入圣”之学的集大成者，却也是一个过渡者。全书主要内容为：（1）基于“心与理一”和“心与理二”的角度，从“理、心、性、气”，“排佛”，“心与理一与心与理二”，“心与理一是儒家的传统”四个方面论证“儒释之异”。（2）基于认识论的角度，从“先知后行”、“天地之性人为贵”、“心性之辨”、“心之情态”四个方面论证心认识理的可能性与现实性。（3）基于修养论的角度，从“人心道心之辨”、“融道心于人心”、“心的横向功夫涵养”、“心的纵向功夫穷理”四个方面论证人可以通过修养而成圣。（4）基于境界论的角度，从“内圣与圣贤气象”，“诚意之心与情感、意志”，“醒悟之心与理性、直觉”，“自乐之心与现实、超越”四个方面论证“圣贤气象”的获得并不只是超验的直觉，也不仅仅是经验的总结，而是在尊重经验的基础之上的理性的自觉，是自我内心在尊重现实之上的对现实的超越，是极高明而道中庸。

宋明理学与明代文学

宋克夫著，北京：中国社会科学出版社，2013年4月，445千字

该书以价值观念为基础，以人格风范为重点，深入研究了明代文学的创作与流变，建构了明代文学的发展体系。对明代重要作家、作品提出了独到的看法。全书分为道德的困惑——程朱理学与初明文学、主体的弘扬——阳明心学与中明文学、人欲的正视——泰州学派与晚明文学上、中、下三篇，探讨了宋明理学与明代文学的关系。上篇包括程朱理学的基本理论、程朱理学与初明文学、巨儒的风范——宋濂的文学思想及创作、醇儒的噩命——方孝孺的文学思想与散文创作 、美德的困惑——《三国演义》的悲剧实质等内容，中篇包括阳明心学的基本理论、阳明心学与中明文学、本心的张扬——唐宋派的学术思想及散文创作、主体的高扬——《西游记》的主体意识、奇人的风采——徐渭的个性精神等内容，下篇包括泰州学派的学术特色、泰州学派与晚明文学、童心的呼唤——李贽的学术思想、性灵的解脱——袁宏道的价值取向、情欲的颂歌——《牡丹亭》的情爱观、物欲的认可——“三言”的物欲观、人欲的正视——《金瓶梅》的价值取向等内容。

宋元明江西朱子后学群体研究

周茶仙　胡荣明著，南昌：江西人民出版社，2013年12月，200千字

江西是朱熹讲学过化之地，从学者众，且传承不坠，形成了江西社会文化思想领域一道亮丽的风景。该书为2010年教育部人文社科规划项目终期成果，突破了传统的哲学史或学术史以学者个人生平与思想诠释为主的研究范式，采取了区域社会史视角与思想史分析相互结合的研究方法，在对国内外已有相关资料进行梳理、总结的基础上，充分利用文集、地方志及族谱等原始资料，从哲学、思想文化、社会史等多学科角度，对宋元明时期江西朱子后学群体进行研究，细致入微地考察了支撑朱子后学各学派背后地域性的社会基础和文化结构，并将江西朱子后学群体与陆学后学进行了比较，对朱子学与陆学的流衍进行了一些新的诠释。全书分为序论、上篇、中篇、下篇、余论五部分：序论为学术史回顾及全书的写作方法与资料运用以及宋元明江西朱子后学群体发展概述；上篇集中考察了江西朱子学发展的地域家族性；中篇探讨了江西朱子学的地域性思想传统；下篇探究了宋元明江西理学流派的交融嬗变；余论则对宋元明江西朱子学后学群体发展的特性做出总结并对未来的研究进行了展望。该书博引史料，考证详实，分析到位，对朱子学研究及江西地域文化史的发掘都具有一定的理论与现实价值。

朱熹《戊申封事》法译本

〔法〕Roger Darrobers（戴鹤白）译，巴黎：美文出版社（Les Belles Lettres），2013年

2013年，法国美文出版社“汉文—法译书库”再版了戴鹤白译朱熹《戊申封事》。该书初版由巴黎友丰书店于2008年出版，此次再版为汉、法双语对照版。这也是“汉文—法译书库” 收入的第二本朱熹著作译著，第一本是2012年出版的由 Guillaume Dutournier（杜杰庸）、戴鹤白合译的朱熹、陆九渊通信论著《太极之辩》。

历代名著精选集：朱子语类

〔宋〕黎靖德编，黄　珅　曹姗姗注评，南京：凤凰出版社，2013年9月，227千字

《历代名著精选集：朱子语类》是朱熹与其弟子问答的语录汇编，宋人黎靖德编。以类编排，内容丰富，析理精密。首论理气、鬼神等世界本原问题，以太极、理为天地之始；次释心性情意、仁义等伦理道德及人物性命之原；再论知行、力行、读书等认识方法。具体内容可分四个部分：一是史事，包括当代与历代的史实和人物；二是诸子，包括思想学术史中的著名人物和著作；三是杂类，包括民俗、技艺等；四是论文，包括诗与文。

朱子学年鉴（2011—2012）

朱子学会编，厦门：厦门大学出版社，2013年7月，400千字

《朱子学年鉴》是朱子学会主办的文献性、资料性学术年刊。2011—2012卷为创刊卷，力求如实反映2011—2012年朱子学界的研究现状，让广大专家、学者和读者更全面、更深刻地了解和把握当今朱子学研究的重大事件、重要问题和主要趋向。《朱子学年鉴》（2011—2012）主要内容有："特稿"栏目选登了清华大学国学院院长陈来教授和台湾政治大学中文系陈逢源教授的文章，前者探讨了朱熹的阴阳变化观，后者分析了朱熹《四书章句集注》。"朱子学研究新视野"栏目推介了陈来教授的《朱子思想中的四德论》、朱杰人教授的《世俗化的朱子：朱子学术的世俗关怀及其时代（当时代和现时代）意义》、刘述先教授的《朱子与儒家的精神传统》等文章。"全球朱子学研究述评"栏目比较详细地梳理了近两三年欧洲、美国、韩国、日本、中国台湾等国家及地区朱子学的研究现状，介绍了目前全球朱子学研究的最新进展。"朱子学书评"栏目选刊了对吾妻重二教授的《朱熹〈家礼〉实证研究》、田浩先生的《旁观朱子学》、秦家懿教授的《朱熹的宗教思想》三部著作的书评。"朱子学旧书重印和研究新著"、"朱子学研究优秀硕博士论文"、"朱子学研究论文荟萃"、"朱子学学术动态"、"朱子学研究重大课题"、"朱子学研究机构"、"学者介绍"、"资料辑要"等栏目尽可能全面地展示2011—2012年朱子学界的最新成果和学术动态。

朱熹别传

刘湘如著，合肥：安徽文艺出版社，2013年1月，250千字

该长篇历史小说以南宋一代大儒、学术大家朱熹的政治生涯为轴线，通过对朱熹与严蕊及唐仲友之间矛盾冲突的描写，展现了他在推行自己的治国理念时所遭遇的重重阻力以及他本着对朝廷负责的态度，毅然坚持改革，不为所动，体现了坚持儒学理念和知识分子信仰的气节。同时又以当时喧闹一时的"官员狎妓"案、"朱唐交奏"案为背景，描绘了南宋官场错综复杂的派别纠纷和偏安王朝的风雨飘摇，展示了一幅官场和市井交织的纷繁多彩的历史图案。

朱熹南行传奇

林　震著，长春：吉林人民出版社，2013年3月

该书撰写朱熹在宋朝廷中与奸臣秦桧进行抗争，抗金爱国；与诗人陆游、辛弃疾深交的情形；以及为忠臣高登昭雪，进行不屈不挠的斗争。

胡居仁文集

〔明〕胡居仁撰，冯会明点校，南昌：江西人民出版社，2013年11月，200千字

胡居仁（1434—1484），字叔心，号敬斋，江西余干人，是明朝著名的理学家、教育家。他“奋志圣贤之学”，以传承程朱理学为己任，是明初诸儒中恪守朱学之最醇者。他与娄谅等创立了“余干之学”这一学派，把程朱学说向着专讲心性道德、追求士大夫道德人格的方向发展，重视“为己”之学。《胡居仁文集》包含《居业录》和《胡敬斋先生文集》两部著作。《居业录》是胡居仁讲学时留下的语录，共八卷。记载的多是胡居仁精研圣贤经典的心得体会，内容依次为心性渊源、学问功夫、圣贤德业、帝王事功、古今制度、天地化生、老佛归宿和经传旨趣等八个方面，主要是对程朱思想的阐发。《胡敬斋先生文集》三卷，是胡居仁的书信诗文集。第一卷是胡居仁与张廷祥、罗一峰、陈大中、于准等同仁学术上相互切磋的往来书信。第二卷主要是胡居仁所作之序、记、铭、论、辩、墓志、杂著等。第三卷则为胡居仁存世的诗、赋。他的文集不仅是往来应酬之作，更关切民彝物理，体现其修己治人之道。《胡居仁文集》的整理，以《正谊堂》本为底本，以文渊阁《四库全书》本和《丛书集成初编》本作为参校本，主要进行了文字的校勘和标点的修正。

“融铸”与“进程”：朱熹《四书章句集注》之历史思维

陈逢源著，台北：政大出版社，2013年

作者撰成《朱熹与四书章句集注》，分析体例，证成价值，对于朱熹“四书”学已有初步的观察，后续进一步探究朱熹融铸前代儒学成果，开展作者学术进程，进而响应儒学的历史问题，数年之间反复检视，体会撰作《四书章句集注》深蕴之情怀，于《四书章句集注》、《四书或问》、书信、语录之间，综整分析，寻求线索，尝试在理学、经学之间，推究朱熹思考的历史轨迹，先后发表数篇论文于学术会议以及学报期刊当中。这些论文皆是循此方向的观察成果，只是历时既久，为求体例整齐，略依主题先后为序，重新改写，调整篇名，略分如下：一、“颖悟”与“笃实”——朱熹论孔门弟子。二、“治统”与“道统”——朱熹道统观之渊源考察。三、“政治”与“心性”——朱熹注《孟子》的历史脉络。四、“纵贯”与“横摄”——朱熹征引二程语录之分析。五、“道南”与“湖湘”——朱熹义理进程之检讨。六、“详味”与“潜玩”——朱熹叮咛语之梳理与检讨。具体包括重构孔门之传、建构圣贤系谱，回应北宋孟子议题，关乎“四书”义理体系的建立，继承二程的线索，融合道南、湖湘系统，乃至于期许后世，寄托

学术进程及情怀所在，从而得见朱熹承之于前，以启后人的成就。共计六篇，既各自独立，又彼此相关，皆是作者数年间阅读的成果，不同的主题，却有相同的研究进路，由“融铸”以见“进程”，彰显朱熹从经典而及于历史的思维成果，证明朱熹集其大成的地位。最后附录《思想史重构——诠释朱熹〈四书章句集注〉进路的思索与反省》、《朱熹〈四书章句集注〉征引书目辑考》，乃是作者回应民国以来调和汉、宋学分歧的检讨成果，以及新世纪思潮下，期待开展朱学研究方向的思考，标示作者的研究缘起与反省进路，期许于推究之中，得见朱熹建构学术的根源与精彩。

歐陽脩新発見書簡九十六篇：歐陽脩全集の研究

〔日〕东英寿著，东京：研文出版，2013年

该书论述了发现欧阳修96篇佚文的经过和相关版本考证。全书上编主要考证96封佚简的真实性，其中第二章为96封佚简的整理校点稿，已发表的校点稿将底本的文字改为通行字体，书中的校点稿力图再现底稿文字字形，唯一遗憾的是没有影印全部佚文内容。下编主要是对欧阳修全集版本源流的考证，其中有三篇是书评，对中国出版的几种欧阳修文集做了直率的评论。全书最后还有一个附篇，记叙了寻找考证相关版本和佚文的经过。

学术论文

《朱子语类》方俗口语词考

徐时仪　《古汉语研究》2013年第1期

在比勘今存宋刻本《池录》、朝鲜古写徽州本、明成化本《朱子语类》等各本异同的基础上，考释了其中的“老草、潦草，摧、阁、局，转、转语”等方俗口语词。

朱子四书学形成新考

许家星　《中国哲学史》2013年第1期

关于朱子“四书”的形成似乎已经形成某种结论，但事实上其中重要关节仍值得重新讨论。朱子“四书”的形成贯穿其毕生，大致可分为启蒙期、准备期、形成期、成熟期和完善期五个阶段，期间朱子对“四书”的注释刊刻既齐头并进又分合有度，或各书单刻，或《学庸章句》合刻，或《论孟集注》合刻，应特别注意的是朱子并未合刻《四书集注》。至于《四书或问》，虽编为一帙而实包含丁酉1177年《论孟或问》与晚年《学庸或问》两个不同时期、层次的著作，不可视而为一。《论孟精义》为系列著作，先后有癸未1163年《论语要义》（庚辰1160年《孟子集解》）、壬辰1172年《论孟精义》（《论孟集义》）、庚子1180年《语孟要义》三个不同版本，壬辰《精义》、《集义》仅是名称之别，但与庚子《要义》存在内容差别，不可混淆前后《要义》，亦不可视壬辰《集义》在庚子《要义》后。今流传通行本《论孟精义》似为壬辰前后之盗本。准确把握朱子“四书”的形成，对朱子“四书”学的理解具有基础性意义。

《论语集注》的“集注”体例及其意义

周元侠　《中国哲学史》2013年第1期，人大复印资料《中国哲学》第5期全文转载

通过对《论语集注》中所引35家注的所属时代、学术派别、注释重点及其风格等方面的分析，揭示了朱熹对《论语集注》的“经注”定位，也揭示了《论语集注》成为超越时代的经典之作的原因。全文分三部分。第一部分是宋之前的古注，共有21处，这些引用主要集中在字词训诂、名物制度以及句意说明等方面。第

二部分是宋代非理学家的注释，共计9人96条。这些引注兼具字词训诂和义理引申的特点。第三部分是宋代18家理学家，这些引注的内容普遍以义理解说为主，与朱熹自注共同构成《论语集注》中最具时代特色的注解。然而，值得注意的是，朱熹常常将所引理学家的注放在圈外，表明是《论语》本文的引申义，而非本文本意。从“集注”这一注释体例上看，朱熹把《论语集注》定位为经注，是服务于《论语》本文的注释之作。

从“赤子”到“大人”
——朱子对先秦儒道哲学的重释

吴冬梅　《中国哲学史》2013年第2期

朱子对孟子“大人”的解读包含三层意思：其一，“大人之心”与“赤子之心”特性不一，前者“通达万变”，后者“纯一无伪”。其二，两者特性虽不一样，但“大人”能够保有本来就具备的“赤子之心”，原因在于“大人”能“不为物诱”。其三，“大人”能够无所不知，无所不能，最终达到修养的最高境界，原因还在大人能“扩充”这种本来就具备的“赤子之心”。可见，朱子以天理为标的，重新解释先秦儒道“日新”、“扩充”、“止于至善”与“自然”、“不见可欲”、“少私寡欲”的思想，认为应当保有赤子之心，修养心性，但不能复归于婴儿；应当以天理为主导，“少私寡欲”，但不必“不见可欲”；应当“扩而充之”，“止于至善”，下格物致知穷理功夫而达到对天理的体认，使天理与纯真自然在“大人”心中有机结合。朱子对先秦儒道哲学重释的意旨与路径由此清晰可见。

传承与开拓：朱子学国际学术研讨会综述

殷　慧　《中国哲学史》2013年第1期

2012年10月24日至25日，由中华朱子学会、中国朱子学会、湖南大学岳麓书院联合主办的“传承与开拓：朱子学国际学术研讨会”在历史悠久且具有理学学术传统的岳麓书院召开，来自中国、日本、韩国的50余名学者参加了此次盛会。与会学者围绕朱子学的诸多议题，报告了自己的研究心得，与同道展开了热烈的讨论，取得了丰硕成果。

从《北溪字义》看儒家人性论的演变

彭永捷　《晋阳学刊》2013年第2期

朱熹弟子陈淳留下的《北溪字义》（亦名《字义详讲》）一书，主要内容是将理学的主要范畴分别加以梳理、解释，是中国古代思想史上范畴研究的典范。《北溪字义》的上卷，有命、性、心、情、才等多个字义条目直接讨论了儒家人性理论，并对儒家人性理论的演变，从理学角度做了回顾和评判。陈淳对性字明确做出界定："性字从生从心，是人生来具是理于心，方名之曰性。" 并以性善说明道德之可能、道德的内在根据和人类的本质，以气禀之性来补充说明人的道德状况的差异和道德修炼的必要。对于理学人性论的形成，陈淳提到的是周子和程、张，认为汉唐以来都无人把人性问题说明白，只有二程受周子《太极图说》发端，才说得透彻清楚，尤其是"性即理"一语最是简明。《北溪字义》诸如此类的这些内容，为我们了解儒家人性理论的演变，提供了独特的理论视角，也有助于解决我们当今有关人性问题的一些学术争议。

朱熹《论语集注》文学观简论

李春强　《山西师大学报》（社会科学版）2013年第1期

朱熹的文论家形象一直晦而不彰。实际上，朱子精通文学。从《论语集注》即可凸显出朱熹文学思想体系之轮廓：其一是"文道一贯"的文学本体观。朱熹承继流播已久的道统思想，将"文"纳入"道"之内，提出"文"是"道"的一种衍生，甚至在一定程度上把"文"的一些属性等同于"道"所具有的某些属性，使二者得到很好的统一，但依然隐含"道"重于"文"的保守成分。其二是"文质彬彬"的文学创作观。文即文华，质即质朴。从文学的角度讲，"文质彬彬"要求文章形式与文本内容的和谐统一。朱熹反对追求形式之美，宁可"质胜于文"，不取"文胜于质"。其三是"尽善"、"尽美"的审美理想观。"善"是指政治、道德的标准，"美"指艺术的标准。朱熹承继孔子的审美标准，认为文学艺术内容与形式应达到高度统一、"尽善尽美"。此外，将"善"与"德"并称，主张优秀的作品必须建立在良好的品性之上，注重考察作者的德性修养。其四是"玩味"、"涵泳"的文学鉴赏观。朱熹是位有深厚文学修养的鉴赏家，提出了读作品要有"玩味"的文学解读理论及以"涵泳"为中心的文学接受理论。此显示了朱熹理学家身份光环下的文论家面目，并揭露出传统经学诠释路径从经学到文学转向的端倪。

民国时期钱穆的朱子学研究及其创新
——从朱子心学入手

乐爱国　《南京社会科学》2013年第1期

钱穆的朱子学研究可以追溯至民国时期。他从心学入手研究朱子学，主要包括对朱子思想来源的梳理、对朱子心学的阐释、对朱子格物论的研究、对朱子与陆王关系的辨析、对朱子学术贡献的讨论等诸多方面，展现了朱子的心学体系及其与陆王之间的大同小异。重要的是，钱穆在这一时期形成的有关朱子心学的观点，在他晚年撰写的《朱子新学案》中得到了充实和完善，而成就其朱子学研究的一家之言。钱穆从心学入手的朱子学研究，既不同于以往对于朱子与陆王的调和，也不是那种把朱子学简单界定为理学而忽略其心学的补充，而是一种更加全面综合的研究，对当今的朱子学研究具有重要的创新意义。

毁誉、是非与善善从长
——《论语》总章四〇二朱子注衍义

李秋莎　《人文杂志》2013年第1期

该篇论文详析朱子对于《论语》总章四〇二的注解，指出其间有未尽之意。倘若结合朱子在别处对本章的讨论加以补述，对本章做一个有根柢的推明，则可见：由于儒家因确知善恶而做出的当其实之是非，都是本诸知道理之当然，知是物之当然而然亦知其不当然而然说下来的，圣人“如有所誉”所彰显的善善从长之意，不但与“谁毁谁誉”所彰显的是是非非截然方正同为道理之直一发见，且作为元、仁发见之证验，于智端所括之是是非非更为在先。不本诸善善从长而论是非，则失是者是之非者非之之实，鲜不为毁誉。

民国时期谢无量的朱子学研究

乐爱国　《厦门大学学报》（哲学社会科学版）2013年第1期

谢无量是民国朱子学研究的先驱，民国时期第一部以朱子学为专题的学术著作《朱子学派》的作者。其朱子学研究领域主要包括朱子思想渊源、朱子哲学、朱子教育说和朱子门人及后学等。谢无量的朱子学研究不仅是民国时期朱子学研究的重要组成部分，对民国时期朱子学研究产生过重要影响，而且也应当成为当今朱子学研究所追溯和利用的学术思想资源。

“理”“礼”会通，承扬道统
——朱熹仁学思想探究

冯　兵　《东南学术》2013年第1期

朱熹以宋明理学中的理气论、心性论为理论背景，强调“仁”是“心之德，爱之理”，并融入了“生生之谓仁”的传统德性论观点，对“仁”这一概念的内涵与性质结合传统礼学进行了再诠释。他以天理为“仁”与礼乐相贯通的依据和桥梁，并以“阴阳”、“动静”的辩证思维阐释了“仁”、“义”、“礼”、“智”四端并立又对立统一的关系。朱熹将礼学与理学在其仁说中融会贯通，既回归和张扬了先秦仁学之道统，同时也颇具代表性地体现出“经学与哲学相结合”这一中国哲学特征。

论朱熹与儒家的两轮哲学
——兼与西方二元论作比较

周炽成　《学术研究》2013年第2期

朱熹把涵养（用敬）和进学（致知）这两个方面比喻为一辆车的两个轮子，二者要齐头并进，协调发展，缺一不可。陈荣捷依此而总结出两轮哲学。汉语的对子也体现了两轮哲学或对偶哲学。两轮哲学把两种东西的关系看作兼容、配合的关系，与西方的二元论把两种东西（如共相与殊相、心与物、现象与物自体等）的关系看作不相容、抗衡的关系形成了鲜明的对照。两轮哲学是一种实践哲学，而二元论是一种理论哲学。在我国学界早已普遍熟知外来的二元论而对本土的两轮哲学比较陌生的情形下，讨论两轮哲学，有利于人们从言说方式和思想内容等方面叙述具有本土特色的中国哲学。

理性与非理性之间：朱熹的鬼神观辨析

冯　兵　《学术研究》2013年第2期

朱熹的鬼神观主要是在有关礼乐的讨论中形成的，它既与传统礼学一脉相承，又有着较为浓厚的理学背景，是儒家鬼神论在新的历史时期的集大成者。朱熹认为：鬼神“实有”，源于气的共同作用；出于“正理”的鬼神“无形与声”，而“非理之常”的鬼怪却有可见之“形质”；鬼神思想是构成礼学的重要部分，鬼神与礼乐有着内在相通性。朱熹对鬼神的讨论，主体上是一种哲学化的鬼神观，但十分复杂，它既有较强的理性主义精神，又受到了世俗的鬼神迷信及佛道二教的影响，从而染上了一定的非理性色彩，可视为传统儒家鬼神观念的一个代表，具有历史的普遍意义。

论黄道周对朱熹道统说的批判

许　卉　《河北学刊》2013年第2期

传统观点认为，黄道周的学术思想尊崇朱熹。本文从黄道周对朱熹道统说质疑和批判的视角，对此提出驳议。黄道周将汉儒纳入道统谱系，否定了朱熹道统说中的真空阶段；通过对理学家人性论的质疑，削弱了宋儒在道统中的地位；通过对“四书”作为“道”之文本载体的质疑，瓦解了朱熹道统说的基础。黄道周主张以“仁”代“心”，从易学角度推算出客观的道统之“统”，坚持以“六经”为道统之“道”的载体，凸显了自家之学在道统中的合理地位。

论朱熹的理气观

王政燃　张　伟
《河北学刊》2013年第2期

理气观是宋明理学中的一个重要哲学范畴。作为理学的集大成者，朱熹在中国当代哲学史上首次把“理”和“气”作为一对哲学范畴进行讨论，一方面以二程思想为基础具体详细地诠释了“理”论，另一方面吸取并改造了张载的“气”论，综合两家之学，对理与气、理与万物的关系做了较系统的论述，提出了“理一分殊”的理气观。此理气观在中国儒学史上起到了承前启后的作用。

程朱论“敬以直内，义以方外”

——兼谈理学对经学的选择性凸显及其自我建构

翟奎凤 《中国哲学史》
2013年第3期

程朱关于“敬以直内，义以方外”的讨论方式是以前的经学家从所未有的。主敬涵养论是程朱理学思想体系的重要组成部分，先秦经典文献中关于“敬”的记载，义理性最强的莫过于《易传》“敬以直内，义以方外”一语，所以程朱的主敬涵养工夫多依此立论。在程朱的讨论中，《易传》的“敬、义”与《大学》的“正心”，《论语》的“直”、“仁”，《中庸》的“中和”，《孟子》的“集义”等都发生了直接的内在关联，“敬义夹持”的修养工夫在他们的诠释下也成为儒家有别于佛家的重要特征。正是在这些对经学的选择性凸显与内在关联性诠释中，理学逐步建构了自己的思想体系。

朱子的格物致知：一种可能的科技理性

李敬峰 刘 俊
《自然辩证法研究》2013年第3期

朱子的“格物致知”在哲学义理上已经得以全面阐释，而从科技理性的角度予以审视，虽已有之，但仍争讼不已。因此，在当今科学主义风行的境遇下，面向传统，清理和检讨朱子的“格物致知”就显得尤为必要。该文从诠释的转向、认知的指向和范式转换三个角度予以重新观照，认为朱子的“格物致知”主观意愿指向人文伦理，而客观上却走向科技理性。

朱熹思想在当代台湾之主要学术评价

张文彪 《台湾研究集刊》
2013年第1期

自明末清初传入台湾地区以后，朱熹思想作为一种主要思想价值观念和官方意识形态主宰台湾地区思想精神领域数百年之久。历史发展到了今天，朱熹思想早已褪去昔日的光环，在学术思想领域只是作为中国传统文化的一个重要思想流派而存在。当代台湾地区是一个各种思潮汇聚之所，人们对朱熹思想的评价更多是从自身的学术视角出发，无论是来自传统儒学内部的观点，还是来自新儒家的批评意见，其任何陈述都必定是建立在特定场合的基础上，必定体现了某种特定的意图，因而都有其特定的情境。因此，我们从外部的角度去审视朱熹思想在台湾地区的学术存在，必须重视这样的特定情境。

论朱子"知言疑义"与胡五峰《知言》之义理特色

李瑞全　《深圳大学学报》（人文社会科学版）2013年第1期

牟宗三先生提出胡五峰在宋明儒学中与程朱、陆王鼎足为三，而且是继承北宋以明道为中心之儒学的嫡传，但一般评论朱子之"《知言》疑义"一文，多未能切中此中五峰之义理，即与朱子、张南轩之不同义理系统与对儒学之诠释，因此，就朱子之"《知言》疑义"析论胡五峰之核心义理，朱子对所引五峰文献之批评，以及张南轩在此论述中的表现，研究基本上是就宋明儒学两大传统进行一内部对话式的分析。文中疏释五峰被质疑之文献，见出五峰之学主要是根于明道，但用语则更偏向伊川。而五峰立性为天下之大本，主"尽心成性"之义，实集北宋四家之哲学义理之大成，确能盛发北宋，特别是明道之学，是代表北宋儒学的嫡传。至于朱子之疑义，主要是根据中和新说之后的观点，对五峰之学与中和旧说的反省，行文时有立场不同之批评，亦有误解不谛之处。

民国时期对朱熹理气论的不同解读

乐爱国　《人文杂志》2013年第3期

民国时期，朱熹理气论的研究经历了一个持续深入的发展过程。有众多的学者做了解读，发表了不少有分量的相关著述，提出了有深度的学术观点。先是多数学者认为朱熹主张理气为二物且不相分的理气二元论，接着，冯友兰把朱熹理气论解读为理气不相分基础上的"逻辑在先"，后来又有学者做进一步的解读，或是提出反对意见，同时，还有学者认为朱熹主张理一元论。这些解读，应当成为进一步研究朱熹理气论的参照，并且很有可能给今天的研究以新的启发和思考。

朱子《诗》学在朝鲜的传播及其本土化过程

张安琪　《山西大学学报》（哲学社会科学版）2013年第2期

李朝朱子《诗》学，从初期的兴起到最后的社会普及，经过三个层面的传播，即经筵传播、科举与图书交流、训民正音的创制，而达到社会的普遍接受。文章拟以朱子《诗》学在李朝初期的传播为研究对象，探讨李朝对异质文化的接受，及其在用中国经典思想解决本国课题的过程中，如何实现本土化，为本民族儒学素质的形成奠定基础。

朱熹《论语集注》对“吾道一以贯之”的阐释

钟小明　《东南学术》2013年第2期

魏何晏注、宋邢昺疏《论语注疏》主要阐释了“吾道一以贯之”两方面的含义，一是忠恕，一是善道有统。朱熹《论语集注》对“吾道一以贯之”的阐释与魏何晏注、宋邢昺疏有着明显的差异，他对“吾道一以贯之”的含义进行了延伸和拓展，继承和发展了魏何晏注、宋邢昺疏《论语注疏》的经学研究成果，并在此基础上进行合理的发挥，丰富了“吾道一以贯之”的哲学含义。论文主要从“吾道一以贯之”与“忠恕”之道、“吾道一以贯之”与“体用”以及“吾道一以贯之”与“理一分殊”等几个方面对“吾道一以贯之”进行阐释。

“如在”与“临在”之间——论朱熹对“祭如在”的理解

张清江　《云南社会科学》2013年第3期

在儒家的主流看法中，“祭如在”代表着孔子对祭祀的基本要求，朱熹并不认为“如在”仅仅是一种主观的“当作”其存在，而是相信鬼神的真实“临在”，只不过这种“临在”并非民间通常所认为的那种神灵降临。对朱熹来说，并不是“如在”的规范要求，而是“临在”的信仰追求，才是其“祭祀如仪”、“必诚必敬”的精神根源，并对其生活产生了切实的影响。

朱熹哲学中的“仁包四德”论

钟小明　《福建论坛》（人文社会科学版）2013年第5期

以朱熹“仁包四德”思想作为立论依据，与《春秋左传正义》和《孟子注疏》以及二程对“四德”的阐释进行比较，从“生意流行”、“四德”与“四端”以及仁与“四德”等三个方面进行论述，阐释了朱熹对前人“仁包四德”思想的继承和发展，展示了朱熹仁学思想的特色，特别是从体用、已发、未发以及心统性情的视角展现了在宋代理学视野下的“仁包四德”论思想，从而获得对朱熹仁学思想整体上的把握。

莱布尼茨、朱熹与有机论哲学——对李约瑟相关思想的分析与回应

桑靖宇　《武汉大学学报》（人文科学版）2013年第4期

面对西方主流学界西方文化中心论的偏执，李约瑟毅然提出，朱熹理学通过来华耶稣会士的传播而激发了莱布尼茨独特的有机论哲学，进而影响到以马克思、怀特海为代表的现代有机论世界观。尽管这一设想存在一些问题（如对莱布尼茨思

想的理解和历史考证等），但李约瑟深刻地洞察到中国古典自然观与西方现代有机论哲学之间存在着令人惊讶的契合，这无疑对我们反思中国古代自然观的理论价值和现代意义具有重大启发。

陈荣捷与20世纪美国的朱子学研究

高建立　《郑州大学学报》（哲学社会科学版）2013年第4期

20世纪，无论是欧美汉学研究，还是中国学研究，都对儒学在世界上的传播做出了积极贡献，特别是冷战时期美国的中国学研究所带动起来的中国哲学研究，极大地促进了儒学的世界影响力，彻底改变了西方学者所谓中国先秦之后有宗教而无哲学的论调，大大推动了美国与世界的中国哲学特别是新儒家哲学的研究进程。这一认识转变和方向转化的重要助推力，即是来自美籍华人学者陈荣捷的积极贡献。朱熹是新儒学的集大成者，陈荣捷先生倾其后半生研究宣传朱子思想，在取得朱子学丰富研究成果的同时，有力推动了20世纪美国的朱子学研究，使美国与西方世界深刻认同了中国哲学的真实存在与以朱熹为代表的新儒学思想的恒久魅力，大大促进了中西方文化的交流与传播。

宋儒误读佛教的情形及其原因

李承贵　湖南大学学报（社会科学版）2013年第5期

在佛教本体论、佛教伦理观、佛教轮回说、佛教道体等四个方面可以表明宋儒对佛教存在误读现象。宋儒对佛教本体论的误读主要表现在三个方面：言佛教之“空幻”为空无一物之“空幻”；言佛教之“心”、“性”空无其“理”；言佛教无“下学”，没有利用、厚生，故是“空”。宋儒对佛教伦理的误读主要表现在四个方面：言佛教灭绝人的天性；言佛教绝弃人伦物理；言佛教缺乏关爱精神，自私自利；言佛教去弃道德仁义。宋儒对佛教轮回说的误读主要表现为宋儒所理解的“生死轮回”是鬼神的、等级的、自私的、荒诞的。宋儒对佛教道体的误读主要表现在宋儒谓佛教“道体”上达下学脱节、内外不一。通过考察发现宋儒对佛教的认识、理解和评价存在失真性、片面性。宋儒之所以误读佛教的原因主要有认知与判断佛教坐标的儒学化、认知与判断佛教价值的功用化、认知与判断佛教取向的常识化、认知与判断佛教方式的片面化。探讨并把握宋儒对佛教的误读情形及其原因，对于全面认识宋代新儒学中的儒佛关系具有积极意义。

推崇与抵制：明代不遵循《朱子家礼》现象之探研

王志跃　《求是学刊》2013年第5期

明政府尊崇程朱理学，推崇《朱子家礼》，但社会上不遵循《朱子家礼》的现象仍广泛存在。这一现象的出现主要是《朱子家礼》自身存在不足，不良风俗的阻挠，地理位置的限制，人情、恩义、宗族以及人们认识不同等主客观原因导致的。从礼制史角度来认识明人不遵循《朱子家礼》的现象，使我们更为深刻地了解了礼制的诸多共性，即礼制有时代性的特征、变通创新是礼制发展的规律、礼制的普及需要破除恶俗、礼制的实施需要考虑社会现实等。有“礼仪之邦”美誉的中国社会正遭遇礼仪的缺失，建立既适应当代社会，又符合中华传统文化的现代礼制，是需要学界乃至社会各界人士共同努力解决的重大课题。

对道德与知识的双重关切
——朱熹“格物致知论”探微

李承贵　《贵阳学院学报》（社会科学版）2013年第6期

“格物致知”这一命题在朱熹这里获得了全方位的诠释，朱熹赋予了“格物”与“致知”新的内涵，认为就“格物”言，接触事物应从深度、广度上把握事物之“理”；就“致知”言，推及知识应把自己所知推向所有应到之物之事。由此，“格物致知”是具有“理想性”的范畴，就是要求全面地“穷理”、全面地“普知”。朱熹观念中的“格物”与“致知”关系可以表述为：“格物”与“致知”的任务并不相同，但它们是一件事的两面，即获得知识和应用知识，“格物”是获得事物之“理”（知识）的过程，“致知”是将所获知识推演、应用的过程，“格物”是感性的、具体的、归纳的，“致知”是理性的、抽象的、演绎的、实践的，因而它们关系的最高境界当然是“一”。朱熹还揭示了“物”和“知”的内涵及其特点，并提出了相应的“格致”方法（“因物而格”、“主动去格”、“由身去格”、“渐次以格”、“格其究竟”等）。朱熹对“格物致知”的诠释，不仅超越了他的前辈，而且推动了“格物致知”这一命题在性质和旨趣上的转向，成为中国哲学史上具有深远意义的事件。

日本朱子学的官学化研究

王玉强　陈景彦
《社会科学战线》2013年第7期

日本朱子学的官学化是林罗山及其林家朱子学派持续向德川幕府传播朱子学，以及德川幕府对林家朱子学派不断调整、适应和接受的结果。日本朱子学官学化的完成，是江户时代日本接受朱子学的重要表现。

朱子义命观：一种可能的道德生活

李敬峰　刘　俊

《社会科学家》2013年第8期

孔孟以“义命分立”开创性命道德之学，为儒者确立安身立命之道。朱子遥承孔孟，近述程颐，使“义命观”在理学视域下发生实质性的转向：一是把“义”的评价标准提升至本体意义上的天理，使人们行“义”更具神圣性和不可推卸性；二是创造性地以理气二元对立一元为主模式释“命”；三是在程颐的基础上，以“义”去消解“命”，只问“义”而及“命”。朱子以德待命的义命观为当下经常处在“义”与“命”的冲突与纠结当中，以及沉思德福如何一致的人们给予一种可以选择的方向，而这个方向即是道德生活。

船山与朱子对王猛的评价

王立新　陈　晨

《深圳大学学报》（人文社会科学版）2013年第5期

王猛是五胡十六国时代前秦王苻坚的宰相。船山和朱子两大家对“王猛是不是真正的豪杰之士”的看法迥异。朱子虽然以宋儒的道统目标为根据，坚决贬斥东晋一朝，但因王猛治理前秦有功，断定王猛是真正的豪杰之士；船山坚守民族主义和政治统治正当性的立场，肯定了东晋对华夏文明的护持之功，却对为外族效力的王猛贬斥有加。究其原因，主要在于两家对道和道统的认识和理解不同。这表现在他们对豪杰观念定位的细微差别之中。朱子由肯定王猛的事功而断其为豪杰；船山认为豪杰乃是圣贤的前提，甚至是通往圣贤的必由阶梯，这就决定了像王猛这样为异族效力的“能者”，不可能成为他心目中的豪杰。探讨朱、王两家对王猛的评价，这一问题的意义和重要性远远超过了对王猛评价的本身，它关乎全部历史人物以及历史本身的评判目标和价值取向。

是“散”还是“尽”
——试论朱熹气学思想的内在矛盾

石力波　《西北大学学报》（哲学社会科学版）2013年第4期

一直以来，学界质疑朱熹的理学思想主要体现在理气关系上。其实，真正的问题出现在“气”上。“气”是儒家注重现世人道思想以别于释氏的理论根据所在。为了在继承张载气学思想的同时，又避免他的“大轮回”说，朱熹以“生生不已”说气的初始，以“散尽”说气的终结。这个想法似乎很彻底，但在实际表述的过程中却出现了不同思维交叉的现象，使得建立在“气”上的很多思想都出现了矛盾混乱的情形。结果只能是：想挺立儒家却又背离了其思想传统，想辟佛却在终极意义上落入了佛家的“空”。

民国时期冯友兰的朱子学研究与创新

乐爱国　《东南学术》2013年第5期

从民国时期冯友兰《中国哲学史》对朱子学的研究可以看出，冯友兰从理学与心学对立的角度界定朱子学，并以此梳理朱子的思想来源，研究朱子的理气论，分疏朱子的心性之别，阐释朱子的格物致知论，概述朱子的政治哲学，辨析朱子与陆王的异同。这在当时无疑是一种创新。重要的是，他运用西方哲学概念，通过中西比较的方法研究朱子学，并在阐述朱子学的基础上，修正和发展了朱子学，建构了“接着”程朱理学讲的“新理学”体系，而成为后世朱子学研究的典范。

孟子“四端”说流衍考辨
——以朱熹与韩儒为中心

金香花　《东南学术》2013年第5期

“四端”说最早由孟子提出。他把“恻隐”、“羞恶”、“是非”、“恭敬”之四心作为仁义礼智四德的端绪，其理论由心说性，心情合一，夯实了仁说的理论基础。而朱熹则直接把“四端”称作情，以理气、已发未发、体用等多层面加以分析，构筑了“由性说情”的道德本体论。朝鲜朝时期的退溪又通过理气与“四端”、“七情”关系的论辩把“四端”问题的研究推向高潮。对“四端”说的抽象化的承接与发挥体现了不同时代的理论诉求与特色，反过来也深化了我们对“四端”本身的理解。

朱熹的三家《诗》学探略

房瑞丽　《孔子研究》2013年第5期

朱熹的《诗集传》是《诗经》学史上的重要著作，其中对三家《诗》的征引，表明了朱子的三家《诗》学思想。朱熹对三家《诗》的运用，与当时的社会环境、学术环境、《诗经》研究的状况和朱熹本人的学术追求等各方面紧密相关。它传达了很具有影响力的讯息，吹响了对三家《诗》关注的号角，引起了后学的广泛关注，与王应麟的《诗考》一道，影响了有清一代三家《诗》学的发展。

朱熹《诗集传序》论说

张　辉　《文艺理论研究》2013年第2期

目前我们看到的《诗集传序》并非为通行本《诗集传》所撰写，而是朱熹此前为其“失败之作”《诗集解》写的序言。本文通过分析这一处于朱熹思想转折期的过渡性文本，试图揭示此序与《诗序》———《大序》、《小序》的对话关系。在展开《诗集传序》与其他相关文本内在联系的基础上，认为朱熹所做的内在改变主要体现在三个方面。其一，有意将人性（“性”、“欲”）置于汉儒的“风”、“教”之先；其二，以理学悄然置换汉儒的经学；其三，通过刻意强调

"以诗说诗"、"将本文熟读玩味"，试图把《诗经》的解释权重新交还给每一个读者。正是在上述意义上,《诗集传序》乃是《诗经》解释传统由政治解释转向文学解释的重要标志之一。

《朱子语类》愚昧、痴狂概念词语类聚考探

徐时仪 《陕西师范大学学报》（哲学社会科学版）2013年第5期

词汇系统由一个个概念词语类聚关联而成，同一概念的词语类聚相当于一个词汇场。愚昧概念表示智力低下、反应迟钝和愚昧无知，痴狂概念表示思维或行为失常的状态。《朱子语类》中表达愚昧和痴狂概念的有"愚、蠢、昏、暗、昧、鲁、钝、顽、村、痴、蚩、騃、呆、癫、狂、风、失心、丧心、心恙"等词，形成了以这些词及其组合成的词语为核心的概念词语网络。

朱熹的理学自然观研究

李 涛 《陕西师范大学学报》（哲学社会科学版）2013年第5期

自然观是朱熹思想的重要组成部分。学界在对朱熹自然观的研究上多以西方对象性理性的思维方式进行阐释和解读，偏离了中国传统天人合一的思维指向。以朱熹为代表的宋明理学不是从认识论的角度来理解天道，而是从主体论、价值论的角度来理解天道，自然是内在于人的一种存在，具有内在价值，并不否认天道的实在性，但强调天道和人道在本质上是同一的，即强调天道和人道的共生、共在性。

刘宗周与朱子学
——兼谈许孚远的朱学倾向及其对刘宗周的影响

张天杰 《福建论坛》（人文社会科学版）2013年第10期

刘宗周的理学"上承濂、洛，下贯朱、王"，统合了朱学与王学。朱子与王阳明都对刘宗周蕺山学的形成具有重大的影响，但关于刘宗周与朱子学的关系，目前学界却少有涉及。刘宗周对朱子学的接受与他的老师许孚远有关。许孚远越到晚年越倾向于朱子学，而刘宗周师事于他正好是在其晚年。许孚远在"天理人欲之辨"、"主敬"以及《大学》学上的朱学倾向对刘宗周有着至关重要的影响。

论朱子的《尚书》学诠释思想

尉利工 《孔子研究》2013年第6期

朱子对于《尚书》并未有专书论之，但他对这部经典却有着精深的理解，对《尚书》思想的诠释是深刻的。朱子在治《尚书》的过程中，不仅重考证，而且重义理。训诂考证方面，在朱子的《尚

书》学中主要是对伪《古文尚书》及《孔传》、《书序》的考证辨伪；在义理阐发方面，朱子提出治《尚书》要“求圣人之心”，并强调重在以义理解之，通其所可通，毋强通其所难通。可以说，重义理阐发而又不废章句训诂是朱子对《尚书》经典诠释的原则。

张栻对朱熹心性论的影响

张 卉 《四川师范大学学报》（社会科学版）2013年第6期

朱熹受张栻影响形成的心性论，代表了宋代儒家哲学思维发展的水平。张栻对朱熹心性论的影响始于二人对“中和”问题的讨论，“丙戌之悟”和潭州之会都是以张栻心性论为主导，强调的是心为已发，性为未发，性体心用，与此相对应的工夫论是“先察识后涵养”，这对朱熹早期心性论产生了重要影响；“己丑之悟”以后朱熹开始提出新的心性论，并与张栻辩难，批判了胡宏心性论思想，最后二人提出了察识和涵养并进的工夫论和各自心性论的纲领和核心——“心主性情”和“心统性情”，朱熹在张栻影响下建构起较为完备的心性论的体系，这在宋明理学史上占有重要地位。

朱熹《中庸章句》对“赞天地之化育”的诠释

——一种以人与自然和谐为中心的生态观

乐爱国 《西南大学学报》（社会科学版）2013年第6期

朱熹《中庸章句》对《中庸》所谓“赞天地之化育”的诠释，强调人对自然只能起着辅助的作用，认为人应当通过与自然的相互补充、相互协调，达到“与天地参”，实现人与天地的和谐；同时还认为，要辅助自然，必须“至诚”、“尽性”而达到“无人欲之私”，应当客观、全面地把握自然之理，并据此合理地对待自然，使之各得其宜。显然，这不仅是为了人，而且也是为了自然，应当是一种与当今备受质疑的人类中心论不同的、以人与自然和谐为中心的生态观。

朱子学的内在演变与朱陆合流

——以饶鲁《大学》诠释对朱子的突破为中心

许家星 《哲学研究》2013年第10期

朱陆合流在朱熹之后是怎样演变的，其具体途径和方式又是怎样的？作者认为盛行于元代的“朱陆合流”思潮，实孕育、肇始于宋末朱子的正传学者之中，朱子后学对朱子的诠释应是考察朱陆异同和朱陆合流的关键因素。论文集中论述了朱熹的再传弟子饶鲁对理学核心文本《大学》的诠释，以显示宋元之际朱陆合流思潮演变的内在轨迹。饶鲁对明明德、至善、格物、致知、诚意、正心诸命题都有自己的解释，从中可以看出，作为朱学的嫡传，饶鲁在继承发明朱子学的同时，也大胆批判和超越了朱子，其学在理、心之间，尤其阐发了“诚意”的心学内涵，认为“诚意”“乃大学一篇紧要处”，强调了“意”对“事”的主导，还提出了“以心为矩”的思想，这对元代的朱子学产生了直接影响。因此，饶鲁的学术上接黄榦，下启吴澄，是理学由朱陆分立到合流的中间环节。

功夫论视阈中的理学道统

陆永胜　《福建论坛》（人文社会科学版）2013年第7期

从功夫论出发，从天人关系层面的超越向度和心物关系层面的功夫方向维度两个视角进行关照，孔子开创了一条“夫子之道”， 强调人的内在心性和外在天命义理的和合统一，并开出了“孔颜之道”、“孔孟之道”和“孔荀之道”。“孔颜之道”意谓颜子从心性出发，其功夫进程预设“心”、“理”本为一，对天、人同时超越，在更高层次上达到合一。“孔孟之道”意谓孟子走外向超越路径，希图以心与天（理）合一，其功夫进程预设“心”先于“理”，具有内向的特点。“孔荀之道”意谓荀子从外在义理入手，走内向超越之路，试图以天合人，其功夫内涵是格外物以明心，具有外向的特点，其理论预设“理”高于“心”。依此，我们可以阐释宋明理学中朱学、陆学和王学的道统学承之差异。朱熹传承了“孔荀之道”，走以天合人的内向超越之路，功夫方面却是以格物为主的向外做功夫，目标与手段之间存在着天然的矛盾与紧张；陆象山传承了“孔孟之道”，走以人合天的外向超越之路，而功夫是显发心，以明理，具有内向的特征；王阳明传承了“孔颜之道”，立足于内在良知，吾性自足，心即是理，发显良知便是即心即理的显现，在功夫维度上亦是向内。这种学承分疏为儒学史中关于朱陆王三家的诸多争辩提供了解答。

朱熹人心道心论的辟佛意旨

代　云　《中州学刊》2013年第11期

伪古文《尚书》中的“人心惟危，道心惟微，惟精惟一，允执厥中”是宋代理学道统观的经典依据，也是宋代理学家依托经典诠释其心性论与工夫论的重要文本。朱熹集宋代理学大成，他在解这十六字时，针对当时佛教禅宗思想对儒学的影响，自觉到儒家的宗旨和使命与禅宗不同，具有明显的辟佛意识。朱熹人心道心论的辟佛意旨，主要不在佛教禅宗本身，而在于它对儒家士人的影响和对儒学理论与实践的渗透。朱熹辟佛表现出高度的理论自觉与使命自觉，是理学成熟的表现。

朱熹生态伦理思想及其对构建当代生态文明的启示

姚进生　《福建论坛》（人文社会科学版）2013年第11期

在朱熹的理学思想中，含有丰富的生态伦理观，包括“万物一体”、“天地万物一理”、“中和”之道等著名的命题。朱熹的生态伦理思想将人际道德向人与万物间拓展，以“天地万物一理”的生态哲学为基础，充分肯定人在人与自然协调发展中的主观能动作用，并重视生态道德的情感体验和实践。其内容主要有：其一，确立了“天地万物一理”的生态哲学，并提出了以“事亲之道以事天地”、“视万物如己之侪辈”的生态道德观；其二，提出了生态价值观和“中和”的生态辩证思维。朱熹生态伦理思想对于构建当代生态文化具有重要的启迪意义。

朱熹批判“观过知仁”与“知觉为仁”之探讨

——对比于程明道与谢上蔡的诠释进路

沈享民　《台湾大学哲学论评》2013年第45期

全文研究了朱熹与湖湘学者的两个辩论：“观过知仁”与“知觉为仁”，并论证朱熹对谢良佐与湖湘诸学者的义理之理解并非无据。首先，检视由朱熹书信与相关文献所保存下来的论辩内容，讨论朱熹之所以反对湖湘学者以“知觉”定义“仁”的理据。朱熹认为仁不是一种高妙玄虚的知觉，仁虽不是知觉本身，但有仁德的人必有知觉。依朱熹，仁专指心之德，即心灵的卓越品质；有仁德的人以义理为知觉内容，而非只是知觉；知觉本身属于智而不是仁。其次，论证湖湘学者之所以认定知觉为仁，其理由在于继受了谢良佐所表述“仁”的内涵，后者遗落了程颢彰显仁的生动明澈所善用的类比或譬喻；相对而言，谢良佐的表述几乎接近以定义的方式呈现。因此，即便是朱熹错解了湖湘学者的义理，在表述方式上，其实事出有因。

朱熹诗歌的山水审美体验之乐

康云山　《人文与社会研究学报》（台南）2013年第47卷第2期

朱子喜好游山玩水，自少至老，登临不倦，写了很多山水诗，抒发他的山水审美体验，朱子的山水审美体验可以用“乐”字来加以概括。而朱子诗歌所抒发的山水审美体验之乐，就其心灵状态加以分析，则又可以分为四种：神仙之思，栖隐之念——出尘超世之乐；传杯共饮，豪气干云——人情相得之乐；苍崖碧涧，高士情怀——物我相契之乐；登山临水，触目会道——理趣相融之乐。

朱子《五经》阅读次序及其义理定位

姜龙翔　《东吴中文学报》
（台北）2013年第26期

朱子强调读书致知，并建立由经而史的阅读途径，然而学界对朱子读书脉络之研究，多侧重于“四书”阅读次序的意义探讨，对于朱子阅读“五经”的次序则未有深入分析。有鉴于此，论文归纳朱子阅读“五经”之言论，建构朱子“五经”阅读次序为：《诗》、《书》、《礼》、《易》、《春秋》。并由此分别探讨朱子读书三阶段的义理定位及价值，指出阅读“四书”为学者建构本心义理的基础阶段，阅读“五经”则为义理再次回圈之深化阶段，读史乃至其他书籍则为义理运用阶段。借由此三个阶段，朱子分别完成了上学下达再付诸应用的过程。经由分析，对于朱子读书体系如何透过阅读经学以完整获取圣贤义理，并落实于运用的过程，会有更清楚的掌握。

“朱陆异同争论史”中的保守调和模式
——李绂《朱子晚年全论》评析

蔡龙九　《东吴哲学学报》
（台北）2013年第27期

全文简要叙述“朱陆异同”争论思想史的脉络下，采取调和立场的李绂所著之《朱子晚年全论》的内容要旨，并探讨其中的得失。笔者发现，李绂虽属“调和朱陆”立场，但他的数据引用以及评论内容对比前人来说较为详尽、中肯，而且有独到的看法。亦即他通过区分“朱子与陆子之学”与“朱子与陆子互论”的不同，来考察两人思想上“可同”的内容。文章除了说明李绂的贡献之外，亦针对《朱子晚年全论》的内容做出评析，点出此书的贡献及其失误之处。

从格物到觉知
——德川日本崎门朱子学者三宅尚斋“格物致知”论探析

藤井伦明　《汉学研究》
（台北）2013年第31卷第4期

三宅尚斋乃日本江户崎门朱子学派开山祖师山崎暗斋的重要弟子之一，其在该学派的学统建构过程中，扮演着非常重要的角色。历来学界多认为崎门朱子学的特色就是注重“居敬”的工夫，但若实际翻阅尚斋之相关著作，则可发现：尚斋经常指出“格物穷理”的意义及其重要性。毋庸置疑，比起“居敬”之工夫，尚斋显然更关注“格物致知”的工夫，“格物穷理”论在其学术思想中，位居核心。唯学界历来之先行研究，对此似乎从未关注，更遑论进一步探讨尚斋的“格物穷理”论。故针对尚斋“格物穷理”之论加以分析，深入探讨其对“格物穷理”的理解结构和该理论的特色。依尚斋的论述，人心先天具备万理。但心之理则以“一理浑然”没有区别的形态存在，因此，我们向内反省也不知自己内具的“理”之具体内容。但外在之“物”都是“万理”的具体化、形象化，理的层次上又无内外、主客之别，物之理等于心之理，于是，向外“格物”可以了解“心”原来具有的“理”之具体内容。因此，对尚斋而言，“格物”这一工夫并非忽略内在的心之理而追求外在的物之理（规范），用外在之理来控制、规定自我这种“外驰”工夫，而是本来就是以阐明内心之理为目的的工夫，亦即“心法”。

唐、牟二先生对朱子理气心性说之诠释的考察

颜铭俊　《文与哲》（台北）
2013年第22期

朱子是南宋时期儒家哲学的代表人物之一，其后数百年的“朱子学”研究也累积了颇为可观的成果，唯对朱子哲学的整体理解与定位，头绪多端之中也颇有评价不一的情况。以当代新儒家阵营的两大舵手——牟宗三及唐君毅二位先生的朱子研究来说，正体现出两种迥然互异的面貌，值得学者加以比较，以求从朱子哲学的整体建构中，抽绎出某些重要且极具诠释空间的关键问题，并指出研究朱子哲学或可尝试的较为细腻或新颖的视角。基于此种认识，论文针对唐、牟二先生对朱子哲学的诠释，进行了一番述要与反省，依次就二位先生对朱子“理气说”、“心性说”与两组成德工夫——“涵养”与“察识”、“格物”与“致知”的诠释与评价，进行了述要与简评。认为，整体而言，牟先生的朱子诠释，是以其心目中认定为理想儒家成德之教的形态，肯定宋明儒“心性（天）”合一的“心学”思路，进而对朱子哲学在表诠上必“心”、“性”分说的思路加以检讨，故多为否定的、批判的话语；而唐先生的朱子诠释则未预立义理评价的判准，整体呈现较为中立，对朱子哲学也较多同情的理解与申补性质的发挥，并不予以肯定。而通过此种比观唐、牟二先生之朱子研究的工作，认为，不仅在朱子哲学的研究方面仍多有可以深入探讨、辩证的课题，在儒家哲学方面亦然——特别是在成德之教如何可谓圆满，又成德之教的圆满如何可能等问题上面。

方东树儒学思想的一个侧面
——辨陆王以归程朱

田富美　《成大中文学报》
（台南）2013年第40期

过去研究论及方东树者皆将焦点集中于《汉学商兑》，将之视为反干嘉汉学之大将。然而方氏以捍卫程朱学术自诩，他的著作并不仅止于反干嘉汉学，同时亦处理阳明学派对朱子的非议。论文即尝试扩大考察方东树的儒学相关著作，爬梳方东树以程朱之学回应陆王的批判，以及对攻讦承袭阳明心学一系的刘宗周义理等问题进行探究。首先，分析方东树反阳明学的原因，认为是主要当时士人省悟干嘉

汉学流弊后，转而以陆王心学为依归，为预阻此一学风之转变，维护程朱理学之地位，故辨明陆王心学之失，辟除黄宗羲、刘宗周承姚江门户之论述。其次，归纳方东树反阳明学的内容，包括抨击陆象山与王阳明晦于人心道心的诠解，混淆知行之序，贻误立教之则；抨击刘宗周的道器性理诸说、气质之性，以及诚意慎独之学立论之谬源于阳明且更甚于阳明。最后，借由前述的基础，尝试指出方东树在尊奉程朱之学几近乎信仰般的特质下，使他难以正视心学家对程朱理学的攻讦；而再三凸显格物穷理、强调积累渐进之工夫，反陷于忽略理学超越层面阐发之困境。但从另一角度来说，此一特色未尝不是受干嘉学风冲击而转变之展现，如此看来，实仍具其时代意义。

朱子学
年鉴
（2013）

朱子学研究硕博士论文荟萃

博士论文

朱子诗经学考论

陈　才　（华东师范大学2013年，
指导教师：朱杰人教授）

朱子是《诗经》学史上的一位重要人物，他开创了《诗经》宋学，上承《诗经》汉学，下启《诗经》清学，还影响着当代《诗经》学。其《诗经》学是《诗经》学史中的一个重要的转捩点。正因为如此，深入研究朱子《诗经》学，在朱子学和《诗经》学领域，都有着重要的学术价值和现实意义。

朱子在《诗经》学上的成就表现在《诗经》学理论和治《诗》实践两个方面。他发展了《诗经》学中的相关理论，如《诗序》观、《诗》乐关系、“六义”说、“淫诗”说、“二南”说、“四始”说、《诗》教理论，等等。在治《诗》实践方面，朱子撰有一部《诗集传》，以及《诗传纲领》和《诗序辨说》。故该论文正文分为上下两编，共七章。上编为朱子《诗》学观研究，主要考察朱子《诗经》学理论中的一些问题；下编为《诗集传》专题研究，主要侧重考察朱子在治《诗》实践中取得的成就和不足，以及其中所体现的朱子《诗》学观和学术史意义。

全文大致内容如下：

绪论，综述近30年来朱子《诗经》学的研究现状，提出论文的研究方案。

上编分三章。第一章考察朱子在其《诗经》学形成过程中，对《诗经》汉学和“宋代《诗经》学”的继承和批评，以及自我反思。而正是这个批评和继承，以及自我反思，使得朱子能在《诗经》汉学的权威下重建《诗经》学，奠定了《诗经》宋学的基调。第二章考察朱子《诗序》观中的相关问题，并试图揭示朱子去《小序》以言《诗经》的真正目的，以及其学术影响。第三章讨论朱子《诗经》学中的三个相关问题：一是分析朱子治《诗》理念，包括治《诗》的宗旨、立场和原则三个方面；二是论证朱子《诗经》学并非学界通常所认为的“疑经”，只是怀疑汉儒的《诗经》传本和汉唐《诗经》学，而这实际上，表明朱子的主观意图是在“护经”，维护《诗经》的可靠性、神圣性与权威性；三是对朱子使用的“涵泳”、“玩味”二词加以考察，探讨其含义，并指出朱子涵泳、玩味《诗经》，并非是为了体会其中的文学特色，而是为了体察其中所蕴含的圣贤大道和天地自然之理。

下编分四章。第四章考察《诗集传》作为首部完整、系统地探索《诗经》韵例的专著，在分析《诗经》用韵方式和韵脚位置上取得的成就。第五章分析《诗集传》训诂的来源，探讨《诗集传》在训诂中的成就和失误，以及其对当下治《诗》的借鉴意义。这两章是语文学角度的研究，而后两章则是文献学角度的研究。第六章考察《诗集传》在文字、分章断句和篇次方面对《毛诗》文本的校勘，并揭示其中所显示出的学术意义。第七章是从文献学角度对《诗集传》的考察：一是证明八卷本《诗集传》应当成书于明初，而且很可能在1384—1417年之间。二是考察《四库总目》对《诗集传》做出的失当批评，并探析其原因，同时指出《四库总目》对《诗经》学史撰写的参考价值不宜高估。

结语，总结全文观点。

《家礼》源流编年辑考

吕振宇 （华东师范大学2013年，指导教师：朱杰人教授）

《〈家礼〉源流编年辑考》以编年形式完整考察了朱子《家礼》产生、发展、变迁的全过程，对此过程中出现的相关著述、人物、事件进行叙评，对现存著述增加详细的版本、序目、内容提要，对一些学术界关注的问题（如《家礼》真伪，南宋《家礼》的版刻情况，元代武林应氏《家礼辨》、明代丘濬《家礼仪节》的版本源流等）做出新的分析考证，全面展现了《家礼》变化发展的历史，实际上也厘清了《家礼》相关典籍的存佚情况，第一次为学术界研究《家礼》提供了一本总账目。

朱熹礼学思想渊源研究

王云云 （西北大学2013年，指导教师：张岂之教授）

礼学思想是一种以对“礼”的本质及其价值的理性认识为核心，并将礼仪制度的意义以及礼学经典的价值作为重要组成部分的思想学说。朱熹礼学思想的形成既得益于儒家传统礼学思想的历史渊源影响，也受到宋代社会政治发展和理学兴起对礼学构思的现实影响。该文以“朱熹礼学思想渊源研究”为题，对朱熹最终形成礼、理合一的礼学新思想的历史渊源和现实缘由进行了专门梳理。

中国古代文明产生中，祭祀礼仪促进了王权政治国家的形成。西周时期随即通过包含人文道德属性的礼仪制度来规范君天子臣诸侯的社会政治秩序。但随着礼制规范意义在社会发展中的失效，儒学思想家开始对“礼”进行学理探讨。进入汉代皇权统治社会以后,《仪礼》、《礼记》和《周礼》相继被汉代最高统治者确立为儒学经典，而汉代儒家学者也在经典与政治的互动下提出“三纲五常”作为礼治实践的核心价值体系。宋代对儒家经典的研究明确指向实际政治事务，礼经研究因而有着明确的治道取向。朱熹的礼学代表作是《家礼》和《仪礼经传通解》，二者实际上都是《仪礼》研究的新成果。其中,《家礼》是应社会之需，为士庶阶层确立通用之“礼”，而宗法思想是其主要特征。《仪礼经传通解》的编撰，贯穿着朱熹以《仪礼》为经、以《礼记》为传、以《周礼》为纲的“三礼”观，并在礼制构想上形成由家、乡、学、邦国到王朝的系统礼仪制度。

宋代诸多儒学思想家对礼论的阐发，是朱熹形成礼、理合一新思想的直接理论来源。在朱熹的学术生涯中，礼学研究终其一生，这也是他礼学思想理论创新的基本动力。朱熹从体用的层面全面提升儒家的礼学思想，将“天理”和“人事”作为“礼”内涵的双重规定。“礼”和“理”之间具有一致性，但“天理”是“礼”的形上根据，而“礼”则是“天理”的形下表现。因而，天道自然运行的秩序法则落实在人伦社会中，就是人伦道德实践的基本准则，实际上也就是“天理”内在于人心本性之中的仁、义、礼、智的“性理”发用是“实理”，它们正是调节人伦关系、维持社会秩序的根本所在。所以，外在人伦社会秩序的有效维持其实取决于个人内在的人性道德修养水平，因而，“敬”的涵养工夫与“知”的为学方法相结合，成为“下学人事，便是上达天理”这一礼学精髓的入手处。在礼、理合一的礼学新思想下，“祭祀”也可以从天地之理的层次上来进行认识。

总而言之，朱熹礼学思想的形成具有维护宋代士大夫政治以及捍卫儒家思想学说的明确主旨，而他在一生中充分吸收前人的礼学成果，才建构出一套精致而又务实的礼、理新思想，使其在中国礼学思想史上具有独一无二的地位。

朱熹“四书学”思想研究

张　伟　（河北大学2013年，指导教师：李振纲教授）

对朱熹“四书”学进行研究，其意义在于吸收现有“四书”学理论成果，全面把握朱熹以内在的道德修养和外在的王道之治为核心价值的儒家修养工夫，并通过对朱熹“四书”学发展史的描述进而把握朱熹理学思想的形成过程。

朱熹“四书”学是以儒家典籍为文本对人的一种解读，目的在于探究人之所以为人、人之所必然之故以及人之所当然之则。该文主要就朱熹“四书”学的思想方面，从儒家修养工夫论的角度，本着探寻朱熹求内圣开外王的理论目标，对朱熹“四书”学进行了笼统解读。文章大体上从朱熹“四书”学产生的时代背景，朱熹由“为己之学”向“四书”学的探索发轫与经学文本的建立，朱熹“四书”学、“内圣外王”理学工夫体系的构建以及朱熹“四书”学的传承和价值所在四个部分来把握朱熹的“四书”学思想。

第一部分简要对朱熹“四书”学产生的时代背景做了历史性梳理，并概括论述了内忧外患的南宋时期“明道”、“求理”思潮的兴起以及由尊“五经”到重“四书”的转变。第二部分主要论述朱熹“四书”学的发轫与经学文本的建立。首先，论述了朱熹在三先生理学指引下，求“为己之学”的展开进路以及如何在求“为己之学”的追求下开启对“成圣”之旅的探索。其次，朱熹对“四书”及其单经的注解经历了勘定再修改，修改再勘定的反复过程，《论语要义》、《孟子集解》、《论孟集注》、《中庸集说》、《大学或问》、《中庸或问》、《中庸辑略》等“四书”著述不断问世。这是朱熹“四书”学成长史上一个重要的发展历程。第三部分朱熹“四书”学内圣外王的理学工夫体系的构建是全文核心部分，主要分为四章论述，在文中占第四、五、六、七章。其中第四、五、六章分别以重“格物致知”的工夫次第，《中庸》“中和”工夫的本体之说，《论》、《孟》下学上达的“成圣”工夫来论述朱熹“内圣”追求下的修养工夫，第七章则重点阐述朱熹“外王”格局下的王道之治、内圣追求下“絜矩”之道的政治哲学。最后一部分针对朱熹“四书”学的学术传承和历史价值做了一个简要评述。

朱熹“四书”学的核心内容就是确立了“仁义礼智”等道德规范与超越性“天”或“天道”的内在关系，以及何以能和如何能通过道德修养和内心体认通达终极之境。朱熹“四书”学的意义在于它以更为彻底的理性主义精神，建立了一个以《大学》、《中庸》、《论语》、《孟子》为基础的具有普遍哲学意义的独特信仰形态，完成了宋代儒家人文信仰的重建。但是不得不说，朱熹内圣外王的政治观具有一定的历史负面效果，而且在其思想成为官方意识形态后成为中国封建社会后期思想桎梏的一大原因。

从朱陆异同到朱王异同

毕　游　（中国社会科学院研究生院2013年，指导教师：卢钟锋教授、陈祖武教授）

全文以“理”、“性”、“心”、“知”四个范畴为中心，以朱陆异同和朱王异同的比较分析为重点，通过对朱熹、陆九渊、王守仁以及十余个朱陆后学人物有关论述的考察，对理学从朱学时代到王学时代的演进脉络进行了探讨，对这一时期思想发展的主要特征进行了概括。

“理”的实质内容是仁、义、礼、智的道德信条。朱熹与陆九渊的“理”都具有双重性特征，既是存在于自然世界的客观之理（实然之理），又是存在于人伦世界的主观之理（应然之理）。其中，客观性是显性的，主观性则是隐性的。这一双重性是“理”范畴的内在矛盾。朱陆之间的不同在于，朱熹认为“理”首先是外在于客观世界的，因此朱学有着丰富的宇宙论，并强调对“理”的认知必须经过“格物致知”的学习过程。陆九渊虽然也承认“理”是“充塞宇宙”的客观之理，但更强调“理”是“本心固有”的，无须向外求索，因此不需要宇宙论，“格物致知”也并非获得“理”的必要条件。同时，由于朱学有严格的形而上的理论框架，因此“性”是连接形而上之“理”与形而下之“心”的中间范畴，发挥着道德本体的重要作用。而陆学则没有形而上的理论框架，从而也无须以“性”作为中介范畴。代之而为道德本体的，是“本心”。

王守仁继承了朱学和陆学的思想资

源，延续了元明以来合会朱陆的趋势。王学对理学最重要的发展，是强调了“理”的主观性，削弱了“理”的客观性，在一定程度上解决了“理”的双重性矛盾。他认为，“理”是“心”的主观产物。“心”的作用不仅是认知“理”，更重要的是生成“理”。与陆学类似，王学也没有形而上的理论框架，因此也不需要把“性”范畴作为“理”与“心”之间的中介。王学的道德本体是“良知”。王守仁的“知”与朱陆不同。朱陆之“知”是理性之知，因此主张知先行重；而王学之“知”则是本能之知，因而强调知行合一。王守仁否定了道德的知识性，认为“格物致知”的过程便是道德实践的过程，即是“致良知”。

总之，理学从南宋后期到明朝中期的发展特点是：“理”的主观性越来越突出，“性”范畴逐渐被淡化，“心”的作用由“知理”演变为“生理”，“知”则由道德认知演变为道德本能。简言之，理学的知识性越来越弱，实践性越来越强。这便使理学从士大夫阶层走向民间成为可能。

吕祖谦与南宋学术交流

刘玉民 （华中师范大学2013年，指导教师：刘固盛教授）

在中国文化发展史上，两宋学术堪称我国传统儒学发展的第二个高峰，尤其在南宋中期，诸子学术争鸣把两宋学术推至峰顶，而推动此期学术频繁交流的重要学者就是南宋著名史学家、理学家和文学家吕祖谦。吕氏以独得“中原文献之传”之学术优势，以广大之心、践履为实之学术精神，以殚精竭虑、英年早逝之代价，为南宋学术繁荣做出了突出贡献。

吕祖谦与湖湘学派之交流，既有对胡安国、胡宪、胡宏学说之继承，又有与张栻之学术交流。尤其是与张栻围绕着《知言》、《阃范》、“论语说”、“孟子说”、“仁说”、性理说”、“主敬说”、“先察识后涵养说”、“学以致用说”以及“文学”、“史学”、“礼学”、“易学”等诸方面之学术交流，使湖湘学派之性理学说日臻完善，对张栻学说体系构建起到巨大的推动作用。

吕祖谦与朱熹之学术交流，既有影响后世学术深远的寒泉之会、鹅湖之会、三衢之会等“讲论三会”，又有大量书信之往来讨论和交流。他们的学术讲论，几乎涵盖和牵涉到了当时学术界关心的所有问题，并波及当时所有的学术派别和著名学者。吕祖谦对朱熹理学体系之完善、内容之丰富皆有赞襄之功，终使朱熹成为两宋理学集大成者。因此后人常说朱学中有吕学，吕学中亦有朱学，并习惯上对二人以“朱吕”相称。

陆九渊是在吕祖谦的大力引荐下才得以顺利高中进士，也是在吕祖谦的引领下，使陆九渊与学术界的朱熹等人结识，朱陆之“鹅湖之会”因吕祖谦的撮合而起，终使陆氏心学与朱学、吕学鼎立于世，也使理学与心学之相互交流由此持续影响了中国学术五六百年。

吕祖谦把永康学派代表人物陈亮最先引进道学群体，对提高陈亮的学术威望和社会影响至为重要，后来所发生的朱熹、陈亮“王霸”大论辩，可以说是吕祖谦“桥梁效应”的直接学术果实。吕祖谦与陈亮的学术交流是很宽泛的，陈亮每著一书，每写一文，往往寄与吕祖谦进行交流。因此陈亮是继朱熹、张栻之后，吕祖谦与之学术交流最多的学者。

吕祖谦与薛季宣、郑伯熊、陈傅良、叶适之学术交流，使永嘉学者既得奖掖之力又得培植之功，并使永嘉学派之事功学在淳熙末年得以与朱学、陆学分庭抗礼；吕祖谦与曾布、陆游、尤袤、王十朋、周必大、辛弃疾等文苑诸贤之交流，使南宋文学深深烙刻“义理文学”之时代特色；吕祖谦与李焘、袁枢等史苑诸贤之交流，使南宋史学以“义理史学、通鉴史学、事功史学”彰显于世。

总之，吕祖谦以其渊博的学识、宽广的胸怀、独具魅力的人格等在南宋学坛上纵横捭阖，与当时的各家各派展开了深入而广泛的学术交流，推动了南宋学术的繁荣和发展。并且在与南宋诸儒学术交流过程中，吕祖谦亦汲取百家之长、陶铸百家之说，使自身“吕学”体系更加完善，内容更加宏博，终成著作等身、德泽后世之一代学术宗师。

从玄学到理学

——魏晋、唐宋之间《论语》诠释史研究

王家泠　（台湾大学中国文学研究所2013年，指导教师：何泽恒教授）

在中国“以述为作”的注疏传统中，经部典籍不仅存在着经学方面的问题，同时也蕴含有哲学思想的问题。论文之写作，是希望透过比对魏晋到唐宋之间《论语》注疏中的解经思想，梳理出从魏晋六朝到宋代理学成熟期间思想义理的发展脉络。为了更有效地呈现此一思潮转移的发展线索，论文所采取的方式是，先选择几个关键性主题为纲目，透过这几个纲目主题的讨论，逐步梳理出魏晋、唐宋间《论语》诠释史在整体思想内涵上的转变。

全文共分五个章节，逐步分章探讨了“道”、“理”、“性”、“情”、“圣”五大《论语》诠释中的中心观念，在比对各个注疏在整体思想趋向与解经态度上的差异，尝试探求其中所反映出的时代思潮发展态势。

朱熹门人考述及其思想研究

——以黄榦、陈淳及蔡氏父子为论述核心

王奕然　（台湾师范大学国文学系2013年，指导教师：刘锦贤教授）

论文的写作宗旨是透过相关资料的收集与剖析，考述朱熹门人事迹，并且阐明其义理思想，破除部分学者对其人的成见。全文主要以黄榦，陈淳与蔡元定、蔡沈父子为讨论核心，旁及詹体仁、江默、陈文蔚等人。正文所提到的其他弟子，亦会在附录中，介绍其生平事迹与思想要旨。第一章是绪论，一是说明论文之研究动机，包括衔接学术脉络的断裂、弥补前人研究成果的欠缺、破除学者对朱门后学的成见；二是前人研究成果的回顾，包括专著、学位论文与期刊论文；三是阐述论文的研究方法，包括散佚文献的收集、研究对象的确立、师生思想的对照。

第二章以黄榦为探讨对象。主要论述其人的生平事迹及学者对其人、其书的评价，探讨他的义理思想，分为天道论、心性论、修养论、道统论。第三章以陈淳为探讨对象。论述其人的生平事迹及学者对其人、其书的评价，探讨其义理思想，分为理气论、心性论、工夫论，以及他对异端的批评。第四章以蔡元定、蔡沈父子为探讨对象。论述蔡元定的生平事迹、学者对其人的评价、蔡元定的义理思想。第五章以其余重要门人为探讨对象。一是探讨福建路的门人，包括詹体仁、江默、李宗思、郑可学、许升、杨方、王遇、廖德明；二是探讨江南东路的门人，包括陈文蔚、徐昭然、程洵、程端蒙；三是探讨福建路、江南东路以外的门人，包括刘爚、陈埴、徐彦章。第六章为结论，总述论文主要的学术成果。首先，考察相关的数据，可以发现朱门弟子的思想未必合于朱熹，不同的学术经历，往往会影响他们对义理的解读。借由朱熹门人思想的探讨，一方面能够破除学者对他们的既定印象，另一方面则能够补足学术研究方面的空缺。其次，部分学者对朱门弟子作品的考察，偏重于经学方面，实则这些门人的思想具有多面性，不应局限于单一角度的探析。论文着重探讨朱门弟子在经学之外的观点，如对道统的看法、对异端的看法、对训蒙的看法。借由师生思想的对照，能够了解门人思想演变的脉络，亦可了解朱门弟子对师说的承继与转化，从不同的角度来审视朱子学。

理气之争？

——朱熹与戴震对孟子重要观念解法之比较

曾瀚仪　（东海大学哲学系2013年，指导教师：蔡家和教授）

论文研究目的是说明朱熹与戴震对《孟子》重要观念解法之分际。研究方针为“中西之辨”与“古今之辨”，经由比较与对照的方式，分说朱熹与戴震双方如何解释传统文献。研究内容包括：《论语》、《大学》、《中庸》、《易传》与《孟子》中的重要章句。

朱熹与戴震思想分际见于《易传·系辞》之“道器”二字解释。朱熹以“理气”论为据，“道器”等同于“理气”，“道”与“理”为“形而上者”，“阴阳五行之气”为“形而下者”，两者“不离不杂”。戴震以“名实”论为据，“道器”是“名”而不是“实”，批评朱熹将“道”字“虚名实化”为“理”，为“如有一物”，混淆“名实”关系。朱熹与戴震思想之亲近性则见于“阴阳五行”等传统观念。本文是以“阴阳五行”为基础，解释朱熹“理气”二字；以“名实”论为基础，解释戴震“道”、“理”、“性”字；强调朱熹与戴震思想之分际与亲近性，以及双方争论的历史意义。

论文结论：一、朱熹与戴震思想之差异并非“理”与“气”之差异，而是“理气”与“名实”之差异，故双方不是“理气之争”，而是“用名之争”。二、“阴阳五行”与“名实”等传统观念，是朱熹戴震之为“古”，当代学者对之忽视或鄙视之为“今”，其中显著的差异所在。为此，传统观念值得学者正视，并进一步发展相关研究。

从鬼神观论朱熹哲学及其宗教向度

郭芳如　（台湾大学哲学研究所2013年，指导教师：杜保瑞教授）

论文的研究目的在于厘清朱熹对于鬼神的看法，以及化解朱熹思想中，由“鬼神”而引发的哲学与宗教不一致问题。

经由思想史的角度看，朱熹对于鬼神的看法，引发朱熹思想上无法自圆其说的质疑，甚至哲学与宗教向度间的关系产生不一致。故论文参考傅科《知识考古学》所提供的考古学方法，由思想断裂处进行研究，以发掘当中得以重整的关键问题，重建朱熹思想的一致性。

全文以鬼神观作为研究的出发点，以朱熹注疏考异之著作中《诗集传》、《周易本义》、《周易参同契考异》、《楚辞集注》和《仪礼经传通解》等作为主要研究对象，分别探究当中的鬼神观，发现朱熹论鬼神中蕴含政治性与儒学教化的目的，因此当由此重新审视朱熹理气哲学与宗教向度间的关系。

由朱熹论鬼神之政治与教化目的来看，朱熹论鬼神一方面是使用宗教作为理气哲学实践的媒介，运用祭祀的仪式与鬼神的信仰，推行儒学义理教化与政治策略；一方面以理气作为鬼神存在的根据，使得卜筮与所有合理的宗教活动都具有正当性，某些神话传说和民俗义的鬼神，也因合理而有存在的正当性。如此，朱熹所论理气哲学与鬼神之宗教向度，并非不一致的关系，而是紧密相连的关系。

论文论证朱熹论鬼神，并不是违背理气论，而为理气论的延伸，倘若将哲学义理视为朱熹“理”概念的延伸，鬼神宗教这些朱熹以哲学义理去加以规范的议题，则为“气”概念的延伸，那么由朱熹鬼神观来看，朱熹的哲学与宗教思想就是一个“理在气中”，理气不离不杂的关系。

硕士论文

宋本《晦庵先生朱文公语录》研究

潘牧天　（上海师范大学2013年，指导教师：徐时仪教授）

《朱子语类》是宋代大儒朱熹与其门人弟子讲学问答的实录，集中体现了朱熹的理学思想，且反映了宋代的社会、经济、文化概貌。《朱子语类》的编撰主要参考了“五录”、“三类”，《晦庵先生朱文公语录》即是其中最早的《池录》（以下简称《池录》），亦是最早的朱子语录编本之一。值得庆幸的是，《池录》现存宋刻本七卷，明抄本十一卷，不计重复共有十四卷，27万余字，亟待深入研究。经校勘，宋本《池录》确是一部精审的古籍，几乎未发现错讹。宋本《池录》作为难得存留至今的宋椠孤本，兼具历史文物性、学术资料性、历史代表性，堪称善本，极具研究价值。

全文基于对《池录》与《朱子语类》全面校勘的基础上，通过《池录》对《朱子语类》进行版本与语言的考探。全文共分五章。

绪论中介绍了朱子《语录》与《语类》的成书概况，总结了20世纪以来前贤对《池录》的研究状况、取得的成果及存在的不足，提出了全文的研究方法及意义。

第一章详细描述了宋、明《池录》残本的概貌和《池录》的避讳，考探其以时间为序的编排方式，并指出其缺版、错版等。

第二章仔细比勘宋、明《池录》，通过两本共有的卷目中的注文排列的规律，断定明《池录》所抄母本即是今存宋《池录》，并举例说明两种《池录》之间的不同。

第三章在《池录》、徽州本、成化本系统《朱子语类》各本校勘的基础上，首先提出徽州本《朱子语类》（《蜀类》）采用的《池录》即今残存之《池录》，从略去《池录》条目，对《池录》中“同闻异录”的整合、拆分或合并《池录》条目等几个方面分析黄士毅、黎靖德《语类》对《池录》的利用，并考探黄、黎二本之间的继承及发展关系。

第四章举例考释了《朱子语类》中的一些版本异文词汇、口语词、名物词、方言词，并尝试从词义类聚的角度对“烂”类词进行分析考探。

第五章从文献学、语言学、辞书学、朱子学等方面总结《池录》研究的意义。

附录中列举了部分《池录》、徽州本、成化本中出现的用字差异；并附上《朱子语类》词表与《池录》卷第三十八校勘样稿。

灵魂与心性

——柏拉图与朱熹伦理思想比较研究

张家海　（长沙理工大学2013年，指导教师：戴素芳教授）

柏拉图的思想主要由理念论、灵魂论和政治伦理学说三部分构成，朱子的思想主要由天理论、心性论和格物致知的道德修养论三部分构成，而灵魂和心同样是贯穿他们各部分理论的枢纽，也是他们伦理思想的核心范畴。柏拉图的理念论和朱熹的天理论都在本体论的高度决定了他们伦理思想的基本形态，理念与天理的差异也决定了他们伦理思想的差异。理念和天理皆为超越的本体论概念，它们的不同在于理念作为本体是落脚于存在物背后的存在之上的，天理则是落脚于存在物之间的关系之上。所以理念是类概念，天理是规律；理念是多样的、有着相互并列的关系，多样的理念既相互联系又保有自身的独立性，天理是整体性的、单一的、统摄存在物的。因此，人作为一种存在物在理念论的框架中就保有了自身的独立性，而在天理论的框架中，人的独立性则被人与人之间的关系所涵盖、消解，这决定了柏拉图与朱熹伦理思想的根本差异。

在柏拉图那里灵魂和理念有着同样的品质，灵魂在进入肉体前曾在理念的世界观照过所有的理念，所以灵魂是先天有知的，在进入肉体后受肉体影响而遗忘了曾经获得的知识，人的任务就在于复明被遗忘的知识而摆脱无知的状态，这样人才能走向幸福和道德。在朱熹那里天理和性都是超越的概念，性即是理，人心由性进入肉体后才得以生成，性内含于心中，性使得天理与人心直接贯通，因此心具万理、人性本善，只是受肉体影响才有恶的一面。又因为天理的主要内容就是伦理纲常，所以格物致知的休养论就是反观本心，反观本心的目的就在于遵守纲常。灵魂与心的结构基本雷同，灵魂由理性、激情和欲望三部分构成，心亦有性情欲之三分，并且柏拉图与朱熹都主张由理性来主宰欲望；不同之处在于柏拉图将灵魂的结构与城邦国家的结构统一起来，而这种统一实际上体现了柏拉图对人类生活进行制度性安排的思想。

柏拉图伦理思想的根本问题是，什么是好的生活和幸福，幸福是和求知相统一的，所以他的伦理思想是理性主义的目的论；朱熹伦理思想的纲领是存天理、灭人欲，是通过维护伦理纲常来成就道德人格，他的伦理思想是理性主义的义务论。柏拉图的思想体现了个体的自我完善，在朱熹那里，个体之修身养性成就的却是集体之性。这是由他们各自哲学的根本思想所决定的。

《延平答问》研究

胡泉雨　（南昌大学2013年，指导教师：杨柱才教授）

《延平答问》（初为一卷）是朱熹编辑的他与老师李侗之间论学的问答，时间自绍兴丁丑年（1157）六月至隆兴元年（1163）癸未止。自南宋至今，已经有许多版本的刻本。另从《延平答问》所录来看，可以了解李侗、朱子对一些儒家经典及理学概念和范畴的解释，了解李侗和朱熹早年的思想状况。《延平答问》作为理学经典，在版本学和哲学史上也具有一定的意义和作用。

全文分为四章。

第一章引论，首先分析了《延平答问》的研究现状，进一步指出《延平答问》一书与李侗、朱熹二人有着直接关系，《延平答问》还勾勒出朱子与李延平之间师生关系的某些基本情形。

第二章探讨《延平答问》的版本与结构，自朱子亲自编辑《延平答问》至今，在近千年的时间里，又留下许多的刻本，而且每次的校刊印刻多会增加或删去某些内容。内容则包括理学、经学、时事等方面。

第三章为《延平答问》所涉经典及经典诠释，阐述了《论语》、《孟子》、《中庸》、《春秋》、《太极图说》经典及其诠释。从整个《延平答问》来看，延平先生对经典的理解诠释，注重以“体认”的方式去理解、体悟“圣贤言语”。强调要于“浑然一体”处、“一贯”处体会天理，注重“于日用间下工夫”、“于事上下工夫”。而朱熹此时对经典的理解诠释，从《延平答问》的问目看，既有对经典字义的训释和对经典的义理辨析，也有对诸家经典解释的质疑，但主要的精力还是集中在对经典的考据和训诂上面。其将两种经典诠释方法并重是后来的事情。其次，朱熹在解释经典时广泛吸取众家解之所长，但又体现出了尊崇二程一派之说的气象。由此可以知道，朱熹此时在李侗教诲之下形成对待儒家经典的一个路向，而且就是这个路向对他后来思想的发展产生了重要的影响。

第四章分析了《延平答问》的思想内涵。李延平的学术思想大体包括以下四个方面：“静中体验、大本未发”，“默坐澄心、体认天理”，“冰解冻释、洒然自得”，“知其理一、重在分殊”。《延平答问》一书，是体现朱子早年思想前后演变历程的重要著述之一。其中比较清晰地体现出朱熹青年时期（特别是从学延平期间）的思想状况，如“理一分殊”、“体验未发”、“洒落气象”、“静坐与存养”等等。这四点并非朱子早年思想的全部，也不是《延平答问》中所体现出的思想之全部，而只是其思想前后变化的一个重要环节。

朱熹“持敬”伦理思想及其当代价值

蔡世晶　（山东师范大学2013年，
指导教师：马永庆教授）

“持敬”作为一种道德修养方法，在朱熹的伦理思想体系中占有重要的地位。全文以朱熹的“持敬”伦理思想为切入点，探讨了朱熹“持敬”思想产生的条件，并在此基础上进一步分析了朱熹“持敬”思想的内涵，以及对后世的影响和其历史局限性，最后落脚到朱熹“持敬”伦理思想的当代价值。

首先分析了朱熹“持敬”伦理思想产生的背景。朱熹“持敬”伦理思想是在南宋王朝风雨飘摇、动荡不安时产生的。朱熹认识到要维护封建王朝的统治，作为统治阶级就必须使全社会都去除“私欲”以“正心”，只有这样才能“治国、平天下”。朱熹力图用“持敬”的道德修养方法使人们革除内心的私欲，以修复被破坏的传统道德。朱熹“持敬”伦理思想深受儒、佛、道三家思想的影响。

朱熹在继承前人的基础上，对“持敬”伦理思想的内涵做了进一步挖掘。他认为“持敬”主要表现在外表整齐肃穆，内在“主一无适”。除此之外，“持敬”还要“常惺惺”让人们时常提醒自己，使自己的内心保持谨慎、恭敬的状态。同时，“敬”与“畏”也是分不开的，“持敬”要人们对内在的“天理”心存畏惧，不敢违反。朱熹认为，“持敬”是人们穷得“天理”的唯一的途径，“持敬”的最终目的就是为了获得至真至纯的“天理”。

朱熹的“持敬”伦理思想有其巨大的历史价值。在朱熹的思想体系中，“持敬”伦理思想和“理气”学说以及“知行”学说都有着密切的关系。无论是达到“存天理、灭人欲”的圣人之境，还是去进行道德实践，最根本的都是要加强内心的道德修养。朱熹“持敬”伦理思想对其弟子及其后人也产生了深远的影响。陈淳、真德秀、吴澄、黄直卿、王阳明等人都在继承朱熹“持敬”伦理的思想上使之进一步发展。随着朱熹哲学流传到日本、朝鲜等国家，其“持敬”思想影响也更为深远。给当时各国的统治者维护封建统治提供了强大的理论支持。但是，作为封建统治阶级的一员，朱熹“持敬”伦理思想无疑是为封建统治阶级服务的。他将封建道德无限夸大，并让人们无条件服从，这些都束缚了人的个性发展和首创精神。

对朱熹“持敬”伦理思想历史价值以及局限性的分析，能够使我们进一步发掘朱熹“持敬”伦理思想的现代意义并积极借鉴，为建设社会主义和谐社会服务。对于朱熹“持敬”伦理思想的现代意义可以从社会和个人两个维度来考虑。其一，朱熹“持敬”伦理思想对当前中国社会伦理建设有借鉴价值。它能够优化社会的价值取向，对社会的道德教育具有借鉴作用。其二，朱熹“持敬”伦理思想对当前个人道德修养的启示有：它能够加强道德主体的自省、自律，能够提高人们道德实践的自觉性和主动性。

儒家的中庸思想演进

——以《中庸》、李翱、朱熹为中心的考察

郑　男　（上海师范大学2013年，指导教师：陈卫平、郭美华）

“中庸”是儒家重要的思想之一，最早由孔子提出，《论语·雍也》有：“中庸之为德也，其至矣乎，民鲜久也。”孔子把中庸提到了“至德”的高度，中庸之道在孔子那里是一种最高的德行，在这之后，经过历代儒家学者的不断研究、充实和总结，中庸思想成为儒家道德和方法论的统一，也成为儒家思想中重要的组成部分。

论文导言部分首先从中庸是儒家最

高的道德标准和中庸是儒家最普遍的方法论原则两个方面阐述中庸思想在儒家思想中的重要性。接下来对“中庸”的基本含义进行了解释，这里主要以郑玄、程颐、朱熹为代表进行诠释。最后以《中庸》、李翱、朱熹为中心来考察中庸思想演进的意义，阐述以此三者为线索的原因。正文部分首先全面阐述孔子的中庸思想，并将其概括为治国的原则和理想，《中庸》继承了孔子的中庸思想，并将中庸思想做了提升，而这种提升可以概括为“极高明而道中庸”。其次阐述李翱的中庸思想。汉唐的中庸思想是侧重于宇宙论的，即讲阴阳和合，李翱则是中庸思想从汉唐宇宙论到心性论转折的关键人物。文章通过论述李翱对《中庸》及韩愈心性论思想的继承进而阐述李翱的中庸思想。最后论述朱熹的中庸思想，朱熹通过诠释儒家经典，阐释义理，将中庸提到天理的高度，中庸思想的发展达到了顶峰。全文的重点是通过探讨孔子的中庸思想为起点，进而选取在历史上非常有代表性的《中庸》、李翱、朱熹三者来进行着重分析，从而较为清晰地阐明了中庸思想的演进过程。

探讨朱熹的思维模式
——以《朱熹的思维世界》为蓝本

赖妤宜　（台湾大学哲学研究所
2013年，指导教师：杜保瑞教授）

论文研究重在反思当代朱熹研究的方法论，并采取不同于当代西方哲学典范下的研究趋势作为另类思考方向，此方向将研究视角切换成宏观的、思想史的角度看待朱熹的思想，以田浩教授研究南宋道学文化史著作——《朱熹的思维世界》为蓝本进行论述。

全论文的研究对象是当代朱熹研究所关注的焦点，具体包括朱熹思想中的三个主题：仁说、中和说、理气。其论述内容有三个方面：首先回归朱熹的思维文字，讨论朱熹文字的意旨；接下来进一步反思当代朱熹研究以西方理论范畴为视角所可能导致的困难；最后面对这样的问题提出新的思考方向。

透过讨论朱熹的文本以及当代学者的研究，以思想史的角度反省，一切讨论的背后因素可印证田浩教授提出的朱熹与道学人士互动有着政治角力的倾向。回归朱熹写作的环境和目的，重点是不能忽视朱熹的讨论背后有政治上的目的，以致当代研究朱熹的思想无法单纯地视朱熹思想就只是一般性的学术知识讨论，而朱熹思想与个人成就导向结合的倾向也可说是历史文化的缩影。

全篇研究希望达成的目标是发现一种新的研究方法来研究中国哲学，这样也许可补足当代朱熹哲学研究所欠缺的部分，即中国哲学研究结合文化反思的视角研究朱子哲学。未来的展望上希望这样的研究方法可以使中国哲学的研究去芜存菁，消弭当代中国哲学借由反思文化背景即可避免的思想冲突，呈现更清晰的中国哲学风貌。

从朱熹的心性论论其“中和”理论

苏　昊　（辅仁大学哲学系2013年，指导教师：傅玲玲教授）

朱熹是宋代大儒，其“中和”理论，亦被诸多学者关注，且亦已有不少研究成果，该论文的尝试，乃是从朱熹的心性理论入手，换言之，论文对朱熹心性理论当中的各种概念加以详细分析，让这些概念成为人们理解朱熹“中和”理论的一把钥匙。

论文在第二章，依次分析朱熹的“性”、“心”与“情”的概念，分析出“四端”与“七情”在根源上之差异，而以此根源上之差异，进而在第三章讨论朱熹“中和”新说之理论，并考虑到“情”在理论上的位置以及“情”之发用有善与不善、中节与不中节的问题；另外第二章中阐述了朱熹“心统性情”理论，在第三章讨论朱熹“中和新说”的心性理论时将阐述该理论当中所蕴含的修养工夫理论。而这工夫理论，便是要从根本上对治一切不善的可能，关于此，又与朱熹心性理论当中“未发”、“已发”这对概念如何安排有相当大的关系，全文详尽地分析了朱熹如何在“中和新说”当中将心性理论与工夫修养理论紧密地组织在一起。而关于朱熹工夫理论的具体内容：“主敬涵养”和“穷理致知”，在第三章进行了详细讨论。

结论部分，论文肯定朱熹所论之“心”乃统摄“性”与“情”、“动”与“静”、“体”与“用”；由“未发”之“中”导致“已发”之“和”便是在后天的渐修工夫当中，借着“主敬涵养”和“穷理致知”之工夫使“心”回归到“天命之性”的本体；“心”乃实现“天命之性”的所在。但文章也否认朱熹将“心”与“理”画上等号，所谓“心”乃属于具体有形之“人”，且“心”有被形躯气禀蒙蔽的可能，为了实现由“中”导致“和”，“心”必须全然地“虚明”（而为了保住“心”之“虚明”，所以需要修养工夫），而这，也是该论文强调的观点。

朱子学界概况

学者简介

张立文

中国人民大学哲学院一级教授、博士生导师，中国人民大学孔子研究院院长、学术委员会主席，中国传统文化研究中心主任。1935年生，浙江温州人，1960年于中国人民大学历史系毕业后留校。兼任中国周易研究会副会长、国际儒学联合会顾问、国际易学联合会理事、国际退溪学会理事、中国炎黄文化研究会理事、中国文化书院导师等。在50多年的学术生涯中，建构了中国哲学逻辑结构论、传统学、新人学的理论思维体系及和合学哲学体系。主要专著有：《中国哲学逻辑结构论》、《传统学引论》、《新人学导论》、《和合学——21世纪文化战略的构想》、《中国哲学范畴发展史》（天道篇、人道篇）、《中国近代新学的展开》、《周易思想研究》、《周易帛书今注今译》、《宋明理学研究》、《宋明理学逻辑结构的演化》、《朱熹思想研究》、《朱熹评传》、《心学之路——陆九渊思想研究》、《朱熹与退溪思想比较研究》、《退溪哲学入门》、《李退溪思想研究》、《戴震》、《正学与开新——王船山思想研究》、《和合与东亚意识》、《中国和合文化导论》、《和合哲学论》、《自己讲、讲自己——中国哲学的重建与传统现代的度越》、《张立文文集》38辑（中文版）等。主编、合著：《中国学术通史》（六卷本）、《道》、《理》、《心》、《性》、《天》、《变》、《气》、《中外儒学比较研究》、《退溪书节要》、《传统文化与现代文化丛书》、《传统人与现代人丛书》、《东亚哲学与21世纪丛书》等40多本。在国内外报刊发表学术论文500多篇。

蒙培元

中国社会科学院哲学研究所研究员、博士生导师。1938年生，甘肃庄浪人。1963年本科毕业于北京大学哲学系，1966年硕士毕业于北京大学中国哲学史专业。曾任中国哲学研究室主任、中国哲学史学会副会长、《中国哲学史》杂志主编，美国哥伦比亚大学、哈佛大学访问教授，台湾“中央研究院”文哲所访问教授、香港中文大学客座教授。致力于中国传统哲学研究，主要著作有《朱熹哲学十论》、《理学的演变：从朱熹到王夫之戴震》、《理学范畴系统》、《中国心性论》、《中国哲学主体思维》、《心灵超越与境界》、《情感与理性》、《人与自然》、《蒙培元讲孔子》、《蒙培元讲孟子》、《国学举要·儒卷》（合）、《中国传统哲学思维方式》（主编）等；在《哲学研究》、《哲学动态》、《中国哲学史》、《孔子研究》、《国文天地》（台湾）、《孔孟月刊》（日本）、《明报月刊》（香港）、《咸汪》（日本）等国内外期刊发表学术论文200多篇。

方彦寿

福建福州海峡职业技术学院朱子文化研究所所长，《朱子文化》期刊主编，研究员。1952年生，福建福州人。中国朱子学会（厦大）常务理事，兼任中华朱子研究会（清华）理事，福建省朱子文化促进会副会长等。长期从事朱子学和福建地方文化史研究。从20世纪80年代开始发表学术论文，出版专著《武夷山冲佑观》、《朱熹书院与门人考》、《建阳刻书史》、《福建古书之最》、《朱熹考亭书院源流考》、《福建刻书论稿》和《朱熹画像考略与伪帖揭秘》等，并主编《闽北掌故》、《朱子文化大典》和《杨时文化大典》等。电视专题讲座《狐仙传说与朱熹的“存天理、灭人欲”的现代意义》曾在福建教育电视台“海西文化讲坛”连续播出。从20世纪80年代至今，在国内外共发表学术论文180多篇。曾多次被海内外的学术研究机构邀请进行学术研讨，并曾在台湾“清华大学”、北京师范大学、福建东南学术讲坛做学术讲座。

乐爱国

厦门大学哲学系教授、博士生导师。1955年11月生，浙江宁波人。1983年本科毕业于华东师范大学哲学系；1986年硕士毕业于复旦大学哲学系。现兼任厦门大学道学与传统文化研究中心研究员，《道学研究》副主编，国际儒学联合会理事，中国朱子学会常务理事。主要从事中国哲学、儒家哲学、朱熹理学、道教思想史、中国古代哲学与科技等研究。出版《朱子格物致知论研究》、《宋代的儒学与科学》、《为天地立心——张载自然观》、《儒家文化与中国古代科技》、《中国传统文化与科技》、《道教生态学》、《中国道教伦理思想史稿》、《管子的科技思想》、《新编中国哲学史》（合著）、《王廷相评传》（合著）等著作，译著多部。在《中国哲学史》、《周易研究》、《伦理学研究》、《史学史研究》、《儒教文化研究》等国内外期刊发表论文180多篇，其中朱子学研究的专题论文近百篇。主持教育部哲学社会科学重大课题攻关项目“百年朱子学研究精华集成”、国家社科基金后期资助项目“朱熹《中庸》学研究”、国家社会科学基金项目“中国道教伦理思想史”等课题。

王国良

安徽大学哲学系教授、博士生导师。1956年生，江苏省江都市人。1986年7月研究生毕业于安徽大学哲学系，获硕士学位；2001年毕业于南京大学历史系，获历史学博士学位。现任安徽大学中国哲学与安徽思想家研究中心主任，兼任安徽省哲学学会理事，安徽省朱子研究会理事等。主要从事中国哲学、中西哲学比较与新儒学、宋明理学等方面的研究，致力于从中西哲学文化交流融会的角度考察中国哲学文化的再生能力与创新能力。代表专著有《明清时期儒学核心价值的转换》、《中国文化精神》等，主编《新安理学与宋元明清哲学》，点校《新安学系录》，译著有《思想体系的时代》、《中国革命的历史透视》等。在《哲学研究》、《中国哲学史》、《孔子研究》、《社会科学战线》等刊物发表论文60余篇，其中有关朱熹的论文10余篇。主持教育部基地重大研究项目“新安理学与徽州社会”、安徽省教育厅重大项目“朱熹理学体系研究”等课题。

潘立勇

浙江大学哲学系教授、博士生导师。1956年生，浙江宁波人。现任浙江大学亚太休闲教育研究中心副主任兼学术部主任、浙江大学人文旅游研究中心主任，兼任中华美学学会理事、朱子学会理事、中华朱子学会理事、全国青年美学研究会理事、浙江度假旅游研究会副会长、浙江省休闲学会常务理事等。主要从事中国审美哲学、休闲学、宋明理学与美学等研究。专著有《朱子理学美学》、《审美人文精神论》、《宋明理学人格美育论》、《阳明心学的美学智慧》、《审美与休闲》、《形体美与性选择》、《宋金元美学史》等；主编《中华人文》、《中华文化与人文精神》、《人文旅游》、《休闲评论》等多种期刊，译著有《性爱人类学》，有关“理学美学”的研究和《朱子理学美学》一书的出版在学术界引起较大反响。已发表学术论文一百多篇，负责承担并完成国家社科项目“朱子理学美学及其现代意义”、“宋明理学与人格美育”等4项，省部级课题多项，曾获第一、二届全国青年美学优秀学术成果奖、教育部第二届人文社科学术成果奖三等奖、华东地区高校出版系统学术专著二等奖等多种奖项。

董　平

浙江大学“求是”特聘教授、博士生导师。1959年生，浙江衢州人。2001年毕业于复旦大学，获哲学博士学位。现任浙江大学人文学院哲学系主任、浙江大学中国思想文化研究所所长、浙江大学佛教文化研究中心主任、浙江省政府文史馆馆员，同时兼任中国哲学史学会理事、朱子学会（国家一级学会）常务理事、北京大学儒藏编纂中心“明人集部”主编、中华大藏经（汉文部分续）编委、中国孔子基金会学术委员、浙江省哲学学会副会长、浙江省社科联理事、浙江省儒学学会常务理事等职。研究领域主要包括中国哲学、佛教哲学、中国古典文献学、印度哲学等。代表作有《陈亮评传》、《天台宗研究》、《浙江精神的哲学本源》、《浙江思想学术史——从王充到王国维》、《陈亮文萃》、《王阳明的生活世界》等。在《哲学研究》、《学术月刊》等权威期刊上发表论文70余篇。整理点校估计近千万字，包括《儒藏（精华编）》（第二五二册）、《王阳明全集》、《邹守益集》、《甘泉先生文集内外编》、《敬斋集》、《王祎全集》、《杨简全集》、《杭州佛教文献集萃》等。主持科研项目12项，现承担的主要科研课题有教育部社科重大攻关项目“汉传佛教史传集成”和教育部社科重点委托项目“《儒藏（精华编）明人集部》”。

李承贵

南京大学哲学系教授、博士研究生导师。1964年3月生，江西万年人。2003年毕业于南京大学哲学系，获哲学博士学位。现为江苏省高校人文社会科学重点研究基地“儒佛道与中国传统文化研究中心”负责人、江苏省哲学社会科学优秀创新团队（“儒佛道治理思想研究”）首席专家，现兼任韩国成钧馆大学客座教授、中国朱子学会常务理事、中国实学研究会理事、中华孔子学会理事、中国现代哲学研究会理事、福建省严复研究会名誉理事等。研究方向为中国儒学、儒佛关系、人文社会科学方法论、传统道德、文化哲学等，主要著作有《杨简》、《中国哲学与儒学》、《陆九渊》、《儒士视域中的佛教——宋代儒士佛教观研究》、《德性源流——中国传统道德转型研究》、《20世纪中国人文社会科学方法问题》等11部，在《哲学研究》、《中国哲学史》、《哲学动态》、《哲学与文化》、《学术月刊》、《天津社会科学》等海内外刊物发表论文180余篇，其中《新华文摘》全文转载4篇，人大复印资料转载30余篇。主持完成国家社会科学基金项目、省部级社会科学基金项目11项。先后获得省部级社会科学优秀成果奖一等奖、二等奖8项。

徐公喜

江西省高校人文社会科学重点研究基地上饶师院朱子学研究所基地主任、所长、教授，1965年12月生，江西鄱阳人。1987年毕业江西大学历史系，后进入复旦大学历史系助教班，学完硕士研究生主要课程。现任《朱子学刊》主编、南昌大学兼职硕士生导师，兼任中国朱子学会理事、中国历史文献研究会理事、江西省历史学会理事、上饶市朱子学会会长、江西东方红律师事务所兼职律师等。研究领域为朱子学与传统法律思想，并扩大到传统儒学文化研究。现主要担任史学概论、中国传统法律思想、史学论文写作、传统文化与环境等课程教学科研工作。代表性专著为《朱熹理学法律思想研究》，主编《理学家法律思想研究》，校点理学渊源考辨丛刊《学统》、《闽中理学渊源考》及《信江书院志》等古籍文献，在《中华文化论坛》、《浙江社会科学》、《福建论坛》等期刊发表朱熹相关论文多篇。主持完成国家社科规划项目“宋明理学理治社会文化研究”，江西省规划项目“朱熹的理治社会”、“理学渊源考辨”等。目前主持在研教育部人文社会科学研究专项委托项目“《儒藏》（精华编）之《春秋左氏传贾服注辑述》”及江西省社科规划项目“朱子学学术史”等研究课题。

杨柱才

南昌大学江右哲学研究中心研究员、主任，南昌大学人文学院哲学系教授。1966年3月生，江西高安人。1987年、1990年分别取得江西大学哲学学士、哲学硕士，1996年取得北京大学哲学博士。兼任中国哲学史学会理事、中华朱子学会理事、江西省中国哲学史学会会长等。2004—2005年北京大学访问学者，2005—2006年韩国高等教育财团国际交流研究学者，汉阳大学客座教授。主要学术领域为儒家哲学、宋明理学，已出版《道学宗主：周敦颐哲学思想研究》，合著《江右思想家研究》、《中国儒学史》（宋元卷），主编《赣文化研究》辑刊，在《中国哲学史》、《周易研究》、《东方论坛》、《哲学门》、《国学研究》等期刊发表论文几十篇，主持国家社科规划项目“道学经典诠释：以朱熹《太极通书解》为例”、江西省社科项目“理学在江西的传播”等。

朱子学研究机构

福建武夷山 朱熹研究中心

⊙ 方彦寿

该中心于1988年6月25日在福建武夷山成立，是一个由各地潜心朱熹研究的专家学者组成的学术团体，是全国第一家直接以“朱熹”命名的研究机构。它的成立，不仅带动了一批类似的机构相继崛起，而且还直接促成了第一家以“朱子”命名的宗亲组织——闽北朱子后裔联谊会的诞生。并通过武夷山朱熹研究中心和闽北朱子后裔联谊会联合召开了1990年国际性的朱子学研讨会，研讨会邀请韩国的新安朱氏宗亲会朱昌均先生所率领的代表团出席会议，由此促成了世界朱氏联合会的诞生。

武夷山朱熹研究中心既是国内朱子学学术研究的组织和交流中心，又是参与地区文化建设的实体机构。该中心的宗旨是：励志改革，反思传统，深入开展朱熹研究；立足武夷，面向世界，促进中外文化交流；力求使学术研究为当前改革开放和两个文明建设服务。中心的任务是：（1）广泛联络各地有志于朱熹研究的人士，深入开展朱熹、闽学（朱子学）和中国传统文化思想的研究，振奋民族精神，促进伟大祖国文明的复兴。（2）积极加强各地朱熹研究社团之间的联系和协作，经常交流经验，互通信息，交换材料，增进友谊，共同进行地方史料的发掘整理。（3）举办若干服务性项目，为国内外从事朱熹研究的学者专家来武夷山和闽北各地进行学术研究考察提供方便。（4）吁请社会各界，为闽学故乡文化宝藏的开发和朱子遗址的修复提供各种支持和赞助。

中心自成立以来，举办了数十次规模不等的朱子学术研讨会，编辑出版《闽学研究丛书》和《朱子文化》刊物，赞助中国内地学者出版有关朱熹研究的专著，吁请有关部门和社会知名人士，修复了部分朱子文化遗址，推动了朱子文化事业的发展。

在搜集资料、促进遗址修复、加强海内外联谊、深入开展朱熹研究等方面做了大量工作。（1）1990年在武夷山名胜风景区建立了朱熹纪念馆，迄今为止已接待参观者达三四百万人次。（2）举办了一系列规模不等的朱子学术研讨会，其中以1990年、1997年、2000年举办的三次纪念朱熹活动和国际学术会议最有影响。通过举办学术会议，结识了新朋友，增进了海内外专家学者和朱子后裔对闽北朱子故里的了解。（3）已编辑出版《闽学研究丛书》八册和《朱子研究》（后改为《朱子文化》）数十期，受到了学术界的好评。（4）赞助中国内地学者出版有关朱熹研究的专著五本，达160余万字。（5）20多年来，筹集资金600多万元（主要是海外朱子后裔捐资），修复了武夷山（原崇安）朱子故居紫阳楼武夷精舍（即紫阳书院）、建阳考亭书院文公祠朱子墓等十多处遗址，为开辟以武夷山为中心的朱子文化旅游线路做了基础性工作。（6）积极开展海峡两岸及中外文化学术交流和联谊活动，目前已与美国、加拿大、德国、俄国、荷兰、日本、韩国、泰国、马来西亚、菲律宾、新加坡、缅甸等国，以及港澳台的一些高等学校、科研机构、朱氏宗亲组织建立了联系，提高了武夷山在海内外的知名度，密切了与海外华人、国际友人的交往，扩大了朱子学在世界的影响。

中心于1993年6月创办期刊《朱子研究》，至2006年初，出版50多期；原为省内刊，后改为国内外公开发行，并易名为《朱子文化》，于2006年3月出版创刊号（双月刊）。由武夷山朱熹研究中心主办，世界朱氏联合会曾作为协办单位。担任过正副社长或主编的有张建新、朱茂男、张品端、朱杰人和方彦寿。此外，还于1986年初创办内刊《闽学通讯》，至1997年，出版40多期。此是至为宝贵的地方朱子学文献。

今后，该中心将继续立足本地区，背靠全国，面向港台，走向世界，开展学术研究与交流活动，以修复起来的武夷精舍（朱子文化园）为朱熹研究中心的基地，创办朱子图书馆（含朱氏族谱展览馆），为海内外朱子学研究专家学者和朱子后裔提供资料咨询服务；继续筹集资金，进一步修复朱子文化遗迹，开辟朱子文化旅游线路；加强与海内外文化学术界的联系，扩大武夷山朱熹研究中心的影响，使武夷山朱熹研究中心真正成为中国东南的一个重要的学术文化基地。

（作者单位：武夷山朱熹研究中心）

江西上饶师范学院朱子学研究所

⊙ 徐公喜

1989年江西上饶师专成立专门从事朱熹思想研究的朱子学研究室，1993年组建为朱子学研究所。2003年被江西省教育厅批准确定为高校人文社会科学重点研究基地。2011年以朱子学为核心的专门史学科被批准为江西省朱子学研究所，属于基础性研究的学术研究机构，主要方向为朱熹理学思想研究，并由朱子学拓及理学、儒学与中国传统文化研究，是目前我国高等院校中唯一的朱子学专门研究机构。同时也是上饶师范学院古籍文献整理的机构，承担了一批古籍整理项目。

1989—1993年朱子学研究室先后由主任饶祖天教授，副主任汤勤福教授、吴长庚教授主持工作。1993年朱子学研究所成立后先后由吴长庚教授、徐公喜教授负责工作。现任朱子学研究所所长、重点研究基地主任的为徐公喜教授。研究所目前有学院内专兼研究人员19名，其中教授8人、副教授6人、讲师3人、其他2人，形成了良好的科研学术梯队，聘请了庞朴、李学勤、张立文、陈来、束景南、蔡方鹿、高桥进、林庆彰等国内外著名学者为研究所顾问。

25年来，朱子学研究所成果不断涌现。1989年与中国社会科学院历史研究所共同创办了《朱子学刊》刊物，至今已经出版发行了23辑，发表了750余篇有关朱子学、理学及传统文化研究的论文，该刊物曾被《解放日报》称誉为“国内朱子学研究领域唯一最具权威的刊物”，著名学者陈荣捷先生生前赞誉“《朱子学刊》内容充实、必以先睹为快”，成为朱子学研究的一个重要阵地。研究所致力于加强与国内外学者及研究机构进行广泛的学术交流，1995年、2000年、2003年、2005年、2006年、2009年、2013年先后7次在江西上饶成功主办了朱子学国际性或全国性学术研讨会。2006年，朱子学研究所与安徽省朱子学研究会主办了以朱子学及理学中国传统文化为主题的全国性的学术研讨会。同年，朱子学研究所与安徽省朱子学研究会、福建闽学会共同倡议正式形成每年轮流举办朱子学研讨会的三省联合机制，为三省的学术交流建构了稳定的学术平台。2009年吸收了台湾朱子研究协会，扩大为海峡两岸四地朱子学论坛，在朱子学学术领域中产生了巨大影响。

朱子学研究所多年来致力于朱子学及理学研究，专兼职研究人员出版《朱熹教育思想论稿》（韩钟文）、《朱熹文学思想论》（吴长庚）、《朱熹的史学思想》（汤勤福）、《朱熹自然哲学思想论稿》（徐刚）、《朱熹经学和中国经学》（蔡方鹿）、《朱熹法律思想研究》（徐公喜）、《朱熹经济伦理思想研究》（周茶仙）、《陆陇其与清初朱子学》（余龙生）、《胡居仁与余干之学研究》（冯会明）、《朱熹与江西理学》（徐公喜）、《理学家法律思想研究》（徐公喜）、《宋明时期江西朱子后学群体研究》（周茶仙）、《辛弃疾接受史研究》（吴长庚）等学术著作；编辑整理了《朱陆学术考辨五种》（吴长庚）、《鹅湖峰顶志笺注》（吴长庚）、《费宏集》（吴长庚）、《理学渊源考辨丛刊·学统》（徐公喜）、《理学渊源考辨丛刊·闽中理学渊源考》（徐公喜）、《信江书院志》（徐公喜）、《大学衍义》（朱人求）、《胡居仁集》（冯会明）等古籍著作。朱子学研究所成员在《中国哲学史》、《文学遗产》、《孔子研究》、《学术界》、《船山学刊》、《中华文化论坛》、《光明日报》等学术刊物、报刊或会议发表论文数百篇。

2010年以来，朱子学研究所承担科研项目共47项，科研经费265万元。目前主持完成或在研朱子理学项目主要有：中央财政支持地方高校专项项目“朱子学与地方文化”，国家社会科学基金项目“宋明理学理治社会文化研究”、“鄱阳湖地区理学传衍的时空研究”、“南宋信州文人群体研究”等，教育部人文社科研究项目“明清商业伦理思想史研究”、“《儒藏》（精华编）经部春秋类”、“《儒藏》之《春秋左氏传贾服注辑述》点校”等，同时还承担了“朱子学学术史”、“朱熹道德建设思想研究”、“朱熹与信州理学研究”、“理学伦理观与明清政治文化研究”、“宋明理学生态智慧研究”、“甘泉学派及江西后学研究”等一大批省级项目。

（作者单位：江西上饶师范学院
朱子学研究所）

安徽省朱子研究会

安徽省朱子研究会成立于1996年，为省一级学会。研究会首届会长是原安徽省副省长魏心一，名誉会长是原安徽省副省长龙念，现任会长是原安徽省政协副主席秦德文，常务副会长为原安徽省古籍整理办公室主任诸伟奇教授，2004年秘书处挂靠安徽合肥学院中文系。该学会宗旨为：团结一切有志于儒学和朱熹学术思想研究以及对儒学、朱子学有兴趣的朋友，开展朱子学和儒学的研讨，特别是朱子学与安徽社会、经济、文化等关系的研究，努力弘扬优秀文化传统，为安徽省两个文明建设服务，为安徽省教育事业和学术事业的发展做出力所能及的贡献。研究会成立以来，与中国孔子基金会、世界朱氏联合会、福建省闽学会、江西省上饶师范学院朱子学研究所、台湾朱子学研究协会、广东省朱子学会、广西省朱子学会、香港孔教学院及海内外的有关院校建立了广泛的协作关系。

研究会拥有一支颇具影响的学术研究队伍，汇聚了一批安徽省内朱子学、儒学研究方面的知名专家学者。该研究会积极组织学术会议和开展学术活动。2005年，研究会与深圳万丰集团联合召开了“朱子学说与社会和谐”学术研讨会，葛兆光、朱杰人等一些全国知名学者与会。2006年，该会倡议与朱熹有渊源关系的安徽、福建、江西三省联手进行朱子学研究，得到福建、江西学者的相应，2007年正式形成轮流举办朱子学研讨会的三省联合机制，为三省的学术交流建构了稳定的学术平台。2007年在安徽黄山市联合主办的“朱子民本思想与当代”学术研讨会，2008年在福建武夷山市联合主办的“朱子学与东亚文化”学术研讨会，2009年在江西上饶市联合主办的“朱子学与理学学派”学术研讨会，2010年在安徽安庆市召开的“朱子学及其在海外的传播与影响”研讨会，均产生了很大的学术影响。2011年10月，“全球化时代视野中的朱子学及其新意义”学术研讨会在台湾台北市召开，两岸四地联手共建朱子学研究平台的新局面业已形成。

与此同时，研究会十分重视学术研究，成果丰硕。研究会成员每年出版的著作不下十部，发表的论文有百余篇，承担省部级及国家级课题十余项。其中，前任常务副会长孙以楷教授任主编、以会员为主要作者完成的国家社科规划项目成果“道家与中国哲学”六卷本专著荣获安徽省社会科学成果一等奖。研究会会员还参与了国家重点图书《朱子全书》27卷的编纂、出版工作。原会长魏心一同志担任该书编修工作委员会主任，原常务副会长孙以楷教授担任该书副主编，出版后受到海内外广泛好评，获得“国家图书奖提名奖”、“全国优秀图书二等奖”等奖项。此外，研究会还组织会员写作、出版了《1500—1840：儒学在欧洲》、《中国：

欧洲的样板》、《朱子学与徽州》等专著三部，编辑出版论文集《朱子学说与社会和谐》（李瑞环同志为本论文集作序）、《朱子学研究》两部，与上饶师范学院共同主办《朱子学刊》，并在《合肥学院学报》上开辟“朱子学研究”专栏等，产生了很好的学术影响。

朱子学研究重大课题

东亚朱子学的承传与创新研究

2013年度国家社科基金重大项目（课题编号：13&ZD062）

⊙ 王玲莉

厦门大学哲学系朱人求教授主持的2013年国家重大招标项目“东亚朱子学的承传与创新研究”共设五个子课题：（1）本论：朱子学说的承传与创新研究；（2）朱子学在中国的承传与创新研究；（3）日本朱子学承传与创新研究；（4）韩国朱子学承传与创新研究；（5）总论：东亚朱子学的现代审视。

该课题的总体框架由本论、分论和总论三部分构成，本论率先阐述朱子学自身的承传与创新、朱子哲学话语的承传与创新。分论分别从经典、话语和实践来阐释中日韩朱子后学对朱子学的承传与创新、中日韩朱子学的社会化及其实践，在此基础上，再总结出东亚朱子学的方法论、东亚朱子学话语的理论类型、中日韩朱子学的相互交涉及其同调与异趣。“经典、话语与实践”是贯穿其中的一条主线，经典文本也可视为“语篇”或“大话语”，因而，该课题始终围绕“话语与实践”展开，话语分析方法是本课题最根本、最关键的方法。所谓东亚朱子学话语的研究，是借鉴话语研究的方法，使东亚朱子学话语的研究进一步深化、细化、系统化，并使得对东亚朱子学前期的零散研究从一个新的角度获得方向和整合，从而使目前东亚朱子学的研究在单一研究范式的状况下摆脱出来，走向新的、更为活跃的状态。在研究东亚朱子学话语的形成过程方面，强调通过经典解释案例的解剖，进行儒学观念史的研究，注重比较和了解各家在主要儒学观念上的异同，以明确经典解说这一形式在东亚朱子学话语形成中的作用和意义。

具体而言，东亚朱子学的承传与创新研究，既包含朱子学说的承传与创新，也包含中日韩朱子学承传与创新的具体呈现，还应包含朱子学的现代反思。通过对以上一系列问题的探讨，通过对资料的整理和分析、对学术理论和思想观点的专题研究以及对东亚朱子学研究的学术创新及其与时代发展关系的综合研究，编撰《东亚朱子学研究》丛书，形成跨国别跨学科学术团队，提升中国的朱子学研究学术竞争力，拓宽朱子学研究的国际性视野，为更好地弘扬和发展朱子学提供可靠的学术基础。

（作者单位：厦门大学国学院）

“群经统类”的文献整理与宋明儒学研究

2013年度国家社科基金重大项目（课题编号：13&ZD061）

⊙ 申绪璐

20世纪40年代，马一浮先生力主从儒家“六艺”的整体性与基础性来阐明宋明儒学，并为此以他的深厚学养与卓越识见，从宋明儒学大量的经部著述中选编了目录，即“群经统类”，拟加以刊刻，以备进一步深入研究。“群经统类”基于儒学有机整体的立场，选定了易、书、诗、礼、春秋、四书、孝、乐共8类53种著述，总约700万字，不仅涵摄了儒家经典的基本体系，而且覆盖了宋明时期各具特色的学者，并兼及若干与宋明儒学高度相关的宋以前和清代的重要著述。概言之，“群经统类”在文献的层面，充分展现了宋明儒学的整体形态。如能以此为基础，将有力推进对宋明儒学的认识与理解。然而由于种种原因，马一浮生前既未能充分阐明己说，门下又缺有力弟子弘扬与护持，只能留待后来学者承担起责任。本课题即源于上述认识，希望沿着前辈已奠定的基础，通过回归中国哲学以经典为核心的立场来打开研究宋明儒学的新面相，不仅由此接续马一浮的未竟事业，而且更为重要的是根本性地推进这一领域的研究，在新时代的背景下，认真整理“群经统类”，进一步认识与理解宋明儒学，从而为中华传统文化在当代中国的传承创新提供具有可实践的精神资源。

本课题主要依据“群经统类”，兼及其他重要而高度相关的文献，探讨宋明儒学各家各派是如何围绕着儒学的旧经典“六经”与新经典“四书”来阐明自己的论说，从而完成宋明儒学自身的建构与展开，并进而实现儒学在当时历史进程中的传承与创新。

课题研究对象分两类：一是主体部分，即“群经统类”及其作者的相关著述。这些著述的作者以宋元明为主，兼及宋代以前与清代的学者。二是根据研究的实际情况，在以“群经统类”作为研究对象主体的基础上，兼及其他具有高度相关性的重要经部著作。为此，课题的主要内容由两个部分组成：一是“群经统类”的文献整理，这将构成整个研究的基础；二是以“群经统类”为主，兼及其余，对宋明儒学的完型与展开进行梳理，并做出理论分析。

课题的总体研究框架由六个子课题构成。其中，一个子课题是文献整理与数据库建设；其余五个子课题是理论研究，根据马一浮先生关于“六艺”的解说：“《易》本隐以之显，即是从体启用。《春秋》推见至隐，即是摄用归体。故《易》是全体，《春秋》是大用。须知《易》言神化，即礼乐之所从出；《春秋》明人事，即性德之所流行。《诗》《书》并是文章，文章不离性道，故《易》统《礼》《乐》，《春秋》该《诗》《书》”，加以设计。

总论：《经典、诠释与宋明儒学的延异：以“群经统类”为中心》

分论一：《〈易〉与〈春秋〉：宋明儒学的全体大用》

分论二：《〈诗〉〈书〉〈礼〉

〈乐〉：宋明儒学的性道神化》

分论三：《〈孝经〉与〈四书〉：宋明儒学的意涵新辟》

分论四：《马一浮与现代新儒学：宋明儒学的传承创新》

课题的设立是针对宋明儒学研究领域中长期既有的范式而做出的一个突破性尝试，旨在摆脱既有的以人物为对象，以学派为归趣的研究范式，通过以经典为对象，分析经典的诠释来梳理与探明宋明儒学的完型与展开，以及宋明儒学对儒学传统的传承与创新。具体地讲，课题希望对下列学术思想理论问题做出探究：

第一，关于儒家经典与宋明儒学的关系问题。宋明儒学是儒家漫长历史中的一个重要历史阶段，它的完型与展开是基于儒家经典实现的，因此，儒家的经典系统在宋明时期究竟是如何确立与变化的，这一过程对于宋明儒家学术思想具有怎样的作用，经典与思想的关系究竟是怎样的，以经典为中心对于宋明儒学传承与创新儒家传统具有怎样的特性与功能，都是需要研究探讨的。

第二，关于宋明儒者对于经典的诠释问题。经典诠释是一项专门的学术问题，并且具有固定的规范与传统，因此，宋明儒学究竟是如何实现经典诠释模式的转移的，宋明儒学所实现的经典诠释新模式具有怎样的方法、标准与特性及其在中国学术史的意义，宋明儒学在经典诠释中聚焦于哪些问题及其原因，都是需要研究探讨的。

第三，关于宋明儒学的重新认识问题。通过以经典为中心的宋明儒学的新研究，势必对宋明儒学产生重新认识，因此，宋明儒学相对于传统儒学的新究竟意味着什么，宋明儒学的思想体系及其演化是怎样的，宋明儒学的代表性学者究竟根据什么标准来确定以及有哪些标准，本课题所获得的关于宋明儒学的认识与既有的认识将具有怎样的关系，都需要深入探讨。

第四，以马一浮的儒学思想研究作为典型个案，具体展开和确证前面关于宋明儒学乃至整个儒学的重新认识问题。通过探讨马一浮以“群经统类”等经典为中心所构建的“宋明儒学”的理论系统的性质、特点及其独特意义，进一步梳理与分析马一浮思想与宋明儒学及其整个传统儒学的关系，以及马一浮所形成的自己独特的经典诠释理论与方法。同时，通过把马一浮的儒学思想与现代新儒家，如梁漱溟、熊十力、冯友兰、钱穆等进行比较，厘清马一浮和他们在儒学及宋明儒学观念上的异同，凸显马一浮的儒学思想与思想方法对当代中国思想文化的传承与创新的启示。

（作者单位：杭州师范大学国学院）

中国“四书”学史

2013年度国家社科基金重大项目（课题编号：13&ZD060）

⊙殷　慧

“中国‘四书’学史”是湖南大学目前承担的一项国家重大社科研究项目，首席专家为岳麓书院副院长肖永明教授。

由于朱子学与“四书”有着密不可分的联系，因此这一研究项目的展开，也将为朱子学研究的深入带来重要的成果。

《论语》、《大学》、《中庸》、《孟子》是形成于中国古典儒家文明发展早期的重要经典，南宋时期，这四部典籍被辑合成为一个有机整体——“四书”。从以“五经”为经典体系的核心到以“四书”为经典体系的核心，是中国思想学术史上旋乾转坤的大事，标志着中国古典儒家文明的最终定型。不同时代，处于不同历史情境与学术脉络之中的学者，总是面对着自己时代的问题，根据自身的体验对“四书”进行注、疏、训、解，加以阐释、发挥，希望通过与经典对话的方式，发掘“四书”的深刻内涵。历代层出不穷、绵绵不绝的四书注疏、训解、阐释、发挥之作，构成了中国“四书”学的主要内容。

研究中国“四书”学史，具有学术史、思想史以及社会政治史、文化史、教育史等方面的多重意义。其学术思想意义主要表现在：首先，从“四书”学考察学术形态的演变与学风的转移。宋元明清各个时期的学者对“四书”的注、疏、训、解，是产生众多思想课题、引发学术突破的主要动力。当时的“四书”学成果最为集中地体现了儒家学术的传承、发展与创新，最为显著地反映了儒家学术演变的轨迹与趋势。其次，从“四书”学考察思想观念的演进。宋元明清时期层出不穷的“四书”学成果，承载了历代解经者的思想观念，体现了以儒学为主体的思想的演进。通过对“四书”文本的阐发，许多新的概念与范畴得以提出、思想理论的建构得以完成。从历代的“四书”学著作中，可以见到解经者对概念、范畴的辨析、探讨，不同思想理论、价值观念的传承、交锋、碰撞、融合，可以窥见不同时代思维方式的特点与理论思考重心的变化，把握不同时代理论思维的高度。

同时，“四书”的辑合可以看作是中国古典儒家文明直面外来的佛教与本土的道教等思想的冲击，直面唐宋转型之后的诸多社会政治问题，而做出的创造性的理论建设，是儒家文明再次复兴的典范。研究“四书”学史，可以从经典诠释的角度，考察、探索儒学在不同时代得以传承与创新的内在机制。这不仅有助于深化对儒学的认识，还有助于在当今时代更全面地思考儒学如何发展的问题，从而为当代中国民族精神的弘扬与中华优秀传统文化的传承与创新提供启迪。

此外，“四书”承载着中华民族的价值理想，是古代中国人精神家园中最核心的部分，建设现代中华民族的精神家园，“四书”中有许多值得借鉴的内涵与因素。不仅如此，当今人类共同面对的某些问题，也可以从“四书”思想资源中寻求解决之道。研究“四书”学史，有助于彰显“四书”中的价值理想，挖掘“四书”中的智慧与资源，推进当前的文化建设，造福当今世界。

国内外学界从不同层面对历代“四书”学进行了颇为细致的考辨、研究，其重点主要集中在对“四书”学史上重要论著的版本流传、渊源流变的考辨，对相关著作在训诂考订、义理阐发方面成就与特色的研究，对“四书”史上重要学者、学术流派、学术思潮的研究，等等。本课题旨在对中国“四书”学的历史进行贯通性研究，总体的研究框架是：首先，从总体上高屋建瓴地讨论“四书”学的情况，厘清“四书”学研究中的一些基本理论问题，为中国“四书”学史的研究奠定基础。其次，研究《论语》、《孟子》、《大学》、《中庸》这四部书在汉唐时期流传的情况。然后，大致以“四书”在不同历史阶段的演变为依据，重点研究宋代、辽、西夏、金、元代、明代、清代的“四书”学史。

课题研究的成果，将主要包括两个层次的内容：（1）对历代各类“四书”学成果加以搜集、整理、分析、研究，通过对历代学者的“四书”注疏、训解、阐释、发挥之作的具体细致而又全面系统的研究，勾勒出中国“四书”学的发展演变历程，特别是呈现宋、元、明、清不同时期、不同学派“四书”学的基本面貌、治学特点与学术成就。（2）对历代学者“四书”学成果的思想内涵进行深入发掘，将不同学者在不同历史情境与学术脉络之中隐含的思想观念、价值预设、生命体验、社会政治理想和学术见解、理论立场加以揭示，从而对经典阐释与儒学发展、经典阐释与社会政治的关系有进一步的把握。

课题研究还将在内容、方法和视野上实现创新。从总体上对中国“四书”学史进行贯通性研究，关注对象不是一朝一代“四书”学的发展，不是单独的某部“四书”学著作或者某个学者、某个学派的“四书”学成果，而是中国“四书”学的整体，其最终成果是一部全面、系统地研究“四书”学发展演变的通史。课题既注重继承传统的以文献学为基础的经学史研究方法，也注意借鉴现代诠释学的研究方法，对历代“四书”诠释中的思想内涵加以挖掘，把扎实的文献学基础与深入的思想内涵分析结合起来，使研究成果既有厚重感，又有理论深度。“四书”学的形成、演变、发展、传播，与时代与社会必然发生密切关联。如果仅仅局限于学术史的视野研究“四书”学，就很难全面呈现历代“四书”学的价值与意义。本课题试图在思想史、社会文化史、政治史、教育史、文化地理学等多重视野之中，对历代“四书”学成果加以审视，呈现“四书”学发展的多个面相。

（作者单位：湖南大学岳麓书院）

宋元朱子学研究

岳麓书院国学研究与传播中心 2013年度重大招标课题

⊙ 杨柱才

朱子学是一个连续发展的整体，它扎根于广大精密的朱子自身的学术思想基础上，在后学那里同时获得丰富多样的发展。而宋元朱子后学对整个朱子学的走向产生的影响尤为关键。故此，本课题在研究朱子自身最重要经典《四书集注》的同时，以朱子门人后学为研究对象，结合理学的主要问题及其理路，有重点地分期分批展开专题专人专书研究，形成以思想研究为主的特色，展示朱子学思想的继承、深入与修正。

八个子课题研究，集中于朱子学思想的研究，尤其是经学思想与哲学思想，不仅在各自研究对象上将取得新的成果，而且对理学与经学关系、理学研究方式等普遍问题产生具有启示意义的成果。

1. 朱子“四书”学研究。朱子“四书”学经过门人后学的研究和阐发，形成了异常丰富的“四书”学系统。该研究分上下两编，上编拟论述朱子“四书”学的形成，具体剖析《论孟精义》、《四书或问》、《四书语类》、“四书文集”的特色，逐条疏证《四书集注》，注重其间的修改演变、异同对照，以确定朱子早晚异同之见。下编拟以《四书集注》为中心，分析朱子“四书”学的道统观、道体论、工夫论、圣王论、诠释特色、中心地位、历史影响，深入阐发其融经学与理学为一体的重大特色。

2. 朱子门人群体研究。课题主要着眼于门人群体的问题意识与体系，以及这些对朱熹问题体系的扩充。在经学研究的推进方面，以蔡氏父子、黄榦、张洽等人为中心考察他们的经学成就；在朱学义理的精致化与规范化表述方面，以陈淳为例具体分析义理的再诠释问题；在朱熹之后朱子学派整体性的维系方面，以黄榦与其他门人的广泛交往为例考察门人群体的凝集问题；在朱学的社会化与官学化方面，从黄榦等人的朱学道统论入手从理论上论证朱学的正统化，考察全体门人的各种具体推广活动，最后揭示他们的历史贡献。

3. 黄榦研究。课题主要着眼于黄榦的问题意识与体系，以及这些对朱熹问题体系的扩充。在经学研究的推进方面，详细总结黄榦的经学成就；在朱学义理的总结与再诠方面，以《朱子行状》为例具体分析朱子学的总结问题；在朱熹之后朱子学派整体性的维系方面，以黄榦与其他门人的广泛交往为例考察门人群体的凝集问题；在朱学的社会化与官学化方面，从黄榦的朱学道统论入手从理论上论证朱学的正统化，考察黄榦的各种具体推广活动，最后揭示他的历史贡献。

4. 辅广研究。研究的主要内容是综合相关材料，勾勒辅广问学于朱子后思想的演进历程，发掘辅广的主要问题意识，分别对其以理学统摄下的礼学思想、诗学思想、论孟思想予以分析，最后对辅广思想的整体特色及其影响做出说明。辅广思想的根本特色就在于，把朱子的理学精神进一步贯彻到对经学的具体解释中，从而使其《诗经》学和《礼记》学体现出浓厚的理学色彩。

5. 陈淳研究。课题将主要着眼于陈淳的特定问题意识与体系，揭示其为学过程当中的特殊性。在经学研究的推进方面，详细总结陈淳对儒家经典的理解；在朱学义理特别是概念的再诠释方面，以《北溪字义》为核心，同时参考其他文集材料，具体分析朱子学义理的规范化解释以及陈淳自身的哲学思想体系；在朱学的社会化与官学化方面，从小学教育方面的实践到其讲学活动，揭示他的历史贡献。

6. 真德秀研究。真德秀是朱子学史上具有重要影响的人物，其丰富的理学思想、深刻的政治哲学显现于宏大著述和富有创造性的经典诠释中，深化了朱子学的发展，扩大了朱子学的社会影响力。通过深入阅读研究真德秀的著作，揭示真德秀的理学思想及其理学地位。具体内容包括五个部分，导论：真德秀思想的理论渊源，上篇：真德秀理学思想体系，中篇：真德秀理学与朱子学的国家化，下篇：真德秀理学与朱子学的世俗化，结语：朱子学统治地位的确立与《大学衍义》的历史命运。

7. 蔡氏易学研究。以蔡元定、蔡渊、蔡沈、蔡模为代表的蔡氏易学，体现了朱子门人后学的易学思想特色，值得加以专门研究。研究的主要内容有蔡元定的《易学启蒙》、《皇极经世指要》，蔡渊的《周易卦爻经传训解》、《易象意言》，蔡沈的《洪范皇极内篇》，蔡沆的《敬义大旨篇》、《复卦大要篇》等著述中的易学思想。对河图洛书、筮法、卦变、太极及先天易学思想等方面展开专门论述。并对蔡氏易学的思想特色、历史意义和现实价值做出合理评价。

8. 胡炳文研究。课题研究内容主要包括：胡炳文的生平及学术渊源和学术交往，主要是他与朱熹的学术继承关系以及与同时代重要理学家的学术交往；胡炳文思想产生的时代背景，主要是元代理学的文化背景；胡炳文的理学思想，拟按哲学问题来叙述其理学思想，涉及理事、天人、心性、体用、知行等方面，着重挖掘他对朱子思想的修正和发展之处；胡炳文的易学观点，展现元代易学的基本面貌；综合评价胡炳文在学术史上的地位和影响。

这八个子课题研究，集中于朱子学思想的研究，尤其是经学思想与哲学思想，不仅在各自研究对象上将取得新的成果，而且对理学与经学关系、理学研究方式等普遍问题产生具有启示意义的成果。开展朱子门人后学的全面系统研究，能开拓朱子学研究的新领域新方向，扩大中国哲学史研究的范围及视野，推进整个东亚儒学研究，有助于优秀传统文化的传承发展和中华文化软实力的提升，有助于推动中国历史、经学史、教育学史、文献学诸学科的发展。

（作者单位：南昌大学江右哲学研究中心）

朱子门人与朱子学研究

2013年国家社科青年项目（课题编号：13CZX044）

⊙ 邓庆平

朱子学是朱熹及其众多门人共同创建的理学流派，而现有研究多集中于朱熹。据考定，朱子门人有494人之多，有著述的为72人，进士及第的有92人，是南宋末期最为重要的知识分子群体，在朱子学的形成与发展中扮演了重要角色，具有重要地位。目前国内外对朱子门人的研究主要从两个方面展开，即身份考证研究和思想研究，已经取得了一些重要成果。该课题在承继前人研究基础上，将：（1）深化朱子学的相关研究。关于朱熹思想形成过程、学术体系建构过程、朱熹去世之后朱子学发展状况以及朱子学社会推广等问题是朱子学研究的重要课题，仅以朱熹为考察对象是不够的，对参与朱子学形成与发展全过程的朱子门人群体的研究将深化和推动这些问题的研究。（2）完整再现南宋后期道学整体发展状况。作为程朱理学一系学者，朱子门人处于朱熹与元明清朱子学之间的过渡阶段，在朱子学史上占有重要地位与影响之外，同时也与当时佛老、湖湘性学、江西陆学、永嘉事功学派等有着广泛的接触与交往。（3）思考当代儒学复兴，为之提供重要历史经验。宋明理学被认为是儒学的一次伟大复兴，朱子学的官学化是此次复兴的重要标志。而朱子门人通过一系列社会推广与传播在朱子学的官学化过程中扮演了关键性的角色。（4）深化和挖掘地域哲学和文化学研究，这对丰富中国哲学的理论宝库有着重要的意义。

课题主要内容：（1）通过考证所有494位朱子门人的基本情况（做成表格附录），从动态（早、中、晚三个时期的求学过程）和静态（地域分布、社会阶层、兼学与著述等情况）两个方面揭示出朱子门人群体基本特征，为后面的研究提供基础；（2）问题体系是理论体系的前提，对于“致广大，尽精微，综罗百代矣”的朱学体系如何形成的问题，围绕朱子门人问学过程中的提问方式与具体问题考察他们如何扩充朱子学的问题体系，主要以《朱子语类》为中心，涉及理学问题与经学问题；（3）在经学思想方面，以蔡元定父子为代表考察朱子门人对朱熹经学哲学的丰富与推进，兼及黄榦、杨复的《礼》经，张洽的《春秋》学等；（4）在理学思想方面，主要以陈淳为代表考察《严陵四讲》、《北溪字义》对朱学概念的规范化诠释；（5）针对朱熹去世之后门人“散居各地”的现状，考察黄榦与其他门人有着广泛交往活动可以回答朱熹去世之后门人群体的凝集问题；（6）在道统论方面朱熹还遗留了些问题，以黄榦、李方子等人为例考察朱学道统论的最后定型，这为朱子学走向官学奠定了理论基础；（7）具体从以身体道、推行乡约、童蒙教育、整顿官学、书院教育、朱学著述的编辑刻印等方面，考察朱子学在南宋后期与科举、教育、孔庙祭祀等政治制度的互动过程，以揭示门人群体在南宋末年推动朱学基本成为官学过程中的历史贡献。

课题基本观点：在朱子学的形成、发展过程逐渐聚集在朱熹周围的所有朱子门人，构成了南宋后期最为庞大复杂的一个学术群体，在朱子学形成、发展、传播过程中扮演了非常重要的角色。从朱学理论背后问题体系的扩充来看，朱学庞大体系的形成与朱子门人群体广泛长期的问学是分不开的；从朱子学遍及所有儒家经典的经学体系来看，朱子门人在经学研究上的成就完善并丰富了朱熹的经学成就；从朱学义理的规范化表述来看，朱子门人实现了朱子学义理的精致化与规范化；从朱熹之后朱子学派的存在状态来看，通过广泛的同门间学术交往等活动凝聚散居各地的朱子门人，使得整个学派的整体性得以保持，同时通过道统论建构从理论上论证朱子学的正统地位，最终使朱子门人与亲近朱子学的社会力量一起形成一个整体的合力，借助各种具体方式实际促进朱子学的社会推广，实现朱子学与国家制度的良性互动与结合。

课题基本思路：因课题涉及人物众多、朱学内容复杂的特点，主要采取问题研究与个案研究相结合的研究思路，也即着眼于朱子门人自身的问题意识以及在朱子学形成与推进过程中的贡献，就此确定具体研究任务，并选取相应的重要门人为中心同时兼顾整个朱子门人群体。

课题创新之处：（1）对朱子门人的个案研究有所突破，将关注焦点从黄榦、蔡沈、蔡元定及陈淳这四人拓展开来，对张洽、李燔、辅广、程端蒙、刘爚、李方子、程洵、谢琎、胡师夔、祝穆、滕璘等重要门人都有研究。（2）此前除了考证是否门人的整体研究外，缺少对朱子门人学术贡献的系统研究，课题力图从群体特征、问题体系、经学哲学、理学诠释、学派凝聚、道统论定和社会化制度化等方面较全面系统揭示朱子门人的学术思想贡献。

（作者单位：江西师范大学政法学院）

朱子学
年鉴
（2013）

朱子学动态

朱子学研讨会综述

“中国与韩国新儒学视野下‘道统’的建立与诠释国际研讨会”综述

⊙〔法〕王论跃（Frédéric Wang）

2013年7月1日至2日，“中国与韩国新儒学视野下‘道统’的建立与诠释国际研讨会”在巴黎法国国立东方语言文化学院（INALCO）举行。本次研讨会由该学院亚洲研究中心主办，韩国成均馆大学校儒教文化研究所协办，主要组织者为东方语言文化学院王论跃教授、金大烈（Kim Daeyeol）副教授、国家科研中心Isabelle Sancho副研究员以及成均馆大学儒教文化研究所所长崔英辰教授。21位来自中国内地、中国台湾地区，韩国，新加坡，瑞士，以色列，德国，意大利，捷克以及法国本地的专家教授、研究生、博士生、博士后研究人员用中文、韩文或者英文、法文在会上宣读了论文。

本次会议的宗旨是从中国、韩国背景下重新检讨新儒学话语如何通过“道统”概念的提倡而被合理化的进程。会议在前人研究的基础上讨论下列主要问题：我们是否需要像余英时先生那样区分“道统”期与“道学”期？中国与韩国的理学家或性理学家如何在道统系谱下发展各自的学说？为何朱子学能够在韩国性理学中占主导地位？何为牟宗三先生的理学传统三系说及其它的合理性？

崔英辰教授为会议做了题为《韩国儒学者对儒学道统论的认识和茶山脱性理学的伦理说》主题发言。崔教授回顾了韩国儒学道统观念日益强化的过程。像李珥（栗谷）那样，朝鲜儒者普遍认为朱子之后道统的正脉失传了，这种共识同时包含了朱子的道统已经或者应该被朝鲜性理学者所继承的意义。朝鲜在16世纪中宗时代，道德性倾向逐渐强化，以朱子为中心的道统论开始确立。广义上看，茶山属于“退溪—寒冈—眉叟—星湖”一系的星湖学派。茶山的情感论将哲学的主题从形而上的领域转向日常生活世界。其理论的最大特征是对性理学建立形而上学的基础进行了批判。茶山试图从生活中人们日常所体会到的情感里寻找出人类的本质属性，主张这种心理活动及说法是比性理学缜密的理论体系，更能证明人类的道德性。

会议第一场的主题是“韩国儒学与道统问题”。来自布拉格查理大学的Vladimir GLOMB教授做了题为《负面的道统：韩国正统谱系的排异技巧》的报告。他分析16世纪起，朝鲜在确立朱子学为道统的建立过程中，如何将王阳明、罗钦顺以及韩国学者权近（1352—1409）、徐敬德（1489—1546）、曺植（1501—1572）等以受佛教或萨满教影响为名排斥于正统谱系之外。来自成均馆大学的金允景教授提供的题目是《朝鲜前期的道家思想——对异端讨论的展开》。金教授参照《朝鲜王朝实录》中的关于道统与异端论的记载以及郑道传（1342—1398）的《心气理篇》来论证朝鲜初期道统论主要以“辟道佛”为主来展开。而从16世纪后半期起则开始积极吸收道家的某些因素。接着发言的是成均馆大学的博士研究生、儒教文化研究所助理赵甜甜女士。她的论文题目是《退溪和高峰四端七情论争焦点问题的再研究》。一般学界多以“理发说”考察四端七情论争这个韩国儒学史上的公案。赵甜甜认为此争论的焦点问题不是“理发说”而是“四端和七情是一种情还是两种情”：高峰认为二者为一种情，而退溪则认为二者是本质不同的两种情。

会议的第二场集中讨论“宋学与道统”问题。法国国家科研中心东亚文明研究所（CRCAO）博士后Maud M'BONDJO女士以及威尼斯卡弗斯卡利大学硕士研究生 Ludovica GALLINARO女士都以周敦颐作为讨论对象。前者的题目是《周敦颐谱系或者牟宗三对道统的奇特诠释》，对牟宗三先生在《心体与性体》中对周敦颐的评价提出自己的看法。后者则以《周敦颐：历史人物的价值及其作为介于道学与道统之间的理学家角色之合理性》为题对《宋史》中的《道学传》进行了考察，从而肯定周敦颐在宋明理学中所起的奠基作用。法国朱子学专家、来自西巴黎大学的戴鹤白（Roger DARROBERS）教授讨论程颢的“论性说”（《二程遗书》卷一的一段话）以及朱熹在《明道论性说》中的解释。戴教授主要论述朱子的诠释方式以及文本的意义生成过程。东方语言文化学院的刘虹教授通过考察叶梦得（1077—1148）的笔记，如《避暑录话》等，揭示北宋时期新儒学发展中士人和僧人的互动关系。东方语言文化学院博士研究生、高等人文科学院（EHESS）临时教研员杜杰庸（Guillaume DUTOURNIER）从话语分析的角度论述朱熹与陆九渊如何成为平行的“道”的系谱学家。他应用新的人类学和语用学理论分析理学家的话语策略，有方法论上的新意。浙江大学的胡秀娟博士讨论吕大圭的王道思想。吕大圭（1227—1275）是朱熹三传弟子，强调从历史观上区别王道和霸道的本质，这从一定程度上避免了朱熹对三代以上圣王之道的复古倾向。

会议的第三场讨论“前现代心学中的道统”问题。王论跃教授比较了杨简（1141—1226）与刘宗周（1578—1645）对于“意”的概念的不同构建。刘宗周批评了杨简关于“意”的负面论述，在他那里，“意”成为“心之所藏”，成为“盘针”，具有“意向性”含义。接着发言的是德国埃尔朗根—纽伦堡大学的访问学者Sophia KATZ 博士，她的题目是《道统与儒家神秘主义：以陈献章（1428—1500）为例》。她从湛若水（1466—1560）、高攀龙（1562—1626）、黄宗羲（1610—1695）等人对陈献章的不同评价，说明道统问题的多元性。对于陈献章的某些弟子来说，传道在于从精神上直截了当地领会生存的原则，这使得对现实的神秘感知成为可能。神秘主义的体验亦为华东师范大学师勉人文高研院的姜丹丹研究员所论及。她的论文正涉及陈献章弟子湛若水的“天理”体认及其主体性问题。新加坡南洋理工大学硕士研究生刘琳娜女士以《“一心合动静”：王阳明的道体论述》为题讨论王阳明对周敦颐、程颢的继承，回应牟宗三先生提出的宋明理学三系论。法兰西学院中国思想史教授助理Sean Moores博士宣读了《康有为（1858—1927）哲学中对待理学的态度之评价》一文。他揭示了康有为对待理学的模棱两可的态度。一方面，他尊重朱子等理学主要代表人物；另一方面，他批评理学家过多地受到佛教影响，未能足够避免古文经文的侵扰。

会议第四场讨论“道统与当代新儒家”。东方语言文化学院的博士生谢周（Joseph CIAUDO）论述了张君劢（1887—1969）对韩愈的重视。在其英文著作*Development of neoconfucian thought*（1957）中，张称韩愈是新儒学的先锋。谢周认为张君劢对韩愈的褒扬包含一种自我认同意识。德国特里尔大学苏费翔（Christian SOFFEL）分析余英时在《朱熹的历史世界》里提出的道统（周公以前）与道学（周公以后）两个阶段说。依余英时，道统兼德与位，而道学则主要强调内圣。苏教授认为这一观点大致能够成立。不过朱熹有时候也用道统指孔子及其主要弟子，或者周敦颐。另外，近年来已经有研究者发现“道统”一词并非朱熹首创，因此更应将其说法放入一个大背景下研究。以色列特尔海学院的Gad C. ISAY教授讨论钱穆先生对朱子的研究，强调其对心学工夫与为学工夫的平衡处理。钱穆曾说“理学家中善言心者莫过于朱子”。中国人民大学博士生张涪云先生探讨了庞景仁（1910—1985）的思想。在其向巴黎大学提交的博士论文《马勒伯朗士（Nicolas Malebranche，1638—1715）的“神”的观念和朱熹的“理”的观念》中，庞景仁按照传统的道统意识，将朱子纳入圣人序列，同时又开放性地将理学与天主教神学进行对话。苏黎世大学的Rafel SUTER教授在他的报告中揭示了牟宗三儒学重建中存在的教条与批评之间的张力。他质疑将新儒学认定为哲学同时又企图保留其作为一种“完善”的教理这种做法。本场次也是本会议的最后发言者是台湾“中央研究院”文哲所研究员林月惠教授。她在会议具有总结性的发言《论中韩新儒学的解释框架：以牟宗三与高桥亨为例》中，解释牟宗三的宋明儒三系说是一种哲学的划分，而日本学者高桥亨（1878—1967）在1929年发表的《李朝儒學史に於ける主理派主氣派の發達》，以“主理、主气”分类方式来诠释朝鲜儒学史，是一种汉学的划分，后者受到越来越多的韩国学者的挑战。林教授考证论述了儒学研究中哲学与汉学的关系。

（作者单位：法国国立东方语言文化学院 INALCO）

"朱子门人后学研究项目规划学术研讨会"综述

⊙ 杨柱才

2013年4月24日至26日，由南昌大学江右哲学研究中心主办的"朱子门人后学研究项目规划学术研讨会"在南昌大学前湖大厦举行。来自北京、上海、福建、江西等省市高校及社科研究机构的20余位学者参加了本次学术研讨会。会上，南昌大学副校长谢明勇教授致辞，表示南昌大学高度重视和大力支持人文学科的建设与发展，本次学术会议对于推动朱子学的研究进一步走向深入，对于进一步加强南昌大学人文学科建设及人才培养都有重要的意义。中国哲学史学会会长、中华朱子学会会长、清华大学国学研究院院长陈来教授，中华朱子学会副会长、华东师范大学出版社董事长朱杰人教授，分别做了主题讲演。

陈来先生指出，我国朱子学研究应当有一个"朱子学研究大系"这样的学术规划系统，当前着重向朱子门人后学研究方向发展，可以分为两大部分，一是宋元朱子学研究，一是明清朱子学研究。明清部分总体上放后，当前研究重点放在宋元朱子学。宋元部分可以分为几期，第一期先开展朱子门人后学研究，元代作为另外一期。再细分一下，门人后学研究可以先做及门弟子的研究，从朱子及门弟子中选取约20位作为研究对象，第一批2年内先完成10部书，3至5年再完成第二批10部书。再传以下选取约15位作为研究对象，时间可以放长一些。陈先生进一步指出，当前，朱子学研究有两个中心，一是华东师范大学古籍研究所，主要致力于朱子学文献整理与研究，一是厦门大学国学院，主要从事百年朱子学精华集成研究。这两个中心各有偏重，也各有特色，但总体上属于基础性的工作。朱子学研究要开拓主战场，主战场主要在思想研究。这可以说是第三个中心，这个中心就以南昌大学江右哲学研究中心作为基地。江右哲学研究中心这些年做了许多工作，江西也有不少的人才，因此不仅有可能，而且现实，可以使江右哲学研究中心成为全国朱子学研究的三个中心之一，而且是主战场所在。

朱杰人先生指出，建立"朱子学研究大系"，开展朱子门人后学研究，这个想法是陈来老师提出来的。从改革开放以来，朱子学研究在中国内地陆续开展起来，但总体印象是较为分散。中华朱子学会成立（2010年）以来，情况发生了变化，以陈来教授为首，开始有计划地开展研究。陈老师提出这个构想，是一个很好的计划。现在，以思想研究作为朱子学研究的主战场，对于朱子门人后学研究这个项目的推动有很大的意义。陈老师把这个项目的开展放在江西，也是有他的考虑，有他高瞻远瞩的思考。江西有一批学者，可以形成为全国朱子学研究的三个中心之一。这个项目怎么做，陈老师讲得很细致，但做起来还是靠个人。江右哲学研究中心负责组织实施，团结全国相关的学者，可以保证研究成果的高水平、高品位。从出版角度来讲，这个项目也是个很好的项目，其意义在于对朱子学学术研究的进一步推动，其中许多工作具有填补空白的意义。华东师范大学出版社以朱子学研究著作的出版作为资助的重心之一，将尽力做好有关工作，承担起这个项目成果出版的责任。

经全体与会人员的充分讨论和酝酿，对朱子门人研究第一批研究对象做了分工，落实了研究著作的承担者。分别为：1. 苏铉盛：张栻研究；2. 邓庆平：朱子门人研究，黄榦研究；3. 翟奎凤：蔡氏易学研究；4. 田智忠：辅广研究；5. 方旭东：张洽研究；6. 徐公喜、周茶仙：陈文蔚研究；7. 杨柱才：陈淳研究，陈埴研究；8. 朱人求：真德秀研究，魏了翁研究；9. 许家星：朱子“四书”学研究，饶鲁研究；10. 杨泽：胡炳文研究。

南昌大学社会科学处处长宋三平教授应邀出席会议并做了讲话，哲学系及国学研究院部分同学旁听了会议。

（作者单位：南昌大学江右哲学研究中心）

“经典与教化学术研讨会”综述

⊙ 许家星

由南昌大学江右哲学研究中心、上饶师范学院朱子研究所、北京师范大学哲学与社会学学院等单位联合主办的“经典与教化学术研讨会”于2013年10月26日至28日在南昌大学举行，来自海内外多所院校、科研机构、学术出版单位的40余位专家学者，紧紧围绕“经典与教化”这一会议主题展开了深入而热烈的交流讨论。

与会专家对儒家经典的重要论题、当下热点做出了新的诠释，尤以“四书”为中心，《论语》又是其中的重点。有学者就《论语》“民可使由之，不可使知之”章提出新解，指出旧注的“王教”论域更接近于问题的本真，体现了推崇“德教”、反对暴政的思想，主张将人先天固有之道“还”给人自身，导民由乎自己以实现其自身价值的政治理念，显示出一种高远的政治理想和切实的人道精神。《论语》“亲亲互隐”章为近来学界反复论辩之话题，学者对此提出了新解，指出必须“回到”孔子与叶公对话的情景与状态之中去理解该话题，不能把儒家伦理归结为所谓“血缘亲情伦理”，不能简单地将之西方道德理性主义化，孔子的伦理原则，乃是一种追求与讲究道德情感与道德理性适中调和的道德“中庸”主义。《论语》首章“学而时习之”的注解，历来解释不一，近来更是多有新解，有学者从朱熹的注解出发，提出朱子认为学的内容“本无定指”，以明善复性为其宗旨，朋自远来之乐非切磋取益之乐而是教化同道之乐，朱子本章之解奠定了其“四书”诠释的整体基调。学者同样就宋明理学重点诠释的《大学》、《孟子》做出阐释，认为《大学》体现了儒家“修、齐、治、平”的层次性模式，是伦理思想与政治思想的结合。学者一方面重新审察了孟子对“生之谓性”的批评，认为孟子反对的是告子对“生之谓性”的抽象理解，而非从原则上反对“生之谓性”，“生之谓性”原则与“仁义内在”的人性内容实相一致；一方面考察了近人梁启超的《孟子》诠释，体现了他的人生哲学思想。

学者还围绕经典文本，就儒学经典命题展开了广泛讨论，涉及先秦天命观，儒家“困境智慧”，元代尊孔和程颢、张载、张栻、王阳明等理学大家的思想。学者提出儒家天命观是儒家哲学思想的核心内容，它决定了儒家哲学思想内在的逻辑结构和理论特质。儒家同样有着丰富的“困境智慧”，它和忧患意识一道成为我们精神传统的宝贵资源。儒家思想历来受到尊崇，在少数民族入主时代亦不例外，通过重订曲阜孔庙元代加封孔子碑即可考察元代尊孔的情况。理学思想是儒学发展的又一高峰，本次会议对此亦多有讨论。学者提出明道“敬”论多是围绕《易传》、《孟子》、《中庸》、《论语》与《西铭》等相关命题的综合解读展开，作为程颢学术同道的张载理学虽不以“心”标宗，但却包含着丰富的心学思想，其内容主要由心论与知论两部分构成。作为周程思想的间接传人，张栻对周敦颐《太极图说》进行了详尽阐发，体现了张栻自身的太极体性论思想。王阳明作为心学的代表，《传习录》提出的“知行合一”说备受关注，学者对此提出新解，倡导从本体与工夫一致视角来谈论知行合一，强调知行合一说再现了本体与工夫的一致性，与心即理、良知、致良知相互贯通。清代理学承明代而来，理学大家陆陇其的政治伦理思想即显示了清代理学的特色。

本次会议具有宽广的国际比较视野。学者就中韩思想家对儒家经典的不同诠释展开论述。分析了朱熹、丁若镛对《论语》“忠恕一贯”章诠释特色的异同，指出丁若镛反对朱熹的忠体恕用说，认为忠恕本是恕，朱熹的解释反映了严格的道德要求，而丁若镛的解释则是比较平实。讨论了朱子杰出后学真德秀《心经》与韩国心法学的关系，认为《心经》和《心经附注》已成为韩国心性之学阐释与建构的重要思想载体，对韩国心性之学影响至深。

佛、道经典与儒家经典一样，对中华思想文化产生了深刻影响。本次会议有多篇论文对道家、佛家经典提出了新的阐释。学者提出，作为道家思想创始人的老子，他的“道”与“德”密不可分，道的基本含义是“自然”，“德”的基本含义是“无为”。道是德之本体，德是道之运用。法自然是为无为的哲学基础。作为老子思想继承人的庄子，其思想存在很大的诠释空间。有学者从当代西方关于动物权利论争的背景出发，重新考察了荀子批评“《庄子》蔽以天而不知人”的思想意义，扩大了古代哲学文本的诠释。庄子的思想影响深刻，明末杰出思想家方以智即通过对道家经典《庄子》的阐释、利用和改造，形成了自己的哲学特质，主张释、道、儒三教合一。《太极图》的儒道之争乃聚讼纷纭之公案。学者不畏艰难，对此问题做出了新的讨论，认为周敦颐虽然对“太极图”做过符合儒家价值理想的改造，但仍不能轻易否认陈抟、穆修、周敦颐对《太极图》的传承。但也有学者提出了相反的看法，指出据《太极图》与《周易参同契》“三五至精”思想关系之重新考察，《太极图》的第三部分对五行思想的表述有着一定的原创性。据此《太极图》很可能出自周敦颐本人之手，其与道教思想并无直接的渊源关系。佛教思想的探索离不开对佛教元典的认识，有学者就

《佛说仁王般若波罗蜜经》这一经典的基本内容及其佛学思想进行考察，指出该经的核心是“仁王”以“般若精神”治国理政，具有“仁王护教”的理念。佛教思想在晚明与儒学的互动是思想界所深切关注的，学者探讨了明代高僧蕅益智旭对儒家经典《周易》的佛学化诠释，指出其蕴含着晚明佛教在复兴中与儒家相接近的主动态度。

历代学人在经典注释实践中形成了不同的注经特色和理论，值得今人予以审视和反思，学者就经典诠释的相关理论做出了探索。他们提出，从儒学的诠释形态出发，存在经学化的儒学和哲学化的儒学两种诠释形态，二者存在会通的可能性，经学的复兴只能是现代化的而非传统的。从中国哲学方法论的角度出发，则应注意经、经学和经典之间的关系，经是思想系统内自然的选择和众人的公认，经典为具体知识系统中具有典范性、奠基性、原创性和权威性的文本著述，经学则是对经典的研读、诠释。若从观念史研究的角度出发，又应注意在经典世界与现实生活世界之间寻得其根据，应从现实生活世界及其变迁中获得动力。反思以往的经典诠释成就是很有意义的。学者探究了宋儒经典诠释对价值与事实关系的处理及其存在的问题，进而对现代新儒家的经典阐释做出了总结，揭示了方东美和唐君毅的经典诠释思想，指出方东美对朱熹的诠释在方法论上存在问题，以唐君毅为代表的学者对儒学存在宗教化诠释的倾向。此外，学者还提出了自身对经典诠释的理解，指出中国传统哲学关于“存在”问题的思考方式具有中道、圆融、不二、双运的特色。

教化思想的探讨是本次会议的另一主题，主要围绕着先秦经典文本的讨论展开。学者对教化理论有着概括性的分析，指出教化是主义、思想、学说一类的东西在社会上传播、推广之后所得到的信从或信仰，儒家教化存在上贯与下贯路线，具有与宗教教化不同的旨趣。具体而言，儒家教化具有榜样的形式，有着特定的组成部分及特点，儒家教化核心是礼乐，故学者探究了先秦儒家乐教传统的形成及其成人、成德的教化意义。教化的目的是成就君子人格，需要分析儒家的君子人格的特色及其在教化中的作用。儒家的教化必须依赖于经典展开，有学者讨论了《周易·象传》的教化思想，认为象传是对《周易》卦象和爻辞所做的解释，是一部圣人教化之书。古代思想家有着丰富而独特的教化思想。荀子即体现了道德理性主义进路的教化特色。明代理学家胡居仁的教化思想则以义利、举贤良思想为中心，江右王门后学刘邦采则以性命良知之学为其教化特色。

总之，本次会议在经典论题、理论、方法及教化思想的阐发上多有创获，有助于推进经典诠释和教化思想的研究，提升江西学术研究在国内外的影响。

（作者单位：南昌大学江右哲学研究中心）

“林隐《四书章图》与朝鲜儒学国际研讨会”综述

⊙ 邓庆平

经过半年多的筹备，由韩国东洋哲学会、高丽大学哲学研究所、南昌大学江右哲学研究中心联合主办的“林隐《四书章图》与朝鲜儒学国际研讨会”于2013年6月21日在韩国高丽大学召开。南昌大学江右哲学研究中心与韩国多所大学的20余位学者参加了本次学术研讨会。

韩国东洋哲学会会长兼高丽大学哲学研究所所长李承焕教授致欢迎词，南昌大学江右哲学研究中心主任杨柱才教授代表中方学者致贺词。习细平博士担任了第一场会议的主持人。

程复心（号林隐）《四书章图》在理学史和中韩学术交流史上有着较独特的地位，中韩两国学者主要围绕新近于日本发现的元本《四书章图》一书对程复心的学术思想及其历史影响尤其是对韩国儒学发展的影响，展开深入讨论。杨柱才教授详细考察了程复心的学术渊源、《四书章图隐括总要》的基本结构，并对理气观等问题进行了深入探讨。江右中心兼职研究人员、江西师范大学邓庆平博士主要关注《四书章图》对《大学》的图解，并将其与李退溪《圣学十图》的《大学图》进行比较；习细平博士则围绕万松行秀、耶律楚材、丘处机详细讨论了元朝初期的儒释道三教关系。韩国学者普遍关注程复心对朝鲜儒学的影响。高丽大学李承焕教授细致考察了程复心《四书章图》对朝鲜儒学的重要影响。韩国同德女子大学朱光镐教授集中于太极观上将程复心与李退溪进行了较全面的比较研究。高丽大学田柄郁教授细致讨论了程复心的心性说，并与李退溪的《圣学十图》有关问题进行了比较。南昌大学江右哲学研究中心、人文学院历史系副主任张芳霖教授应邀参加会议，韩国东洋哲学会前会长李光虎教授、韩国思想史学会会长洪元植教授与高丽大学、延世大学、成均馆大学、同德女子大学、启明大学等高校的部分学者与研究生旁听了会议，并参与了学术讨论。

本次会议主题集中，中韩两国学者分工合作，对于程复心及其《四书章图》进行了深入细致的探讨，取得了很好的学术成果，同时也增强了南昌大学江右哲学研究中心与韩国学者的相互交往与友谊。中韩双方学者一致表示，今后要进一步加强两国学者之间的学术交往，共同推动东亚儒学学术研究的发展。

（作者单位：江西师范大学政法学院）

朱子学年鉴（2013）

资料辑要

2013年部分朱子学新书目录

陈良中：《朱子〈尚书〉学研究》，人民出版社，2013年。

东英寿：《歐陽脩新発見書簡九十六篇：歐陽脩全集の研究》，日本东京研文出版，2013年。

方彦寿：《朱熹画像考略与伪帖揭秘》，华东师范大学出版社，2013年。

傅佩荣：《朱熹错了——评朱注四书》，东方出版社，2013年。

〔明〕胡居仁撰，冯会明点校：《胡居仁文集》，江西人民出版社，2013年。

胡秀娟：《〈朝鲜古写徽州本朱子语类〉研究》，华东师范大学出版社，2013年。

黄　珅、曹姗姗注评：《朱子语类》，凤凰出版社，2013年。

李士金：《朱熹文学思想研究》，人民文学出版社，2013年。

黎　昕：《朱熹与闽学思想研究》，中国书籍出版社，2013年。

林　震：《朱熹南行传奇》，吉林人民出版社，2013年。

刘湘如：《朱熹别传》，安徽文艺出版社，2013年。

史甄陶：《家学、经学和朱子学——以元代徽州学者胡一桂、胡炳文和陈栎为中心》，华东师范大学出版社，2013年。

宋克夫：《宋明理学与明代文学》，中国社会科学出版社，2013年。

尉利工：《朱子经典诠释思想研究》，中国社会科学出版社，2013年。

吴冬梅：《朱子心论——“心与理一”与“超凡入圣”之学》，安徽人民出版社，2013年。

吴志翔：《天地与我默契——朱熹理学的美学意蕴》，中国青年出版社，2013年。

徐时仪：《〈朱子语类〉词汇研究》，上海古籍出版社，2013年。

张立文主编：《朱熹大辞典》，上海辞书出版社，2013年。

周茶仙、胡荣明：《宋元明江西朱子后学群体研究》，江西人民出版社，2013年。

朱　熹：《戊申封事》，法译本，戴鹤白（Roger Darrobers）译，巴黎美文出版社（Les Belles Lettres），2013年。

朱子学会编：《朱子学年鉴》（2011—2012），厦门大学出版社，2013年。

2013年部分朱子学论文索引

艾　涛：《朱熹与辛弃疾在上饶的友谊》，《春秋》2013年第1期。

蔡铭泽：《更约九垓游——论蔡元定对朱熹理学之贡献》，《湖湘论坛》2013年第6期。

曹润青：《朱子〈论语集注〉“天”、“命”范畴发微》，《安阳工学院学报》2013年第3期。

曹姗姗：《李贽对朱熹的厌恶》，《黑龙江史志》2013年第13期。

陈　才：《凤凰本朱熹〈诗集传〉校点商榷》，《社会科学论坛》2013年第2期。

陈桂蓉：《朱熹的“慎独”境界及价值之我见》，《朱子文化》2013年第6期。

陈国平：《朱熹辞官原因考》，《江苏技术师范学院学报》2013年第1期。

陈慧丽、高　筠、刘伯山：《朱子〈家礼〉在祁门黄龙口的实践——祭礼篇》，《江淮文史》2013年第4期。

陈慧丽、王　倩：《朱子〈家礼〉在祁门黄龙口的实践——婚礼篇》，《江淮文史》2013年第2期。

陈　来：《“一破千古之惑”——朱子对〈洪范〉皇极说的解释》，《北京大学学报》（哲学社会科学版）2013年第2期。

陈利华：《论李侗在朱子理学创立中的作用与影响》，《合肥学院学报》（社会科学版）2013年第1期。

陈利华：《让以朱子为代表的中国文化精神走进千家万户》，《湖北经济学院学报》（人文社会科学版）2013年第3期。

陈　林、乐爱国：《民国时期汤用彤〈理学谵言〉对朱子学的阐释与推崇——兼论汤用彤早期的文化观》，《江汉学术》2013年第5期。

陈美容：《从〈大学章句〉“格物致知”看朱子的注经与解经》，《呼伦贝尔学院学报》2013年第5期。

陈双珠：《李侗的为师之道和为师之德》，《朱子文化》2013年第4期。

陈双珠：《杨时研究述要》，《朱子文化》2013年第2期。

陈苏珍：《朱熹善恶观的德育内涵及现代价值》，《三峡论坛》（三峡文学·理论版）2013年第6期。

陈苏珍：《朱熹善恶观的德育内涵及现代价值》，《四川职业技术学院学报》2013年第5期。

陈文苑、马　蕾：《朱熹对梅尧臣诗歌的接受》，《湖州师范学院学报》2013年第1期。

陈雪明：《从“大传统”到“小传统”——以〈茗洲吴氏家典〉对朱子〈家礼〉的诠释与实践为例》，《牡丹江师范学院学报》（哲学社会科学版）2013年第4期。

陈瑶瑶：《探究朱熹“贯专而不贵博”的治学精神价值》，《品牌》（下半月）2013年第10期。

程利田：《日本朱子学在明治时代的复兴与变化》，《朱子文化》2013年第4期。

程利田：《朱子学在西班牙的传播和影响》，《朱子文化》2013年第3期。

崔丽萍：《朱熹的中庸与中和关系探讨》，《华夏文化》2013年第3期。

代　云：《朱熹人心道心论的辟佛意旨》，《中州学刊》2013年第11期。

邓维明：《朱熹审美品评旨趣管窥》，《大理学院学报》2013年第1期。

丁为祥：《道德与自然之间——朱子与陈亮的争论及其分歧的再反思》，《哲学分析》2013年第3期。

董卫国：《朱子对儒家忠恕之道的创造性诠释》，《广西社会科学》2013年第2期。

窦道阳：《“不付忧时一片心”：朱熹爱国精神探析》，《安阳工学院学报》2013年第1期。

房瑞丽：《朱熹的三家〈诗〉学探略》，《孔子研究》2013年第5期。

方旭东：《李侗的穷理思想》，《朱子文化》2013年第2期。

方旭东：《朱子之路与格物之旅》，《朱子文化》2013年第5期。

方彦寿：《对陈宓创建延平书院的再认识》，《朱子文化》2013年第4期。

方彦寿：《〈游云谷诗卷〉的前世今生——对古今几种有关朱熹伪帖的辨析》，《中国典籍与文化》2013年第1期。

方彦寿：《〈朱熹画像考略与伪帖揭秘〉后记》，《朱子文化》2013年第5期。

方彦寿：《朱熹与漳州官私刻书》，《合肥学院学报》（社会科学版）2013年第4期。

方彦寿：《朱子理学的形成与历史地位》，《政协天地》2013年第7期。

冯　兵：《“理”“礼”会通，承扬道统——朱熹仁学思想探究》，《东南学术》2013年第1期。

冯　兵：《理性与非理性之间：朱熹的鬼神观辨析》，《学术研究》2013年第2期。

冯　兵：《〈周礼〉对朱熹礼治思想的影响》，《朱子文化》2013年第6期。

冯会明：《胡居仁对朱熹读书方法的传衍》，《上饶师范学院学报》2013年第1期。

冯　丽：《仁义、友爱与和谐——论〈朱子家训〉对当代社会道德教育的意义》，《怀化学院学报》2013年第3期。

高建立：《陈荣捷与20世纪美国的朱子学研究》，《郑州大学学报》（哲学社会科学版）2013年第4期。

高令印：《“新儒家”“新儒学”名称考——读刘述先教授〈论儒家哲学的三个大时代〉》，《朱子文化》2013年第3期。

耿振东：《朱熹〈管子〉研究的历史考察》，《新疆大学学报》（哲学·人文社会科学版）2013年第2期。

郭晓东：《“气质”与“气质之性”——陈淳对朱子的绍述及其与朱子之异趣》，《云南大学学报》（社会科学版）2013年第6期。

贺　恒：《南宋著名教育家朱熹及其教育思想探索》，《兰台世界》2013年第15期。

洪永稳：《论朱熹伦理美学的主要范畴:“文”和“美”》，《合肥学院学报》（社会科学版）2013年第4期。

洪永稳：《朱熹关于美的本体论和生成论思想》，《淮北师范大学学报》（哲学社会科学版）2013年第2期。

胡泉雨：《论朱熹与李侗的师生关系》，《黄山学院学报》2013年第1期。

胡泉雨：《浅析朱熹论读书》，《黑河学刊》2013年第1期。

胡绍文：《〈朱子语类〉同义词语考释》，《合肥师范学院学报》2013年第1期。

胡孝忠：《“大学章句”新解及与朱熹注解的对比》，《吉林广播电视大学学报》2013年第10期。

季小燕：《浅析朱熹的知行关系与当代大学生活的链接》，《科教文汇》（上旬刊）2013年第9期。

金香花：《孟子“四端”说流衍考辨——以朱熹与韩儒为中心》，《东南学术》2013年第5期。

兰宗荣：《论朱熹“幔亭之风”的美育特征与实质》，《湖州师范学院学报》2013年第1期。

兰宗荣：《朱熹的旅游动机与旅游文化人格新探》，《合肥学院学报》（社会科学版）2013年第1期。

乐爱国：《胡适对朱熹格致说的诠释及影响》，《江淮论坛》2013年第2期。

乐爱国：《胡适〈为朱熹辨诬〉》，《朱子文化》2013年第2期。

乐爱国：《“理学而尚考据”——民国学人吴其昌的朱子学研究》，《江南大学学报》（人文社会科学版）2013年第2期。

乐爱国：《论朱熹〈中庸章句〉的“人—物”平等思想》，《吉首大学学报》（社会科学版）2013年第1期。

乐爱国：《民国时期白寿彝的朱子学研究——以史学考据为基础》，《朱子文化》2013年第3期。

乐爱国：《民国时期白寿彝对〈朱子语类〉的研究——兼与胡适〈《朱子语类》的历史〉比较》，《齐鲁学刊》2013年第1期。

乐爱国：《民国时期〈大公报〉纪念朱子诞生八百年》，《朱子文化》2013年第4期。

乐爱国：《民国时期对朱熹理气论的不同解读》，《人文杂志》2013年第3期。

乐爱国：《民国时期对朱熹政治思想的研究》，《北京社会科学》2013年第5期。

乐爱国：《民国时期冯友兰的朱子学研究与创新》，《东南学术》2013年第5期。

乐爱国：《民国时期胡适的朱子学研究》，《天津社会科学》2013年第6期。

乐爱国：《民国时期嵇文甫对朱熹与程颢思想异同之辨析——兼与冯友兰〈中国哲学史〉之比较》，《社会科学战线》2013年第2期。

乐爱国：《民国时期钱穆的朱子学研究及其创新——从朱子心学入手》，《南京社会科学》，2013年第1期。

乐爱国：《民国时期唐文治的朱子学研究》，《暨南学报》（哲学社会科学版）2013年第10期。

乐爱国：《民国时期唐文治〈紫阳学术发微〉述评》，《朱子文化》2013年第6期。

乐爱国：《民国时期谢无量的朱子学研究》，《厦门大学学报》（哲学社会科学版）2013年第1期。

乐爱国：《民国时期周予同经学史视野下的朱子学研究》，《江汉论坛》2013年第7期。

乐爱国：《民国学人李相显〈朱子哲学〉述论》，《南昌大学学报》（人文社会科学版）2013年第3期。

乐爱国：《晚清唐才常对朱熹科学思想的阐述》，《朱子文化》2013年第1期。

乐爱国：《谢无量：民国时期朱子学研究的先驱》，《朱子文化》2013年第5期。

乐爱国：《张岱年的朱子哲学研究及其创新——以〈中国哲学大纲〉为中心》，《安徽大学学报》（哲学社会科学版）2013年第2期。

乐爱国：《朱熹论〈中庸〉之“诚”》，《徐州工程学院学报》（社会科学版）2013年第4期。

乐爱国：《〈朱熹《中庸》学研究〉导论》，《社科纵横》2013年第2期。

乐爱国：《朱熹〈中庸章句〉对“性”“道”“教”的诠释及其蕴含的生态观》，《中共宁波市委党校学报》2013年第2期。

乐爱国：《朱熹〈中庸章句〉对“赞天地之化育”的诠释——一种以人与自然和谐为中心的生态观》，《西南大学学报》（社会科学版）2013年第6期。

乐爱国：《朱熹自然科学思想概述》，《洛阳师范学院学报》2013年第3期。

李承贵：《对道德与知识的双重关切——朱熹“格物致知论”探微》，《贵阳学院学报》（社会科学版）2013年第6期。

李承贵：《朱子学研究的新境际——新世纪以来中国大陆朱子思想研究述评》，《福建论坛》（人文社会科学版）2013年第9期。

李春强：《朱熹〈论语集注〉文学观简论》，《山西师大学报》（社会科学版）2013年第1期。

李惠娥：《朱熹的读书之道及其现代价值》，《辽宁医学院学报》（社会科学版）2013年第1期。

李劲松：《朱子兴复白鹿洞书院动机之辨析——兼及宋朝书院官学化的问题》，《江西教育学院学报》2013年第2期。

李敬峰、刘　俊：《朱子的格物致知：一种可能的科技理性》，《自然辩证法研究》2013年第3期。

李敬峰、刘　俊：《朱子义命观：一种可能的道德生活》，《社会科学家》2013年第8期。

李秋莎：《毁誉、是非与善善从长——〈论语〉总章四〇二朱子注衍义》，《人文杂志》2013年第1期。

李瑞全：《论朱子“知言疑义”与胡五峰〈知言〉之义理特色》，《深圳大学学报》（人文社会科学版）2013年第1期。

李士金：《朱熹在实际文学活动中流露的文学思想》，《河北师范大学学报》（哲学社会科学版）2013年第2期。

李斯斯、赵法坤、周　鹏：《朱熹籍贯中方言特色对〈诗集传〉叶音用韵影响浅探》，《广西职业技术学院学报》2013年第3期。

李思远：《论朱熹“中和之悟”的修养论转变》，《华夏文化》2013年第1期。

李甦平：《朱子学在高丽时代的传播与发展》，《南昌大学学报》（人文社会科学版）2013年第1期。

李　涛：《朱熹的理学自然观研究》，《陕西师范大学学报》（哲学社会科学版）2013年第5期。

李尾咕：《朱熹的养生思想与实践》，《湖州师范学院学报》2013年第1期。

李欣洁：《浅谈朱熹棹歌中的仕与隐》，《朱子文化》2013年第3期。

李学昌：《〈朱子治家格言〉对大学生良好道德养成的现实教育意义探索》，《今日中国论坛》2013年第6期。

李训昌：《诠释与建构：朱熹和王阳明知行观的比较研究》，《三峡大学学报》

（人文社会科学版）2013年第3期。

李勇刚：《佛教对儒家道统观的影响——以韩愈和朱熹为中心》，《五台山研究》2013年第1期。

梁嘉芸：《儒家思想与现代化生活》，《朱子文化》2013年第3期。

廖信优：《朱子读书法对高中语文选修课教学的启示》，《文学教育（下）》2013年第4期。

林静雅：《朱熹与王阳明蒙学之品德教育理念比较研究》，《朱子文化》2013年第5期。

林俊荣：《浅谈朱子的“敬”对台湾小学品德教育之应用》，《朱子文化》2013年第6期。

林　蕾：《严复对朱熹社会治理思想的吸收与继承》，《黑龙江教育学院学报》2013年第11期。

刘伯山、陈慧丽：《朱子〈家礼〉在祁门黄龙口的实践——丧礼篇》，《江淮文史》2013年第3期。

刘伯山、陈慧丽：《朱子〈家礼〉在祁门黄龙口的实践——通礼篇》，《江淮文史》2013年第1期。

刘迪娜、张洪江：《朱熹：理学大师的人生境界》，《兰台世界》2013年第24期。

刘鹓根：《朱熹的教育思想及其实践研究》，《兰台世界》2013年第24期。

刘凤玲：《诗心一片解朱子——评胡迎建〈朱熹诗词研究〉》，《朱子文化》2013年第5期。

刘　刚：《试论李齐贤对朱子学在高丽传播和发展的贡献》，《大庆社会科学》2013年第6期。

刘　娟：《百年来朱熹诗经学与诗经汉学比较研究述评》，《河北科技师范学院学报》（社会科学版）2013年第3期。

刘　娟：《百年来朱熹诗经学与宋代其他各家诗经学比较研究述评》，《河北北方学院学报》（社会科学版）2013年第5期。

刘　娟：《朱熹诗经学思想矛盾性探析》，《河南工业大学学报》（社会科学版）2013年第2期。

刘克兵：《朱熹知识论的建构与儒学知识论的内在发展》，《文史博览》（理论）2013年第9期。

刘培军：《朱熹“主体育德”方法及其对个体修德的启示》，《西北成人教育学报》2013年第5期。

刘文恭：《朱熹诗〈春日〉》，《秘书》2013年第1期。

刘玉民：《吕祖谦与朱熹交游述论》，《河南师范大学学报》（哲学社会科学版）2013年第2期。

刘增光：《朱熹〈孝经〉学探微三题——从元明学者的理解看》，《杭州师范大学学报》（社会科学版）2013年第1期。

柳　倩：《重温古典教育思想——朱熹的家庭教育思想及其启示》，《小说评论》2013年第S2期。

龙晓添：《丧礼中的女性——以〈仪礼〉〈朱子家礼〉记述为例》，《广西师范大学学报》（哲学社会科学版）2013年第2期。

鲁　涛：《点校整理本朱熹〈楚辞集注〉简介》，《云梦学刊》2013年第5期。

吕宜倩：《朱熹道德教育思想研究综述（2000—2012）》，《宿州教育学院学报》2013年第4期。

马思清、熊　莺：《本雅明的翻译理论与朱熹对〈离骚〉的解读》，《职大学报》2013年第1期。

马晓莹、刘　英：《朱熹道德教育思想浅探》，《兰台世界》2013年第18期。

毛珠峰：《朱熹对"明明德"之诠释》，《南都学坛》2013年第2期。

南方朔：《连朱熹也会犯错》，《南风窗》2013年第26期。

彭钚铀、林　江、罗　明等：《成都朱熹宗祠朱子文化资源产业创意调研报告》，《朱子文化》2013年第1期。

彭月肖：《朱子〈家礼〉的现代实践——以朱氏婚礼为例》，《中华文化论坛》2013年第6期。

祁志祥：《重"道"而兼顾"文"：朱熹美学的整体视阈》，《吉首大学学报》（社会科学版），2013年第6期。

任　超、刘　威：《论朱熹"格物致知"思想的两面性》，《衡水学院学报》2013年第2期。

任文香：《朱熹与白鹿洞书院》，《兰台世界》2013年第19期。

桑靖宇：《莱布尼茨、朱熹与有机论哲学——对李约瑟相关思想的分析与回应》，《武汉大学学报》（人文科学版）2013年第4期。

沈时凯：《形上之"理"与中国文化——理解朱熹学说在中国哲学史上重要意义的一种视角》，《合肥学院学报》（社会科学版）2013年第1期。

石力波：《对朱子理气"一元""二元"争论的看法》，《合肥学院学报》（社会科学版）2013年第4期。

石力波：《人心与天理的较量——〈论语〉朱熹注本与钱穆注本的比较》，《合肥学院学报》（社会科学版）2013年第1期。

石力波：《是"散"还是"尽"——试论朱熹气学思想的内在矛盾》，《西北大学学报》（哲学社会科学版）2013年第4期。

史少博：《论日本江户时期的朱子学》，《东方论坛》2013年第1期。

宋兵超：《朱子〈大学章句〉建构体系的梳理与析出》，《长春理工大学学报》

（社会科学版）2013年第9期。

宋秀清：《朱子“中和说”研究》，《文学教育（中）》2013年第6期。

宋志明：《艮斋对朱子心学的诠释》，《江苏师范大学学报》（哲学社会科学版）2013年第1期。

孙慧玲：《朱熹诗歌三论》，《文艺评论》2013年第2期。

孙玉娇：《〈朱子语类〉词语考释》，《学理论》2013年第23期。

孙玉娇：《〈朱子语类〉史料价值研究综述》，《现代交际》2013年第6期。

唐筱静：《南宋著名理学家朱熹的德育思想发微》，《才智》2013年第19期。

田文军：《古典中国哲学史研究的一种范型——读朱熹编纂的〈伊洛渊源录〉与〈近思录〉》，《湖北大学学报》（哲学社会科学版）2013年第6期。

万书元：《朱熹与南宋书院的兴盛》，《南京理工大学学报》（社会科学版）2013年第2期。

王　灿：《儒家思想与当代大学生形象塑造——孔子、孟子、荀子和朱子的相关言论探析》，《教育文化论坛》2013年第1期。

王　飞：《朱熹、吕祖谦史学思想之比较》，《衡水学院学报》2013年第3期。

王　风：《朱子怎样读〈周易〉》，《国学》2013年第8期。

王　耕、马兰兰：《殊途同归——朱熹与老庄“中庸”之探究》，《兰台世界》2013年第21期。

王　进：《秩序的确立与毁灭——以朱子〈中庸章句〉为中心论“贤知之过”》，《广西社会科学》2013年第12期。

王立新、陈　晨：《船山与朱子对王猛的评价》，《深圳大学学报》（人文社会科学版）2013年第5期。

王胜军：《王阳明书院理念与朱熹之比较——以〈教条示龙场诸生〉与〈白鹿洞书院揭示〉为例》，《教育文化论坛》2013年第3期。

王向清、谢　红：《颜元对朱子“明天理，灭人欲”命题的反思》，《湖南社会科学》2013年第4期。

王　莹、孙红梅：《论朱熹“心统性情”哲学思想统摄下的文学观》，《沈阳师范大学学报》（社会科学版）2013年第4期。

汪玉明：《朱子〈家礼〉及其现代价值》，《朱子文化》2013年第1期。

王玉强、陈景彦：《日本朱子学的官学化研究》，《社会科学战线》2013年第7期。

王　振：《维新运动对朱子之学的影响浅析》，《船山学刊》2013年第4期。

王振铎、甄　娜：《朱熹：因中原文献之传而编辑宋儒理学之大成——兼论朱熹与吕祖谦的编辑架构思想》，《河南大学学报》（社会科学版）2013年第4期。

王政燃、张　伟：《论朱熹的理气观》，《河北学刊》2013年第2期。

王志刚：《朱子“中和”思想发展过程辨析》，《武陵学刊》2013年第1期。

王治伟：《朱熹公正思想论略》，《理论探索》2013年第6期。

王治伟：《朱熹哲学的知识观》，《聊城大学学报》（社会科学版）2013年第5期。

王志跃：《推崇与抵制：明代不遵循〈朱子家礼〉现象之探研》，《求是学刊》2013年第5期。

汪学群：《朱熹对命的思考》，《湖南大学学报》（社会科学版）2013年第4期。

汪业全：《朱熹部分叶音声母古音性质试拟之理据例释》，《语言科学》2013年第4期。

尉利工：《论朱子的〈尚书〉学诠释思想》，《孔子研究》2013年第6期。

魏伯河：《朱熹创立的社仓制度是成功的吗？》，《山东女子学院学报》2013年第3期。

魏　涛：《朱熹道统理论与思想视界中的司马光》，《理论月刊》2013年第3期。

魏　涛：《朱熹缘何未将司马光纳入道学谱系》，《山西师大学报》（社会科学版）2013年第4期。

魏义霞：《二程的德刑论及道德修养工夫论》，《朱子文化》2013年第4期。

魏志远：《从“格物致知”看朱熹的理学地位——对牟宗三判朱熹为“别子为宗”的反思》，《重庆邮电大学学报》（社会科学版）2013年第2期。

魏志远：《由“格物致知”看朱熹的理学地位——对朱熹心性论和工夫论的再认识》，《西安石油大学学报》（社会科学版）2013年第2期。

吴吉民：《重评游酢在“道南”中的历史贡献和地位——以朱子理学构建过程的角度来审视》，《朱子文化》2013年第5期。

吴吉民：《体验儒家精髓，传承朱子文化——台湾新竹朱子学堂系列讲座暨书院文化论坛综述》，《朱子文化》2013年第3期。

吴吉民：《新儒学与东亚世界的变迁》，《朱子文化》2013年第1期。

吴吉民：《秩序的内在力量：儒家诚说的演变与中国传统社会结构》，《朱子文化》2013年第6期。

吴励生：《新道统、新道学与人间秩序的终极关怀——读余英时〈朱熹的历史世界〉并与魏敦友、孙国东二君谈辩新道论》，《社会科学论坛》2013年第2期。

吴秋雅：《赵岐〈孟子章句〉和朱熹〈孟子集注〉注释特点比较》，《文学教育（中）》2013年第1期。

吴莺莺：《朱熹文学意象和义理阐发及其当代价值》，《泉州师范学院学报》2013年第1期。

吴　震：《从政治文化角度看道学工夫论之特色——有关朱熹工夫论思想的一项新了解》，《社会科学》2013年第8期。

吴　洲：《朱熹“天人之学”的生态背景》，《江南大学学报》（人文社会科学版）2013年第2期。

肖永明、陈冠伟：《郭嵩焘〈校订朱子家礼〉的社会学考察》，《湖南社会科学》2013年第3期。

谢　红：《“克己复礼为仁”再诠释——兼论颜元对朱子的批判》，《当代教育理论与实践》2013年第12期。

许　光：《朱熹叶适诗歌理论之比较》，《闽台文化研究》2013年第2期。

许　卉：《论黄道周对朱熹道统说的批判》，《河北学刊》2013年第2期。

许家星：《真知格物，必成圣贤——朱子“格物”解发覆》，《南昌大学学报》（人文社会科学版）2013年第5期。

许家星：《朱子道统说新论——以孔颜“克复心法”说为中心》，《人文杂志》2013年第6期。

许家星：《朱子四书学的羽翼与修正——以元代〈四书笺义〉为中心》，《北方论丛》2013年第5期。

许家星：《朱子四书学形成新考》，《中国哲学史》2013年第1期。

许家星：《朱子四书学研究之回顾与前瞻》，《中华文化论坛》2013年第2期。

徐　恋、李伟强：《〈朱子家礼〉中丧祭礼的嬗变——以湖南平江、浏阳两县徐氏家族为例》，《商》2013年第11期。

许明珠：《李光地对朱子学的承接与调修》，《泉州师范学院学报》2013年第1期。

徐泉海：《试论朱熹理欲观的现代意义》，《法制与社会》2013年第2期。

徐时仪：《〈朱子语类〉猜测概念词语类聚考探》，《合肥师范学院学报》2013年第1期。

徐时仪：《〈朱子语类〉词汇特点探略》，《江西科技师范大学学报》2013年第1期。

徐时仪：《〈朱子语类〉词汇研究与〈汉语大词典〉修订》，《陇东学院学报》2013年第4期。

徐时仪：《〈朱子语类〉词组层面的语块考探》，《南阳师范学院学报》2013年第1期。

徐时仪：《〈朱子语类〉方俗口语词考》，《古汉语研究》2013年第1期。

徐时仪：《〈朱子语类〉欺骗概念词语类聚考探》，《江西科技师范大学学报》2013年第3期。

徐时仪：《〈朱子语类〉愚昧、痴狂概念词语类聚考探》，《陕西师范大学学报》（哲学社会科学版）2013年第5期。

徐晓蕾：《〈朱子语类〉“一向”补说》，《齐齐哈尔大学学报》（哲学社会科学版）2013年第2期。

薛芳芸、许　馨：《论朱熹的医学情怀》，《中国中医药现代远程教育》2013年第10期。

杨丽娟：《“尊德性”与“道问学”——朱熹和陆九渊教育观的碰撞》，《克拉玛依学刊》2013年第2期。

杨瑞荣：《弘扬朱子文化促进两岸交流——第五届海峡论坛·两岸朱子文化交流活动在武夷山举行》，《统一论坛》2013年第5期。

杨秀礼：《朱熹以地域文化解读“风诗”研究》，《兰州学刊》2013年第7期。

杨　艳：《朱子门人之浦城杨氏家族考》，《广西社会科学》2013年第12期。

杨柱才：《陈淳理气心性论——以〈北溪字义〉为中心》，《朱子文化》2013年第2期。

杨宗建：《论朱熹的知行关系思想——兼论中国传统文化与新时期官德建设》，《宁夏党校学报》2013年第4期。

姚进生、程利田、叶琪瑛：《朱熹“和”思想对构建新时期和谐统一战线的启示》，《武夷学院学报》2013年第4期。

姚进生：《朱熹的道德教育思想及其当代价值》，《中共福建省委党校学报》2013年第9期。

姚进生：《朱熹生态伦理思想及其对构建当代生态文明的启示》，《福建论坛》（人文社会科学版）2013年第11期。

叶茂樟：《朱熹在泉南的教育活动拾零》，《郑州航空工业管理学院学报》（社会科学版）2013年第2期。

殷　慧：《传承与开拓：朱子学国际学术研讨会综述》，《中国哲学史》2013年第1期。

尹业初：《义理化倾向——朱熹与胡寅史论比较研究》，《船山学刊》2013年第1期。

余晓慧、熊　伟：《朱熹的养生体育思想》，《体育文化导刊》2013年第8期。

于浴贤：《从〈楚辞集注〉看朱熹辞赋观》，《泉州师范学院学报》2013年第3期。

袁　岚：《浅析朱熹义利观及其现代启示》，《黑龙江史志》2013年第1期。

岳天雷：《理学权说析论——以程颐、朱熹、高拱为中心》，《中原文化研究》2013年第1期。

曾纪鑫：《多面朱熹》，《书屋》2013年第5期。

詹　艳：《加强旅游与文化深度结合的思考——以武夷朱熹旅游文化为例》，《湖北广播电视大学学报》2013年第1期。

张安琪：《朱子〈诗〉学在朝鲜的传播及其本土化过程》，《山西大学学报》（哲学社会科学版）2013年第2期。

张荷群：《朱熹对疑孟的总结与回应》，《成都师范学院学报》2013年第4期。

张荷群：《朱熹对孟子“不尊周室”的辩护》，《福建商业高等专科学校学报》2013年第4期 。

张　卉：《张栻对朱熹心性论的影响》，《四川师范大学学报》（社会科学版）2013年第6期。

张　辉：《朱熹〈诗集传序〉论说》，《文艺理论研究》2013年第2期。

张　剑：《范浚与秦桧、朱熹关系考论——兼从范浚看道学谱系的生成》，《中华文史论丛》2013年第4期。

张剑敏：《周敦颐与朱熹：理学开山与集大成者的神交》，《南方文物》2013年第3期。

张静莉：《朱熹书院教育思想的特色及启示》，《安康学院学报》2013年第4期。

张静莉：《朱熹语文教育思想的现代性》，《渭南师范学院学报》2013年第4期。

张　柯：《德文语境中的朱熹思想——对朱熹思想之德语接受史的考察与反思》，《孔子研究》2013年第3期。

张　磊、陈　林：《朱子之路海峡两岸研究生朱子学论坛综述》，《朱子文化》2013年第4期。

张曼丽、姚才刚：《略论陈献章的人生哲学思想及其现代价值》，《朱子文化》2013年第2期。

张品端：《朱熹教育哲学思想之探讨》，《中共福建省委党校学报》2013年第9期。

张品端：《朱熹与陆九渊哲学思想之比较》，《武夷学院学报》2013年第3期。

张品端：《朱子学在越南的传播与影响》，《泉州师范学院学报》2013年第1期。

张巧霞、郑立柱：《朱熹的太极之理在中医学中的体现》，《医学与哲学（A）》2013年第6期。

张清江：《“如在”与“临在”之间——论朱熹对“祭如在”的理解》，《云南社会科学》2013年第3期。

张天杰：《刘宗周与朱子学——兼谈许孚远的朱学倾向及其对刘宗周的影响》，《福建论坛》（人文社会科学版）2013年第10期。

张　伟：《南宋大家朱熹的理学思想考辨》，《兰台世界》2013年第9期。

张文彪：《朱熹思想在当代台湾之主要学术评价》，《台湾研究集刊》2013年第1期。

张晓蕊：《朱熹“存天理灭人欲”思想考究》，《兰台世界》2013年第18期。

张　芸：《道德的演进与重建》，《朱子文化》2013年第3期。

张　芸：《知性和德性的统一——朱熹人性学说对当代教育的启示》，《朱子文化》2013年第4期。

赵　辉、杨　刚：《朱熹之好恶与宋四家的历史遭遇研究》，《文艺评论》2013年第6期。

赵杰红：《以德育人下的朱熹家庭教育思想启示》，《兰台世界》2013年第6期。

赵金刚：《〈大学章句序〉的历史哲学分析》，《朱子文化》2013年第5期。

赵楠楠：《朱熹的“小学”之教与“成人”之道》，《广州大学学报》（社会科学版）2013年第3期。

赵　胤：《浅析朱熹“本体论—宇宙论”双层结构系统》，《长江大学学报》（社科版）2013年第4期。

赵忠祥：《求是明真　剔伪证实——罗钦顺对朱子学的承接与改造》，《河北青年管理干部学院学报》2013年第3期。

郑晨寅：《朱熹知漳与漳州理学之进路》，《闽台文化研究》2013年第3期。

郑瑞宽：《浅谈朱子经典与养成教育的有效融合》，《学校党建与思想教育》2013年第8期。

郑淑花：《〈朱子语类〉“多少”量性的研究》，《哈尔滨学院学报》2013年第2期。

郑淑花：《〈朱子语类〉》助词“将”结构及功能研究》，《福建工程学院学报》2013年第5期。

钟　斌：《书院会讲对当代中学语文研究性学习的启示——朱熹阅读教学思想探究》，《厦门广播电视大学学报》2013年第2期。

钟　斌：《书院会讲教育理念的现代阐释——朱熹阅读教学思想管窥》，《语文建设》2013年第23期。

钟小明：《朱熹〈论语集注〉对“吾道一以贯之”的阐释》，《东南学术》2013年第2期。

钟小明：《朱熹哲学中的“仁包四德”论》，《福建论坛》（人文社会科学版）2013年第5期。

周炽成：《论朱熹与儒家的两轮哲学——兼与西方二元论作比较》，《学术研究》2013年第2期。

周慧珺：《朱熹〈周礼〉学研究》，《长沙理工大学学报》（社会科学版）2013年第3期。

周锦红、叶飞霞：《朱熹与苏格拉底的教学方法比较研究》，《福建教育学院学报》2013年第4期。

周旺东：《朱熹生态伦理思想及其当代价值解读》，《湖南社会科学》2013年第4期。

周　欣：《〈太极图说解〉的理学思想述略——兼论朱熹与周敦颐的思想渊源》，《湖南农业大学学报》（社会科学版）2013年第5期。

周秀光：《黑格尔“绝对理念”与朱熹“天理”》，《朱子文化》2013年第6期。

周永健：《论朱熹的社会教化思想》，《重庆师范大学学报》（哲学社会科学版）2013年第4期。

朱茂男：《朱子文化在民众生活的价值》，《朱子文化》2013年第4期。

朱杰人：《理直气壮的文化自觉——读〈何谓普世？谁之价值？〉》，《朱子文化》2013年第2期。

朱杰人：《朱氏与蜘蛛无涉论》，《朱子文化》2013年第6期。

朱杰人：《〈朱熹画像考略与伪帖揭秘〉序》，《朱子文化》2013年第5期。

朱萌萌：《朱熹“心统性情”论探微》，《重庆科技学院学报》（社会科学版）2013年第5期。

朱人求：《格物致知：朱子理学的理论基石》，《政协天地》2013年第8期。

朱人求：《思想史研究的旁观者视角——以田浩〈旁观朱子学〉为中心》，《朱子文化》2013年第3期。

朱人求：《下学而上达——朱子小学与大学的贯通》，《江南大学学报》（人文社会科学版）2013年第2期。

朱叶楠：《〈朱子语类〉“思想火花说”新证——试论韩愈、李翱哲学思想的先后关系》，《船山学刊》2013年第1期。

庄焕明：《朱熹的工夫论——以修身为中心》，《电影评介》2013年第1期。

庄梅兰：《朱熹知行统一德育方法及其对高校德育的启示》，《阜阳师范学院学报》（社会科学版）2013年第2期。

2013年台湾地区朱子学研究相关资料

⊙ 郭雨颖　蔡家和

专　书

［1］林庆彰、姜广辉主编：《文革时期评朱熹（上、下）》，台北：万卷楼，2013年。

［2］林莉娜、何炎泉、陈建志编：《故宫法书新编十七：宋朱熹墨迹》，台北："故宫博物院"，2013年。

［3］陈逢源：《"镕铸"与"进程"：朱熹〈四书章句集注〉之历史思维》，台北：政大出版社，2013年。

期刊论文

［1］王奕然：《探析朱子与门人对"理学字义"的论述——以〈性理字训〉、〈北溪字义〉为讨论文本》，《孔孟月刊》第51卷第6期（台北，2013），第43—50页。

［2］王志玮：《论明初〈四书大全〉的纂修意义》，《东华汉学》第18期（花莲，2013），第275—303页。

［3］田浩（Hoyt Cleveland Tillman）、田梅（Margaret Mih Tillman）：*Remodeling Confucian Wedding Rituals to Address China's Youth Culture Today: A Case of Using the*

Classics to Respond to Recalcitrant Problems，《台湾东亚文明研究学刊》第10卷第2期（台北，2013），第221—245页。

［4］田世民：《从媒体史的观点看近世日本知识人的〈朱子家礼〉实践》，《淡江日本论丛》第27辑（新北，2013），第143—159页。

［5］伍振勋：《从“声训”到“字义”：东亚儒学发展中的“仁说”典范》，《台湾东亚文明研究学刊》第10卷第2期（台北，2013），第187—219页。

［6］吕铭崴：《由朱子的读书法论道德教育的可能性》，《当代儒学研究》第14期（桃园，2013），第85、87—113页。

［7］佐野公治著，张文朝译：《四书学之成立——朱子的经书学构造》，《中国文哲研究通讯》第23卷第1期（台北，2013），第147—183页。

［8］佐野公治著，张文朝译：《四书学史之研究——以宋元时代四书学为中心的政治思想状况》，《书目季刊》第47卷第1期（台北，2013），第19—55页。

［9］杜保瑞：《对牟宗三以“觉悟说”诠释朱陆之争的方法论反思》，《国文学报》第53期（台北，2013），第149—174页。

［10］沈享民：《朱熹批判“观过知仁”与“知觉为仁”之探讨——对比于程明道与谢上蔡的诠释进路》，《“国立台湾大学”哲学论评》第45期（台北，2013），第39—60页。

［11］林保全：《南宋学者对北宋理学社群之建构——以朱熹〈伊洛渊源录〉为观察核心》，《东华人文学报》第23期（花莲，2013），第83—123页。

［12］林维杰：《黎贵惇的朱子学及其仙佛思想》，《台湾东亚文明研究学刊》第10卷第2期（台北，2013），第161—186页。

［13］吴展良：《朱子之鬼神论述义》，《汉学研究》第31卷第4期（台北，2013），第111—144页。

［14］袁明嵘：《朱熹闽学的传承者——厦门大学哲学系高令印教授专访》，《国文天地》第29卷第2期（台北，2013），第87—92页。

［15］康云山：《朱熹诗歌的山水审美体验之乐》，《人文与社会研究学报》第47卷第2期（台南，2013），第39—61页。

［16］周欣婷：《朱子〈易〉学的动静观：从经学与理学的交涉谈起》，《“清华”中文学报》第10期（新竹，2013），第379—439页。

［17］姜龙翔：《朱子〈五经〉阅读次序及其义理定位》，《东吴中文学报》第26期（台北，2013），第91—119页。

［18］崔治忠：《革新他人与修己爱民——朱熹与王阳明〈大学〉“亲民”之辩》，《鹅湖》第38卷第9期（新北，2013），第46—55页。

［19］许宗兴：《朱子义理研究之方法论刍议——以“晚年宗说”为探讨主轴》，《国文学报（高师大）》第18期（高雄，2013），第61—85页。

［20］许宗兴、李光泰：《朱子“形上”义析论及其反省》，《华梵人文学报》第19期（新北，2013），第83—123页。

［21］衷鑫恣：《朱熹与裹脚及“木头履”》，《鹅湖》第38卷第9期（新北，2013），第35—4 5页。

［22］孙淑芳：《存心之学——〈心经附注〉的圣学论述》，《国文学报》第54期（台北，2013），第1—31页。

［23］张晚林：《论理学家的“语录”与“尺牍”在人文教育中的哲学意蕴及其内涵——以二程、朱子、象山、阳明为中心》，《孔孟学报》第91期（台北，2013），第165—186页。

［24］张文朝：《朱熹〈诗集传〉在日本江户时代（1603—1868）的流传》，《汉学研究通讯》第32卷第1期（台北，2013），第9—22页。

［25］张文朝：《四书学史之研究——以宋元时代四书学为中心的政治思想状况》，《书目季刊》第47卷第1期（台北，2013），第19—55页。

［26］张晓芬：《寻求德性与理性的道德实践——试论朱熹“易学”中的修养工夫于当今易学思想的启发》，《孔孟学报》第91期（台北，2013），第209—242页。

［27］张雅评：《李栗谷、成牛溪“四端七情”论辩》，《鹅湖月刊》第462期（新北，2013），第35—46页。

［28］邹　琴：《从朱子的生命伦理观讨论动物实验》，《应用伦理评论》第55期（桃园，2013），第85—97页。

［29］黄文树：《孙奇逢的读经观》，《国文学报（高师大）》第17期（高雄，2013），第61—85页。

［30］黄信二：《朱子释孟理论预设分析》，《哲学与文化》第40卷第8期（台北，2013），第115—142页。

［31］陈荣灼：《程伊川与朱子之基本分歧——希腊哲学的视点》，《“中央大学”人文学报》第55卷（桃园，2013），第75—105页。

［32］陈德和：《王廷相对朱子人性论之批判与局限》，《淡江中文学报》第28期（新北，2013），第65—101页。

［33］陈逢源：《“其味深长，最宜潜玩”——朱熹〈四书章句集注〉叮咛之分析》，《长庚科技学刊》第19期（桃园，2013），第93—113页。

［34］陈佳铭：《朱子格物思想中“心与理”的属性与关系新探》，《中国文哲研究集刊》第42期（台北，2013），第149—182页。

［35］陈振崑：《朱子所论“理”的融贯性与殊别性》，《中国文哲研究通讯》第23卷第3期（台北，2013），第29—47页。

［36］蔡龙九：《“朱陆异同争论史”中的保守调和模式——李绂〈朱子晚年全论〉评析》，《东吴哲学学报》第27期（台北，2013），第1—31页。

[37] 颜铭俊：《唐、牟二先生对朱子理气心性说之诠释的考察》，《文与哲》第22卷（高雄，2013），第499—544页。

[38] 颜铭俊：《考察唐君毅与牟宗三先生对朱子理气心性说的诠释（上）》，《鹅湖》第38卷第8期（新北，2013），第27—38页。

[39] 颜铭俊：《考察唐君毅与牟宗三先生对朱子理气心性说的诠释（下）》，《鹅湖》第38卷第9期（新北，2013），第20—34页。

[40] 赖贵三：《韩国朝鲜李氏王朝（1392—1910）〈易〉学研究》，《东海中文学报》第25期（台中，2013），第1—25页。

[41] 藤井伦明：《神儒妙契——山崎暗斋垂加神道中的"心"概念》，《师大学报·语言与文学类》第58卷第2期（台北，2013），第1—23页。

[42] 藤井伦明：《从格物到觉知——德川日本崎门朱子学者三宅尚斋"格物致知"论探析》，《汉学研究》第31卷第4期（台北，2013），第169—192页。

[43] 黄崇修：《由"欲"至"郁"的内在结构：儒医朱丹溪〈格致余论〉之言说为核心》，《"国立政治大学"哲学学报》第30期（台北，2013），第101—153页。

[44] 田富美：《方东树儒学思想的一个侧面——辨陆王以归程朱》，《成大中文学报》第40期（台南，2013），第 169—206页。

会议论文

[1] 田浩：《走向普世价值——〈朱子家训〉之个案研究》，发表于"中央大学"主办，"第二届当代儒学国际学术会议：儒学的全球化与在地化"，2013年9月24—26日。

[2] 林维杰：《越儒黎贵惇的中国想象》，发表于台湾师范大学东亚学系主办，"2013东亚文化变迁国际学术研讨会"，2013年9月27日。

[3] 车行健：《以朱反朱——朱熹〈诗经〉前后论说与明清学者反对朱子〈诗〉义观的方式》，发表于"中央大学"明清研究中心主办，"明清儒学的类型与流变"学术研讨会，2013年10月24—25日。

[4] 蔡家和：《朱子与阳明的孟学诠释差异之比较》，发表于"中央大学"明清研究中心主办，"明清儒学的类型与流变"学术研讨会，2013年10月24—25日。

[5] 蘖龙儿：《朱熹与王阳明论"知行合一"之对比》，发表于"中央大学"明清研究中心主办，"明清儒学的类型与流变"学术研讨会，2013年10月24—25日。

[6] 杨祖汉：《以伊川、朱子的思想形态论中国哲学的思辨性》，发表于"中央大学"明清研究中心主办，"明清儒学的类型与流变"学术研讨会，2013年10月24—25日。

[7] 赖柯助：《朱子"心"之意涵新诠》，发表于"中央大学"明清研究中心主

办，“明清儒学的类型与流变”学术研讨会，2013年10月24—25日。

［8］吴翠华：《吕坤与贝原益轩女子教育观之比较——以对班昭〈女诫〉的受容为线索》，发表于“中央研究院”明清研究推动委员会主办，“2013年‘中央研究院’明清研究国际学术研讨会”，2013年12月5—6日。

［9］黄信二：《论儒家“礼”之位阶：从朱子与阳明论蒯聩与卫辄观点谈起》，发表于“中央研究院”明清研究推动委员会主办，“2013年‘中央研究院’明清研究国际学术研讨会”，2013年12月5—6日。

［10］徐圣心：《三教语境下的晚明四书学》，发表于“中央研究院”明清研究推动委员会主办，“2013年‘中央研究院’明清研究国际学术研讨会”，2013年12月5—6日。

［11］锅岛亚朱华：《明代三教思想对日本江户初期儒学的影响——以藤原惺窝为主》，发表于“中央研究院”明清研究推动委员会主办，“2013年‘中央研究院’明清研究国际学术研讨会”，2013年12月5—6日。

［12］张立文：《〈四书〉的选择和价值》，发表于中华大成至圣先师孔子协会、“中央研究院”中国文哲研究所主办，“儒学的理论与应用”国际学术研讨会，2013年10月28—29日。

［13］陈逢源：《从五贤信仰到道统系谱：朱熹〈四书章句集注〉圣贤传道脉络之考察》，发表于中华大成至圣先师孔子协会、“中央研究院”中国文哲研究所主办，“儒学的理论与应用”国际学术研讨会，2013年10月28—29日。

［14］祝平次：《书信与南宋道学的发展：以朱熹与张栻的通讯为例》，发表于台湾“清华大学”中国文学系主办，“宋代通讯研究工作坊”，2013年12月20日。

［15］吴国武：《关于朱子门人之间的学术联系——以黄榦书信为例》，发表于台湾“清华大学”中国文学系主办，“宋代通讯研究工作坊”，2013年12月20日。

［16］马恺之（Kai Marchal）：《朱熹语陆九渊之间的论学书》，发表于台湾“清华大学”中国文学系主办，“宋代通讯研究工作坊”，2013年12月20日。

演　讲

［1］王文娟：“‘天理’与‘自然’：湛甘泉、陈白沙思想综论”，于“中央研究院”中国文哲研究所，2013年3月11日。

专书论文、论文集论文

［1］John H. Berthrong: *DaoXue's Search for Harmony: He and We*，收入钟彩钧主编：《“中央研究院”第四届国际汉学会议论文集：东亚视域中的儒学》（台北：“中央研究院”，2013），第35—60页。

［2］Kwong-loi Shun（信广来）：*Three Kinds of Confucian Thought*：*Zhu Xi, Wang Yangming, and Dai Zhen*，收入钟彩钧主编：《“中央研究院”第四届国际汉学会议论文集：东亚视域中的儒学》（台北：“中央研究院”，2013），第61—98页。

［3］陈昭瑛：《朱子与退溪理气论中的形象思维》，收入钟彩钧主编：《“中央研究院”第四届国际汉学会议论文集：东亚视域中的儒学》（台北：“中央研究院”，2013），第99—118页。

［4］钟彩钧：《高景逸学思历程研究》，收入氏编：《“中央研究院”第四届国际汉学会议论文集：东亚视域中的儒学》（台北：“中央研究院”，2013），第119—150页。

［5］林月惠：《韩国儒学史“主理、主气”解释框架之检讨：兼论东亚的宋明理学研究》，收入钟彩钧主编：《“中央研究院”第四届国际汉学会议论文集：东亚视域中的儒学》（台北：“中央研究院”，2013），第201—256页。

［6］李明辉：《韩儒韩元震对王阳明思想的批评》，收入钟彩钧主编：《“中央研究院”第四届国际汉学会议论文集：东亚视域中的儒学》（台北：“中央研究院”，2013），第257—294页。

［7］杨祖汉：《韩国朝鲜朝后期儒学的心论：以李华西为中心》，收入钟彩钧主编：《“中央研究院”第四届国际汉学会议论文集：东亚视域中的儒学》（台北：“中央研究院”，2013），第295—323页。

［8］黄俊杰：《朱子〈仁说〉在德川日本的回响》，收入钟彩钧主编：《“中央研究院”第四届国际汉学会议论文集：东亚视域中的儒学》（台北：“中央研究院”，2013），第409—430页。

学位论文

［1］王家泠：《从玄学到理学——魏晋、唐宋之间〈论语〉诠释史研究》，台湾大学中国文学系博士论文，2013年。

［2］王奕然：《朱熹门人考述及其思想研究——以黄榦、陈淳及蔡氏父子为论述

核心》，台湾师范大学国文学系博士论文，2013年。

[3] 曾瀚仪：《理气之争？——朱熹与戴震对孟子重要观念解法之比较》，东海大学哲学系博士论文，2013年。

[4] 郭芳如：《从鬼神观论朱熹哲学及其宗教向度》，台湾大学哲学研究所博士论文，2013年。

[5] 赖好宜：《探讨朱熹的思维模式——以〈朱熹的思维世界〉为蓝本》，台湾大学哲学研究所硕士论文，2013年。

[6] 苏昊：《从朱熹的心性论论其“中和”理论》，辅仁大学哲学系硕士论文，2013年。

（作者单位：台湾师范大学东亚学系硕士班；台湾东海大学哲学系）

2013年日本朱子学研究相关资料

⊙ 陈晓杰

一、木下铁矢主要著作目录

1.《朱熹再読：朱子学理解への一序説》（研文出版，1999年）
第一章 镜·光·魂魄
第二章 种种时间
第三章 “与道为体”——世界存立的形而上学之依据
第四章 “易”之理解
第五章 从“治”到“理”——陆贽、王安石、朱熹
2.《朱子学の位置》（知泉书馆，2007年）
第一章 战斗在第一线的民政官员
第二章 “母权”之现实
第三章 驯致之理想与现实
第四章 “中国”之现实
终 章
3.《朱熹哲学の視軸——続朱熹再读》（研文出版，2009年）
第一章 朱熹的思索、其面相与可能性
第二章 关于程伊川的“主一”
第三章 关于《论语》中出现的第一人称代词“予”
第四章 读土田健次郎《道学之形成》第四章《程颐的思想与道学之登场》
第五章 “命”与“令”——朱熹的“天命之谓性”解释

第六章 “事”“物”“事事物物”——为了理解朱熹的“致知在格物”之解释

第七章 “格物”之陷阱

第八章 关于《朱子语类》中的“物事”

第九章 朱熹“格物”理解之构造——以“有物有则”之解释为中心

二、2013年日本朱子学研究论文目录

[1] 小林义广：《宋代地方官と民衆——真徳秀を中心として》，《研究论集》第十集，河合文化教育研究所，2012年12月。

[2] 木下铁矢：《「仁義礼智信」か「仁義礼智」か——現在の朱子学理解を問う》，收录在《吉田公平教授退休记念论集》，研文出版，2013年。

[3] 牛尾弘孝：《朱熹の鬼神論の構造——生者と死者をつなぐ領域》，收录在《吉田公平教授退休记念论集》，研文出版，2013年。

[4] 辻井义辉：《朱熹哲学における感応と理》，东洋大学中国哲学文学科纪要第二十一号，2013年。

[5] 辻井义辉：《朱熹の「おのづから」の哲学》，白山中国学第十九期，东洋大学中国学会，2013年1月。

[6] 福谷彬：《孔孟一致論の展開と朱子の位置——性論を中心として》，日本中国学会报第六十五集，2013年。

[7] 福谷彬：《『資治通鑑綱目』と朱子の春秋学について——義例説と直書の筆法を中心として》，东方学第一百二十七辑，2014年。

（作者单位：日本关西大学亚洲文化研究中心）

2013年韩国朱子学研究相关资料

⊙〔韩〕姜真硕

一、朱子学

［1］유영희（YoungHee Yu），《주자학의 철학 치료적 의미 —『주자어류』를 중심으로—》，한국사상문화학회，〈한국사상과 문화〉68권 0호. 2013 pp.279—302

［2］황종원（Jongwon Huang），《주자 인 개념의 자연생명론적인 의미》，충남대학교 유학연구소，〈유학연구〉29권 0호. 2013 pp.351—377

［3］김기현（Kihyeon Kim），《주자학의 즉물궁리（卽物窮理）관점에서 본 양명학의 사상마련（事上磨鍊）》，한국공자학회，〈공자학〉24권 0호. 2013 pp.5—34

二、退溪学

［1］손병욱（Byonguk Son），《퇴계 이황의 거경궁리（居敬窮理）사상에서 본 정좌수련（靜坐修練）의 위상》，사단법인 퇴계학부산연구원，〈퇴계학논총〉22권 0호. 2013 pp.7—38

［2］박정련（JeongRyen Park），《퇴계의 국악치유 방법에 관한 모델 연구 —『활인심방（活人心方）』의"거병연수륙자결（去病延壽六字訣）"과 "장부（臟腑）운동법"을 중심으로》，충남대학교 유학연구소，〈유학연구〉28권 0호. 2013 pp.34—68

［3］주광호（Kuangho Chu），《퇴계 리발설（理發說），리의 능동성에서 도덕적 감정의 일상성으로》，고려대학교 철학연구소，〈철학연구〉 47권 0호. 2013 pp.1—35

［4］정상봉（SangBong Jeong），《 퇴계의 주자철학에 대한 이해와 그 특새 —리（理）의 동정（動靜），발（發），도（到）를 중심으로—》，한국철학사연구회，〈한국철학논집〉 37권 0호. 2013 pp.47—70

［5］최영성（YoungSung Choi），《퇴계（退溪）사칠리기호발론（四七理氣互發論）의 연원（淵源）에 대한 일고찰（一考察）—홍지（洪志）의『심학장주대전（心學章註大全）』과 관련하여—》，한국철학사연구회，〈한국철학논집〉 37권 0호. 2013 pp.7—45

［6］신창호（ChangHo Shin），《퇴계교육철학과 전통교육 —『성학십도』를 중심으로》，한국교육철학회，〈교육철학〉 50권 0호. 2013 pp.1—29

［7］박균섭（KyoonSeop Park），《퇴계교육철학과 근대교육》，한국교육철학회，〈교육철학〉 50권 0호. 2013 pp.31—60

［8］서명석（MyoungSeok Seo），《퇴계교육철학과 현대교육》，한국교육철학회，〈교육철학〉 50권 0호. 2013 pp.61—87

［9］박청미（CheongMi Park），《퇴계교육철학과 미래교육— "교육"에서 "공부"로》，한국교육철학회，〈교육철학〉 50권 0호. 2013 pp.89—108

［10］김현수（HyunSoo Kim），《16세기 중후반 퇴계（退溪）와 문인（門人），학인（學人）간의 예학 쟁점과 경향 연구 —『퇴계상제례답문（退溪喪祭禮答問）』을 중심으로—》，사단법인 퇴계학부산연구원，〈퇴계학논총〉 21권 0호. 2013

［11］우시오히로타카（Ushio Hirotaka），《주자의 경설과 퇴계》，사단법인 퇴계학부산연구원，〈퇴계학논총〉 21권 0호. 2013 pp.7—22

［12］김형수（HyeongSuKim），《이황서한（李滉書翰）을 통해본 명종대서원（明宗代書院）의 창설（創設）과 운영（運營）》，경북대학교 퇴계연구소，〈퇴계학과 유교문화〉 53권 0호. 2013 pp.21—50

［13］이상익（SangIk Lee），《성리학（性理學）의 재구성인가, 해체인가? —이승환의『횡설과 수설』에 대한 비판적 논의—》，퇴계학연구원，〈퇴계학보〉 133권 0호. 2013 pp.293—330

［14］이상돈（SangDon Lee），《주자 미발론（未發論）의 혼연（渾然）과 찬연（粲然）》，퇴계학연구원，〈퇴계학보〉 133권 0호. 2013 pp.259—292

［15］이정란（JeongRan Lee），이동건（DongGun Lee），《퇴계의 경（敬）사상이 지닌 체육철학적 함의》，한국체육학회，〈한국체육학회지—인문사회과학〉 52권 5호. 2013 pp.57—65

［16］한재훈（Jaehun Han），《퇴계（退溪）의 서원향사례정초（書院享祀禮定礎）에 대한 고찰（考察）— 백운동서원향사례（白雲洞書院享祀禮）수정을 중심으

로—》, 경북대학교 퇴계연구소, 〈퇴계학과 유교문화〉 53권 0호. 2013 pp.1—20

[17] 이정환 (JungHwan Lee), 《사칠논변(四七論辨)에서의 혼륜(渾淪)과 분개(分開)—호굉(胡宏)의 "동체이이용(同體而異用). 동행이이정(同行而異情)" 에 대한 주자(朱子)의 비판과의 대비를 중심으로—》, 퇴계학연구원, 〈퇴계학보〉 133권 0호. 2013 pp.39—78

三、栗谷学

[1] 이주용 (JuYong Lee), 《율곡(栗谷)의 선비정신을 통한 공직자상(公職者像)에 관한 연구》, 근역한문학회, 〈한문학논집〉 37권 0호. 2013 pp.249—283

[2] 이종문 (JongMoon Lee), 《율곡(栗谷)과 유지(柳枝), 「유지사 (柳枝詞)」의 전승 과정에 관한 고찰》, 한국한문학회, 〈한국한문학연구〉 51권 0호. 2013 pp.159—195

[3] 최병덕 (Byongduk Choi), 《율곡 이이의 "기강(紀綱)"에 대한 인식과 정치개혁》, 대한정치학회, 〈대한정치학회보〉 21권 2호. 2013 pp.155—177

[4] 김춘식 (Chusik Kim), 《율곡의 인재등용론》, 한국행정학회, 〈한국행정학회 하계학술발표논문집〉 2013권 0호. 2013 pp.92—111

[5] 김학재 (HakZe Kim), 《『순언』에 드러난 율곡의 『노자』 해석의 지평—『대학』을 통한 『노자』 이해—》, 고려대학교 철학연구소, 〈철학연구〉 48권 0호. 2013 pp.1—34

[6] 김택 (Taek Kim), 정남채 (Namchae Jeong), 하종필 (Chongpil Ha), 《율곡 이이의 "10만 양병론"에 관한 소고(小考)—천재지변과 당파 싸움으로 인한 국내변란 예방 차원의 국방전략에 대하여—》, 한국행정학회, 〈한국행정학회 하계학술발표논문집〉 2013권 0호. 2013 pp.112—129

[7] 장숙필 (SookPil Jang), 《호락논쟁 이전 율곡학파의 미발론과 인물성동이론》, (사) 율곡연구원 (구 사단법인 율곡학회), 〈율곡사상연구〉 26권 0호. 2013 pp.37—69

[8] 권문봉 (MoonBong Kwon), 《율곡(栗谷)과 다산(茶山)의 사생론에 대하여》, 원광대학교 원불교사상연구원, 〈원불교사상과 종교문화〉 58권 0호. 2013 pp.269—313

[9] 고명신 (MyeongShin Ko), 《율곡 이이의 시인식과 시세계의 특징》, 한국고시가문학회, 〈고시가연구〉 31권 0호. 2013 pp.5—33

[10] 조성환 (SungHwan Cho), 《"실천학"으로서의 "실학" 개념 —율곡 개혁론

의 철학적 기초—》, 서강대학교 철학연구소, 〈철학논집〉 33권 0호. 2013 pp.87—121

［11］김춘식（ChoonShik Kim），《율곡의 인재등용론》，한국행정사학회，〈한국행정사학지〉 32권 0호. 2013 pp.79—99

［12］이향준（HyangJoon Lee），《한원진의 미발심체론》，（사）율곡연구원（구 사단법인 율곡학회），〈율곡사상연구〉 26권 0호. 2013 pp.71—102

［13］윤연석（YonSeok Yoo），《율곡학의 관점에서 본 호락논쟁의 쟁점과 낙론의 성격 —미발론과 인물성론을 중심으로—》，（사）율곡연구원（구 사단법인 율곡학회），〈율곡사상연구〉 26권 0호. 2013 pp.103—148

［14］김경호（KyungHo Kim），《호락논변 이후, 율곡학파 미발론의 철학적 문제의식 —리기동실과 심성일치를 중심으로》，（사）율곡연구원（구 사단법인 율곡학회），〈율곡사상연구〉 26권 0호. 2013 pp.149—178

四、丁若镛—茶山学

［1］金潤圭（YunKyu Kim），《장기（長基）유배기 다산（茶山）시의 성격》，동방한문학회, 〈동방한문학〉 57권 0호. 2013 pp.253—283

［2］서근식（GeunSik Seo），《다산（茶山）정약용（丁若鏞）은 상수역학자（象數易學者）인가?》，한국철학사연구회, 〈한국철학논집〉 36권 0호. 2013 pp.75—99

［3］김원명（WonMyoung Kim），《한자경의『한국철학의 맥』에 나타난 다산（茶山）철학 이해에 대한 비판적 해석》，한국동서철학회, 〈동서철학연구〉 70권 0호. 2013 pp.101—120

［4］정창록（ChangRok Jeong），이일학（IlHak Lee），《다산 정약용의『목민심서（牧民心書）』에 나타난 자（慈）개념과 의료윤리》，한국의료윤리학회, 〈한국의료윤리학회지〉 16권 3호. 2013 pp.281—301

［5］이종우（JongWoo Yi），《丁若鏞（정약용）의 上帝（상제）와 人心道心（인심도심）과 四端七情（사단칠정）의 관계에서 나타난 모순적 논리검토와 그 眞意（진의）연구》，영산대학교 동양문화연구원, 〈동양문화연구〉 14권 0호. 2013 pp.101—118

［6］임재규（Jaekyu Im），《정약용 추이론 소고》，한국종교학회, 〈종교연구〉 70권 0호. 2013 pp.293—308

［7］이종우（JongWoo Yi），《정약용의 상제（上帝）와 심（心）의 관계 —인간의 자주지권（自主之權）과 천（天）의 분노와 상선벌악（賞善罰惡）의 관계를 중심

으로—》, 한서대학교 동양고전연구소, 〈동방학〉 26권 0호. 2013 pp.131—158

[8] 박홍규（HongKyu Park）, 《〈흠흠신서〉 다시 읽기 —정약용의 법문화론적 법인식과 그 한계—》, 민주주의법학연구회, 〈민주법학〉 51권 0호. 2013 pp.263—291

[9] 하우봉（WooBong Ha）, 《정약용丁若鏞과 다자이다이[太宰春臺]의 『논어論語』 해석 비교 연구》, 다산학술문화재단, 〈다산학〉 22권 0호. 2013 pp.61—105

[10] 심경호（KyungHo Sim）, 《다산 정약용 산문의 저술 시기 고찰》, 다산학술문화재단, 〈다산학〉 23권 0호. 2013 pp.41—84

[11] 이종우（JongWoo Yi）, 《정약용 수기치인（修己治人）의 다문화 윤리교육적 의미 고찰, 영산대학교 동양문화연구원》, 〈동양문화연구〉 15권 0호. 2013 pp.63—79

[12] 안대회（DaeHoe Ahn）, 《다산 정약용의 죽란시사（竹欄詩社）결성과 활동양상 —새로 찾은 죽란시사첩（竹欄詩社帖）을 중심으로》, 성균관대학교 대동문화연구원, 〈대동문화연구〉 83권 0호. 2013 pp.93—129

[13] 임재규（JaeKyu Im）, 《정약용 효변론의 연원에 대한 시론적 고찰》, 다산학술문화재단, 〈다산학〉 22권 0호. 2013 pp.331—365

[14] 신동원（DongWon Shin）, 《병과 의약생활로 본 정약용의 일생》, 다산학술문화재단, 〈다산학〉 22권 0호. 2013 pp.259—328

[15] 김택, 《조선시대 형사정책（刑事政策）에 관한 연구: 다산 정약용의 형정사상（刑政思想）을 중심으로》, 한국행정학회, 〈한국행정학회 춘계학술발표논문집〉 2013권 0호. 2013 pp.1738—1765

[16] 임재규（JaeKyu Im）, 《정약용 효변론의 대한 비판적 고찰 —「춘추관점보주（春秋官占補註）」의 효변설을 중심으로—》, 서울대학교 종교문제연구소, 〈종교와 문화〉 24권 0호. 2013 pp.61—81

[17] 임재규（JaeKyu Im）, 《정약용（丁若鏞）과 오징（吳澄）의 효변론（爻變論）에 내포된 상관관계와 원류 문제》, 서울대학교 종교문제연구소, 〈종교와 문화〉 25권 0호. 2013 pp.89—109

[18] 김언종（EonJong Kim）, 안세현（SeHyun Ahn）, 《다산（茶山） 정약용（丁若鏞）의 『혼돈록（혼돈錄）』에 대하여》, 한국실학학회, 〈한국실학연구〉 26권 0호. 2013 pp.351—403

[19] 김문식（MoonSik Kim）, 《다산 정약용의 『상서（尙書）』 주석서 계열 고찰》, 다산학술문화재단, 〈다산학〉 23권 0호. 2013 pp.85—132

[20] 정창록（ChangRok Jeong）, 이일학（IlHak Lee）, 《다산 정약용의 『목민심서（牧民心書）』에 나타난 자（慈） 개념과 의료윤리》, 한국의료윤리학회, 〈한국의료윤리학회지〉 16권 3호. 2013 pp.281—301

[21] 趙誠乙 (SeongEul Cho), 《정약용 (丁若鏞) 과 교안 (教案)》, 한국실학학회, 〈한국실학연구〉 25권 0호. 2013 pp.367—415

[22] 김효건 (HyoGeon Kim), 《정약용의 사회복지사상에 관한 연구: 목민심서를 중심으로》, 한국행정사학회, 〈한국행정사학지〉 33권 0호. 2013 pp.133—157

(作者单位：韩国外国语大学 中国学部)